国家出版基金项目
NATIONAL PUBLICATION FOUNDATION

国家出版基金项目

"十三五"国家重点图书出版规划项目

世界社会主义五百年丛书

丛书主编　季正聚

大浪淘沙

社会主义
思想史漫步

袁群 等 著

World
SOCIALISM

湖南师范大学出版社·长沙

图书在版编目（CIP）数据

大浪淘沙：社会主义思想史漫步 / 袁群等著. —长沙：湖南师范大学出版社，2024.3

（世界社会主义五百年丛书 / 季正聚主编）

ISBN 978 - 7 - 5648 - 5370 - 9

Ⅰ.①大…　Ⅱ.①袁…　Ⅲ.①社会主义—政治思想史—研究　Ⅳ.①D091.6

中国国家版本馆 CIP 数据核字（2024）第 061304 号

大浪淘沙：社会主义思想史漫步
DALANG TAOSHA：SHEHUIZHUYI SIXIANGSHI MANBU

袁　群　等著

◇出　版　人：吴真文
◇策划组稿：赵婧男　刘苏华
◇责任编辑：赵婧男
◇责任校对：胡晓军　李　航　王　璞
◇出版发行：湖南师范大学出版社
　　　　　　地址／长沙市岳麓区　邮编/410081
　　　　　　电话/0731 - 88873071　88873070　传真/0731 - 88872636
　　　　　　网址/https：//press. hunnu. edu. cn
◇经销：湖南省新华书店
◇印刷：长沙雅佳印刷有限公司
◇开本：710 mm×1000 mm　1/16
◇印张：22.75
◇字数：373 千字
◇版次：2024 年 3 月第 1 版
◇印次：2024 年 3 月第 1 次印刷
◇印数：1—1200 册
◇书号：ISBN 978 - 7 - 5648 - 5370 - 9
◇定价：58.00 元

总　序

　　党的十八大以来，中央高度重视马克思主义和社会主义的学习、研究和宣传。2013 年 1 月 5 日，习近平总书记在新进中央委员会的委员、候补委员学习贯彻党的十八大精神研讨班上的重要讲话中，系统地论述了世界社会主义五百年发展历史，要求广大党员干部要坚定理想信念，正确认识和全面把握社会主义发展进程。中央要求把世界社会主义发展史列为党员干部培训和教育的重要内容，要求加强对青年学生的社会主义发展史的教育，理论界也加大了研究力度。

　　为了系统研究世界社会主义的历史进程、思潮流变、著名人物，我们编写了"世界社会主义五百年丛书"。本套丛书在借鉴已有成果的基础上，突出以下几个特点：一是突出重点，坚持问题意识和问题导向。关注党员干部和青年学生关心、关注的相关问题，进行有针对性的研究、阐释和引领，保证正确的导向。二是理论研究与宣传普及相结合，文风清新。努力做到既深入专业、史论结合和论从史出，保证准确性、专业性、严谨性，又要通俗易懂、文风活泼、语言流畅，保证可读性和普及性。三是注意吸收理论前沿成果，学习借鉴与提高创新相结合。学习借鉴已有的各种相关读物、专著、小册子的优点和特色，广泛运用丰富翔实的现有文献资料，努力挖掘新资料和新成果，善于运用和整合各种文献资源。

　　本丛书由我拟定了书名、提纲、写作思路和基本框架，赵付科、袁群、刘成军和梅岚等人分别负责分册的撰写工作。本丛书共分三册，分别介绍世界社会主义的不平凡历程、蔚为大观的思想史、值得关注的传奇人物故事。《正道沧桑：世界社会主义的过去现在未来》，生动介绍社会主义发展的历史阶段的起承转合，历史上若干重要事件的来龙去脉、前因后果、主要关节点、经验教训、主要现状、发展趋势，阐明社会主义诞生的必然性、发展的曲折性、复杂性、正义性、群众性、实践性和潮流性。《大浪淘沙：社会主义思想史漫步》，主要介绍社会主义发展历史上有代表性的社会主义流派和思潮的流变、主要内容、当代价值，展示社会主义思想史的博大精深，揭示一幕幕光辉的思想篇章，焕发思想智慧的光彩。《立此存照：社会主义重要人物传奇故事》，系统介绍社会主义五百年来的重要人物，包括工人运动领袖、社会主义思想家、无产阶级革命家，以及在社会主义运动历史上需要批判研究的重要历史人物，生动介绍这些重要人物的传奇人生经历，再现传奇故事，述说成败得失，总结历史经验。

　　本丛书为"十三五"国家重点图书出版规划项目、国家出版基金项目。本丛书得到相关单位和部门领导、专家学者的指导、关心和帮助，谨表示衷心的感谢。希望本丛书的出版，能为推动马克思主义和社会主义发展史的学习、研究、宣传尽一点微薄之力。

季正聚

2024 年 2 月

目　录

绪　论

　　2013 年 1 月 5 日，习近平总书记在新进中央委员会的委员、候补委员学习贯彻党的十八大精神研讨班上深刻阐明了世界社会主义五百年和中国特色社会主义发展的历史，强调要通过了解学习社会主义思想的源头及其演进、社会主义发展的历史逻辑，来不断发展中国特色社会主义道路、中国特色社会主义理论体系、中国特色社会主义制度。在十九大报告中，习近平总书记又强调指出，中国特色社会主义进入新时代，在中华人民共和国发展史上、中华民族发展史上具有重大意义，在世界社会主义发展史上、人类社会发展史上也具有重大意义。社会主义的产生和发展源自人类对美好生活和理想社会的追求与向往。社会主义从空想到科学、从理论到现实、从一国到多国、从传统模式到模式创新，经历了五百年曲折而又波澜壮阔的发展历程，并已经发展成为世界性的、维护无产阶级和人民群众根本利益、代表人类社会发展趋势的先进力量。深入学习和研究社会主义思想史，总结社会主义的历史成就，把握科学社会主义的基本原则，对于深入学习领会习近平新时代中国特色社会主义思想，不断推进中国特色社会主义伟大事业具有重要意义。

一、丰富多彩的社会主义思想史

　　"社会主义"一词是 19 世纪二三十年代才开始在英、法等西欧国家广泛流行的新思潮、新术语。它源于古代拉丁文 socialis，原意为"同伴""善于社交"等。从思潮上讲，社会主义应从 1516 年英国人托马斯·莫尔的《乌托邦》出版算起。1753 年，德国的一位本尼迪克教士安塞尔姆·德辛在与人论战中首次使用了"社会主义者"一词，所指是注重人的社会性的人。

1803 年意大利传教士贾科莫·朱利安尼出版了《驳斥反社会主义》一书，在书中使用了"社会主义"一词，把社会主义说成上帝安排好的传统制度。19 世纪二三十年代空想社会主义者开始把"社会主义"用作他们向往的与资本主义大不一样的一种新社会思潮、新社会制度的名称。1832 年法国圣西门派的戎西埃雷在《环球》杂志上发文指出："我们不愿意为社会主义而牺牲个人，也不愿意为个人而牺牲社会主义。"。他用"社会主义"来称谓未来理想的新社会形态。1834 年圣西门派的比埃尔·勒鲁发表了《论个人主义与社会主义》的文章，这使社会主义较早地流行于法国。1840 年英国的欧文出版了《社会主义或理性社会制度》，1841 年又发表了《罗伯特·欧文和约翰·布林德利关于"什么是社会主义"问题的公开论战》，把社会主义理解为在强大生产力的基础上使大家的共同财产为大家的共同福利服务。此后，"社会主义"一词也开始在英国流行起来。作为社会思潮、运动或制度，社会主义顾名思义，当今应该理解为：以社会为主义，为社会而主义，由社会出主义，靠社会显主义。而不能只以政党为主义，只为国家而主义，只由精英出主义，只靠媒体显主义。

马克思在 1842 年 10 月 15 日写的《共产主义和奥格斯堡〈总汇报〉》一文中，恩格斯在 1843 年写的《大陆上社会改革运动的进展》一文中，分别首次使用了"社会主义"一词，并赋予了其科学的含义。马克思和恩格斯在《共产党宣言》中，为了同形形色色反动的社会主义相区别，用共产主义来命名自己的学说，但在他们的著作中，这两个词是没有什么区别的。1873 年 1 月，恩格斯在《再论蒲鲁东和住宅问题》一文中，使用了"德国科学社会主义"这个概念，马克思在《巴枯宁〈国家制度和无政府状态〉一书摘要》（1874 年—1875 年初）中也使用了"科学社会主义"这个概念。后来马克思主义者便用科学社会主义来命名马克思的社会主义学说。

在世界社会主义的发展历程中，除了空想社会主义、科学社会主义外，还出现了众多社会主义思潮和流派。社会主义思想史所考察的是社会主义不同思潮、流派在不同历史时期的演变进程和发展趋势，即它不仅考察各种流派的思想主张，还要探讨不同思想流派是怎样形成和演变的。概括来说，这些不同流派的思想主张大致包括以下内容：关于资本主义生产关系、社会制度和价值观念的批判；关于社会主义制度的设想；关于变革资本主义和实现社会主义途径的探索。

社会主义思想史的研究对象，决定了它是一门有其自身特点的独立学科。它不同于经济思想史、政治思想史、文化思想史等单一领域的历史学科，而是包括上述各领域在内的综合性历史学科；它不同于社会主义运动史、工人运动史、民族解放运动史等研究实际运动或实践活动的发展历史，而是研究思想观点的发展历史；它不同于科学社会主义原理这一关于变革资本主义和建设社会主义世界的理论学科，而是关于变革资本主义和建设社会主义思想的历史学科。可见，社会主义思想史与上述各门学科是有区别的，这些区别的实质在于每门学科都有各自特殊的研究对象。另外，社会主义思想史与上述各门学科也是有联系的，其联系的节点在于它与上述学科都是研究"历史"或"社会主义"的。

总之，社会主义思想史主要考察社会主义思想产生、发展的历史进程，揭示它们发展和变化的规律，尤其是研究科学社会主义思想产生、发展和不断创新的历史过程和规律。

二、社会主义思想的产生与发展历程

社会主义首先是作为一种社会思潮而出现的。严格意义上的社会主义学说思潮是近代资本主义生产方式的产物。1516 年托马斯·莫尔《乌托邦》一书的出版，可以看作社会主义思想产生的起点，迄今它刚刚经历了大约500 年的发展过程。从这一发展过程的主体来看，大致可以分为三个阶段，它们分别是空想社会主义思想阶段（16 世纪初—19 世纪 40 年代）；科学社会主义思想体系形成阶段（19 世纪 40 年代—19 世纪末）；科学社会主义思想的继承与发展阶段（19 世纪末—现在）。另外，从横向看，在上述科学社会主义思想形成和发展的不同阶段，还伴随着其他非科学的社会主义思想产生与发展。本书的基本架构就是以此为依据进行设计和安排的。

1. 空想社会主义思想阶段

空想社会主义思想产生于 16 世纪初的西欧，到 19 世纪上半叶达到顶峰。空想社会主义在 300 多年的发展历程中经历了三个阶段，即 16 至 17 世纪的早期空想社会主义、18 世纪的空想平均共产主义、19 世纪初的批判的空想社会主义。在这一历史时期，西欧资本主义生产方式初步确立，资本主义发展还不够充分，资本主义生产关系和生产力的矛盾还没有充分暴露出来。同时，无产阶级也刚刚从劳动群众中分离出来，政治上还没有走向成

熟，其反对资产阶级的斗争还处在自发阶段。这样的社会现实，只能产生不成熟的社会主义思想，正如恩格斯所说，空想社会主义的不成熟的理论，"是同不成熟的资本主义生产状况、不成熟的阶级状况相适应的。解决社会问题的办法还隐藏在不发达的经济关系中，所以只能从头脑中产生出来"①。

2. 科学社会主义思想体系形成阶段

19 世纪 30 至 40 年代，随着资本主义大工业的发展，资本主义生产的社会化和生产资料私人占有制之间的矛盾日益显现，工人阶级反抗资产阶级的斗争，由自发阶段发展到自觉阶段。这一时期，现代工人阶级和工人运动的兴起，为科学社会主义思想体系的构建奠定了坚实的阶级基础；19 世纪的空想社会主义思想为科学社会主义思想体系的构建提供了思想渊源。马克思和恩格斯顺应时代需要，扬弃前人的创造性劳动，在新的历史条件下创立了唯物史观和剩余价值学说，为实现社会主义从空想到科学的飞跃奠定了理论基础。马克思、恩格斯在揭示人类社会发展一般规律和资本主义发展特殊规律的基础上，科学论证了社会主义代替资本主义的历史必然性，提出了资本主义社会向共产主义社会过渡时期的理论，构建了科学社会主义思想体系，实现了社会主义从空想到科学的伟大飞跃。

3. 社会主义理论到现实发展的阶段

19 世纪末 20 世纪初，世界进入了帝国主义和无产阶级革命的时代。在这个时代，以列宁为主要代表的马克思主义革命家，继承和发展了马克思和恩格斯的科学社会主义思想，开辟了社会主义思想史的第三个时期。列宁认为："经济和政治发展的不平衡是资本主义的绝对规律。由此就应得出结论：社会主义可能首先在少数甚至在单独一个资本主义国家内获得胜利。"② 在这一理论的基础上，列宁于 1917 年 11 月 7 日领导了俄国十月革命的胜利，建立了世界上第一个社会主义国家。十月革命的胜利促进了马克思主义的传播，推动了各国无产阶级政党的建立，世界社会主义出现了蓬勃发展的局面。

4. 社会主义从一国实践到多国发展的阶段

第二次世界大战结束后，社会主义在世界范围获得突飞猛进的发展。

① 《马克思恩格斯选集》第 3 卷，人民出版社 2012 年版，第 645 页。
② 《列宁选集》第 2 卷，人民出版社 2012 年版，第 554 页。

从 20 世纪 40 年代到 50 年代，世界上先后有 15 个国家在无产阶级政党的领导下走上了社会主义道路。中国革命的胜利和社会主义制度在中国的确立是继十月革命后 20 世纪发生的另一重大事件。以毛泽东为代表的中国共产党人，把马列主义与中国的具体实践相结合，丰富和发展了列宁关于经济文化相对落后国家走上社会主义道路的理论与实践。在世界社会主义取得重大发展的时期，社会主义国家的人口曾占世界人口的 1/3，领土面积占世界陆地面积的 1/4，共产党组织在资本主义国家也有了很大的发展，形成了与资本主义抗衡的社会主义阵营。世界社会主义的发展逐步改变着世界政治力量的对比，显示出强大的生命力。

5. 社会主义从传统模式到模式创新的发展阶段

社会主义在 20 世纪取得了辉煌的成就，但形成于 20 世纪 30 年代的苏联模式的弊端也开始逐步暴露出来。20 世纪 50 年代以来，苏联东欧国家开始进行一些改革，但这些改革不仅没有从根本上革除原有体制的弊端，而且还背离了正确方向，加上西方资本主义国家实施的“和平演变”政策的影响，最终导致了苏东剧变，社会主义国家由 15 国减为 5 国，世界社会主义事业遭受严重挫折。苏东剧变后，中国等社会主义国家顶住了巨大冲击，积极稳妥地推进改革，建设和发展适合本国国情的社会主义。中国共产党不仅成功抵御了来自外部和内部的巨大威胁和严峻挑战，而且继续稳步推进改革开放事业，成功地把中国特色社会主义推向 21 世纪，向世界展示了社会主义的优越性，展现了世界社会主义的光明前景。

三、学习和研究社会主义思想史的意义

当前，我国人民正在为建设富强民主文明和谐美丽的社会主义现代化国家而奋斗；世界社会主义事业和社会主义运动在曲折中发展、迂回中前进，世界社会主义同资本主义正进行着复杂的竞争、掂斤播两的较量。在这种形势下，认真学习、研究社会主义思想史，有着多方面、多层次的重要意义。

1. 有助于正确把握社会主义思想发展规律，提高分析和解决问题的能力

社会主义思想史是一门关于社会主义思想产生、发展的历史进程及其

演变规律的科学。"历史从哪里开始，思想进程也应当从哪里开始，而思想进程的进一步发展不过是历史过程在抽象的、理论上前后一贯的形式上的反映。"① 具体到社会主义思想史领域，我们要看到各种社会主义思想都是"应时而生，适时而变"的，各种社会主义思想都必须置入社会主义实践宏观历史发展框架中，放到"一定的历史范围之内"②。因此，社会主义思想一方面是特定阶段社会主义实践的反映，另一方面又有其相对独立性，每一种社会主义思想的产生都是对前人的继承和发展。这就构成了社会主义思想自身发展的内在规律和有机联系。坚持逻辑与历史相统一的原则，坚持阶级的分析方法和具体的、历史的分析方法相结合，我们就能把握各种社会主义思想的性质、特点，抓住社会主义思想的基本线索，厘清主流和支流、基本主体和细枝末节的关系，正确认识、总结社会主义思想发展的规律。按照这些规律办事，无疑有助于我们在发展社会主义事业中始终把握正确方向，从容应对各种挑战，在政治实践中提高分析问题、解决问题的能力。

2. 有利于深刻把握科学社会主义的完整理论体系，划清重大是非界限

社会主义思想史的任务是通过对社会主义学说产生和发展过程及其规律性的研究，加深对科学社会主义的理解。社会主义思想史是以科学社会主义历史发展为主体的历史科学。学习和研究社会主义思想史，可以进一步了解科学社会主义一些重要原理在历史上是怎么产生的，怎么发展的，而了解这个产生、发展和完善的过程及具体历史条件，对于了解、理解原理本身的科学内涵，对于防止以"马教条""洋教条"对待马克思主义、正确应用这些原理都具有十分重要的意义；可以进一步把握科学社会主义一些重要原理之间以及科学社会主义与其他非科学社会主义思潮之间的相互关系，而只有理解、把握这种关系，才能在更高更宽广的向度上把握这些重要原理在整个科学社会主义体系内的互相联结上的意义，真正掌握科学社会主义的基本理论、基本原则，从而真正提高个体自身的理论素养和判别是非的能力。因此，学习和研究社会主义思想史，有助于我们深刻把握

---

① 《马克思恩格斯选集》第 2 卷，人民出版社 2012 年版，第 14 页。
② 《列宁选集》第 2 卷，人民出版社 2012 年版，第 375 页。

科学社会主义的完整理论体系，划清科学社会主义与民主社会主义的界限，划清中国特色社会主义民主与西方资本主义民主的界限，划清社会主义思想文化与封建主义、资本主义腐朽思想文化的界限，划清社会主义公有制为主体、多种所有制经济共同发展的基本经济制度与私有化和单一公有制的界限，提高认识和把握纷繁复杂社会思潮的理论水平、辨别和抵制各种错误思潮的实践能力。

3. 有利于进一步掌握毛泽东思想和中国特色社会主义理论体系，坚定社会主义方向

恩格斯指出："一个民族要想站在科学的最高峰，就一刻也不能没有理论思维。"[1] 研究社会主义思想产生、发展的历史进程及演变规律，我们就可以真正地懂得和明了：中华民族要实现伟大复兴，也同样一刻也不能没有理论思维，马克思主义始终是我们党和国家的指导思想，是我们认识世界、把握规律、追求真理、改造世界的强大思想武器。同时，社会主义的丰富学说史、实践史告诉我们：马克思主义只有与本国国情相结合、与时代发展同进步、与人民群众共命运，才能焕发出强大的生命力、创造力、感召力；理论的生命力正在于这种源于社会实践的不断创新，当代中国坚持中国特色社会主义理论体系的不断创新、发展，就是真正坚持马克思主义。因此，学习和研究社会主义思想史，有助于我们深刻理解和把握马克思主义中国化历史进程中毛泽东思想和中国特色社会主义理论体系之间既一脉相承又与时俱进的内在联系，把握中国特色社会主义现代化建设伟大实践中邓小平理论、"三个代表"重要思想、科学发展观和习近平新时代中国特色社会主义思想之间的有机统一性和继承发展性，从而准确理解和真正掌握马克思主义中国化，以及中国选择社会主义和发展社会主义的历史逻辑、理论逻辑和实践逻辑。

通过学习和研究社会主义思想史，真正掌握科学社会主义中国化的历史逻辑、理论逻辑和实践逻辑，有助于进一步坚守社会主义正确方向，坚定社会主义和共产主义必胜的信念。社会主义思想演进和发展实践特别是中国社会主义思想发展史告诉我们，建设社会主义最重要的不是有没有详

---

① 《马克思恩格斯选集》第3卷，人民出版社2012年版，第875页。

尽的蓝图，而是有没有认清、坚守社会主义的正确方向，有没有不折不挠迈向社会主义未来的坚定信念和勇气。新时代，对如何建设一个理想的社会主义社会，我们依然没有一套完美无缺的方案，我们有的只是一个大致的方向，那就是：解放和发展生产力，极大地增加全社会的物质财富、精神财富，消灭剥削和压迫，消除两极分化，实现社会公平和正义，逐步建立起一个没有阶级对立的"自由人的联合体"，"在那里，每个人的自由发展是一切人的自由发展的条件"。①

---

① 《马克思恩格斯选集》第 1 卷，人民出版社 2012 年版，第 422 页。

第一章
空想社会主义

社会主义从 1516 年托马斯·莫尔的《乌托邦》问世算起，至今已经有 500 余年的发展历史了。它的最初形态是空想社会主义，产生于 16 世纪初期，终结于 19 世纪三四十年代，经历了 300 多年的发展。空想社会主义反映了早期无产者的利益和愿望，批判资本主义制度和私有制形式，幻想构建一个消除一切不平等和贫富分化的理想社会，是基于特定的社会历史条件而产生和发展起来的理论学说，是人类历史上社会主义的最初形态。空想社会主义在其 300 多年的发展中经历了三个阶段，即 16 至 17 世纪的对理想社会制度的空想描写阶段，18 世纪的平均空想共产主义阶段，19 世纪初期批判的空想的社会主义和共产主义阶段。

空想社会主义主要代表人物有 16 至 17 世纪的托马斯·莫尔、托马斯·康帕内拉、杰拉德·温斯坦莱；18 世纪的空想社会主义者有摩莱里、马布利和巴贝夫；19 世纪的圣西门、傅立叶和欧文是空想社会主义的集大成者。科学社会主义创立之前的社会主义，之所以被称为空想社会主义，是由于当时资本主义发展的不成熟，无产者的阶级力量弱小，阶级意识不成熟，因此，空想社会主义者往往采用虚幻描写的形式，来表达自己对未来社会的美好向往和憧憬的空想社会主义理论。正如恩格斯指出："不成熟的理论，是同不成熟的资本主义生产状况、不成熟的阶级状况相适应的。解决社会问题的办法还隐藏在不发达的经济关系中，所以只能从头脑中产生出来。"①

---

① 《马克思恩格斯选集》第 3 卷，人民出版社 2012 年版，第 780 至 781 页。

第一节 16 和 17 世纪的空想社会主义

16—17 世纪是空想社会主义在欧洲产生并开始流传的时期。这一时期的欧洲，随着科学技术的发展，新大陆的发现，社会分工的细化，封建社会自给自足的小生产方式逐步瓦解，资本主义生产方式逐步形成；手工业者和农民的两极分化加快，资产者和无产者两支新生的阶级力量登上历史舞台。随着资本主义的发展，广大劳动群众发现他们刚从人身依附的封建关系中走出来，却很快又陷入资本主义这种新的剥削困难中，于是，他们开始了斗争。为适应早期无产阶级渴望改变现实状况的需要，空想社会主义应运而生。

英国是最早发展资本主义的国家，早在 15 世纪末，英国就开始了疯狂而野蛮的资本原始积累，到了 16 世纪，英国已经成为当时资本主义发展最为领先的国家，这时英国出现了两个最明显的变化：一是建立并发展了手工工场，产生了资产阶级和无产阶级；二是英国农场主发动了"羊吃人"的圈地运动，大肆压榨农民，使得资产阶级与无产阶级之间的矛盾愈来愈深，大批学者开始思考，空想社会主义迎合时代需求应运而生。此时，意大利和德国也有了资本主义的萌芽。资本主义生产方式的出现，成为空想社会主义产生和发展的现实前提。这一时期，在资本主义最先发展起来的英国、德国和意大利，出现了空想社会主义者。主要的代表人物是英国的托马斯·莫尔和杰拉德·温斯坦莱、德国的托马斯·闵采尔、意大利的托马斯·康帕内拉，而莫尔和康帕内拉又是其中最有影响的两位空想社会主义思想家。他们揭露了资本主义造成的政治、经济上的不平等和贫富的对立，通过文学作品、采用虚幻描写的形式对资本主义剥削压迫制度进行了有力批判。但是，这一时期的无产者阶级意识刚刚萌芽，所形成的空想社会主义思想也只是伴随着一个还未成熟的阶级而产生的相应的理论表现。因此，空想社会主义者往往披上宗教神学的外衣，借助宗教神学的影响，对未来理想社会制度进行空想虚幻的描写。

一、托马斯·莫尔及其《乌托邦》

托马斯·莫尔（1478—1535），空想社会主义的开山鼻祖、奠基人。1478 年 2 月 7 日，莫尔出生于英国伦敦的一个贵族家庭，他的父亲约翰·莫尔曾担任过英国皇家高等法院的法官。莫尔天资聪慧，14 岁时就到牛津大学深造。大学学习期间，莫尔反对中世纪的神权主义和禁欲观念，倡导以人为本位的人文主义，柏拉图的《理想国》是他最喜欢读的书，自此在心中孕育出《乌托邦》的萌芽。一幅巨大的蓝图在莫尔心中构建，即建立消灭私有制、消灭人剥削人的理想社会制度。大学毕业后，莫尔先后担任律师、国会议员、伦敦市代理执行官、下议院议长以及政界赫赫有名的大法官，成为 16 世纪英国著名的政治家和社会活动家。1534 年，莫尔因拒绝宣誓承认国王是教会首领而被捕入狱。1535 年 7 月 7 日，莫尔反对国王亨利八世任英国教会的首领而被处死刑。莫尔也因此成为有史料记载的第一个为了世界社会主义事业而牺牲的早期空想社会主义思想家。

莫尔在世期间，正值英国轰轰烈烈开展圈地运动，贵族豪绅用暴力将农民从自己的耕地上撵走，留下的耕地被一片又一片地圈起来，成为牧场，用来养羊，进而提供纺织毛呢所需要的羊毛。[1] 而成千上万被迫离乡的农民，四处流浪，颠沛流离。莫尔写道："一向是那么驯服，那么容易喂饱，据说现在变得很贪婪、很凶蛮，以至于吃人，并把田地、家园和城市蹂躏成废墟。"[2] 这场圈地运动，成为将生产者和生产资料分离的资本主义原始积累的典型。作为资产阶级化了的英国贵族，一边把农民从累世居住的家园赶走，养羊牟利；一边制定严苛的刑律，对付这些背井离乡、一贫如洗的农民，使他们受到资本主义更为深切的剥削。莫尔把这场圈地运动称为"羊吃人"的惨剧，也对圈地运动给劳动人民带来的苦难深感同情，对原始积累所造成的贫富悬殊感到义愤，试图探索一种没有剥削和压迫的理想社会。1516 年，莫尔发表了人类思想史上第一部空想社会主义著作——《乌托邦》。该书使用当时学术界通行的拉丁语写就，全名为《关于最完美的国家制度和乌托邦新岛的既有益又有趣的金书》。"乌托邦"（Utopia）一词指

---

① ［英］托马斯·莫尔：《乌托邦》，戴镏龄译，商务印书馆 2009 年版，第 2 页。
② ［英］托马斯·莫尔：《乌托邦》，戴镏龄译，商务印书馆 2009 年版，第 20 页。

的是"不存在于客观世界的地方"，后来，"乌托邦"成为了空想社会主义的同义词。因此，空想社会主义又被称为"乌托邦社会主义"，它代表了人们对于未来理想社会的美好憧憬，但因缺乏现实力量和正确途径方法而成为理论设想或空想的学说。

在《乌托邦》一书中，莫尔通过对乌托邦这个理想国的生动描绘，展现了他对于未来理想社会的全部设想，总结起来主要有如下几个特点：一、提出财产公有的方案。财产公有是乌托邦最大的特点。莫尔认为，私有制是万恶之源，由此所提出的财产公有也成为莫尔社会主义思想中最为可贵的要素，莫尔的方案也是社会主义史上第一个主张彻底消灭私有制的方案。二、人人都需参加有益的生产劳动，包括农业劳动和其他有益于改善人们生活的专业技能。在工作时间方面，乌托邦人每天只需劳动 6 个小时。三、乌托邦人不分男女，从小就在学校接受农业教育，并到田地上实践。四、具有严格的城市规划，对城市人口、设施配置、街道设置、绿化规模等都具有详细的规定。五、采取多种措施，保障乌托邦人的卫生健康。六、高度重视学术研究和国民教育，注重培养良好的社会风气。

莫尔在资本主义的萌芽阶段就有力地批判了资本主义制度，无情地揭露了资本主义原始积累的罪恶，详尽地描绘了未来没有剥削和压迫的理想社会的愿景。莫尔及其《乌托邦》所提出的思想观点，在当时的欧洲具有难以替代的社会进步意义。莫尔揭露了资本原始积累的罪恶，但没能正确说明资本主义剥削的特点及其历史地位；他详尽地描绘了未来理想社会，但却不能指出理想社会代替资本主义社会的现实途径。同时，《乌托邦》也具有极大的时代局限性，如保留奴隶制、建立殖民地、浓厚的宗教色彩等，这些局限性使他的乌托邦缺乏科学的根据而沦为空想。

二、托马斯·康帕内拉及其《太阳城》

托马斯·康帕内拉（1568—1639），16 世纪末、17 世纪初的空想社会主义者，意大利伟大的爱国者和著名的思想家。1568 年 9 月 5 日，康帕内拉出生于意大利卡拉布里亚省的一个鞋匠家庭，从小就显示出过人的天资和雄辩的口才。他 13 岁便能作诗，15 岁进入修道院，成为僧侣，研读哲学和自然科学著作。1591 年，康帕内拉出版了人生中第一部著作——《以感觉证明的哲学》，旗帜鲜明地反对经院哲学。从 24 岁开始，康帕内拉因冒

犯教会、积极参与反对西班牙殖民统治的活动，多次被捕入狱，辗转坐过
50 处监狱，先后被关在狱中 30 多年。《太阳城》这一空想社会主义的重要
著作即是康帕内拉在狱中秘密写成的。1639 年 5 月 21 日，康帕内拉在巴黎
不幸与世长辞。《太阳城》在社会主义思想史中占据了重要地位，其提及的
空想社会主义体系对后面很多空想社会主义思想产生过影响。

　　康帕内拉创作的《太阳城》，使用对话体裁，描述了印度洋上一个虚幻
的岛国太阳城，叙述了一个没有剥削和压迫，实行绝对公有制，没有阶级
差别、没有贫富对立的理想社会。在《太阳城》中，康帕内拉通过一个热
那亚的航海家和一个朝圣香客招待所管理员之间的对话，批判了当时意大
利充满剥削与压迫的社会制度，要求实行公有制。康帕内拉首先揭露了现
存制度的腐朽性，他说："这样的社会就好像一所培养罪恶的学校，培养出
那样多的懒汉和恶棍，以致使国家濒于灭亡。"① 在拿那波利城这个仅有 7
万人口的城市里，只有 1 万到 1 万 5000 人从事劳动。劳动者由于过度和不
间断的劳动，以致缩短了寿命。而那些游手好闲之人，却终日无所事事，
随处可见惊人的奢侈淫逸、高利贷盘剥。政府首脑是一些不学无术的人，
因为他们出身于统治阶级。在批判私有制中，康帕内拉得出了必须建立公
有制的结论。

　　康帕内拉对太阳城公有制进行了阐释：一是财产公有。康帕内拉通过
将太阳城的理想社会与意大利当时的社会状况相对比，得出结论：私有制
是一切罪恶的根源。对此，康帕内拉提出必须建立公有制，一切财富由公
职人员进行分配。他指出："他们的公社制度使大家都成为富人，同时又都
是穷人；他们都是富人，因为大家共同占有一切；他们都是穷人，因为每
个人都没有任何私有财产。因此，不是他们为一切东西服务，而是一切东
西为他们服务。"② 二是按需分配。在太阳城里，实行有严格监督的按需分
配制度。衣、食、住三者均由公职人员统一分配给所需要的居民，居民只
需全身心投入工作，但"负责人员严密地监视着，不让任何人获取超过他

---

　　① ［意］康帕内拉：《太阳城》，陈大维、黎思复、黎廷弼译，商务印书馆 2009 年版，第 12
页。
　　② ［意］康帕内拉：《太阳城》，陈大维、黎思复、黎廷弼译，商务印书馆 2009 年版，第 24
页。

所应得的东西，但也不会不给他所必需的东西"①。三是政教合一。在太阳城里，最高领袖由人民选举产生，他既是宗教的主教，又是哲学的思想家。整个国家实行权力高度集中的"贤人"治国制度。四是义务劳动。劳动是太阳城全体居民的义务，每一个人都承担相应的工作，每种工作都受人尊敬。由于居民共同负担公务和劳动，加之发挥科学技术的作用，太阳城每天只需工作四个小时。五是全面教育。康帕内拉批判经院学校脱离实际的教条主义，提倡人们应当接受全面的教育。他注重教育与生产劳动相结合，强调劳动在教育中的作用，提出了"劳动光荣"的思想。

康帕内拉在其著作《太阳城》中和莫尔的著作《乌托邦》一样，只是虚构了一个未来理想社会的美好憧憬，没能提出改造现存社会制度的现实道路。但提出了富有独创性的见解，给后人很多启迪，康帕内拉同莫尔一起，奠定了空想社会主义学说的基础。

三、杰拉德·温斯坦莱及其《自由法》

杰拉德·温斯坦莱（1609—1652），17 世纪空想社会主义的重要代表人物之一，掘地派运动的著名领袖和杰出思想家。1609 年，温斯坦莱出生于英国兰开夏郡的一个商人家庭。他早年在伦敦学过生意，经过商。在资产阶级内战时期，出现经济萧条，温斯坦莱经营的布匹商店破产，不得不移居塞利郡，以替人放牧维持生计。这段经历使温斯坦莱与生活在社会底层的人民群众有了广泛的接触，了解到劳苦人民的痛苦和他们对资产阶级的失望，温斯坦莱曾在写给克伦威尔的信中提到："人民中间经常有人这样说：我们在战争中失去了自己的土地，失去了自己的朋友，我们毫无怨言地忍受了这一切，因为有人曾经答应要给我们自由。而现在，终于出现了新的主人，我们所受的痛苦反倒增加了。"② 基于此，温斯坦莱开始探索建立一个真正自由的共和国。

温斯坦莱是历史上最早尝试把理想付诸实践的空想社会主义者。他带领一批失去了土地的贫苦农民，到英国的塞利郡的圣乔治山开垦荒地，掘

---

① ［意］康帕内拉：《太阳城》，陈大维、黎思复、黎廷弼译，商务印书馆 2009 年版，第 10 至 11 页。

② 《温斯坦莱文选》，任国栋译，商务印书馆 2009 年版，第 95 页。

地耕种，共享收成，所谓"掘地运动"，"掘地派"主张废除土地私人占有，要求土地公有化，温斯坦莱在整个掘地运动中起到重要的领导地位。1650年，英国统治阶级下令镇压掘地运动，1651年年底，运动被完全禁止。掘地派运动失败以后，温斯坦莱坚持不懈地进行理论研究，并于临去世前完成了其思想最成熟的代表作——《以纲领形式叙述的自由法或恢复了的真正管理制度》，简称《自由法》，他用法律条文的形式表达了自己的主张，设计了一个自由共和国，这个自由共和国以土地公有制为基础。

温斯坦莱在1649年1月26日出版的《自由法》一书中，系统地提出了温斯坦莱向往的真正自由的社会改造方案。在温斯坦莱描述的"自由共和国"中，民众具有使用土地的自由，土地等财富属于公共财产，不允许土地买卖。温斯坦莱重视教育和学习，强调全体公民的教育，特别是儿童和青年教育；每个公民必须从小学习一门手艺，40岁以前必须参加劳动，若是拒绝学习和参加劳动，则要受到规劝和相应的处罚。人们从事的劳动只是分工的不同，没有高低贵贱之分。此外，温斯坦莱及其《自由法》还在很多方面超越了其前辈和同时代人的思想。一是温斯坦莱强调法治，并且对维护私有制、支持剥削和压迫的旧法律进行了深刻的揭露，他指出："如果看看诉讼程序，就会发现事情同国王统治时期一模一样，只是改了改名称罢了，仿佛英国的老百姓交税、提供宿营地、流出自己的鲜血不是为了改革法律，而只是为了给它起一个新的名称，把国王法律改名为国家法律似的。"[①] 在对旧法律的批判中，温斯坦莱已逐步认识到法律的阶级属性。同时，理想的法律应该简短有力，捍卫和平、公正，法律应处于未来社会最重要的位置。二是温斯坦莱对自由共和国中人民群众与公职人员的关系有深刻的见解。温斯坦莱认为，在未来的理想社会中，人民是国家的主人，公职人员是忠实的、公正的奴仆。为防止角色定位的蜕化变质，就要实行严格的选举制度，并进行多层次的民主监督。三是温斯坦莱提倡一夫一妻制的婚姻观，认为家庭仍然是生产单位，但所得劳动产品须交公共仓库。

从当时的时代背景来看，温斯坦莱与前几位空想社会主义者的主张，对很多问题的见解已具有超前性，提出了法律至上性，但未提出具体实现的方法。此外温斯坦莱认为任何暴力都是不正义的，并未号召广大劳动人

---

① 《温斯坦莱文选》，任国栋译，商务印书馆2009年版，第93页。

民通过革命斗争推翻当前统治，并且将自己的希望寄托于贵族的仁慈上，所以他所描绘的未来理想社会也由于多方面的原因只能停留在幻想层面。

第二节　18 世纪的空想社会主义

18 世纪是空想社会主义发展的重要时期，且这一期时期空想代表人物均出现在法国。18 世纪的欧洲，资本主义发展到了工场手工业阶段。这一时期，工业革命、启蒙运动、法国大革命等重大变革此起彼伏，资产阶级已成为一支独立的政治、经济力量。与此同时，无产阶级力量逐步壮大，现代无产阶级先驱者思想意识有了新发展。反映无产阶级和劳动人民愿望的空想社会主义，也进入一个重要的发展时期，其中最有代表性的是摩莱里、马布利和巴贝夫。

正如恩格斯所说："在 18 世纪已经有了直接共产主义的理论（摩莱里和马布利）。平等的要求已经不再限于政治权利方面，它也应当扩大到个人的社会地位方面；不仅应当消灭阶级特权，而且应当消灭阶级差别本身。"① 这一时期空想社会主义者摩莱里、马布利和巴贝夫均出现在法国，深受启蒙运动和法国大革命思想的影响。这一阶段空想社会主义者的思想和理论，不再停留于 16 至 17 世纪借助神学和文学描绘来表达对未来理想社会的向往，而是更多地采用法律条文的形式对未来理想社会的基本原则作出阐释，空想社会主义者开始摆脱纯粹虚构的幻想，从法理上批判私有制的不合理性，论证公有制的必要性。从这些特点可以看出，18 世纪的空想社会主义较之 16 至 17 世纪，已经开始走向现实，具有明显的进步性，其思想也更富理论性和深刻性。但是，这一时期的空想社会主义提倡禁绝一切生活享受，具有明显的禁欲主义和平均主义倾向，这又给 18 世纪的空想社会主义带来了难以逾越的理论局限性。正如恩格斯所说："18 世纪伟大的思想家们，也同他们的一切先驱者一样，没有能够超出他们自己的时代使他们受到的限制。"②

---

① 《马克思恩格斯选集》第 3 卷，人民出版社 2012 年版，第 393 页。
② 《马克思恩格斯选集》第 3 卷，人民出版社 2012 年版，第 392 页。

一、摩莱里及其《自然法典》

摩莱里（1720—1780），出身平民，当过小学老师，18 世纪法国杰出的空想社会主义者。摩莱里善于钻研，匿名写了很多著作，用过不同的笔名发表，"摩莱里"是笔名之一，研究内容涉及政治、哲学、历史、教育、法律等多个领域，在摩莱里写的重要著作中，《巴齐里阿达》和《自然法典》最具代表性，尤其是《自然法典》已成为空想社会主义史上的一部重要著作。它用法律条文的形式构筑了生产资料公有、人人劳动、各取所需的未来理性王国，对后来空想社会主义产生了很大的影响。

《自然法典》较为充分地体现了摩莱里的社会学思想。《自然法典》所展现出的摩莱里的思想内容主要有以下几点：一是强调私有制是万恶之源，主张符合自然和理性的社会状态。摩莱里从理性主义思想出发，认为私有制是一切社会罪恶的根源，它破坏了人类和谐共处的"自然状态"。私有制衍生出利己主义，利己主义进一步滋生出"无情、残酷和贪婪"几大社会罪恶。私有制国家成为资产阶级维护私利的工具，它改变不了少数人剥削多数人的本质，而是加剧了贫富分化，使穷人更穷、富人更富。原始社会是按照人的自然状态和人的本性建立起来的社会，是符合人类理性的黄金时代，未来社会应是满足"自然意图"的，没有剥削和压迫的社会。建立共产主义社会是历史的必然，人们应遵循自然法则，不断纠正道德和政治的缺点，使人类社会最终回归到符合理性的公有制上来。二是意识到并且深刻阐述人的需求。摩莱里认为，人天生就有需求，需求是构成人类社会关系的基础。而且人的需求是相同的，每个人的需求应该得到同样的满足，因此，人应该享有平等的地位和权利。同时，人天生具备满足需求的能力，但人的需求和人的能力之间具有差异性，人的能力总是稍微落后于需求的满足。摩莱里指出："自然界英明地使我们的需求和我们力量的增长相符合；再者，在为我们其余整个生活确定需求数额的时候，它使这些需求总是稍微超过我们能力的限度。"① 需求与能力之间的矛盾对社会发展大有裨益，正是因为二者之间的不平衡性，人与人之间联合起来，团结一致以求得满足很多依靠个人力量无法得到满足的需求。三是主张建立"宗法式"

---

① ［法］摩莱里：《自然法典》，黄建华、姜亚洲译，商务印书馆 2009 年版，第 15 页。

的政治制度。在摩莱里提出的未来理想社会中，全国最高领导是元首，还设有最高参议会和政务会。各省、市体制与此基本相同，有省、市长和省、市参议会、政务会。省、市长以下设族长、家长。国家元首、族长、家长实行终身制，其他职务实行轮换制，任职满一年即要轮换。摩莱里对终身制的提倡，显然没有意识到失去权力制衡与权力监督会引发的权力滥用。这种轮换制与终身制相结合的政治体制，体现出摩莱里思想意识结构混杂了封建主义君主制、平均主义和共产主义思想所形成的复杂混沌的思维模式。四是主张平均分配生活消费品。摩莱里认为，要消灭私有制，需要采用的手段，以及想要达到的目的就是平均主义。摩莱里的思想体现了人人权利平等的崇高追求，但摩莱里把平等与平均混为一谈，导致了绝对平均主义。在摩莱里所描述的理想社会中，生活消费品"均按同一规则"进行分配，凡30岁以下的公民，均使用同样的衣料，穿戴同样的服装，同一行业的服装颜色一样，服装款式低调朴素。甚至连病人、犯人的待遇，也毫无差别。所有产品按需发放，直到产品短缺时停止发放。这样的分配方式，表现出浓厚的禁欲主义和平均主义倾向。

二、马布利的空想社会主义思想

加布里埃尔·博诺·德·马布利（1709—1785），18世纪法国又一位著名空想社会主义思想家。1709年马布利出生于法国一个贵族家庭，学识渊博，从青年时代起就在法国里昂著名的耶稣会学院潜心研究和学习，从那时起就深受人文主义和启蒙思想的影响。毕业后，他的家人希望他能做神职工作，这样以便将来能谋取到教会和政府机关的高级职位。但是对于马布利来说，他对神职工作一点也不感兴趣，后来就辞去了官位，全身心投入对古罗马哲学、史学和文学的研究。马布利的一生著作甚多，其中影响较大的著作是《论公民的权利和义务》《哲学家经济学家对政治社会自然的和必然的秩序的疑问》《论法制或法律的原则》。他坚决反对私有财产制度，认为以私有制为基础的社会制度破坏了自然秩序，只有消灭私有财产制度，才能消除贫富对立。与其他空想社会主义思想家不同的是，马布利的著作很多都是论战性的，通过同论敌的论战逐步展开自己的观点，比较富于理论性和逻辑性。

马布利的空想社会主义思想主要是建立在自然神论、"自然法"学说和理性主义的基础之上的。马布利认为，人们来自大自然的怀抱时都是完全平等的，因此没有一些人统治另外一些人的权力，而且都是完全自由的。显而易见，自然界没有创造国王、统治者、庶民和奴隶，他给我们制定了一条规律：为了成为幸福的人而工作。① 在原始社会里人们保持着最自然的状态，虽然自然界是由上帝创造的，但是上帝并不具备支配世界的权力，世界有自己固有的规律。同时认为，"自然界以千百种的不同方式在向我们说：你们都是我的孩子，我同样地爱你们每一个人，我给你们以同样的权利，我使你们担负同样的义务，所有的土地都是你们每一个人的财产，你们在离开我的怀抱的时候都是平等的"②。平等一定会带来一切福利，因为它团结着所有的人，提高人的品格，培养人们相互怀有善意和友爱的情感。在自然的状态下，平等将会使社会保持和谐稳定，也使每个人所尽的义务与其所享受的权利是匹配的。除此之外，还存在着一个重要的发展规律：理性，这是一个亘古不变的规律，不会因为外界环境的变化而发生变化。马布利认为："在我们所具有的一切东西中，最重要和最高尚的是理性；它是上帝用来教导我们理解我们的义务的机关，也是能够引导我们走向幸福的唯一指导者。"③

　　他还认为，私有制社会的建立，违反了自然状态；它造成了贫富差距、阶级分化、少数人掌握了权利和财富并压迫其他人和暴君专制的出现，财产和地位的不平等正在使人产生分化，并改变着人心的自然趋向，给社会和人民带来了深重的灾难。究其产生的原因在于原始社会发展到黄金时期，出现了剩余产品被用来交换的情况，于是出现了商业，人们开始感受到拥有自己私人财产带来的好处，这就导致了私有制的出现和发展，这样"就会出现不公正和暴虐的政府，制定偏袒而具有压制性质的法律，一句话，折磨人民的一切灾难都要降临"④。在他看来，必须彻底消灭私有制，建立公有制。在对私有制进行批判的基础上，马布利提出了关于理想共和国的设想，在本质上来看，这个共和国是符合"自然秩序"的公有制社会，"在这里，人人都是富人，人人都是穷人，人人平等，人人自由，人人是兄弟，

---

① 《马布利选集》，何清新译，商务印书馆 2009 年版，第 118 页。
② 《马布利选集》，何清新译，商务印书馆 2009 年版，第 92 页。
③ 《马布利选集》，何清新译，商务印书馆 2009 年版，第 125 页。
④ 《马布利选集》，何清新译，商务印书馆 2009 年版，第 90 页。

这个共和国的第一条法律就是禁止财产私有"①，实行按需分配的原则，取消商品和交换；实行财产共有，共同劳动。马布利同时还拟定了对社会进行改革的措施：第一，实行限额土地法，限制财产的私有权；第二，改革税制，减少税收，只征收直接土地税，对有财产者征税，无财产者免税；第三，取消公务人员的特殊报酬，认为公务人员应保持朴素清廉的作风，应充分关怀人民；第四，限制和取消遗产继承权，避免财产集中于少数人手中，也有利于实现财产平等；第五，制定"取缔豪华法"，限制富人奢侈豪华的生活作风，提倡平淡简朴的生活；第六，禁止经商，认为商业和商人导致了奢侈、道德败坏，并使人堕落。从上述改革措施来看，马布利从根本上反对私有制，并对社会的不平等深恶痛绝，其设想的方案带有明显的小资产阶级平均主义和禁欲主义色彩，反映了在当时的社会背景下，无产者和劳动人民的根本诉求。

三、巴贝夫的"平等共和国"

弗朗斯瓦·诺埃尔·巴贝夫（1760—1797），18 世纪末法国革命家，平等派密谋的组织者和领导者，著名的空想社会主义者。他出生于法国的一个穷苦家庭，15 岁开始独立谋生，勤奋好学，阅读了大量启蒙者和空想社会主义的著作，深受摩莱里和马布利思想的影响，其空想社会主义思想形成于法国资产阶级革命前夕，1787 年在《给福塞的信》中，第一次提出了要建立一个土地和产品公有，平等分配的新社会。他认为人从一生下来就应该是平等的，"不应该独自占有任何东西，而应该能够共同支配一切"②。1789 年法国资产阶级革命爆发后，他参与了革命斗争。1796 年 3 月，成立了平等派密谋革命委员会，领导并组织了著名的"平等派密谋"运动，展开武装起义。他一生 5 次被捕入狱，1797 年 5 月 27 日被判处死刑。临刑前，他在遗书中写道："我是为了最伟大和最崇高的事业而牺牲自己的。……后世的公论一定会宣布我们无罪，并为我们戴上花冠。"③

巴贝夫的设想与摩莱里、马布利等以往提出的空想社会主义学说不同

---

① 《马布利选集》，何清新译，商务印书馆 2009 年版，第 175 页。

② ［法］G. 韦耶德、C. 韦耶德合编：《巴贝夫文选》，梅溪译，商务印书馆 1962 年版，第 86 页。

③ 王伟光主编：《社会主义通史》第 1 卷，人民出版社 2011 年版，第 175 页。

的是，他将矛头直接指向了新建立起来的资本主义制度，在经历资产阶级革命后对阶级关系有了新的认识，指出不平等的社会关系依然存在，少数人掌握了权力与财富并对大多数人进行剥削，造成贫富两极的分化。他揭露了资本主义剥削的雇佣劳动性质，在资本主义私有制下，资本家通过掌握多数财富，雇佣工人为其劳动，然而"他们自己不劳动，只靠大多数别人的血汗和劳动来生活，他们蔑视和奴役唯一能够对社会作出贡献的人民群众，他们永远要购买群众的体力、智力和他们的劳动力，同时又要让他们饿死"①。造成富人越来越富，穷人越来越穷。对政治制度的批判是源于对旧的贵族等级制度的强烈不满，认为人人生而平等，不应在经济、政治、社会地位上被区别对待，从而在此基础上提出建立所谓的"理性王国"，即"平等共和国"的设想。

巴贝夫的"平等共和国"以实现社会自由平等为最终目标，旨在建立一个"自由""平等""以劳动为基础的公众福利"的"平等共和国"。在巴贝夫的设想中，这个国度将以"国民公社"为基层单位，它是生产和消费的联合组织，在"平等共和国"里没有大城市，全体居民都将居住在农村，这是与以往的空想社会主义者的不同之处；废除资本主义私有制，实行生产资料和劳动产品的公有制，认为私有制是一切罪恶的根源，必须彻底消除；实行计划经济，平均分配；实行普遍的劳动制度，即每个人都应尽自己的能力和技能进行劳动，只有从事有益劳动的人才有选举权；科学、文化和艺术事业也将得到发展，人人都要接受教育，通过教育向人民传达以财产公有为基础的新社会的各项原则，科学文化的发展，会提高人民辨别能力，自觉抵制暴政以及宗教迷信。对通往"平等共和国"的道路，巴贝夫也做出了比较详细的解释，提出了人民革命、武装起义、推翻旧制度、劳动者革命专政、过渡阶段等观点。在法国大革命结束后不久，巴贝夫根据在革命中的经验总结，认识到对于"什么是政治革命"，"政治革命就是贵族和平民之间、富人和穷人之间公开的战争"② 可以区分为："富人的革命"和"人民的革命"。"富人的革命"是"为少数人谋利益的革命"；"人

---

① ［法］G. 韦耶德、C. 韦耶德合编：《巴贝夫文选》，梅溪译，商务印书馆1962年版，第76至77页。

② ［法］G. 韦耶德、C. 韦耶德合编：《巴贝夫文选》，梅溪译，商务印书馆1962年版，第28页。

民的革命"同"富人的革命"的本质区别在于，人民革命是"为人民谋利益的革命"，是"为群众谋利益的革命"①。法国大革命完成了"富人的革命"，但是"人民的革命"还未完成，因此还需继续努力。要想建立起真正实现社会自由平等的目标，巴贝夫提出了一系列具体措施：第一，建立人民政权，人民必须当家作主，人民的一切意志都必须遵从，不能抗拒；武装镇压一切反抗行为，稳定社会秩序；实行普遍的劳动制度，凡是健康的人都必须参加劳动，不参加劳动的人无法享受政治权利；逐步扩大公有财产的占比份额，改善人民的物质生活条件等。巴贝夫提出的用暴力夺取政权，建立人民革命专政的思想，对以往的空想社会主义学说来说是一个巨大的进步，但是巴贝夫所提倡的关于共产主义的思想是建立在小农经济基础之上的，带有浓厚的平均主义色彩，注定是无法实现的。

18 世纪空想社会主义理论同之前的空想社会主义理论相比，更具有现实性、实践性和革命性。他们从手工业者和小生产者的实际情况出发或者说因受小生产者眼界的限制，都具有平均主义的色彩。但巴贝夫和巴贝夫主义者的学说，对马克思和恩格斯产生了明显的影响，对整个 19 世纪的社会主义运动产生了极其深远的影响。平均主义和禁欲主义在 19 世纪上半叶三大空想社会主义者那里得到彻底的克服。

第三节　19 世纪初的空想社会主义

空想社会主义从 16 世纪资本原始积累时期开始产生，到 19 世纪初期发展到顶峰，19 世纪初期是空想社会主义发展的最重要时期。这一时期最杰出的空想社会主义思想家代表是法国的圣西门、傅立叶和英国的欧文。

19 世纪初，欧洲资本主义实现大发展，英国率先完成了工业革命，德国和法国的资本主义也开始实现从工场手工业向机器大工业阶段的逐步过渡。资本主义的迅速发展，使资本主义本身暴露出越来越多的问题和矛盾。资本主义统治的进一步加强，使无产阶级和广大人民群众受压迫的程度也进一步加重。无产阶级和资产阶级之间的矛盾进一步尖锐，也由此引发愈

---

① 王伟光主编：《社会主义通史》第 1 卷，人民出版社 2011 年版，第 186 页。

加频繁的社会冲突。同时，无产阶级队伍更加壮大，已具备一定的组织性，工会等工人组织已经出现。而此时，经历了约 3 个世纪发展的空想社会主义，积累了丰富的理论和实践成果，为新阶段的进一步发展奠定了重要的基础。

正是在这样的背景下，空想社会主义实现了超越以往一切空想社会主义学说的新发展，这一时期的空想社会主义已进入全新的高度，成为了科学社会主义的直接思想来源。其中法国的克劳德·昂利·圣西门、沙利·傅立叶和英国的罗伯特·欧文被称为三大空想社会主义者。三大空想社会主义学说继承和发展了以往空想社会主义的优秀成果，对 18 世纪法国启蒙思想家提出的关于理性和正义的社会原则进行了进一步研讨，实现了更彻底的发展。这一阶段的空想社会主义学说以全人类的代表出现，矛头直指资本主义，对资本主义制度进行了深刻的批判。对未来理想社会提出了很多积极合理的设想，避免了禁欲主义与平均主义的倾向，试图构想在大工业基础上建立真正理性和永恒正义的王国。与前阶段的空想社会主义相比，19 世纪初的空想社会主义思想更具理论性、系统性和预见性。对此，恩格斯高度赞扬三大空想社会主义者的学说充满了"处处突破幻想的外壳而显露出来的天才的思想萌芽和天才的思想"[1]。

空想社会主义学说从揭露资本主义丑恶本质、认清无产阶级与资产阶级的阶级对立、认识社会发展规律等方面为科学社会主义的产生积累了丰富的思想资料。但是，空想社会主义理论，尤其是 19 世纪三大空想社会主义学说对资本主义的批判都是基于理性原则和道德判断，没有看到社会主义替代资本主义的历史必然性。把改变社会、实现理想的愿望寄托于偶然出现的天才人物身上，没有看到人民群众尤其是无产阶级的作用，更没有看到阶级斗争的革命作用。随着空想社会主义的发展进入高峰，其自身暴露的弊端和问题也愈加明显，而无产阶级登上政治舞台，阶级斗争日渐激烈，空想社会主义这一幻想以理性实现理想社会宏图的学说越来越显示出它的保守落后性。19 世纪三四十年代后，马克思、恩格斯在系统总结欧洲工人运动经验教训的基础上，批判地吸收和借鉴了空想社会主义的思想成果，创立了科学社会主义，空想社会主义逐步走向衰落。

---

[1] 《马克思恩格斯选集》第 3 卷，人民出版社 2012 年版，第 781 页。

一、圣西门的"实业制度"

克劳德·昂利·圣西门于 1760 年 10 月 17 日出生在法国巴黎一个封建贵族家庭，是 19 世纪初期法国伟大的空想社会主义思想家，也是法国哲学家、经济学家。受著名的启蒙学者达朗贝尔影响，圣西门从小就对自然科学和唯物主义哲学产生了浓厚的兴趣，并对宗教迷信持批判态度，立志献身于伟大事业。他 13 岁拒绝去教堂参加第一次圣餐仪式，17 岁按贵族传统应征入伍。1779 年，他以志愿军少尉身份参加美国独立战争，并被华盛顿授予辛辛那提勋章。自此他为自己制定了"为改进人类文明而努力"的远大目标。1789 年法国爆发资产阶级大革命，圣西门毅然决定返回国内，投身于革命事业中去。但由于圣西门不主张进行暴力革命，最终退出了法国大革命，转入到金融活动中去，其目的是想通过挣取足够的财富去建立巨大的实业机构，实现完整的科学学派的创办。法国资产阶级建立了政治统治以后，新的社会矛盾重新唤醒和激发了圣西门决心为改进人类文明而努力的热情。1797 年，他放弃了经商活动，转而着手科学研究，三年的时间里，他先后向各类学者名流求教，并去英国、德国和瑞士进行了实地考察研究，认真研习自然科学，这对圣西门的哲学思想乃至他的整个思想体系的形成发展具有重要的意义。几年后他开始著书立说，1803 年自费出版了完成于 1802 年的《一个日内瓦居民给当代人的信》，1808 年发表了《十九世纪科学著作导论》，初步阐述了其社会主义思想。在之后的 10 年中，先后完成了《人类科学概论》《论万有引力》《给一个美国人的信》《论财产和法制》等系列著作，从哲学、历史、经济、政治等角度阐述了他的社会主义思想。19 世纪 20 年代是圣西门的社会主义思想的成熟时期，1821 年，他出版了《论实业制度》，系统地阐述了他对未来理想社会的设想，并论证了以理想社会代替现存社会的必要性和必然性。1823—1824 年，他出版了《实业家问答》一书，在书中进一步阐释了《论实业制度》的基本思想。1825 年，他出版了其代表作——《新基督教》，在该著作中，圣西门明确地阐释了其无产阶级的立场，并直接以工人阶级代言人的身份出现，宣告了实现工人阶级解放的奋斗目标。

圣西门是"批判的空想的社会主义和共产主义"的第一人，在新的历史条件下，既继承了自 16 世纪以来空想社会主义的优秀成果，又摆脱了前人只停留在空想层面上的弱点，把空想社会主义推进到一个新的层面。圣西门的思想内容主要包含三个方面：社会历史观、对资本主义制度的批判和"实业制度"。

在其社会历史观中，由于未能摆脱其他启蒙学者关于"理性"和"人性"的影响，所以从本质上来说，是历史唯心主义的，但其中也不乏有一些合理的见解成分，较之前启蒙学者有了更大的进步。圣西门论证了人类社会发展的规律性，指出人类社会必将是不断发展上升的，进而说明当前社会正处于封建社会解体的"过渡时期"。他借用数学的语言指出："已经发生的一切和将要发生的一切，形成一个数列，数列的前几项是过去，后几项是未来。"① 他认为人类社会历史的发展是一个连续的、上升的、进步的过程，现在处于破坏封建制度和建立新社会的历史时期，在这之后将会是"实业制度"的社会，所以现在所处的时代只是一个过渡时代。他还指出："在盲目的传说中到现在为止看作是属于过去的黄金时代，现在正摆在我们的面前。"②

在对资本主义制度进行批判时，圣西门指出资本主义是新式奴役制度，认为这种新形式的奴役制度是这样的一种"金字塔结构"：盘踞在最上几层的是少数游手好闲者，而压在最底层的是广大劳动者。圣西门表达了对底层广大劳动者的深切的同情，分析了目前广大贫苦劳动者的悲惨状况，并对少数游手好闲者进行了无情的斥责，指出他们的残暴、腐化和无能，并得出"法国现存的社会完全是个是非颠倒的世界"的结论，到处都是没有才能的人治理有才能的人，道德败坏的人支配善良的公民。此外，圣西门对资本主义社会意识形态的特征也进行了揭露，指出资本主义社会是利己主义占据支配地位的社会，利己主义是萌生社会分裂和矛盾冲突的根源。总之圣西门对资本主义制度发起猛烈的攻击，深刻地揭露了资本主义政治、经济和道德方面的不合理，为后人的觉醒和科学地研究资本主义制度的本质及规律提供了宝贵材料。

有关"实业制度"的论述，是圣西门空想社会主义学说的最主要的组成部分。"实业制度"是圣西门所设想的人类社会最理想的社会制度，在

---

① 《圣西门选集》第1卷，王燕生、徐仲年、徐基恩等译，商务印书馆2009年版，第43页。
② 《圣西门选集》第1卷，王燕生、徐仲年、徐基恩等译，商务印书馆2009年版，第4页。

"实业制度"的社会里，自由、平等和幸福都将实现。在"实业制度"下，一是必须坚决消灭游手好闲，实行"一切人都要劳动"；二是反对各种特权，实行尽可能完全平等的原则；三是坚决克服资本主义社会生产的无政府状态，实行有计划地组织整个社会生产；四是坚决消灭一部分人统治和压迫另一部分人的现象，实行一切人都应获得最大限度自由的原则。"实业制度"中有两种最高权力机构：最高行政委员会和最高科学委员会。最高行政委员会由实业家组成，掌握行政、财产、生产等"世俗权力"；最高科学委员会由学者组成，掌握科学、文化、教育等"精神权力"。实业家是指工厂主、银行家和各类商人。在圣西门的认知里，实业家和学者是国家和民族的真正骨干，只有他们拥有领导和统治的能力。此外，圣西门还创立了一种"新基督教"作为"实业制度"存在的基础，认为"新基督教"将作为"实业制度"下每一个人的信仰、世俗权力和精神权力的指导思想，其内容包括"宗教应当引导社会走向最迅速地改进最穷苦阶层的命运的伟大目的"，认为可以通过宗教的组织和道德力量，实现穷人和富人、压迫者和被压迫者的和平相处，实现未来理想社会的构建。

圣西门有关"实业制度"的思想在当时的欧洲是极具进步意义的，其中有关计划生产、坚持自由平等、按劳分配、人人劳动等内容都在很大程度上反映了广大劳动者的需求；圣西门认为要将全力以赴地发展社会生产力作为"实业制度"的一项主要原则，所反映的是当时工业生产本身发展的要求，抑或是他的思想在一定程度上与当时生产力发展现状（工业资本主义）相符合。但必须认识到，在其思想内容的发展演变中，一直是伴随着矛盾存在的，对无产阶级的认识也是随着实践的发展不断加深。圣西门特别强调的是：他随时随地都首先关心"人数最多和最贫穷的阶级"的命运。在《一个日内瓦居民给当代人的信》中，圣西门对无产阶级进行了众所周知的谴责，指责"无财产的人"在国民工会时期曾短暂统治法国，结果引起了使他们首先遭殃的饥饿。但在《论社会组织》一文的一段文字中，他却肯定法国无产阶级在法国革命时期能够和资产阶级一样善于管理财产，因此法律应该承认他们是社会完全平等的成员。在《告法国工人书》中，圣西门致力于争取工人来支持实现他的改革计划，并吸引他们站在"实业制度"一边。此外，圣西门的思想中还保留有一定的资产阶级倾向，甚至替资本主义对劳动的剥削作了一番彻底的修正，为了保证人民的幸福，提出可以保留剥削。圣西门致力于通过生产力的发展和社会财富的增加来实现广大无产阶级贫困的消除和理想社会的实现，这也注定了其思想不可避免地保留有一定的资产阶级倾向性，如主张保护生产资料私有制，为了实现社会财富的增加甚至可以保留剥削等内容，他并未认识到社会贫困和不平等的根源所在，即私有制。

二、傅立叶的和谐制度

傅立叶于 1772 年 4 月 7 日出生在法国贝藏松的一个富商家庭，是 19 世纪初与圣西门齐名的著名空想社会主义思想家。在经历早年丧父之后，中学时期的傅立叶就选择了辍学经商，先后从事多项商务工作，到过欧洲许多国家，如德国、荷兰、英国等，经办商务活动。在 30 余年的经商生涯里，傅立叶清晰地见证了资本主义制度的各种弊病。法国大革命爆发之后，傅立叶完成了从一个商人向社会主义者的转变，认为新的资产阶级社会是一个让人极度失望的社会，曾经为法国革命贡献各类哲学理论的哲学家们并未找到一条能够正确解决法国社会疾病的道路。基于此，傅立叶认为他有必要去创立一门新科学，以便更好地指导人们去发现和创造一条正确的新道路。

学生时代的傅立叶就爱好自然科学、法国唯物主义哲学和文学艺术，在立志创立新科学以后，他更是勤奋攻读古今名著，尤其是伏尔泰、卢梭等法国知名学者的各类著作。除理论研究外，傅立叶也注重各类调查研究，细心观察和深入思考各种社会现象及社会问题。经过长时间的研究探索，他终于完成了他的新科学的创建，形成了他的空想社会主义学说理论。1803 年，傅立叶发表了重要论文《全世界和谐》，指出资本主义制度必将被理想制度所代替。1808 年，他发表了重要著作《四种运动和普遍命运的理论》（简称《四种理论》），阐明了他的宇宙观和历史观，批判了资本主义制度，并表达了他对未来理想社会的见解。1822 年，他出版了《论家务——农业协作社》（也称《宇宙统一论》），着重描述了未来的社会制度和生活方式。1829 年，他完成并出版了《经济的新世界或符合本性的协作的行为方式》（简称《新世界》）一书，全面系统地阐述了其有关于空想社会主义的理论思想。此外，1837 年，傅立叶完成了《论商业》一稿，这是一篇批判资本主义的杰作，后来作为他的遗作发表。

　　除理论研究外，傅立叶还进行了有关的实践研究。1832 年，他在法国进行了建立未来社会组织"法郎吉"的试验。在一位法国议员的支持下，他进行了"协作移民区"试验，可惜的是，由于资金的不足和组织机构的不健全，该试验很早就夭折了。晚年的傅立叶曾和学生一起创办《法朗斯特尔》杂志和《法郎吉》杂志，以方便宣传其社会主义学说。1837 年 10 月 10 日，傅立叶病逝于巴黎。

　　傅立叶的思想内容主要包括三个方面：社会历史观、对资本主义制度的批判和和谐制度。在社会历史观的论述中，同圣西门一样，他认为永恒的人类理性是历史发展的动力。在此基础上，傅立叶阐明了其社会历史观的有关内容，包括宇宙运动四种论、社会运动四段论和妇女地位的历史演变；在对资本主义制度进行批判时，傅立叶首先指出资本主义社会是一个反社会的工业制度，是对劳动者进行巧妙掠夺的社会制度。之后，他分析了资本主义制度的根本弊端所在，并揭露了资本主义的各类商业罪恶，认为竞争和生产的无政府状态和资本主义经济危机是其根本弊端所在。此外对于资本主义的利己主义也是给予了强有力的抨击，认为利己主义支配着所有的人，以致整个社会制度的思想体系都把自私自利作为一切计划打算的基础，每个人都以损人利己为己任，把自己的幸福建立在别人的痛苦之上。如果每个人都处在与集体利益的不断冲突之中，那么整个社会就不可能有和谐。有关对资本主义制度的批判是傅立叶空想社会主义的一个重要内容，在分析和批判资本主义的制度的种种弊端后，傅立叶明确宣布：我的目的不在于改善文明制度，而在于消灭这个制度。和谐制度即为傅立叶所构想的去取代文明制度的理想的社会制度，这也是其空想社会主义理论最重要的组成部分。

　　傅立叶的和谐制度是按照他的情欲引力理论构想出来的社会制度。按照他的设想，这将是人类情欲的自然引力能够不容阻碍地发挥作用，人类情欲能够得到充分满足的社会。和谐制度的基层社会组织叫"法郎吉"，坚持在和谐制度下进行有组织的生产，以改变资本主义制度下社会生产的无政府状态。在和谐制度下，社会政治生活中国家政权将不复存在，代之以"法郎吉"内设立的权威机关——权威评判会来服务于"法郎吉"的合理有效运行。此外，按比例分配、人人爱好劳动、男女地位平等、重视发展科学教育等也是和谐制度的重要内容。

傅立叶的和谐制度方案，是空想社会主义史上内容最为充实和思想最为丰富的理想方案之一。有关未来社会的积极主张在整个社会主义发展史上占有十分重要的地位。但必须认识到，傅立叶的空想社会主义内容中也包含一定的不足之处，如在对资本主义制度进行批判时，他错误地认为文明制度的根本问题是分配制度问题，而并未认识到生产资料的资本主义所有制才是资本主义剥削和社会不平等及各类社会矛盾的根源所在。

三、欧文的合作共产主义理论

罗伯特·欧文于 1771 年 5 月 14 日出生在英国蒙哥马利郡纽塘镇的一个手工业者家庭，是 19 世纪初英国伟大的空想社会主义者。欧文在读完初级小学后开始独立谋生，此后的 10 年中，他先后在纽塘、斯坦福、曼彻斯特等地的商店中当学徒和雇员。在此期间，他刻苦自学，阅读了大量著作。1793 年，欧文参加了当地的"文学哲学协会"，逐步形成了通过改造环境来改造人的性格的理论，并开始在自己创办的工厂中试行其改造理论，如：缩减工人的工作时间、大力改善工人的生活条件、为工人子女开设专门的学校和创立最早的幼儿园等。其改革取得了显著的效果，带来的是工人生活水平的提高、企业本身资产的增加和试验范围内社会稳定的实现。1824 年起，欧文同他的学生开始在美洲进行"新和谐公社"的试验，但最终由于管理体制的不合理、组织机构的不健全等原因走向失败。1832 年，欧文又在英国创办了"劳动产品交换市场"，其目的是体现"公平的劳动原则"，避免商品经济下生产者可能遭受的损失，帮助人们避免商品经济下因竞争产生的失业。但由于这种市场之外的交易增加了经济负担，严重威胁了市场的生存，最终该试验于 1835 年宣告结束。1839 年到 1845 年间，他和他的学生又在英国进行了一次名为协和大厦的共产主义公社的试验，结果再告失败。

欧文的整个生涯里都始终坚持共产主义的信念，除了试验践行外，欧文也发表了一系列著作，宣传其共产主义理论。1813 年，欧文发表了《新社会观，或论人类性格的形成》一书，阐述了关于人类性格形成的理论。1817 年，他发布了《致工业和劳动贫民救济协会委员会报告书》，在报告中提出了包含着共产主义思想萌芽的关于劳动公社的思想。1820 年，他发表了其成熟作品《致拉纳克郡报告》，系统地论述了自己的共产主义理论。此后，在《新道德世界书》（1836）、《罗伯特·欧文论婚姻、宗教和私有财产》（1839）、《人类思想和实践中的革命》（1849）等著作中，欧文进一步系统化了其共产主义理论。

欧文的思想观点主要包括三个方面：社会历史观、对资本主义制度的批判和公社制度。区别于圣西门和傅立叶的是，欧文没有去系统地阐述人类历史发展的规律和进程，在其有关社会历史观的论述中，欧文首先分析了私有制产生的过程，并认为人类历史是一个不断发展的过程，人类历史的进程归根结底是人类理性的发展过程。其次，欧文认为人的性格是由环境所决定的，特别是他所处的社会环境决定的，由此得出结论：必须把资本主义社会这一恶的环境改造成为共产主义的善的环境，从而把社会成员都"变成善良、有用、聪明、知足的人"。在对资本主义制度进行批判时，欧文首先从道义上谴责资本主义，认为价值由劳动者创造，劳动者应该占有他们创造的全部价值。而资本主义的现实却是创造价值的人没有得到任何利益或得到很少的利益，创造价值很小或没有创造价值的人却获得了巨额收益。由此欧文主张人们应当依据理性原则进行财富的公平合理分配。和傅立叶一样，欧文认为资本主义的经济危机是由"生产过程所引起"的危机。再次，欧文对资本主义私有制进行了批判。不同于圣西门和傅立叶，欧文在自己的著作中对资本主义私有制进行了猛烈的批判，认为私有制是人们所犯的无数罪行和所遭受的无数灾祸的根源所在。此外，欧文也对一切的传统宗教和资本主义社会中的政治、法律制度进行了严厉的批判。最后，他提出要对资本主义制度进行彻底的社会改造，主张通过以"耐心教育"为主要方式的改革来实现彻底改造的目的，坚决反对暴力革命的方式。

在分析人的性格形成，批判资本主义制度的种种弊端的基础上，欧文提出了他对未来理想社会的设计，即立足于公社制度上的社会。劳动公社是独立的经济组织和社会单位，每个公社都是在公有制的基础上，"由农、工、商、学结合起来的大家庭"。在劳动公社里，"每个成员各尽所能，彼此团结互助，而公社与公社之间也用同样方式彼此来往"[1]。其内容主要包括：坚持生产资料公有制，坚持按需分配，重视文化教育发展，建立农商学结合的经济组织和社会单位等。同其他空想社会主义者一样，欧文认为

---

[1] 《欧文选集》第3卷，马清槐、吴忆萱、黄惟新译，商务印书馆2009年版，第22页。

他的公社制度理论是绝对真理的体现，最终将为人们所普遍接受，由一国的实现走向全球的普及。但在欧文逝世后，他曾经的学生在宣传和践行老师思想的过程中，并未实现在思想认识上对欧文的超越，甚至在某些问题上有所后退。19 世纪三四十年代，欧文主义者发生了分化，一部分投入了宪章运动，一部分人则发展为反动的宗派。

三大空想家的学说，虽然尖锐地批判了资本主义生产方式及其后果，但不能正确地说明这个生产方式；虽然提出了建立社会主义和共产主义的方案，但都是空想。19 世纪 40 年代，无产阶级作为独立的政治力量登上历史舞台后，迫切要求需要科学的革命的理论武装。正是在这种新的历史条件下，马克思和恩格斯把社会主义从空想发展为科学，实现了人类思想史上的伟大革命变革。

第二章
科学社会主义

　　19 世纪，空想社会主义进入鼎盛阶段，也正是这个阶段的空想社会主义暴露的弊端和问题愈加明显，随着无产阶级登上政治舞台，阶级斗争日渐激烈，空想社会主义越来越显示出它的保守落后性，最终这一幻想以理性实现理想社会宏图的学说终结于 19 世纪 30 至 40 年代。以马克思和恩格斯的唯物史观与剩余价值理论为理论依据，以《共产党宣言》为标志，社会主义实现了从空想到科学的发展。科学社会主义以科学的世界观和方法论，揭示了人类社会发展的客观规律，对资本主义进行了深刻而彻底的批判，为世界无产阶级提供了强大的思想武器。在科学社会主义的理论与实践指导下，人类历史从此开辟了新的纪元。

第一节　科学社会主义的创立

　　马克思主义一贯认为，社会存在决定社会意识。人类历史上任何一种新的学说的产生，都是当时社会生产方式演进的产物。社会主义思潮经历三百余年发展，到 19 世纪 40 年代末，实现了从空想到科学的飞跃。是时，资本主义制度在西欧和北美相继确立，现代工人阶级和工人运动兴起为科学社会主义奠定了坚实的阶级基础；19 世纪初的空想社会主义，为科学社会主义的诞生提供了丰富的思想渊源；马克思和恩格斯顺应时代需要，扬弃前人的创造性劳动，终于催生了科学社会主义。

一、科学社会主义诞生的社会历史条件

（一）资本主义制度的确立和工人运动的兴起
作为人类历史上第一种世界性的制度，资本主义制度的确立和发展是

生产力和生产关系复杂互动的结果，是新的生产方式取代旧有的生产方式的结果。资产阶级革命和相伴相生的工业革命，促成了这种全新的社会制度诞生和发展。

17 世纪 40 年代，英国资产阶级革命历经了反复推翻封建王朝，初步建立了资产阶级统治的阶段。17 世纪 80 年代，英国确立了现代议会制度，通过《权利法案》，为资本主义制度在英国的最后确立奠定了牢固的政治基础。社会革命解放了生产力，18 世纪 60 年代，工业革命在英国发端，19 世纪 30 年代基本结束，历经 70 余年。在此期间，社会生产方式由手工劳动过渡到机器生产，机器大工业在英国逐步建立，与资本主义工厂制度相适应的生产关系及一切社会关系开始了深刻的变革。在英国的先行示范效应下，美国和法国从 19 世纪初经过半个世纪完成了工业革命并建立了资本主义制度；德国和俄国从 19 世纪 30 年代到七八十年代也完成了上述变革。

随着资本主义大工业的发展，资本主义的基本矛盾——生产的社会化和生产资料私人占有制之间的矛盾也日益显现。这一矛盾决定着资本主义全部经济和社会关系的对抗性质，因此成为资本主义制度不可克服的基本矛盾。它在经济上表现为资本家单个企业生产的组织性与整个社会生产的无组织性之间的矛盾，进一步演化为政治上资产阶级与无产阶级之间的矛盾。资本主义基本矛盾在 19 世纪的诸多表现，就是被马克思、恩格斯称为"社会瘟疫"的周期性的经济危机。1825 年英国爆发了第一次全国性的生产相对过剩的经济危机。此后几乎每隔 10 年左右就会爆发一次大规模的经济危机，而且一次比一次严重且从一国泛滥到别国。1836 年英国再次爆发经济危机并波及美国。1847 年的经济危机则席卷了整个欧洲和美国，形成世界性经济危机。危机到来，工厂停工、商业凋敝、银行倒闭、失业暴增，社会一片萧条，社会生产力遭到极大破坏，给无产阶级和劳动人民带来无尽灾难。伴随经济危机到来的是无产阶级和资产阶级之间的矛盾和斗争加剧。资本主义经济危机表明："生产资料的集中和劳动的社会化，达到了同它们的资本主义外壳不能相容的地步。这个外壳就要炸毁了。资本主义私有制的丧钟就要响了。剥夺者就要被剥夺了。"①

资产阶级革命和工业革命不仅创造了一个工业资本家阶级，而且也创

---

① 《马克思恩格斯选集》第 2 卷，人民出版社 2012 年版，第 299 页。

造了一个人数远远超过资本家阶级的现代工业无产阶级。恩格斯指出："随着工业革命逐步波及各个工业部门，这个阶级在人数上不断增加；随着人数的增加，它的力量也增强了。"① 在资本主义制度下，产业工人主要源于破产农民和手工业工人，他们除了能劳动的双手一无所有，只能以出卖劳动力维生，资本主义发展加速使得工人阶级的队伍日益壮大。于是社会日益分裂为两大对立阶级——工业无产阶级和工业资产阶级，资本主义在加速财富积累的同时也在源源不断地生产自己的"掘墓人"。工人阶级反对资产阶级的斗争从它产生的那一天起就开始了。

工人阶级反抗资产阶级压迫的斗争，经过了从产业革命初期破坏机器的自发斗争到自觉斗争的过程。到 19 世纪 30 至 40 年代，西欧的工人阶级思想中，逐步有了关于阶级斗争、大罢工、摆脱议会民主幻想等新因素，开始发展到有组织的、大规模的政治罢工和武装起义，其中著名的三大工人运动是：1831 年至 1834 年法国里昂纺织工人起义，1836 至 1848 年英国工人宪章运动，1844 年德国西里西亚纺织工人起义。与早期工人运动相比，以这三大工人运动为标志的近代欧洲产业工人运动开始表现出一些新的特点：

1. 无产阶级明确地、公开地提出自己的政治主张，把斗争的主要矛头指向整个资产阶级和资本主义制度。工人斗争的目标不再仅仅是为了改善生活条件，而是有了自己的明确政治要求。如法国里昂工人在起义中提出了争取建立民主共和国、维护无产阶级利益的要求；英国工人在全国性的宪章运动中要求在民主的基础上实行普选，要求获得工人参加国家管理的权利；德国西里西亚工人在起义中提出反对私有制，反对资本主义剥削的主张。这些新情况表明，这一时期的工人运动已经开始具有广泛的政治性质。

2. 无产阶级逐渐抛弃破坏机器等原始斗争手段，转而采取罢工、游行示威直至武装起义等形式反抗资产阶级，表明这两大阶级的斗争进入了新的更高阶段。工人认识到针对大机器的单个资本家的斗争的局限性，他们开始尝试走向联合和团结，逐渐由一个自在的阶级变成自为的阶级。

3. 无产阶级开始建立许多政治性组织。如德国的流亡者同盟（1834

---

① 《马克思恩格斯选集》第 3 卷，人民出版社 2012 年版，第 768 页。

年)、正义者同盟(1836 年),法国的四季社(1837 年),英国的宪章派全国协会(也称"宪章党",1840 年)等,该协会一度拥有 400 多个地方组织,恩格斯曾称之为"近代第一个工人政党"①。工人运动组织化程度的提高表明这个阶级反对资产阶级的斗争迫切需要建立自己的政党、拥有自己的理论武器。

(二)科学社会主义理论的思想渊源

科学社会主义最重要的思想渊源是英法的空想社会主义。对人类最理想的社会形态的追求一直是关心人类命运的思想家们毕生探寻的重大课题。空想社会主义作为历史上第一种全面批判和否定资本主义、探寻理想社会的思想体系,与资本主义结伴而行,共同发展。空想社会主义在 19 世纪所取得的积极思想成果,为科学社会主义的诞生提供了丰富的思想材料。

19 世纪空想社会主义的学说,有以下几方面特点:

第一,对资本主义制度的种种弊端进行了深刻的揭露,为启发工人阶级觉悟提供了宝贵的材料。三大空想社会主义者从经济、政治、思想文化等方面对资本主义进行了猛烈的批判。

1. 经济批判

圣西门指出资本主义经济制度是"新的奴役形式",创造财富的阶级连自己必要的生活资料也得不到满足,一小撮"游手好闲者"反而拥有大量财富,居于社会的最顶端。资本主义在经济上被无政府状态所左右,这是"一切灾难中最严重的灾难"。傅立叶认识到现代工业的成就是建立在工人阶级贫困化的基础上,把资本主义称为"复活了的奴隶制",并指出"贫困是由富裕产生的"。他第一个正确地指出 1825 年英国爆发的第一次经济危机是生产"过剩引起的危机",并预言由于资本主义竞争必然导致垄断。他还揭露了资本主义商业的种种秘密,批判资本主义商业是资本主义罪恶的集中表现。欧文不仅指明资本主义条件下使用机器生产的社会后果是加强了对无产阶级的剥削,造成富有和贫困"两者极端现象的反常结合",而且还指出,随着机器生产的大发展,出现了危机,造成生产力的严重破坏,必将引起资本主义整个社会结构的极大变革,明确提出了强大的生产力是改造资本主义制度的物质基础的重要观点。欧文还从经济学角度揭露了资

---

① 《马克思格斯选集》第 3 卷,人民出版社 2012 年版,第 768 页。

本主义生产，说明劳动是创造价值的源泉，工人不仅生产出来物质资料，还生产出"剩余产品"，"剩余产品"被以利润的形式占有。他还指出工人贫困的主要原因是"主人掌握了权力和资本"，私有制是一种罪恶之源。由此可见，欧文已经触及了资本家剥削工人的秘密，触及资本主义私有制，这是他超越圣西门、傅立叶的深刻之处。

2. 政治批判

三大空想社会主义流派都揭露了资本主义制度的虚伪和不合理。圣西门认为法国大革命这一争取民主和自由的伟大事业并未产生希望的结果，现存政治体系的主要弊端是专横、腐败无能和玩弄权术。傅立叶认为资本主义社会是富人的天堂、穷人的地狱，资产阶级国家实际上是特权者和富有者反对居民群众的工具，资产阶级的法律是为少数人的利益制定的，普选权、代议制等都是对人民的欺骗。欧文对资产阶级国家进行了尖锐的批判，指出历史和现存的一切政体都没有为人民造福，而是无知、欺骗和残暴的集合体；英国的政治制度颠倒是非、破坏真理和理性，应该被消灭，要建立起合乎理性要求的政治制度。

3. 思想文化批判

三大空想社会主义流派对资本主义的利己主义和道德败坏给予了严厉的抨击。圣西门认为，资产阶级的"利己主义正是现代政治病的原因"，是"人类的坏疽"；傅立叶揭露了资产阶级道德的虚伪性和欺骗性，指出资产阶级道德是为资本主义制度服务的，资本主义社会的道德是贫乏的资产阶级道德的败坏，突出表现在婚姻交易中；欧文认为，在资本主义社会里，利己主义是同"财产数量成正比的"，资产阶级的婚姻制度建立在金钱关系之上，道德败坏是由资本主义制度造成的。

马克思和恩格斯把空想社会主义学说称为"批判的空想的社会主义和共产主义"。他们的批判，对于人们认识资本主义的本质，对于提高工人的思想觉悟，起到了积极的作用。

第二，空想社会主义对未来社会提出了许多有益的主张和合理的预测，为科学社会主义的形成提供了极富价值的思想材料。圣西门把未来社会制度称为"实业制度"，未来社会组织"唯一而长远的目的"是满足人们的需要，能够最圆满地改善无产者身心的生活。傅立叶设想的未来社会是"和谐社会"，这是一个保证符合人类自然本性的要求得到充分满足的幸福社会。欧文设想的未来社会实行"公社制度"，人民将在物质和晋升方面得到最大的满足。他们都摆脱了小生产的狭隘眼界，主张未来社会要建立在机器大工业的基础之上实现生产的协作化，有计划地组织社会生产。欧文比圣西门和傅立叶更为彻底，克服了两人主张未来社会保留私有制的重大局限，坚决主张消灭私有制，建立公有制，认为只有这样协作和计划生产才是可行的，从而把社会化大生产与生产资料公有制联系起来。他们还对未来社会的两大原则和分配原则提出精辟独到的见解，认为未来社会必须实行共同劳动的原则，实行合理的分配。圣西门提出个人的收入应与他的才干和贡献成正比，这超越早期空想社会主义的绝对平均主义。欧文则主张按劳分配，并认为这是一种过渡措施，在生产力高度发达和社会产品能够满足人们需要的前提下，将实行按需分配。他们都认为未来社会的管理必须实行充分的民主，还提出了坚持教育和劳动生产相结合的育人观，要提高人的思想道德修养和科学文化知识，培养具有集体主义精神的新人，实现妇女解放，消灭三大差别等主张。这些主张尽管脱离了当时的现实，但显示了这些思想家的天才智慧和对人类社会发展方向的科学预测，预示了马克思、恩格斯后来"科学地证明了其正确性的无数真理"[①]，因为马克思、恩格斯称他们是"社会主义创始人"[②]。

　　第三，空想社会主义提出了一些具有唯物史观思想萌芽的观点。三大空想社会主义流派的社会历史观基本上是唯心主义的，但他们的历史观中已经出现了无比珍贵的唯物史观的思想萌芽。首先，三大空想社会主义者都反对把资本主义制度绝对化，当作自然的永恒的制度，认为人类历史的发展是有规律性的，是一个由低级到高级的发展过程，每一种新的社会制度出现都是过去全部历史发展的必然结果，因此资本主义社会只是人类历史长河中的一个暂时阶段。其次，三大空想社会主义者还力图从经济上说明人类历史的发展。欧文以生产力的发展来论证资本主义制度的暂时性，认为资本主义制度已经同"无可限量的新的生产力"不相适应，只有进行巨大的变革才能适应新的生产力发展的需求。圣西门认为所有制是社会的基础，经济发展是社会变革的原因。他还从阶级斗争的发展观察 15 世纪以

---

① 《马克思恩格斯选集》第 3 卷，人民出版社 2012 年版，第 37 页。
② 《马克思恩格斯选集》第 3 卷，人民出版社 2012 年版，第 780 页。

来欧洲社会的发展。

　　恩格斯在评价 19 世纪空想社会主义时指出："不成熟的理论，是同不成熟的资本主义生产状况、不成熟的阶级状况相适应的。"① 在三大空想社会主义者创立他们的学说时，资本主义发展还不够充分，资本主义生产关系和生产力的矛盾还没有充分暴露出来。同时，无产阶级也刚刚从劳动群众中分离出来，政治上还没有走向成熟，其反对资产阶级的斗争还处在自发阶段。这些历史局限性导致了三大空想社会主义只能从头脑中产生解决社会问题的办法，其学说不可避免地带着空想的缺陷：表现之一，由于三大空想社会主义者的历史观总体而言是唯心主义的，他们不了解社会发展观客观规律，不能科学地说明社会主义代替资本主义的历史必然性，他们更多以唯心主义的"人类理性""永恒正义"为理论基础，来进行现实批判和制度设计。因此，他们对资本主义的批判，更多是基于道德层面；对未来社会的设想，更多是出于价值上的判断。这在根本上决定了他们学说的空想性质。表现之二，他们不了解无产阶级的社会地位和历史使命，找不到变革资本主义的社会力量。他们把无产阶级仅仅看作是一个值得同情的阶级，看不到其先进性和历史作用，进而把实现社会主义的希望寄托在社会上层的统治阶级和开明资本家的支持下。表现之三，他们不了解阶级斗争是阶级社会发展的直接动力，找不到实现社会主义的正确途径。他们反对无产阶级革命斗争，拒绝一切革命行动，幻想通过思想宣传、社会示范等方式，实现他们的社会改革方案。

　　空想社会主义虽然是空想的、无法实现的东西，但它是早期无产阶级的世界观，是现代无产阶级先驱者思想的理论表现。在其学说中，已经包含着科学社会主义的思想萌芽，进而为马克思和恩格斯创立科学社会主义提供了重要的和直接的思想材料。

二、马克思和恩格斯的"两大转变"和"两大发现"

（一）马克思和恩格斯的"两大转变"

　　作为科学社会主义的创始人，卡尔·马克思（1818—1883）和弗里德里希·恩格斯（1820—1895）在创立这个学说时，其思想主张经历了从唯

---

① 《马克思恩格斯选集》第 3 卷，人民出版社 2012 年版，第 780 页。

心主义到辩证唯物主义、由革命民主主义到共产主义的两个转变过程。恩格斯在哲学上曾经信奉唯心主义，属于激进的青年黑格尔派。1842 年至1844 年期间，马克思通过写作《〈黑格尔法哲学批判〉导言》《1844 年哲学经济学手稿》和办《莱茵报》同广大劳动群众接触，了解民间疾苦。恩格斯则主要通过写作《英国状况》和在曼彻斯特深入调查工人阶级的工作、生活来考察工人阶级的社会地位。他们通过各自的艰苦探索，几乎同时实现了世界观从唯心主义向唯物主义、从革命民主主义向共产主义的转变。

马克思出生于德国一个学识渊博的犹太律师之家，他从故乡莱茵省特利尔市一所中学毕业后，于 1834—1841 年间先后就读于波恩大学和柏林大学的法律系，但他对哲学更感兴趣。其间，马克思接受了黑格尔唯心主义辩证法学说，并积极参加了青年黑格尔派反对封建主义的活动；随后，在费尔巴哈形而上学唯物主义的影响下，他开始转向唯物主义。大学毕业后，他于 1842 年 10 月至 1843 年 3 月期间担任科伦《莱茵报》主编，广泛接触到社会现实，开始了世界观和政治立场的根本性转变。1842 年 11 月，恩格斯在赴英国途中访问了《莱茵报》编辑部，初次结识了马克思。1843 年秋，马克思迁居巴黎，同富有斗争精神的法国工人领袖与工人组织保持密切联系，同时进行系统的理论研究。1843 年 9—12 月，马克思为《德法年鉴》创刊号（1844 年 2 月出版）撰写了《论犹太人问题》和《〈黑格尔法哲学批判〉导言》两篇重要文章。在《论犹太人问题》中，马克思阐述了"政治解放"和"人类解放"的根本区别，提出了把人类从一切社会压迫下解放出来的思想。在《〈黑格尔法哲学批判〉导言》中，马克思第一次阐述了人类解放和无产阶级解放的历史作用的关系，提出无产阶级是实现社会主义的物质力量的思想。同时，马克思还论述了先进理论与无产阶级之间的关系："哲学把无产阶级当做自己的物质武器，同样，无产阶级也把哲学当做自己的精神武器"[1]，"德国人的解放就是人的解放。这个解放的头脑是哲学，它的心脏是无产阶级"[2]。这两篇文章的发表，标志着马克思世界观和政治立场的转变彻底完成。

恩格斯出生于德国巴门市一个纺织厂厂主之家。他读中学最后一年被

---

[1] 《马克思恩格斯选集》第 1 卷，人民出版社 2012 年版，第 16 页。
[2] 《马克思恩格斯选集》第 1 卷，人民出版社 2012 年版，第 16 页。

迫辍学到父亲的公司当办事员。1841—1842 年在柏林服兵役期间，曾经到柏林大学旁听哲学课，深受黑格尔唯心主义辩证法影响。1842 年 11 月，恩格斯奉父命到英国的曼彻斯特管理父亲设在此地的工厂。在英国期间，他利用业余时间深入工厂和住宅，参加个人集会，调查英国工人阶级的生活状况，并结识了宪章运动的活动家，同时对哲学、政治经济学、社会主义学说等进行了深入的研究。这些活动对恩格斯的世界观的变化起到了决定性的作用。在 1842 年 2 月《德法年鉴》创刊号上，恩格斯也发表了两篇文章：《政治经济学批判大纲》和《英国状况——评托马斯·卡莱尔的〈过去和现在〉》（写于 1843 年至 1844 年 1 月）。在前一篇文章中，恩格斯"从社会主义的观点考察了现代经济制度的基本现象，认为那些现象是私有制统治的必然结果"①。通过对资产阶级政治经济学的批判，他论述了废除私有制的必要性。在后一篇文章中，他批判了卡莱尔的英雄史观，并通过对英国社会各阶级的分析，得出来只有无产阶级才是代表未来的阶级的结论。这样，恩格斯在英国期间完成了世界观和政治立场的转变，而这一转变几乎是与马克思同时完成的。

1844 年 8 月，马克思和恩格斯在巴黎再次会面，并结成了终生不渝的战友。此后，他俩共同进行了大量理论研究工作，积极参加工人运动，批判各种资产阶级和小资产阶级的社会思潮，共同完成了创立科学社会主义理论体系的历史任务。

（二）马克思和恩格斯的"两大发现"

科学社会主义的创立除了有客观的历史条件和丰富的思想来源之外，最重要的是有正确的理论基础。马克思、恩格斯通过社会科学领域的"两大发现"——唯物史观和剩余价值学说的创立，完成了对科学社会主义的理论论证。"现代科学社会主义就是以这两个重要事实为依据的。"②

德国古典哲学的最高成就当数黑格尔的辩证法和费尔巴哈的唯物主义。从 19 世纪 40 年代开始，马克思、恩格斯通过参加当时的革命实践和理论研究，批判地吸收了德国古典哲学，剥去了黑格尔哲学的唯心主义外衣，汲取了其辩证法的合理内核，去除了费尔巴哈哲学中唯心主义的杂质，吸纳

---

① 《列宁选集》第 1 卷，人民出版社 2012 年版，第 93 页。
② 《马克思恩格斯选集》第 3 卷，人民出版社 2012 年版，第 726 页。

了其唯物主义的基本内容，对人类社会的历史进程进行了全新的考察和研究，创立了唯物史观，使之成为科学社会主义的一大理论基石。

正如恩格斯在《反杜林论》中所论述的那样，"唯物主义历史观从下述原理出发：生产以及随生产而来的产品交换是一切社会制度的基础；在每个历史地出现的社会中，产品分配以及和它相伴随的社会之划分为阶级或等级，是由生产什么、怎样生产以及怎样交换产品来决定的。所以，一切社会变迁和政治变革的终极原因，不应当到人们的头脑中，到人民对永恒的真理和正义的日益增进的认识中去寻找，而应当到生产方式和交换方式的变更中去寻找；不应当到有关时代的哲学中去寻找，而应当到有关时代的经济中去寻找"[1]。在人类社会的整个历史发展中，社会存在决定社会意识。互相斗争的社会阶级在任何时候都是生产关系和交换关系的产物，即都是自己时代的经济关系的产物。每一时代的社会经济结构形成现实的基础，而每一历史时期由法律设施和政治设施以及宗教、哲学的和其他的观点所构成的全部上层建筑，归根到底都是应该由这个基础来说明的。就人类历史发展的长期过程来看，阶级和阶级斗争的存在是同生产力发展的一定水平相适应的。在阶级社会，阶级斗争是社会发展的直接动力。随着生产力的进一步发展，资产阶级社会最终将会被更高级的无产阶级社会所取代。

马克思、恩格斯运用历史唯物主义的方法具体研究资本主义社会所得出的结论是：资本主义只是人类历史上的一种特定的生产方式，它存在着不可克服的矛盾，即生产的社会化与生产资料的私人占有之间的矛盾。这个矛盾的具体表现为单个企业生产的有组织性与整个社会生产的无政府状态之间的矛盾，其经济上的表现是：经济危机周期性持续爆发，它给这个社会带来巨大的破坏性后果。资本主义基本矛盾的尖锐化发展，体现在阶级关系上，便是无产阶级与资产阶级之间的矛盾和斗争越来越激化。作为社会的主体力量和社会的绝大多数，无产阶级有权力也有责任使用包括暴力手段在内的一切社会变革手段，改变这个不合理、不公正的社会，解放自己并最终解放全人类，实现共产主义新社会，社会主义和共产主义不是某个题材人物的偶然发现，而是社会生产力和社会矛盾发展的必然结果。

---

[1] 《马克思恩格斯选集》第 3 卷，人民出版社 2012 年版，第 654 至 655 页。

科学社会主义理论的任务不再是去冥思苦想出一个尽善尽美的社会制度，而是研究资本主义矛盾的发展过程，把握其矛盾运动的规律，从中找出解决矛盾的方法。

马克思、恩格斯批判地吸收了英国古典政治经济学的精华，创立了剩余价值理论，使之成为科学社会主义的第二大理论基石。

英国古典政治经济学的代表人物是威廉·配第、亚当·斯密和大卫·李嘉图。他们提出了劳动价值论，论证了劳动创造的价值乃是工资、利润和地租的源泉，认为工人、地主和资本家是构成资本主义社会的三大基本阶级，并区分了与之相适应的三种基本收入形式：工资、利润和地租。马克思认为："斯密认识到了剩余价值的真正起源。"[1] 而"李嘉图揭示并说明了阶级之间的经济对立"[2]。马克思在批判地吸收英国古典政治经济学的基础上，深入研究了资本主义的本质，揭露了资本主义剥削的秘密，提出了剩余价值学说。

剩余价值学说认为，劳动力成为商品是剩余价值生产的先决条件。资本家在市场上按劳动力一天的价值购买了这种有特殊剩余价值的商品后，强迫他整天工作。假如工人在一天中某一段时间的劳动中就能创造出补偿其生活费用的产品，那么他在这一天其余时间里生产的就是资本家不付报酬的产品，这部分价值完全被资本家无偿地拿走。这就是剩余价值的源泉、资产阶级财富的源泉，这就是资本主义生产方式的秘密。在这里，马克思完全摒弃了科学社会主义对资本主义的纯粹道义的谴责，而是用经济学的方法说明了资本主义的本质，揭露了资本主义社会的发展规律，并找到了改变资本主义社会、实现共产主义新社会的革命阶级即现代无产阶级，同时也提出"剥夺剥夺者"这一改造资本主义社会的现实途径。对于剩余价值学说创立的意义，恩格斯后来曾明确地指出："这个问题的解决是马克思著作的划时代功绩。这个问题的解决使明亮的阳光照进了经济学的各个领域，而在这些领域中，从前社会主义者也曾像资产阶级经济学家一样在深沉的黑暗中摸索。科学社会主义就是以这个问题的解决为起点，并以此为

---

[1] 《马克思恩格斯全集》中文1版，第26卷第一册，人民出版社1972年版，第58页。
[2] 《马克思恩格斯全集》中文1版，第26卷第二册，人民出版社1973年版，第183页。

中心的。"①

剩余价值学说阐明了无产阶级的历史地位和历史使命，找到了终结资本主义、实现社会主义的物质力量。它启发无产阶级：推翻资本主义生产方式，最后消灭阶级，是无产阶级的历史使命。

三、《共产党宣言》的发表标志着科学社会主义的诞生

（一）《共产党宣言》的基本思想

马克思、恩格斯在创立科学社会主义理论的过程中，自觉地把科学理论运用于工人运动的实践，积极推进建立无产阶级革命政党的活动，他们把工作重点放在改造正义者同盟上。该组织原是流亡在英法等国的德国手工业工人于 1836 年建立的工人政党组织。1847 年 6 月，正义者同盟在伦敦举行改组大会。根据马克思和恩格斯的提议，大会将正义者同盟更名为共产主义者同盟，用"全世界无产者联合起来"取代了"人人皆兄弟"的旧口号。1847 年 11 月底至 12 月中旬，共产主义者同盟第二次代表大会在伦敦召开。大会经过长时间辩论，最终完全接受马克思和恩格斯提出的新理论和新原则，并委托他们为共产主义者同盟起草一个以科学社会主义理论为指导的纲领。会后，马克思和恩格斯经过充分酝酿，最后由马克思执笔完成纲领的起草工作。这就是共产主义运动史上第一个周详的理论和实践的党纲——《共产党宣言》。1848 年 2 月，《共产党宣言》发表，标志着科学社会主义的诞生。

《共产党宣言》包括马克思主义理论的基本内容，"以天才的透彻而鲜明的语言描述了新的世界观，即把社会生活领域也包括在内的彻底的唯物主义、作为最全面最深刻的发展学说的辩证法、以及关于阶级斗争和共产主义新社会创造者无产阶级肩负的世界历史性的革命使命的理论"②。《共产党宣言》以唯物史观为基础，深刻分析了人类社会特别是从封建社会到现代资本主义社会变迁的历史以及资本主义的社会结构，全面阐述了科学社会主义的基本原理。

第一，关于阶级斗争理论。《共产党宣言》指出，自原始公社制度解

① 《马克思恩格斯选集》第 3 卷，人民出版社 2012 年版，第 584 页。
② 《列宁选集》第 2 卷，人民出版社 2012 年版，第 416 页。

体，以往的社会的历史都是阶级斗争的历史。随着资本主义的发展，类似的历史上已经发生过的"现代生产力反抗现代生产关系、反抗作为资产阶级及其统治的存在条件的所有制关系"①的运动又开始了，资产阶级用以推翻封建制度的武器，现在却对准了资产阶级自己，而且资本主义社会还生产了运用这种武器的力量——无产者。资产阶级时代社会阶级的对立简化为资产阶级与无产阶级之间的对立、斗争，斗争的结果是资产阶级的必然灭亡和无产阶级的必然胜利。

第二，关于无产阶级的历史使命。马克思、恩格斯在《共产党宣言》中分析了无产阶级的历史地位，深入论证了无产阶级充当资产阶级掘墓人的历史使命。《共产党宣言》指出，无产阶级是机器工业的产物，是先进生产力的代表，是最有组织性和纪律性的阶级。在资本主义制度下，无产阶级处于社会的最底层，受剥削、受压迫最深重，这决定了无产阶级是最革命的阶级。无产阶级的历史使命是领导受压迫的劳苦群众，推翻资本主义制度和建立新社会，用暴力革命推翻现存的社会制度，进行社会革命，是无产阶级实现自己的历史使命、获得解放的根本途径。无产阶级的社会革命是为绝大多数人谋利益的运动。

第三，关于无产阶级专政思想。《共产党宣言》指出，无产阶级要通过社会革命，夺取政权，使自己上升为统治阶级，争得民主，建立无产阶级专政；其后的主要任务是利用自己的政治统治，消灭旧的生产关系，废除私有制，即逐步夺回资产阶级的全部资本，把一切生产工具都集中在国家手里，尽可能地增加生产力总量，从而消灭经济对立和阶级存在的条件，并满足全体社会成员的需要。

第四，关于无产阶级的建党思想和策略原则。马克思、恩格斯在《共产党宣言》中第一次阐明无产阶级政党的基本思想，指出：无产阶级政党是由无产阶级中的先进分子组成的，始终代表了这个无产阶级的利益，代表这个工人运动的利益；共产党人坚持最高纲领和最低纲领的统一。在为工人阶级的最近目的和利益斗争的同时代表运动的未来，共产主义者的最终目标是消灭阶级对立和阶级差别，最终实现共产主义。未来实现社会主义和共产主义，无产阶级政党必须坚持国家主义原则，制定正确的策略，

---

① 《马克思恩格斯选集》第 1 卷，人民出版社 2012 年版，第 406 页。

团结一切民主政党，支持一切反对现存制度的革命行动。

《共产党宣言》第一次比较全面地阐述了科学社会主义的基本理论，体现了科学社会主义形成时期马克思、恩格斯在理论上的最高成就。其发表有着极为重要的理论意义和实践意义。

第一，《共产党宣言》的发表标志着科学社会主义的形成。关于科学社会主义的思想，马克思、恩格斯曾在《〈黑格尔法哲学批判〉导言》《论犹太人问题》《政治经济学批判大纲》《德意志意识形态》等著作中提出来了，但不完整、不系统。《共产党宣言》是马克思主义的第一个规律性文件，它第一次比较全面地阐述了科学社会主义的基本原理，有力地驳斥了资产阶级及其辩护士对共产主义的攻击和诽谤，深刻地批判了五花八门的社会主义的谬论，划清了科学社会主义与各种冒牌社会主义的界限；它深含着唯物史观和剩余价值学说的理论基础，标志着马克思在哲学领域的伟大变革已经完成，唯物主义历史观的基本原理已经奠定，标志着马克思和恩格斯已经基本发现剩余价值的源泉，剩余价值学说的一系列主要观点已经奠定。所以，《共产党宣言》的发表，表明基于现实基础上的科学社会主义已经诞生，社会主义思想史的伟大革命已经开始。

第二，《共产党宣言》的问世标志着马克思主义与工人运动的结合。《共产党宣言》是世界上第一个无产阶级政党实践的党纲，第一次向全世界公开阐明共产党人"自己的观点、自己的目的、自己的意图"①，表明科学社会主义不是少数文人在与世隔绝的书斋中炮制的玄学臆想，而是因无产阶级斗争需要而产生，为无产阶级解放斗争的实践服务，并随着实践的发展而不断丰富和完善的革命理论；它表明无产阶级已经摆脱了自发、分散的斗争状态，有了明确的阶级意志和系统的理论武器，并在科学理论指导下自觉组织，开展斗争。这样，工人运动与科学社会主义正式结合。

第三，《共产党宣言》的问世为国际共产主义运动树立了一面旗帜。其基本原理为无产阶级政党指明了方向，此后许多国家的无产阶级按照《共产党宣言》的原则和要求组建自己的政党、开展无产阶级革命运动。《共产党宣言》所揭示的真理、提出的奋斗目标和"全世界无产者联合起来"的战斗口号，激发了不同国家、不同民族的工人阶级紧密联系，相互支援，

---

① 《马克思恩格斯选集》第 1 卷，人民出版社 2012 年版，第 399 页。

共同奋斗，展开了推翻资产阶级统治，建立无产阶级政权的伟大斗争，改变了人类近现代历史的发展方向，使得无产阶级革命实践和社会主义制度建设在部分国家成为现实。可以说，《共产党宣言》引导了国际共产主义运动的发展，对世界历史产生了深远的影响。

马克思、恩格斯先后为《共产党宣言》写了七个序言，以适应不同国家工人运动发展的需要。《共产党宣言》的传播史"在很大程度上反映了现代工人运动的历史"，也显示了《共产党宣言》作为科学社会主义理论的主要载体对传播科学社会主义的重大作用。当《共产党宣言》刚发表时，科学社会主义还不为工人阶级的大多数所了解。然而在19世纪后半期，随着它被翻译成十几种文字在欧美各国发行，科学社会主义就不再只是受少数先进分子欢迎，而是为广大工人群众所接受，进而成为"从西伯利亚到加利福尼亚的千百万工人公认的共同纲领"①，欧美各国的工人运动突飞猛进地开展起来。1917年俄国十月革命取得胜利，社会主义从理论变成现实。在随后短暂的30多年里，社会主义从一国发展到多国，特别是中国走上社会主义道路，在理论上和实践上都对科学社会主义的发展做出了重大贡献。可以说，世界各国的工人阶级和先进知识分子在很大程度上是因《共产党宣言》而结缘马克思和恩格斯，因《共产党宣言》而接受了马克思主义。科学社会主义在《共产党宣言》发表后一个多世纪里，无论在理论上还是实践上都取得伟大胜利。所以，《共产党宣言》开辟了科学社会主义暨马克思主义全球传播的新时代。

（二）科学社会主义与空想社会主义的区别

由于历史观和方法论的根本性差异，空想社会主义和科学社会主义存在以下重大区别：

第一，空想社会主义者普遍同情无产阶级，但是都不了解无产阶级的历史使命。他们或者寄希望于出现新的救世主，或者对统治阶级抱有幻想。科学社会主义的创始人根据历史唯物主义和剩余价值学说，第一次阐明了无产阶级的历史使命，指出无产阶级是资本主义的掘墓人和社会主义社会的创造者。

第二，空想社会主义者反对暴力革命，否认阶级斗争。但是科学社会

---

① 《马克思恩格斯选集》第1卷，人民出版社2012年版，第384页。

主义创始人根据对资本主义产生、发展和必然灭亡的客观规律的分析，得出了无产阶级社会主义革命必然发生的结论，科学社会主义指明，无产阶级革命是人类历史上最深刻的革命。革命的根本问题是国家政权问题，无产阶级必须用暴力革命推翻全部现存社会制度，打碎资产阶级的国家机器，建立新的国家。

第三，关于未来社会政权的性质问题，空想社会主义者根本没有提及。科学社会主义创始人首次提出无产阶级专政的学说，指出了阶级斗争必然要导致无产阶级专政。无产阶级只有打碎旧的国家机器，代之以无产阶级专政，才能达到自己的目的。实行无产阶级专政不过是达到消灭一切阶级进入无产阶级社会的过渡。

第四，在空想社会主义史上，一些思想家如闵采尔、温斯坦莱、巴贝夫、布朗基等人曾在政治运动中尝试建立某种组织来推进，科学社会主义创始人曾高度评价过这类政治组织。但是，这些政治组织或者带有涣散性和不稳定性，或者带有某种密谋性和宗派性，都没有科学的革命理论指导，都不是无产阶级政党。而科学社会主义创始人不仅全面提出了无产阶级政党学说，并且进行了建立这种政党的伟大革命实践。

第五，空想社会主义者批判过资本主义生产方式及其后果，但当时不能科学地说明这种生产方式的历史地位，不懂得"扬弃"的价值。有的甚至混同了资本主义发展的对抗形式和资本主义发展的内容本身，错误地对资本主义生产力发展的成果采取简单否定态度。与空想社会主义不同，科学社会主义能够辩证地看待资本主义，认为新的社会制度应该广泛汲取资本主义所取得的一切积极成果。

第六，空想社会主义者绞尽脑汁地详细设计了未来社会制度，但他们都不知道未来社会由于阶级成熟程度不同，将形成不同的历史发展阶段，而是把未来社会制度视为一次成型的、完美的并可以立即实现的社会制度。科学社会主义创始人则强调共产主义社会到来的物质前提，反对超越这一前提的各种冒进，把共产主义社会看作是不断发展、不断改革的社会，认为共产主义社会有第一阶段，还有高级阶段，在不同阶段实行不同的分配原则。

第二节 科学社会主义在 19 世纪后半叶的实践和发展

一、科学社会主义在 19 世纪后半叶的广泛传播

（一）马克思、恩格斯等人对科学社会主义的积极传播

1848 年欧洲革命失败后，马克思、恩格斯通过理论研究和宣传，将所创立的理论与欧洲各国工人运动相结合，极大地推动了科学社会主义的传播。

首先，马克思和恩格斯发表了一系列著述，不断完善其理论。从 19 世纪 50 年代起，马克思潜心研究政治经济学。1859 年发表《政治经济学批判》第一分册，1867 年出版《资本论》第一卷。马克思还于 1850 年发表《1848 年至 1850 年的法兰西阶级斗争》，1852 年发表《路易·波拿巴的雾月十八日》，对欧洲 1848 年革命的经验进行总结；1871 年发表总结巴黎公社革命的经验教训的《法兰西内战》。恩格斯于 1851 年发表总结 1848 年革命经验教训的《德国的革命和反革命》，1879 年发表《反杜林论》，1884 年出版《家庭、私有制和国家的起源》，1886 年发表《路德维希·费尔巴哈和德国古典哲学的终结》。这些论著的问世，极大地推动了科学社会主义的传播。

其次，在指导各国工人运动和社会主义运动的革命实践中传播科学社会主义。1864 年 9 月，马克思应邀出席国际工人协会（史称第一国际）成立大会，被选为总委员会委员，并担任德国通讯书记。此后直到 1872 年第一国际海牙代表大会，马克思一直担任上述职务。他为总委员会起草了包括《国际工人协会成立宣言》和《国际工人协会临时章程》在内的众多重要文件，为第一国际制定了正确的政治纲领和组织原则，极大地促进了工人运动和社会主义、共产主义运动的发展和科学社会主义的传播。恩格斯在 1870 年迁居伦敦后也被选入总委员会，并先后担任比利时、西班牙和意大利通讯书记。马克思逝世后，恩格斯独自担负起指导国际工人运动和社会主义运动的重任，指导并推动了 1889 年社会主义国际（史称第二国际）的建立及前期活动。除了指导第一国际和第二国际的活动，马克思和恩格

斯还十分关心欧美第一批社会主义政党的建立，帮助他们制定正确的党纲和行动路线。例如，德国工人运动两派——1869 年在爱森纳赫市成立的德国社会民主工党和拉萨尔于 1863 年成立的全德工人联合会在 1875 年实行合并之时，爱森纳赫派的主要领导人同意把拉萨尔的观点写入合并后的党纲。马克思为此专门撰写了《德国工人党纲领批注》，即著名的《哥达纲领批判》，严厉批判了纲领中的拉萨尔主义的观点。两派于 1875 年合并后，针对柏林大学讲师杜林对德国党的影响，恩格斯撰写了《反杜林论》，全面批判杜林主义，系统阐述了马克思主义。再如，马克思直接指导盖德和拉法格草拟了法国工人党 1880 年党纲草案，该党纲的导言部分是马克思口述的。1891 年 6 月，恩格斯写了《1891 年社会民主党纲领草案批判》，即《爱尔福特纲领草案批判》，批判了德国党内的右倾机会主义。

最后，在回击反动派、资产阶级和小资产阶级的攻击中，在与工人运动、社会主义运动内部形形色色的非马克思主义思潮的斗争中传播科学社会主义。1848 年革命失败后，德国反动当局制造了科隆共产党人审判案。为了反击反动派的诬蔑，为被捕的共产党人辩护，马克思、恩格斯分别撰写了《揭露科隆共产党人案件》《最近的科隆案件》等文章，先后在瑞士、美国等地发表。后来德国的小资产阶级民主主义者卡尔·福格特出版《我对〈总汇报〉的诉讼》一书，诽谤马克思和他的共产主义者同盟，马克思又出版论战性的著作《福格特先生》一书，再次系统阐述了共产主义者同盟的历史。1871 年巴黎公社革命爆发后，马克思撰写文章介绍公社情况，驳斥资产阶级对公社的诬蔑和攻击。巴黎公社失败后发表的《法兰西内战》，既是一部深刻总结巴黎公社经验教训的理论著作，也是一部为巴黎公社辩护的论战性檄文。这些论著的发表，既批驳了政敌的种种诋毁和歪曲，又有效传播了科学社会主义。与此同时，在指导国际工人运动、社会主义运动的过程中，马克思、恩格斯对第一国际内部的拉萨尔主义、蒲鲁东主义、工联主义、巴枯宁主义以及第二国际内部的无政府主义和右倾机会主义都进行了深刻的批判和斗争，捍卫并宣传了科学社会主义。

在这一时期，除了马克思、恩格斯，一批杰出的马克思主义理论家和活动家也为科学社会主义的广泛传播做出了重大的贡献。如德国社会民主工党领袖威廉·李卜克内西、奥古斯特·倍倍尔、卡尔·考茨基，法国工人运动活动家茹尔·盖德和保尔·拉法格，俄国工人运动活动家和理论家格·

瓦·普列汉诺夫，美国工人党（后改称北美社会主义工人党）领袖弗·阿·左尔格等。他们不仅传播科学社会主义，而且为科学社会主义结合本国实际做出了创造性的贡献。例如，威廉·李卜克内西精辟地指出，"没有民主的社会主义是臆想的社会主义，正如没有社会主义的民主是虚伪的民主一样"①。民主的国家，是按社会主义原则组成的社会的唯一可能形式。"未来将属于以民主为基础的社会主义和以社会主义为基础的民主。"② 这是社会主义思想史上第一次精辟地分析了社会主义和民主之间的辩证关系。再如，倍倍尔的理论著作《妇女与社会主义》是马克思主义文献中第一部详尽研究妇女问题的著作。又如，考茨基在社会主义思想史上首次提出"社会主义意识是一种从外面灌输到无产阶级的阶级斗争中去的东西，而不是一种从这个斗争中自发地产生出来的东西"③。考茨基对马克思主义的重要原理"灌输论"的科学化和系统化做出了重要贡献，列宁则将考茨基的"灌输论"发扬光大，并在俄国无产阶级革命过程中将其有效运用到革命实践中。

（二）科学社会主义促进了世界社会主义运动的发展

马克思、恩格斯在《共产党宣言》中发出"全世界无产者，联合起来！"的号召，但响应者"寥寥无几"。④ 1848 年欧洲革命失败后世界工人运动进入低谷。但 19 世纪 60 年代后工人运动重新振作，1864 年成立工人自己的国际联合组织国际工人协会，即著名的第一国际（以下简称"国际"）。"国际"自成立到 1876 年解散的 12 年间，先后在欧、美、非三大洲18 个国家建立了支部，会员最多时近百万人。"国际"第一次实现了国际范围内的工人联合，初步展示了国际无产阶级联合斗争的战斗力。"国际"先后召开过五次代表大会、两次代表会议，通过了一系列决议，领导和支持了各国工人阶级开展积极的经济斗争和政治运动。例如，"国际"全力支持了 1866 年英国裁缝工人的罢工、1867 年伦敦火车司机和巴黎铜器工人的罢工、1868 年日内瓦建筑工人的罢工，积极支持了英国、法国、比利时等国

---

① ［德］李卜克内西：《不要任何妥协，不要任何选举协议》，姜其煌等译，生活·读书·新知三联书店 1964 年版，第 7 页。

② ［德］李卜克内西：《不要任何妥协，不要任何选举协议》，姜其煌等译，生活·读书·新知三联书店 1964 年版，第 21 页。

③ 《斯大林选集》上卷，人民出版社 1979 年版，第 44 页。

④ 《马克思恩格斯选集》第 1 卷，人民出版社 2012 年版，第 393 页。

的工人政治运动，声援了波兰起义和爱尔兰的民族解放斗争。在 1871 年巴黎公社革命期间，"国际"给予了高度的关注和积极的支持，许多成员参加了巴黎公社革命，公社失败后，"国际"又积极营救和救济公社流亡者。"国际"的这些活动，有力地冲击了资本主义制度和资产阶级的统治，提高了工人阶级的觉悟。"国际"广泛传播科学社会主义，初步奠定了科学社会主义在国际工人运动中的主导地位。马克思主义者在"国际"内部同工联派、蒲鲁东派、巴枯宁派、拉萨尔派进行了艰苦的斗争，使科学社会主义在同形形色色的社会主义思潮的交锋和斗争中得到传播。科学社会主义在欧美各国的广泛传播并逐渐与各国工人运动相结合，促进了这些国家工人阶级政党的建立。从 19 世纪 70 年代起，欧美国家工人阶级政党纷纷组建。1869 年，德国社会民主工党建立。这是世界上第一个在民族国家范围内建立的以科学社会主义为指导的无产阶级政党。随后，一大批社会主义工人政党在欧洲其他国家也相继建立，如瑞士社会民主党（1870 年）、丹麦国际工人联盟（1871 年）、瑞士工人联合会（1873 年）、匈牙利工人党（1873 年）、奥地利社会民主党（1874 年）、葡萄牙社会党（1875 年）、美国工人党（1876 年）、丹麦社会民主工党（1876 年）、捷克社会民主党（1878 年）、墨西哥社会党（1878 年）、法国社会党（1902 年）、西班牙社会党（1879 年）比利时社会党（1879 年）、英国民主联盟（1881 年）、荷兰社会民主联盟（1881 年）、意大利工人党（1882 年）、波兰"无产者党"（1882 年）、比利时工人党（1885 年）、挪威工人党（1887 年）、瑞典社会民主工党（1889 年）等。

欧美各国社会主义政党的建立和发展，促进了国际社会主义运动的繁荣。首先，各国社会主义政党推动了国际工人运动。工人们通过罢工斗争，充分利用各种报刊和议会讲坛维护自身的利益，争取劳工立法成效显著。其次，各国社会主义政党大力宣传马克思主义，出版了马克思和恩格斯的许多著述。例如，《共产党宣言》在欧美各国被译成十多种文字出版且多次再版，恩格斯 1880 年撰写的科学社会主义入门著作《社会主义从空想到科学的发展》十余年间也被译成十余种文字。一些工人运动领袖和马克思主义宣传家还撰写了大量宣传马克思主义、指导工人运动的理论著作，如德国卡尔·考茨基的《马克思的经济学说》，法国拉法格的《工人政党和资本主义国家》，俄国普列汉诺夫的《社会主义与政治斗争》《我们的意见分歧》

等，这些著述提高了工人阶级的觉悟，促进了科学社会主义与各国工人运动相结合。最后，各国社会主义政党为新的无产阶级国际组织的形成和发展奠定了广泛的政党基础。第二国际便是建立在各国独立的社会主义政党基础之上的一个国际工人运动的协调组织。

从 1889 年第二国际成立到 1914 年第一次世界大战爆发为止，已有约 30 个社会主义政党加入了第二国际。第一国际时期，国际社会主义运动主要限于欧洲和美国，第二国际时期，国际社会主义运动已经拓展到世界各大洲，影响深远。譬如，第二国际召开九次代表大会，通过了关于国际劳工立法、关于经济斗争和政治斗争的关系、关于实行八小时工作制、关于限制使用女工和童工、关于实施劳动保护法等决议，这些决议都是针对资本主义剥削制度而有利于工人阶级和广大劳动群众的。这些决议对于教育工人阶级、提高工人觉悟意义重大。1889 年巴黎代表大会通过关于纪念五一国际劳动节的决议，对于团结各国工人阶级共同战斗，意义非凡。欧美许多国家的无产阶级及其政党为了贯彻第二国际的决议，开展了规模巨大的抗议活动。在工人运动的强大压力下，不少国家不得不颁布一系列有利于保护工人利益的法律，"五一国际劳动节"就是这一斗争的伟大成果。这一时期，各国社会主义政党充分利用议会斗争来彰显自己的主张并取得重大成就。1904—1909 年间，法国、奥地利、美国等 17 个国家的社会主义政党在议会选举中共获得 800 多万张选票。德国社会民主党更是成绩斐然，逐渐成为国会中的第一大党。

二、科学社会主义理论在实践中进一步发展

（一）马克思、恩格斯的议会民主和平过渡与坚持工人民主共和国的思想

主张无产阶级用暴力革命夺取政权是马克思和恩格斯重要的主张。1848 年欧洲革命失败后，马克思在总结这次革命的经验教训时，阐明了无产阶级革命"不应该再像以前那样把官僚军事机器从一些人手里转到另一些人的手里，而应该把它打碎，这正是大陆上任何一次真正的人民革命的先决条件"①。在总结巴黎公社经验教训时，马克思进一步把这种思想概括为：

---

① 《马克思恩格斯选集》第 4 卷，人民出版社 2012 年版，第 493 页。

无产阶级不能"简单地掌握现存的国家机体并运用这个现成的工具来达到自己的目的"①，并将其作为对《共产党宣言》的重大修改和补充写进了《共产党宣言》1872 年德文版序言。但是，1871 年巴黎公社失败后，欧洲资本主义进入相对和平稳定的发展时期，法、德等国议会民主政治有所发展，社会主义政党在议会斗争中取得越来越多的席位。根据形势的发展，马克思和恩格斯开始强调运用和平与暴力两种手段进行斗争的必要性："我们应当向各国政府声明：我们知道，你们是对付无产阶级的武装力量；在我们有可能用和平方式的地方，我们将用和平的方式反对你们，在必须用武器的时候，则用武器。"② 马克思明确表示："我们从来没有断言，为了达到自己的目的，到处都应该采取同样的手段。"他于 1872 年在阿姆斯特丹群众大会演讲中明确指出，必须考虑到各国的制度、风俗和传统；我们也不否认，有些国家，像美国、英国和荷兰，工人可能用和平手段达到自己的目的。③ 进入 19 世纪末期，欧洲资本主义社会的发展状况较之 1848 年欧洲革命时期有了巨大的变化。据此，恩格斯指出，历史已"完全改变了无产阶级进行斗争的条件"，"旧式的起义，在 1848 年以前到处都起过决定性作用的筑垒巷战，现在大大过时了"。"对旧策略必须加以修正。德国人作出的利用选举权夺取我们所能夺取的一切阵地的榜样，到处都有人效法。"④ "世界历史的讽刺把一切都颠倒过来了。我们是'革命者'、'颠覆者'，但是我们用合法手段却比用不合法手段和颠覆的办法获得的成就要多得多。"⑤ 恩格斯特别强调了普选权对无产阶级及其政党的重要性。也就是按照真正的民主的精神使普选制更好地为人民服务，让人民挑选出合适的社会公仆。马克思、恩格斯详细地阐明了无产阶级对待资产阶级民主共和制所采取的态度：首先，民主共和制是最进步的一种国家主权组织形式，无产阶级夺取政权之前应当为争取民主共和制而斗争。其次，民主共和制的性质由它的内容来决定。无产阶级要最终获得解放，最终还是要把资产阶级的民主共和国变成无产阶级的民主共和国。最后，马克思、恩格斯把 1871 年巴黎

---

① 《马克思恩格斯选集》第 3 卷，人民出版社 2012 年版，第 163 页。
② 《马克思恩格斯全集》第 17 卷，人民出版社 1963 年版，第 700 页。
③ 《马克思恩格斯全集》第 18 卷，人民出版社 1964 年版，第 179 页。
④ 《马克思恩格斯选集》第 4 卷，人民出版社 2012 年版，第 394 页。
⑤ 《马克思恩格斯选集》第 4 卷，人民出版社 2012 年版，第 396 页。

工人创建的"议会与行政合一"的巴黎公社式民主共和国看成是无产阶级国家政权的典型形式。

（二）马克思、恩格斯关于落后国家可能不通过资本主义过渡到社会主义的思想

19 世纪 70—80 年代，马克思的视线逐渐东移。1848 年后欧洲资本主义进入一个繁荣时期，而 1871 年的巴黎公社革命"也和 1848 年突然袭击一样，都没有什么成果"①；东方世界的革命运动却会呈现出日益高涨之势，马克思开始把注意力转向东方社会。他认为，东方社会具有不同于西方社会的特点，如东方社会很少有古希腊罗马那种典型的奴隶制形态，奴隶制与封建制度的区别不大。再如，由于土地公有和中央集权的制约，农民脱离土地的进程极其艰难，结果是西欧已经普遍实行了早期资本主义的工业化，而东方社会仍处于前资本主义的形态。那么，处于欧洲之外的广大东方世界会沿着什么方向发展呢？是重复走资本主义的老路，还是另辟蹊径？科学社会主义理论必须回答这个问题。马克思对此进行了艰苦的研究，留下来大批文献，恩格斯对此问题也有论述。

1877 年，马克思在写给俄国《祖国纪事》杂志编辑部的信中，明确表示不同意自己在《资本论》中关于资本主义产生的必然性的分析原封不动地移到东方社会。在 1881 年致俄国女社会活动家查苏利奇的信中，马克思再次明确表示，《资本论》对资本主义产生的历史性的分析明确地限于西欧各国②，他认为人类历史的发展是多线条的，是多样性的统一。如俄国的"农村公社"在全国范围内广泛地保存下来，同资本主义的生产方式并存。而在西欧各国，这种原始的"农村公社"早在日耳曼部落占领意大利、西班牙、高卢等地时就基本上不存在了，只有个别的公社经历了中世纪的所有波折而零星地保存下来，就像稀有的残存的怪物一样。这就是历史进化的多样性。以此类推，人类向共产主义社会的演进也未必只有西欧资本主义发展一途，东方社会或许会走上与西方国家完全不同的发展道路。东方社会特别像俄国、印度等国，存在两种进化的可能性。马克思深入剖析了俄国村社的二重性质，认为俄国农村公社的发展存在两种前途："或者是它

---

① 《马克思恩格斯选集》第 4 卷，人民出版社 2012 年版，第 387 页。
② 《马克思恩格斯选集》第 3 卷，人民出版社 2012 年版，第 820 页。

的私有制因素战胜集体因素，或者是后者战胜前者。"① 1861 年俄国开始了废除农奴制的改革，资本主义发展由此起步，资本主义生产方式的发展直接冲击着俄国原始的土地公有制：它一步一步沦为"商业、地产、高利贷随意剥削的任人摆布的对象"，而"这种外来的压迫激发了公社内部原来已经产生的各种利益的冲突，并加速了公社的各种瓦解因素的发展"②。这样发展下去的结果，俄国便不可避免地步西欧各国的后尘，走上资本主义道路。但历史的发展确实还存在另外一种可能，那就是农村公社继续保全下来，这就使俄国可以不通过资本主义制度的卡夫丁峡谷③，"而把资本主义制度所创造的一切积极的成果用到公社中来"④。但是，这种可能性的实现是有严格条件的。马克思、恩格斯在1882年《共产党宣言》俄文版序言中写道："假如俄国革命将成为西方无产阶级革命的信号而双方互相补充的话，那么现今的俄国土地公有制便能成为共产主义发展的起点。"⑤ 对于这一点，恩格斯说得更明白：要想保全这个残存的公社，必须首先推翻沙皇专制制度，必须在俄国进行革命。俄国革命不仅会把大部分俄国农民从封闭的狭隘的天地里解放出来，同时它也"会给西方的工人运动以新的推动，为它创造新的更好的斗争条件，从而加速现代工业无产阶级的胜利"。假如没有这种胜利，"目前的俄国无论是在公社的基础上还是在资本主义的基础上，都不可能达到社会主义的改造"⑥。

在这里，马克思提出了俄国有可能跨越资本主义制度的"卡夫丁峡谷"的著名论断。马克思用"卡夫丁峡谷"比喻资本主义制度，"通过资本主义的卡夫丁峡谷"即遭受资本主义制度所带来的一切苦难和波折，通过"资本主义制度的卡夫丁峡谷"，意在说明落后国家在一定条件下可以超越资本

---

① 《马克思恩格斯选集》第 3 卷，人民出版社 2012 年版，第 837 页。
② 《马克思恩格斯选集》第 3 卷，人民出版社 2012 年版，第 827 页。
③ 公元前 321 年第二次萨姆尼特战争时期，萨姆尼特人在古罗马卡夫丁城（今意大利蒙泰萨尔基奥）附近的卡夫丁峡谷包围并击败了罗马军队。按照意大利双方交战的惯例，罗马军队必须在由长矛交叉构成的"轭形门"下通过。这被认为是对战败军队的最大羞辱。"通过卡夫丁峡谷"（"通过卡夫丁轭形门"）一语即由此而来。——转引自《马克思恩格斯选集》第 3 卷，人民出版社 2012 年版，第 1112 页注释 449。
④ 《马克思恩格斯选集》第 3 卷，人民出版社 2012 年版，第 825 页。
⑤ 《马克思恩格斯选集》第 1 卷，人民出版社 2012 年版，第 379 页。
⑥ 《马克思恩格斯选集》第 4 卷，人民出版社 2012 年版，第 321 页。

主义的充分发展阶段，从而避免资本主义制度所带来的一切不幸和灾难。

在马克思看来，当时俄国还没有经历纯粹的资本主义发展阶段，是一个经济、文化比较落后的国家，不可能首先爆发社会主义革命，也不具备走向社会主义的物质条件和社会力量，但这绝不意味着俄国必须走资本主义道路。俄国是一个军事专制国家，是欧洲专制势力的代表，是反革命的堡垒和后备军，如果俄国发生革命，就意味着欧洲的形势发生了变化，它会推动欧洲的社会主义革命。同样，如果西欧国家无产阶级社会主义革命取得胜利，从而为俄国做出榜样，并提供必要条件，使俄国有可能大大缩短自己向社会主义社会的发展过程，这样，如果俄国能吸收资本主义生产力创造的积极成果，其农村公社经过改造，可以成为俄国社会新生的支点，从而避免西方国家走资本主义道路时不得不经历的各种苦难。

当然，马克思和恩格斯认为落后国家"跨越资本主义卡夫丁峡谷"进入社会主义是有条件的，他们对俄国民粹派观点的看法是有严格的限定条件，其构想表达了两层含义：其一，作为一种社会制度、一种生产关系，资本主义在特定的历史条件下是可以跨越的，其发展表现为非连续性的特点；其二，作为一个自然历史的过程，社会生产力的发展却是连续的、不可跨越的——即吸取和借鉴资本主义社会所积聚起来的巨大生产力和其他文明成果是落后国家过渡到社会主义的必备前提——这是"跨越论"的合理内核。"跨越论"所讨论的尽管只是一种可能出现的历史特例，但其核心内涵符合马克思主义的一贯主张：在生产力和生产关系的辩证统一中，生产力是最革命、最活跃的因素，它起决定性的作用。若不能借鉴西欧资本主义高度发达的社会生产力，那么，"较低的经济发展阶段解决只有高得多的发展阶段才产生了的和才能产生的问题和冲突，这在历史上是不可能的。"①

---

① 《马克思恩格斯选集》第 4 卷，人民出版社 2012 年版，第 312 页。

第三节　科学社会主义的理论体系和基本原则

一、科学社会主义的理论体系

（一）马克思和恩格斯对资本主义的批判

马克思和恩格斯以唯物史观和剩余价值学说为基础来批判资本主义，全面回答了资本主义灭亡的历史原因、变革资本主义的社会力量以及实现道路这三大问题。具体而言，马克思、恩格斯从资本主义的经济根源中论证了资本主义灭亡的历史依据，将对资本主义的否定升华为一种社会历史发展学说，其中包含了"两个必然"与"两个决不会"相统一的思想，以及无产阶级革命、无产阶级专政和无产阶级政党的学说。这些理论创新，使得变革资本主义有了科学的指南。

1. 资本主义基本矛盾学说

马克思、恩格斯认为，人类社会的基本矛盾推动人类社会由低级向高级不断发展。这一基本矛盾即生产力和生产关系、经济基础和上层建筑的矛盾，而生产力和生产关系的矛盾又是最基本的矛盾，其中生产力是社会发展的最终决定力量。一定社会的生产力要求有一定的生产关系和上层建筑与之相适应，如果不适应，或迟或早会发生社会变革。人类社会形态的更迭就是社会基本矛盾运动的结果。

资本主义生产方式的确立大大促进了社会生产力的发展，但其本质仍然是以一种私有制代替另外一种私有制、一种剥削制度代替另外一种剥削制度，存在不可克服的内在矛盾。由于社会基本矛盾的运动，资本主义必然会被更高级的社会所取代。资本主义基本矛盾是生产的社会化与资本主义私人占有制之间的矛盾。随着资本主义的发展，"社会化生产和资本主义占有的不相容性，也必然越加鲜明地表现出来"①。生产的社会化与资本主义私人占有之间的矛盾就是资本主义生产方式的基本矛盾。这一矛盾已经

---

① 《马克思恩格斯选集》第3卷，人民出版社2012年版，第658页。

包含了现代一切冲突的萌芽。正是这个基本矛盾的存在和发展，导致了资本主义社会的一些矛盾和危机。

资本主义基本矛盾在阶级关系上表现为无产阶级与资产阶级的矛盾。在资本主义条件下，资产阶级财富的积累和无产阶级贫困这两个极端的积累，既是对立的，又是互为条件、恶性循环的。在资本主义条件下，无产阶级的阶级地位决定了这个阶级要求破除生产资料的资本主义私人占有，实现生产资料的社会占有，以实现自身的解放。因此，无产阶级与资产阶级的目的是不可调和的，无产阶级必然要开展反对资产阶级的斗争。

2. "两个必然"与"两个决不会"的学说

马克思、恩格斯通过对资本主义基本矛盾发生发展的规律进行研究后，在《共产党宣言》中明确指出："资产阶级的灭亡和无产阶级的胜利是同样不可避免的。"① 这一定论被后人归纳为马克思恩格斯"两个必然"思想的经典表述。②

马克思、恩格斯在创立科学社会主义理论时，资本主义在西欧刚刚进入快速发展的初期，资产阶级的政治、经济统治还很不成熟，资本主义的自我调节能力还很差，经济危机频繁发生，资本主义基本矛盾随时表现为极为尖锐的阶级矛盾，社会革命暗流涌动。正是这样的历史条件，使得马克思、恩格斯还不能充分认识到资本主义日后显现出来的强大的自我调节能力。因此，马克思和恩格斯在对资本主义灭亡的历史依据和总趋势做出科学剖析的同时，对无产阶级革命很快会在欧洲各国同时爆发，也做出了比较乐观的估计，他们坚信资本主义的灭亡已为期不远了。然而，后来的历史发展却复杂得多，无产阶级革命并没有在欧洲各国成片爆发，特别是1848 年欧洲革命失败后，资本主义又有了新的发展，马克思、恩格斯开始修正原来乐观的估计。马克思在1850 年指出："在这种普遍繁荣的情况下，即在资产阶级社会的生产力正以在整个资产阶级关系范围内所能达到的速

---

① 《马克思恩格斯选集》第 1 卷，人民出版社 2012 年版，第 413 页。

② "几乎所有教科书、论文和专著，都将'两个必然'说成是马克思说的'社会主义必然胜利，资本主义必然灭亡'。其实，马克思本人并没有明确说过这句话，尽管他阐述过这一思想。应该看到，'社会主义必然胜利，资本主义必然灭亡'与'资产阶级的灭亡和无产阶级的胜利是同样不可避免的'这两个判断，是既有联系，也有区别的。"转引自顾海良、梅荣政主编：《科学社会主义理论与实践》，武汉大学出版社 2006 年版，第 58 页，脚注 2。

度蓬勃发展的时候，也就谈不到什么真正的革命。"① 资本主义仍然有发展的空间，铲除资本主义制度的无产阶级革命将需要一个更长的准备时期。在社会实践检验科学理论的过程中，马克思、恩格斯产生了"两个决不会"的思想。

1859 年马克思对唯物史观关于社会基本矛盾运动的规律做了精辟的阐述："人们在自己生活的社会生产中发生一定的、必然的、不以他们意志为转移的关系，即同他们的物质生产力的一定发展阶段相适合的生产关系。这些生产关系的总和构成社会的经济结构，即有法律的和政治的上层建筑竖立其上并有一定的社会意识形式与之相适应的现实基础。……社会的物质生产力发展到一定阶段，便同他们一直在其中运动的现存生产关系或财产关系（这只是生产关系的法律用语）发生矛盾。于是这些关系便由生产力的发展形式变成生产力的桎梏。那时社会革命的时代就到来了。随着经济基础的变更，全部庞大的上层建筑也或慢或快地发生变革。"② 正是依据这一科学分析，马克思推导出一个重要结论："无论哪一个社会形态，在它所能容纳的全部生产力发挥出来以前，是决不会灭亡的；而新的更高的生产关系，在它的物质存在条件在旧社会的胎胞里成熟以前，是决不会出现的。"③ 这就是被人们简称为马克思、恩格斯"两个决不会"思想的经典表述。

"两个决不会"思想的提出，既是对资本主义矛盾运动深刻揭示的科学结论，又是对当时革命斗争实践经验的理论概括。"两个决不会"思想不是对"两个必然"的否定，而是"两个必然"在理论上的深化，两者强调了不同的侧重点，但又有密切的联系。"两个必然"概括了阶级斗争导致社会形态更迭的历史必然性；"两个决不会"则概括了社会形态更迭时物质条件的制约性。如果说，"两个必然"揭示了社会历史发展的大趋势，那么，"两个决不会"则解释了无产阶级胜利和资产阶级灭亡的长期性和曲折性。

3. 无产阶级革命和无产阶级专政学说

在马克思和恩格斯所创立的科学社会主义理论体系中，无产阶级革命

---

① 《马克思恩格斯选集》第 1 卷，人民出版社 2012 年版，第 541 页。
② 《马克思恩格斯选集》第 2 卷，人民出版社 2012 年版，第 2 – 3 页。
③ 《马克思恩格斯选集》第 2 卷，人民出版社 2012 年版，第 3 页。

理论是其重要组成部分，其基本内容是：无产阶级在其政党——共产党领导下，调节广大人民群众，通过阶级斗争和暴力革命，打碎资产阶级国家机器，建立无产阶级专政，消灭剥削制度。这是变革资本主义的重要手段。

历史唯物主义认为，自原始社会解体以来的人类历史就是一部阶级斗争的历史，它是社会前进的动力。无产阶级反对资产阶级的斗争有三种基本形式：经济斗争、政治斗争和思想（理论）斗争。经济斗争是工人阶级为了改善劳动和生活条件而进行的斗争，是无产阶级斗争的最普遍形式，可以限制剥削并锻炼无产阶级的组织性，提高其政治觉悟，往往成为政治斗争的导火索。政治斗争是无产阶级夺取政权为目标的革命，其目的是推翻资产阶级的统治，解放无产阶级和劳动人民。思想（理论）斗争是无产阶级在意识形态领域同资产阶级和其他形形色色的机会主义思潮的斗争，是无产阶级锻炼和提升自身的理论素养，从"自在"阶级走向"自为"阶级的必要条件。上述三种斗争形式相互联系、相互配合、相互促进，其中决定性的斗争是政治斗争，是撬动资本主义社会变革的巨大杠杆。

马克思、恩格斯认为，暴力革命是无产阶级革命的主要方式，是打碎资产阶级国家机器的重要手段。从现实看，资产阶级不会自动放弃剥削，实现生产资料的社会化，他们必然要利用所掌握的国家机器来镇压无产阶级变革资本主义的诉求。因此，马克思、恩格斯明确地表达："共产党人不屑于隐瞒自己的观点和意图。他们公开宣布：他们的目的只有用暴力推翻全部现存的社会制度才能达到。"[①] 无产阶级革命从性质上说，与过去一切革命不同，因为它是为绝大多数人谋利益的运动，因此，无产阶级必须组成最广大的同盟军，特别是必须组成工农联盟，因为在资本主义制度下，农民和无产阶级一样受到资本家的剥削。除工农联盟外，无产阶级在民主革命阶段，还可以和小资产阶级甚至资产阶级组成反封建的革命联盟，以对付共同的敌人。

马克思、恩格斯还强调，要取得无产阶级革命的胜利，在国际上必须联合全世界无产者共同奋斗。这是因为，资本主义生产方式是一种全球性的社会生产，资本主义制度也成为人类历史上第一种全球性的制度，在资本主义的冲击下，人类历史已经摆脱孤立状态成为世界史。资本主义剥削

---

① 《马克思恩格斯选集》第 1 卷，人民出版社 2012 年版，第 435 页。

和压迫的国际性决定了无产阶级反抗资本主义的斗争也具有国际性特征。着眼于西欧资本主义的发展规律，马克思、恩格斯认为，无产阶级社会主义革命，将首先在生产力布局发达、无产阶级人数众多、资本主义基本矛盾尖锐化的国家，如英国、美国、法国和德国同时发生，才能取得胜利。正因为如此，各国无产阶级应该团结起来，同时，把被压迫民族的解放斗争视为无产阶级革命的主要组成部分，支持被压迫民族争取独立的解放斗争。

马克思、恩格斯在阶级斗争理论的基础上提出了无产阶级专政理论。马克思指出，现代社会存在激烈的阶级斗争早已被过去的历史所证明，"我所加上的新内容就是证明了下列几点：（1）阶级的存在仅仅同生产发展的一定历史阶段相联系；（2）阶级斗争必然导致无产阶级专政；（3）这个专政不过是达到消灭一切阶级和进入无阶级社会的过渡……"[1] 马克思、恩格斯认为，无产阶级反对资产阶级的斗争特别是作为政治斗争的无产阶级革命的"第一步就是使无产阶级上升为统治阶级，争得民主"[2]，然后，"无产阶级将利用自己的政治统治，一步一步地夺取资产阶级的全部资本，把一切生产工具集中在国家即组织成为统治阶级的无产阶级手里，并且尽可能快地增加生产力的总量"。[3] 由于资产阶级必然会运用自己还掌握的各种力量反抗无产阶级对剥夺者的剥夺，因而在实现共产主义之前，必然要实行无产阶级专政。无产阶级专政的历史使命是消灭一切阶级，使社会过渡到共产主义。

4. 无产阶级政党学说

马克思、恩格斯在为世界上第一个工人阶级政党——共产主义者同盟起草的纲领《共产党宣言》中，深刻阐明了无产阶级要取得革命胜利并改造社会而组织其自己独立的革命政党的必要性。无产阶级只有建立自己的政党即共产党，才能作为一个"自为"的阶级来行动。无产阶级斗争的历史表明，无产阶级单靠分散的自发斗争是不可能取得胜利的，马克思指出："无产阶级在反对有产阶级联合力量的斗争中，只有把自身组织成为与有产

---

① 《马克思恩格斯选集》第 4 卷，人民出版社 2012 年版，第 426 页。
② 《马克思恩格斯选集》第 1 卷，人民出版社 2012 年版，第 421 页。
③ 《马克思恩格斯选集》第 1 卷，人民出版社 2012 年版，第 421 页。

阶级建立的一切旧政党不同的、相对立的政党，才能作为一个阶级来行动。"① "为保证社会革命获得胜利和实现革命的最高目标——消灭阶级，无产阶级这样组织成为政党是必要的。"②

只有在无产阶级政党的领导下，无产阶级才能克服各种非无产阶级社会主义流派和思潮的影响，保持无产阶级革命的正确方向。无产阶级在没有建立自己政党时所进行的斗争，往往被资产阶级和小资产阶级政党所利用，迷失斗争方向。在国际共产主义运动史第一个无产阶级政党——共产主义者同盟成立时，马克思、恩格斯就指出："工人，首先是共产主义者同盟，不应再度降低自己的地位，去充当资产阶级民主派的随声附和的合唱队，而应该谋求在正式的民主派旁边建立一个秘密的和公开的独立工人政党组织，并且应该使自己的每一个支部都成为工人协会的中心和核心。"③

无产阶级政党之所以能够领导无产阶级革命取得胜利，这是由无产阶级政党的性质决定的。无产阶级政党是工人运动与马克思主义相结合的产物，是工人阶级的先锋队，是无产阶级组织的最高形式，与无产阶级一般的政治组织相比，具有两个特点。首先，无产阶级政党是由无产阶级先进分子组成，他们始终走在工人运动的前列，推动工人运动向前发展。其次，无产阶级政党用科学理论来武装自己，这个科学理论就是马克思主义，它揭示了人类社会发展规律，无产阶级政党因此能够制定正确的纲领和战略策略。

无产阶级政党实行民主集中制的组织原则。马克思、恩格斯认为，无产阶级政党不应该具有宗派和密谋的性质，不应该是少数人独断专行的组织形式，但也不应该是分散的、各行其是的组织。无产阶级政党既是完全民主的，又是高度统一的组织。无产阶级政党实行民主集中制，有利于制定正确的纲领路线和战略策略，有利于采取统一的革命行动。

（二）马克思和恩格斯对未来社会的预测

科学理论既然解释了事物发展的客观规律，因而能够预测未来发展的趋势。马克思和恩格斯在深刻批判资本主义的同时，对未来社会做出了科

---

① 《马克思恩格斯选集》第 3 卷，人民出版社 2012 年版，第 173 页。
② 《马克思恩格斯选集》第 3 卷，人民出版社 2012 年版，第 173 至 174 页。
③ 《马克思恩格斯选集》第 1 卷，人民出版社 2012 年版，第 558 页。

学预测和构想。为了与空想社会主义相区别，马克思对未来社会的预测，一般使用"共产主义"这一概念，并避免使用"社会主义"；而恩格斯晚年则用"科学社会主义"这一概念来与空想社会主义划清界限。因此，在马克思主义创始人那里，作为取代资本主义的理想社会形态的共产主义和社会主义，事实上是同义语。

1. 未来社会的价值目标

科学社会主义理论包含了无产阶级和人类解放的思想，这一价值理想就是：每个人全面自由的发展。马克思在《资本论》中指出，未来新社会是"每一个个人的全面而自由的发展为基本原则的社会形式"[1]，并把这种时候叫作"自由人联合体"。恩格斯晚年也说过，除了《共产党宣言》中最经典的一句话，再也找不出合适的话来表达马克思关于未来社会新纪元的基本思想了，这句话就是："代替那存在着阶级和阶级对立的资产阶级旧社会的，将是这样一个联合体，在那里，每个人的自由发展是一切人的自由发展的条件。"[2]

马克思、恩格斯指出，人类社会的发展始终面临人与自然的矛盾关系和人与社会的矛盾关系。由于生产力水平的高低，决定了社会剩余劳动的多寡和自由时间的多少，于是，刚刚从动物界分离出来的人，尽管没有剥削和压迫，但"在一切本质方面是和动物本身一样不自由的"[3]。到了资本主义社会，资本家为了尽可能多地攫取剩余价值，采取一切手段降低必要劳动时间，增加剩余劳动时间，这在加强对工人经济剥削的同时，也在"为发展丰富的个性创造出物质要素"，[4] 使人逐步摆脱了"人的依赖关系"，而实现了"以物的依赖性为基础的人的独立性"。当然，人的真正解放依赖于人与人之间、人与社会之间矛盾的解决。于是，认识社会和改造社会就成为实现人的自由而全面发展的决定性环节。在那样的社会里，"人终于成为自己的社会结合的主人，从而也就成为自然界的主人，成为自身的主人——自由的人"。[5]

---

[1] 《马克思恩格斯选集》第2卷，人民出版社2012年版，第267页。
[2] 《马克思恩格斯选集》第4卷，人民出版社2012年版，第647页。
[3] 《马克思恩格斯选集》第3卷，人民出版社2012年版，第492页。
[4] 《马克思恩格斯全集》第46卷，人民出版社1979年版，第287页。
[5] 《马克思恩格斯选集》第3卷，人民出版社2012年版，第817页。

因此，科学社会主义的社会理想和价值目标，是人类解放的"自由王国"，即每个人都摆脱了自然关系的奴役、社会关系的奴役和技术关系的奴役之后成为"全面而自由发展的人"组成的社会。

2. 未来社会的发展阶段

马克思、恩格斯认为，人类社会不仅是一个由低级阶段向高级阶段不断发展的历史过程，也是一个从片面发展到全面发展而逐步推进的过程。无产阶级夺取国家政权后的社会发展大体分为三个阶段：首先要经历一个从资本主义社会到共产主义社会的革命转变时期，即过渡时期。过渡时期完结后，人类社会就进入共产主义的第一阶段；之后才是共产主义的高级阶段。共产主义社会的发展同以往其他社会形态一样，也要经历一个从低级到高级、从不成熟到成熟、从不完善到完善的逐步发展的漫长过程。

共产主义的第一阶段即我们通常所说的社会主义社会。共产主义的高级阶段是在第一阶段基础上进一步发展和成熟起来的，即共产主义社会。两个阶段既相互联系又有区别。两个发展阶段的联系在于，它们都属于共产主义社会形态，有许多共同的特征，如生产资料由社会占有；消灭了阶级；消灭了商品和货币关系；生产关系中的人与人是平等关系；等等。这两个发展阶段的区别在于，他们在经济和社会发展方面的成熟程度不同。共产主义的第一阶段"是这样的共产主义社会，它不是在自身基础上已经发展了的，恰恰相反，是刚刚从资本主义社会中产生出来的，因此它在各方面，在经济、道德和精神方面都还带着它脱胎出来的那个旧社会的痕迹"①。在共产主义社会第一阶段，由于生产力发展水平的限制，旧的社会分工及脑力劳动和体力劳动的差别还存在，劳动还仅仅是谋生手段，由于劳动产品不够丰富，社会只能实现按劳分配的原则。而共产主义的高级阶段是在第一阶段基础上发展起来的。在这个阶段，生产力高度发展，社会产品极大丰富，旧的社会分工以及脑力劳动的差别已经消失，劳动不仅是谋生手段，而且成了生活第一需要，每个人都能全面而自由地发展，社会实行"各尽所能，按需分配"的原则。简而言之，共产主义社会第一阶段向高级阶段的发展，是一个社会生产力不断发展的过程，伴随其间的是劳动产品不断丰富，生产关系和分配关系不断完善的过程，也是一个逐步消

---

① 《马克思恩格斯选集》第 3 卷，人民出版社 2012 年版，第 363 页。

除旧社会痕迹的过程。

共产主义社会的实现，绝不意味着人类历史的终结，而仅仅是人类史前史的终结，同时又是真正人类历史的开端。只是从这时起，人才在一定意义上最终脱离了动物界，从动物的生存条件进入真正人的生存条件；只是从这时起，人们才第一次成为自然界的自觉的真正主人，完全自觉地去创造自己的历史。

3. 未来社会的制度特征

在生产资料所有制方面。消灭私有制，生产资料归社会占有。未来是通过无产阶级的政治统治，一步一步夺取资产阶级的全部资本，把一切生产工具转移到无产阶级手里，从而消灭了生产资料私有制，逐步实现生产资料归社会占有，使之同社会化大生产相适应。马克思称这种所有制为社会所有制，这是未来社会最基本的特征，其他特征都是在此基础上产生的。

在社会经济运行机制方面。由于消灭了私有制，社会生产内部的无政府状态将被有计划的自觉组织所代替，社会生产的四大环节：生产、分配、交换和消费都有计划地进行，在私有制基础上所导致的社会生产的盲目性将被计划取代，社会生产将回归满足人的全面而自由发展的需求，商品和货币随之消失。

在社会产品分配方面。未来社会在共产主义社会的第一阶段实行"各尽所能，按劳分配"。由于此时不存在商品生产和货币，为方便按劳分配，社会还将发行"纸的凭证"，生产者用它从社会消费品储备中取走同他们的劳动相当的消费品，但是，这些凭证不是货币，它们是不流通的。到了共产主义阶段，在迫使人们奴隶般地付出分工的情形已经消失，劳动不仅是谋生的手段，而且成了生活的第一需要，生产力高度发达，集体财富的一切源泉都充分涌流时，才实行"按需分配"。

在社会政治生活方面。未来社会由于消灭了私有制，"把生产资料变为国家财产。但是这样一来，它就消灭了作为无产阶级的自身，消灭了一切阶级差别和阶级对立，也消灭了作为国家的国家"。① 总之，在未来社会，阶级和阶级差别将被消灭，旧式分工和一切社会差别将被逐步消除，国家也将逐步消亡。

---

① 《马克思恩格斯选集》第 3 卷，人民出版社 2012 年版，第 812 页。

在社会精神生活方面。共产主义第一阶段由于是"刚刚从资本主义社会中产生出来的，因此它在各方面，在经济、道德和精神方面都还带着它脱胎出来的那个旧社会的痕迹"①，即还保留着"资产阶级权利的狭隘眼界"②。到共产主义的高级阶段，社会成员完全超出了这一狭隘眼界，他们的体力和智力获得了充分的、自由的发展和运用，从而实现了人的全面发展和人类的彻底解放。

4. 未来社会的发展与变革

马克思、恩格斯用发展的观点来考察历史并预测未来社会，得出共产主义社会（恩格斯所说的"社会主义社会"）也是不断发展和变革的社会的结论。

在《哥达纲领批判》中，马克思把未来社会的发展划分为："过渡时期""共产主义社会第一阶段""共产主义社会高级阶段"，说明未来社会是不断发展的。其中，"高级阶段"的提法，并不意味着马克思发现了历史的"最终目的""终极目标"，或臆造人类"最高理想"和"最后阶段"。马克思主义的历史观和辩证法反复说明："历史同认识一样，永远不会在人类的一种完美的理想状态中最终结束；完美的社会、完美的'国家'是只有在幻想中才能存在的东西；相反，一切依次更替的历史状态都只是人类社会由低级到高级的无穷发展进程中的暂时阶段。"③

恩格斯在回答德国社会党人给自己提出什么样的最终目标时，也做了类似说明："我们没有最终目标。我们是不断发展论者，我们不打算把什么最终规律强加给人类。"④ "不断发展论"不承认有最终目标，也就意味着不承认有人类社会发展的最后阶段。在马克思、恩格斯看来，共产主义的实现，仅仅是人类史前史的终结，同时又是真正的人类历史的开端。到那时，人类社会仍然有新的奋斗目标，社会还要经历无数的发展阶段。他们还指出："所谓'社会主义社会'不是一种一成不变的东西，而应当和其他社会制度一样，把它看成是经常变化和改革的社会。"⑤ 这里所说的社会主

---

① 《马克思恩格斯选集》第3卷，人民出版社2012年版，第363页。
② 《马克思恩格斯选集》第3卷，人民出版社2012年版，第365页。
③ 《马克思恩格斯选集》第4卷，人民出版社2012年版，第223页。
④ 《马克思恩格斯全集》第22卷，人民出版社1965年版，第628至629页。
⑤ 《马克思恩格斯选集》第4卷，人民出版社2012年版，第601页。

义，即是马克思所说的共产主义。正是在这个意义上，恩格斯强调指出，必须把社会主义社会同其他社会制度一样，"看成是经常变化和改革的社会"①。因此，改革是社会主义的题中应有之义。

综上所述，马克思、恩格斯对未来社会的预测只是指出了大致轮廓和发展方向，而不是像空想社会主义者那样设计尽善尽美的蓝图。他们通过分析资本主义社会基本矛盾时指出了未来社会是发展趋势，但并没有对未来社会进行具体细致的描述。这种预测是根据一定的历史条件得出的结论，后人不应该将其当作固定不变的教条。恩格斯指出："我们对未来非资本主义社会区别于现代社会的特征的看法，是从历史事实和发展过程中得出的确切结论；不结合这些事实和过程去加以阐明，就没有任何理论价值和实际价值。"②

二、科学社会主义的几大基本原则

（一）人类社会从资本主义发展到社会主义、共产主义是一个客观的、自然史的过程

马克思、恩格斯用辩证唯物主义历史观分析了整个人类社会从古代社会直到现代资本主义社会的历史。他们把生产方式的变革作为考察社会变迁与进步的基本范畴。因为科技革命推动了生产力的发展，促使农业社会的生产方式最终为现代工业社会的生产方式所取代。这便是从奴隶社会、封建社会到近代资本主义社会变迁的秘密所在。

"但是，随着资本主义的发展，生产方式的内在矛盾，即生产力与生产关系的矛盾又开始尖锐化了。于是，人们眼前又开始了类似的运动：资本主义的生产关系和交换关系，这个曾经仿佛用法术创造了巨大的生产资料和交换手段的现代资本主义社会，现在像一个魔法师一样不能再支配自己用法术呼唤出来的魔鬼了。"③ 资本主义工业和商业发展的历史，只不过是现代生产力反抗现代生产关系、反抗作为资产阶级及其统治的存在条件的所有制关系的历史。在资本主义生产方式的确立过程中，资产阶级不仅锻

---

① 《马克思恩格斯文集》第 10 卷，人民出版社 2009 年版，第 588 页。
② 《马克思恩格斯选集》第 4 卷，人民出版社 2012 年版，第 582 页。
③ 高放、李景治、蒲国良主编：《科学社会主义的理论与实践（第六版）》，中国人民大学出版社 2014 年版，第 60 页。

造了置自身于死地的武器，而且还造就了将要运用这种武器的人，即现代的产业工人。资产阶级无意造成而又无力抵抗的工业进步，是个人通过结社而达到的革命联合代替了他们由于竞争而造就的分散状态。于是，随着大工业的发展，资产阶级赖以生产和占有产品的基础从资产阶级的脚下被挖掉了。"资产阶级的灭亡和无产阶级的胜利是同样不可避免的。"①

马克思认为，社会形态的变革与更替是"一种自然史的过程"②。一个社会，即使探索到了本身运动的自然规律，"它还是既不能跳过也不能用法令取消自然的发展阶段"③。"无论哪一个社会形态，在它所容纳的全部生产力发挥出来以前，是决不会灭亡的；而新的更高的生产关系，在它的物质存在条件在旧社会的胎胞里成熟以前，是决不会出现的。"④ 正是基于这种认识，马克思、恩格斯在揭露和批判资产阶级经济学家关于资本主义经济危机已经永远消失的种种观点时，也批判了革命队伍中存在的无视社会革命客观规律的冒险主义和急于求成的倾向。

（二）人类社会由资本主义向社会主义、共产主义的进化，必须经过工人阶级和人民大众自觉的、长期的斗争才能实现

所谓资本主义向社会主义、共产主义的发展是一个客观的、自然史的过程，并不是说这一进程会自然发生。共产主义的实现不是纯粹自然演进的产物，而是自觉斗争的成果。这里所谓的客观、自然史的过程，只是说，人类社会的"历史进程是受内在的一般规律支配的"⑤。一方面，"人们自己创造自己的历史，但是他们并不是随心所欲地创造，并不是在他们自己选定的条件下创造，而是在直接碰到的、既定的、从过去继承下来的条件下创造"⑥。另一方面，虽然在社会历史领域内进行活动的是有意识、有目的的人，任何事情的发生都不是没有自觉的意图、没有预期的目的的，但是，"最终的结果是从许多单个的意志的相互冲突中产生出来的，而其中每一个意志，又是由于许多特殊的生活条件，才成为它所成为的那样。这样就有无数互相交错的力量，有无数个力的平行四边形，由此产生出一个合

---

① 《马克思恩格斯选集》第1卷，人民出版社2012年版，第413页。
② 《马克思恩格斯选集》第2卷，人民出版社2012年版，第84页。
③ 《马克思恩格斯选集》第2卷，人民出版社2012年版，第83页。
④ 《马克思恩格斯选集》第2卷，人民出版社2012年版，第3页。
⑤ 《马克思恩格斯选集》第4卷，人民出版社2012年版，第254页。
⑥ 《马克思恩格斯选集》第1卷，人民出版社2012年版，第669页。

力，即历史结果，而这个结果又可以看作一个作为整体的、不自觉地和不自主地起着决定作用的力量的产物。因为任何一个人的愿望都会受到任何另一个人的妨碍，而最后出现的结果就是谁都没有希望过的事物。所以到目前为止的历史总是像一种自然过程一样地进行，而且实质上也是服从于同一运动规律的"①。在资本主义时代，推动历史前进的主体便是掌握着先进生产力的现代工人阶级。但是，工人阶级自发地反对资本主义的斗争并不能够达到社会主义、共产主义的目标。"工人阶级单靠自己的力量不会产生出社会主义学说，只能产生诸如必须结成工会、必须同厂主斗争、必须向政府争取颁布工人所必要的某些法律等信念。自发的工人运动也就是工联主义的运动，也就是纯粹工会的运动，而工联主义正是意味着工人受资产阶级思想的奴役。"② 如前所述，科学社会主义的一大历史功绩就在于它促进了社会主义与工人运动的合流，既为社会主义运动提供了物质载体，又为工人运动的发展提供了理论武器。工人阶级逐渐由自在的阶级变成为自为的阶级，工人阶级反抗资本主义的斗争也逐渐由自发的斗争转变成为自觉的斗争。所谓自觉的斗争，是指工人阶级反抗资本主义的斗争，不再单单是为了改善生活条件和经济条件，而是有了明确的政治目标，即改变资本主义制度，实现社会主义。

（三）人类社会从资本主义发展到社会主义、共产主义，必须有社会主义、共产主义政党的正确领导

恩格斯晚年在总结历史经验教训时郑重指出：要使"无产阶级要在决定关头强大到足以取得胜利，就必须（马克思和我从 1847 年以来就坚持这种立场）组成一个不同于其他所有政党并与它们对立的特殊政党，一个自觉的阶级政党。"③ 能否建立一个自觉的社会主义、共产主义政党来正确领导工人阶级和人民大众的斗争是社会主义、共产主义事业成败的关键。为此，早在科学社会主义诞生之初，《共产党宣言》就阐明了无产阶级政党学说。此后，马克思、恩格斯又进一步丰富和发展了这一学说。

首先，无产阶级社会主义政党是以科学理论为指导的政党。这个科学

---

① 《马克思恩格斯选集》第 4 卷，人民出版社 2012 年版，第 605 页。
② 高放、李景治、蒲国良主编：《科学社会主义的理论与实践（第六版）》，中国人民大学出版社 2014 年版，第 63 页。
③ 《马克思恩格斯选集》第 4 卷，人民出版社 2012 年版，第 592 页。

理论就是科学社会主义理论，它是以马克思主义辩证唯物主义和历史唯物主义为坚实基础的科学理论。同时，社会主义政党还要以这个科学理论为指导，结合本国实际，制定出奋斗纲领和行动路线来指导全体党员。其次，无产阶级社会主义政党是民主性质的政党。其民主性主要表现在党的自身组织原则是民主制。坚持民主制的建党原则，就必须做到党的纲领、章程、和重大决策都要经过党的最高权力机关——党代表大会讨论通过。《共产党宣言》作为第一个共产党的党纲就是在共产主义者同盟第一次和第二次代表大会上经过充分讨论、先后草拟三稿才最后公布的。这两次代表大会制定的党章规定党的各级组织领导人都必须经由民主选举产生，不合格随时可以罢免；党的代表大会必须实行年会制。专业委员会只是党代表大会的执行机关而不是与代表大会并列的党的最高权力机关。最后，社会主义政党还要密切联系群众。社会主义政党要在社会运动中公开亮出自己的理论、纲领、路线、方针、政策，以争取广大人民群众的支持，以便在政治斗争中赢得群众，夺取政权。1850 年共产主义者同盟的党章规定："始终力求把无产阶级的一切革命力量团结在自己的周围并把它们组织起来。"[1] 只有密切联系群众，才能了解群众的疾苦和诉求，才能依此改进自己的工作，调整自己的方针，最后得到群众拥护。

（四）人类社会从资本主义发展到社会主义、共产主义，工人阶级和劳动人民必须掌握政权

国家政权是建立在一定经济基础之上的社会政治上层建筑的核心部分，它对于发展经济基础和推动整个社会发展起着非常重要的能动作用。无产阶级掌握政权并不是革命的目的与结束，而是革命的手段与开始。掌握政权是为了利用国家力量对资本主义社会进行彻底的改造，同时对社会主义社会进行建设。《共产党宣言》指出："光荣革命的第一步就是使无产阶级上升为统治阶级，争得民主"，"无产阶级将利用自己的政治统治，一步一步地夺取资产阶级的全部资本，把一切生产工具集中在国家即组织成为统治阶级的无产阶级手里，并且尽可能快地增加生产力的总量"[2]。

工人阶级和劳动人民通常要在社会主义政党的正确领导下经过长期艰

---

① 《马克思恩格斯全集》第 7 卷，人民出版社 1959 年版，第 626 页。
② 《马克思恩格斯选集》第 1 卷，人民出版社 2012 年版，第 421 页。

苦的斗争才能夺取政权。依据时代和国情的差异，掌握政权之路不外乎武装斗争或和平过渡，或两者相互配合。工人阶级和劳动人民如果是通过暴力革命夺取政权，就要打碎旧的国家机器，另起炉灶，重新建立国家政权；如果是通过议会民主和平掌握政权，那就只能对旧的国家政权进行逐步改革和改造。工人阶级和劳动人民的国家政权只能采取民主制的共和国形式，而不能实行君主制或君主立宪制。工人阶级国家的领导人应该实行权力制约制、职务任期制和民主选举制，而不应该是个人集权制、职务终身制和指定接班人制。

（五）工人阶级和劳动人民掌握政权后，还要经历几个历史阶段才能逐步建成社会主义、共产主义

马克思经过深入研究后指出，无产阶级掌握政权后，社会的发展将经历三个重大的历史时期或历史阶段，即过渡时期、共产主义社会第一阶段和共产主义社会的高级阶段。通过对欧洲 1848 年革命和 1871 年巴黎公社革命经验的总结以及在此基础上的大量研究，马克思阐明了无产阶级专政和过渡时期的观点。1850 年，他提出："推翻资产阶级！工人阶级专政！"[①] 1852 年他指出，在他之前很久，资产阶级历史学家和经济学家就已经分析过阶级和阶级斗争，"我所加上的新内容就是证明了下列几点：（1）阶级的存在仅仅同生产发展的一定历史阶段相联系；（2）阶级斗争必然导致无产阶级专政；（3）这个专政不过是达到消灭一切阶级和进入无阶级社会的过渡……"[②] 1875 年，他在《哥达纲领批判》中更进一步说明，"在资本主义社会和共产主义社会之间，有一个从前者变为后者的革命转变时期。同这个时期相适应的也有一个政治上的过渡时期，这个时期的国家只能是无产阶级的革命专政"[③]。马克思一再讲到的无产阶级专政是指工人国家的阶级本质，工人国家体现了工人阶级的利益和意志，工人国家在工人和人民大众内部实现广泛的民主，只是对资产阶级实行专政并将不劳而获的资本家阶级逐步改造成为自食其力的劳动者，在此基础之上是全面改造旧社会，全面建设新社会。马克思认为，经过过渡时期的"长久阵痛"之后分娩出来的新社会，"是刚刚从资本主义社会中产生出来的，因此它在各方面，在

---

① 《马克思恩格斯选集》第 1 卷，人民出版社 2012 年版，第 469 页。
② 《马克思恩格斯选集》第 4 卷，人民出版社 2012 年版，第 426 页。
③ 《马克思恩格斯选集》第 3 卷，人民出版社 2012 年版，第 373 页。

经济、道德和精神方面都还带着它脱胎出来的那个旧社会的痕迹"①。这便是共产主义社会的第一阶段。在这个阶段，社会还实行按劳分配原则。到了共产主义的高级阶段，社会又有了长足的发展。在这个阶段，"迫使个人奴隶般地服从分工的情形已经消失，从而脑力劳动和体力劳动的对立也随之消失之后；在劳动已经不仅仅是谋生的手段，而且本身成了生活的第一需要之后；在随着个人的全面发展，他们的生产力也增长起来，而集体财富的一切源泉都充分涌流之后，——只有在那个时候，才能完全超出资产阶级权利的狭隘眼界，社会才能在自己的旗帜上写上：各尽其能，按需分配！"② 的原则。

马克思、恩格斯还认为，即便是发达的资本主义国家，也不可能在工人阶级掌握政权后一蹴而就，立即实现社会主义，必须经历一个从资本主义到社会主义的过渡时期。在经济落后国家，从资本主义到社会主义的过渡时期会比较漫长，加快发展生产力的任务更加艰巨，充分吸取资本主义所创造的一切文明成果是落后国家完成过渡并建成社会主义的重要前提。

（六）人类社会从资本主义发展到社会主义、共产主义的目标是实现人的解放

人类发展史从某种意义上讲就是一部人类追求自身解放的历史，即追求人的自由而全面发展的历史。

人类历史进入资本主义社会以后才真正成为世界历史。在资本主义社会，人类物质文明高度发展，但人类所遭受的奴役、剥削和压迫以及一切不平等依然非常严重并日趋加深，马克思主义认为，只有扬弃资本主义私有制，人类社会才能最终摆脱种种奴役性的社会关系，才能最终建立起自由人的联合体实现人类彻底的解放，才能把高度发达的生产力用于增进全人类的福祉。

科学社会主义明确把推翻资本主义、实现无产阶级和人类解放视为自己的目标。首先，科学社会主义认为，共产主义是对人类克服自身异化向自由人转化，实现彻底解放的路径。而实现异化人向自由人转化，必须具备两个条件：一是消灭资本主义剥削和压迫，使人人在经济上政治上都成为自由人；二是克服劳动的异化，把人的全面而自由的发展，即是说人类

---

① 《马克思恩格斯选集》第 3 卷，人民出版社 2012 年版，第 363 页。
② 《马克思恩格斯选集》第 3 卷，人民出版社 2012 年版，第 364 至 365 页。

整体的解放要落实到每个个体的解放。① 同时，我们还要认识到，当资本主义私有制的发展尚未达到最成熟阶段时，是不能急于消灭私有制的。马克思曾指出："当使资产阶级生产方式必然消灭、从而也使资产阶级的政治统治必然颠覆的物质条件尚未在历史进程中、尚未在历史的'运动'中形成以前，即使无产阶级推翻了资产阶级的政治统治，它的胜利也只能是暂时的，只能是资产阶级革命本身的辅助因素。"②

其次，科学社会主义主张首先实现无产阶级的阶级解放，进而达到全人类的解放。空想社会主义的一个重要缺陷就在于"并不是想首先解放某一个阶级，而是想立即解放全人类"③。在科学社会主义看来，"完成这一解放世界的事业，是现代无产阶级的历史使命"④。早在马克思主义形成初期，马克思就已明确地指出："德国人的解放就是人的解放。这个解放的头脑是哲学，它的心脏是无产阶级。"⑤ 在这里，马克思是把德国人的解放、人的解放和全人类的解放三者并列在一起的。当时它指望由德国人带头进行民主革命，实现政治解放，进而进行无产阶级世界革命，实现无产阶级和全人类的解放。其路径就是：无产阶级通过革命使自己成为统治阶级进而完成社会改造而达成。

再次，人类实现自身解放的社会形式是"自由人联合体"。《共产党宣言》指出，随着阶级的消失，"代替那些存在着阶级和阶级对立的资产阶级旧社会的，将是这样一个联合体，在那里，每个人的自由发展是一切人自由发展的条件"⑥。后来，马克思进而把"每个人的自由发展是一切人的自由发展的条件"⑦ 的话题更简明地表述为"自由人联合体"⑧。可见，建立"自由人联合体"才是共产党人最终的奋斗目标，才是共产主义的真谛。

最后，共产主义的实现不是人类历史的终结，而只是人作为人的历史的开始。科学社会主义不是历史终结论，它把共产主义作为最终的奋斗目标，只是就人类社会发展史的一个历史阶段即阶级社会而言的。"资产阶级

---

① 高放：《高放自选集》，中国人民大学出版社 2007 年版，第 672 至 673 页。
② 《马克思恩格斯选集》第 1 卷，人民出版社 1972 年版，第 171 页。
③ 《马克思恩格斯选集》第 3 卷，人民出版社 2012 年版，第 778 页。
④ 《马克思恩格斯选集》第 3 卷，人民出版社 2012 年版，第 817 页。
⑤ 《马克思恩格斯选集》第 1 卷，人民出版社 2012 年版，第 16 页。
⑥ 《马克思恩格斯选集》第 1 卷，人民出版社 2012 年版，第 422 页。
⑦ 《马克思恩格斯全集》第 39 卷，人民出版社 1974 年版，第 189 页。
⑧ 《马克思恩格斯选集》第 2 卷，人民出版社 2012 年版，第 126 页。

的生产关系是社会生产过程的最后一个对抗形式"，"人类社会的史前时期就以这种社会形态而告终"①。显然，在马克思那里，整个资本主义之前人类历史都处在人类的史前时期。在这一历史时期内，生活规律总体上是自发实现的。只有到了未来的理想社会即共产主义社会，人类才能够真正做到自觉遵循、利用和驾驭社会规律，做到人的活动与生活规律的有机统一。由此，共产主义所终结的只是阶级社会的历史，即人类社会的奴役史、异化史，而共产主义本身不过是人类自由发展史的真正起点。正是在这个意义上，恩格斯反复强调，"我们没有最终目标。我们是不断发展论者，我们不打算把什么最终规律强加给人类"②。"历史同认识一样，永远不会在人类的一种完美的理想状态中最终结束；完美的社会、完美的'国家'是只有在幻想中才能存在的东西；相反，一切依次更替的历史状态都只是人类社会由低级到高级的无穷发展进程中的暂时阶段。"③

---

① 《马克思恩格斯选集》第 2 卷，人民出版社 2012 年版，第 3 页。
② 《马克思恩格斯全集》第 22 卷，人民出版社 1965 年版，第 628 至 629 页。
③ 《马克思恩格斯选集》第 4 卷，人民出版社 2012 年版，第 223 页。

第三章
苏联社会主义的兴衰

　　俄国十月革命的胜利使社会主义从理论上升为实践，从理想转化为现实，人类历史上第一个社会主义国家诞生，开创了人类历史的新纪元。20世纪初，列宁坚持马克思主义理论的指导，坚持从俄国的实际出发，积极探索经济文化落后的国家如何发展社会主义的问题，丰富了马克思主义的科学理论，实现了苏维埃俄国的经济和社会的大发展。20世纪20年代中期到50年代初，是苏联发展历史上的关键时期，斯大林领导苏联人民从苏联的实际出发，提出并实施了建设社会主义的路线、方针、政策，形成了社会主义的苏联模式，也称斯大林模式。这一模式一直延续至80年代中期，80年代中期苏联领导人开始了大刀阔斧的改革，但这种改革背离了科学社会主义的基本原则，背离了社会主义的发展方向，背离了苏联社会的民意导向，最终导致了苏东剧变，社会主义事业的发展由此进入到了寒冬阶段。

第一节　列宁对科学社会主义的发展

　　19世纪末20世纪初，资本主义社会发展进入到垄断阶段，资本主义社会的基本矛盾日益突出，最终，引发了1914年第一次世界大战的爆发。列宁准确地判断了战争的性质，并提出了"变帝国主义战争为国内战争""使本国政府在帝国主义战争中失败"等口号。1917年2月，在俄国发生了二月革命，这次革命结束后，在俄国出现了苏维埃和资产阶级两个政权并存的局面。1917年4月，列宁在布尔什维克党的会议上做了《论无产阶级在这次革命中的任务》的报告，提出了革命由第一个阶段"向革命的第二阶段过渡"的方针路线。1917 年 11 月 7 日（俄历十月二十五日），由列宁领导的布尔什维克发动武装起义，炮火攻打进冬宫，推翻了资产阶级临时政府，建立了人类历史上第一个社会主义国家。但是，一战的烈火给这个国家带来了深重的灾难。

在沙皇时期，俄国原本是想通过参加一战来巩固阶级统治，结果却适得其反，俄国债台高筑、经济环境遭到了严重破坏，工业严重萧条，农业衰落，大量的矿企倒闭，通货膨胀十分严峻，交通邮电等方面也大受影响，百姓生活必需品供应也严重不足。政治上，苏维埃掌握了国家政权，但也面对着内忧外患的局面。一是要积极应对帝国主义的威胁。当时俄国是轴心国主要的进攻对象，"到 1917 年底，德军全部兵力的 31% 仍被俄国牵制"[1]。以资本主义国家为主组成的协约国对苏维埃政权也是心存芥蒂。"协约帝国主义视新生的苏维埃政权为洪水猛兽，对之采取极端仇视的态度"[2]，它们担心苏维埃俄国的壮大会对资产阶级和资本主义国际的利益造成影响。二是本国的封建地主阶级和资产阶级的威胁。封建地主阶级和新兴资产阶级都对苏维埃政权抱有敌意，妄图通过各种手段，将苏维埃政权消灭掉，继续走资产阶级道路。列宁指出："为了社会主义在俄国的胜利，必须有一段时间，至少是几个月时间，使社会主义政府得以放手首先战胜本国的资产阶级，并且安排好广泛而深入的群众性的组织工作。"[3]

十月革命胜利以后，如何建设社会主义就成了摆在俄国人民面前的重大问题，尤其是如何在一个经济文化都相对落后的国家建设社会主义。虽然，马克思、恩格斯曾对这个问题做过一些原则性的论述，但他们的论述主要还是以先进资本主义国家的发展为依据的。列宁则用了大量的时间与精力去研究如何在俄国进行社会主义革命和社会主义建设问题，提出了许多新的思想和新的见解，丰富了马克思主义科学社会主义理论。

综合来看，列宁一生的社会主义思想可以分为三个阶段。第一阶段：1917 年十月革命前。十月革命前列宁对社会主义的认识，直接来源于马克思、恩格斯的社会主义思想，其主要理论贡献是基于帝国主义特征、趋势

---

① 刘德斌：《国际关系史》，高等教育出版社 2004 年版，第 203 页。
② 李爱华：《马克思主义国际关系理论》，人民出版社 2006 年版，第 365 页。
③ 《列宁选集》第 3 卷，人民出版社 2012 年版，第 392 页。

的独到分析，创造性地提出了"一国胜利论"。第二阶段：十月革命胜利后到1920年年底俄国国内战争结束。在这一阶段里，列宁试图把马克思、恩格斯关于社会主义的设想直接运用到俄国的社会生活中去，形成了"直接过渡"的思想，即"用无产阶级国家直接下命令的办法在一个小农国家里按共产主义原则来调整国家的产品生产和分配"①，战时共产主义政策就是这一思想在实践中的运用和体现。实践证明这一思想行不通。第三阶段：从1921年春实行新经济政策到1924年列宁逝世。这一阶段，列宁从俄国经济文化落后的实际出发，提出了一系列建设社会主义的战略构想，以及为实现这一战略构想而制定的相应政策，从而构成了所谓的列宁晚年社会主义思想。

一、创造性地提出了"一国胜利论"

1915年列宁在《论欧洲联邦》一文中提出"经济和政治发展的不平衡是资本主义的绝对规律。由此就应得出结论：社会主义可能首先在少数甚至在单独一个资本主义国家内获得胜利"②。在列宁看来，战争的残酷和战争造成的惨剧势必会加速交战国无产阶级革命的来临，无产阶级应该放弃资产阶级提出的"欧洲联邦"的口号，向资产阶级发动总攻，这样就有可能在一国或者是在数国内取得胜利。首先，社会主义革命有可能在少数或者在一国取得胜利。马克思、恩格斯提出了社会主义革命"同时胜利"论的思想，列宁起初也是继承了这一思想，认为俄国社会主义革命的胜利离不开"欧洲社会主义"的支持。但是，随着革命形势的不断变化以及列宁对帝国主义国际经济和政治形势的深刻分析，他认为帝国主义时代政治经济发展具有不平衡性，因此，他开始对"同时胜利"论产生怀疑，也对建立"欧洲联邦"进行了否定。其次，落后国家可以首先取得社会主义革命的胜利。由于资本主义政治和经济发展不平衡所产生的矛盾势必会加深帝国主义国家间的相互矛盾，从而使帝国主义国家间的战争变得不可避免。战争的发生又会使帝国主义的力量得到削弱，形成了帝国主义链条上薄弱的环节。帝国主义间的战争又将加剧反抗民族压迫的斗争，往往又会产生

---

① 《列宁选集》第4卷，人民出版社2012年版，第570页。
② 《列宁选集》第2卷，人民出版社2012年版，第554页。

民族战争。在这样的情形下，无产阶级要充分利用好战争时机，掌握革命的领导权，实现国家由民族主义革命向社会主义革命转变。再次，社会主义革命可能首先在俄国取得胜利。列宁说："俄国无产阶级单靠自己的力量是不能胜利地完成社会主义革命。但它能使俄国革命具有浩大的声势，从而为社会主义革命创造极好的条件，这在某种意义上说就意味着社会主义革命的开始。"① 在列宁看来，俄国在第一次世界大战中的接连失利，加之沙皇政府的腐败，导致了广大农民和工人阶级生活越来越困难，这必将增加其革命和斗争的热情。在列宁的领导下，冬宫被苏维埃的炮火占领，俄国的革命最终取得胜利。世界上第一个社会主义国家在俄国的大地上建立起来。正如列宁所说："现在的局势与马克思恩格斯所预期的不同了，它把国际社会主义革命先锋队的光荣使命交给了我们——俄国的被剥削劳动阶级了；我们现在清楚地看到革命的发展会多么远大；俄国人开始了，德国人、法国人、英国人将去完成，社会主义定将胜利。"②

二、改变了社会主义社会单一公有制的思想

马克思指出："产品成为商品，需要有一定的历史条件。要成为商品，产品就不应作为生产者自己直接的生存资料来生产。"③ 从战时共产主义政策到新经济政策的转变，列宁改变了"战时共产主义"时期所实行的单一公有制结构，开始实行符合俄国经济发展水平的多种所有制结构形式。这种改变源于俄国的社会主义实践，更源于列宁根据实践来谈论社会主义的科学态度。这是列宁晚年社会主义思想变化的一个重要内容。

在实行了新经济政策之后，俄国出现了多种所有制形式并存的局面，列宁总结道："在俄国至少有五种不同的体系、结构或经济制度，从下往上数就是：第一，宗法式经济，这是一种自给自足或者处于游牧或半游牧状态的农民经济，这种经济在我国到处都有；第二，小商品经济，这是一种在市场上出卖产品的经济；第三，资本主义经济，这就是资本家和不大的私人资本的出现；第四，国家资本主义；第五，社会主义。"④ 实际上，列

① 《列宁全集》第 29 卷，人民出版社 1985 年版，第 91 页。
② 《列宁选集》第 3 卷，人民出版社 1972 年版，第 434 至 435 页。
③ 《马克思恩格斯全集》第 23 卷，人民出版社 1972 年版，第 192 页。
④ 《列宁全集》第 41 卷，人民出版社 1986 年版，第 148 至 149 页。

宁改变了战时共产主义政策时期采取的单一公有制形式，转而采取了公有制和私有制并存的制度形式。首先，在保障苏维埃公有制的情况下，保护非公有制经济的发展。在俄国有一种"资本主义是祸害，社会主义是幸福的"论调，列宁曾强烈反驳这种观点。在列宁看来，"同社会主义比较，资本主义是祸害。但同中世纪制度、同小生产、同小生产者涣散性引起的官僚主义比较，资本主义则是幸福"①。俄国社会主义的发展需要借助资本主义的生产技术和管理技术，作为提供生产力水平的途径。私有制经济是一种独立性质的经济，列宁提出在保障苏维埃国家利益前提下，应该保护好私有制经济的正当经营。在谈及小农经济时候，列宁指出，"我们不但要从保证国家方面着眼，而且要从保证小农户方面着眼"，还应该"使小业主可以更好地安排自己的生产，根据税额的多少来确定生产规模的大小"②。其次，加强对非公有制经济的监督和管理。在列宁看来，只要国家政权还是掌握在无产阶级手里，非公有制经济就不会威胁到国家的政权，但要加强对非公有制经济的监督和管理，他说："让小工业在一定程度上发展起来吧，让国家资本主义发展起来吧，这对于苏维埃政权并不可怕；苏维埃政权应该正视现实，直言不讳，但它必须对此加以控制，规定这样做的限度。"③ 最后，通过合作制度促进小农经济的发展。面对着实行新经济政策后无产阶级只占少数，小资产阶级占大多数的情况，列宁提出："在这样的国家里，无产阶级的作用就是要领导这些小业主向社会化的、集体的、公社的劳动过渡。"④ 在列宁看来，通过将小农经济集中起来，将有利于扩大生产，壮大公有制的力量。

三、吸收资本主义优秀文明成果

列宁摒弃了那种把社会主义与资本主义完全割裂开来的观点，提出了要加强与资本主义的合作，充分吸收资本主义的一切优秀成果的思想。这是列宁晚年社会主义思想又一重要内容。列宁认为，在商品经济存在的条件下，资本主义的产生和发展是不可避免的。因此，利用资本主义建设社

---

① 《列宁全集》第41卷，人民出版社1986年版，第217页。
② 《列宁全集》第41卷，人民出版社1986年版，第22至23页。
③ 《列宁全集》第41卷，人民出版社1986年版，第151页。
④ 《列宁全集》第41卷，人民出版社1986年版，第21页。

会主义，加强与资本主义国家的合作，引导资本主义为社会主义服务，成为了俄国发展的必然选择。

首先，要发展商品经济，利用资本主义建设社会主义。列宁认为，无产阶级取得国家政权后，它最主要最根本的任务是发展生产力；而在一个小农经济占优势的国家里建设社会主义，关键就在于找到社会主义经济与小农经济的结合点，这一结合点就是商业。列宁进一步认为，发展商品经济，就必须发展作为小生产和社会主义中间环节的资本主义。他说："既然有交换，那么，小经济的发展就是小资产阶级的发展，就是资本主义的发展；这是无可争辩的真理，这是政治经济学的初步原理。"① 他还说："既然我们还不能实现从小生产到社会主义的直接过渡，所以作为小生产和交换的自发产物的资本主义，在一定程度上是不可避免的，所以我们应该利用资本主义（特别是要把它纳入国家资本主义的轨道）作为小生产和社会主义之间的中间环节，作为提高生产力的手段、途径、方法和方式。"② 关于资本主义发展的政策问题，列宁强调应该是"不去试图禁止或堵塞资本主义的发展，而努力把这一发展纳入国家资本主义的轨道"③。

其次，要与资本主义国家和平共处。苏维埃俄国的发展要充分吸收和学习西方发达国家发展中的合理内容和积极方面，积极与资本主义国家展开贸易合作与贸易往来。正如列宁所说："只要资本主义国家还照样存在，我们就必须同他们做生意。"④ 面对第二国际提出的"国际革命的利益不允许同帝国主义者缔结任何合约"的论调，列宁反驳道："按照这种观点，处在帝国主义列强中间的社会主义共和国，是不能缔结任何条约的，如果不飞到月球上去，那就无法生存。"⑤ 因此，俄国置身于帝国主义的环境中，无论如何都是无法脱离与资本主义国家间的合作的。从现实角度来看，帝国主义国家看重俄国丰富的物质资源和原材料，以及巨大的消费潜力。列宁指出："我们俄国有小麦、亚麻、白金、钾碱和很多矿物，这些东西都是全世界迫切需要的。世界终究会到我们这里来要这些东西，不管我们这里

---

① 《列宁选集》第 4 卷，人民出版社 2012 年版，第 503 页。
② 《列宁选集》第 4 卷，人民出版社 2012 年版，第 510 页。
③ 《列宁选集》第 4 卷，人民出版社 2012 年版，第 504 页。
④ 《列宁全集》第 43 卷，人民出版社 1987 年版，第 4 页。
⑤ 《列宁全集》第 33 卷，人民出版社 1985 年版，第 419 页。

的是布尔什维克或者不是。"① 列宁的话表明，对于资产阶级而言，他们所追求的就是经济利益，至于合作的对象是什么社会制度其实是无关紧要的。他从 1920 年年底越来越深刻地认识到，在一个经济比较落后的小生产占优势的国度里，是不可能消灭商品和货币关系的，任何这样的尝试都必然要受到客观规律的惩罚。正是在总结新的实践经验的基础上，列宁在社会主义发展史上第一次提出了利用商品、货币关系来建设社会主义的新理论。

再次，坚持走和平道路而非霸权之路。历史上，西欧各国与俄国之间联系就十分的密切，不管是英国还是瑞典都曾与之建立了广泛的贸易往来。但历史上，俄国与西欧国家的合作实质上是在推行霸权行径。1682 年，彼得大帝成为俄国沙皇，随着俄国国力的日益壮大，对外扩张和殖民掠夺成为沙皇俄国发展的主要途径。马克思在《十八世纪外交史内幕》中着重评述了俄国与英国相互串通，谋求霸权的事实，揭露了沙皇俄国的霸权行径。马克思说："对于一种地域性蚕食体制来说……"② 当资本主义社会发展进入到垄断时代，帝国主义国家实际上也是在走着一条霸权主义的道路，这种霸权是以剥削别的国家为主要手段，与苏维埃俄国的合作，实质上也是在推行它们的霸权主义政策。而苏维埃俄国强调和平共处就是要彻底扬弃霸权道路，走一条与其他国家和平相处，共同发展的道路。苏维埃俄国在十月革命胜利以后便颁布了《和平法令》，退出帝国主义之间的战争，为俄国的发展创造了和平的外部环境。当时苏维埃俄国在极其艰苦的条件下，与德国签订了对于苏维埃俄国来说条件极为苛刻的《布列斯特条约》，条约的签订导致俄国丧失了大量的土地和人口，但是，却使俄国从帝国主义的战争中挣脱出来，获得了十分重要的喘息时机，这为巩固苏维埃俄国的革命成果以及社会主义建设打下了坚实的基础。

列宁对科学社会主义的继承和发展，源于列宁不是简单地照搬社会主义现成的结论，而是坚持实事求是的思想路线，一切从实际出发，把科学社会主义的基本理论原则和俄国的实际条件相互结合，独立自主地探索建设社会主义的道路。列宁对科学社会主义的探索，对 20 世纪马克思主义理论与实践的发展都产生了重大而深远的影响。

---

① 《列宁全集》第 38 卷，人民出版社 1986 年版，第 166 至 167 页。
② 《马克思恩格斯全集》第 44 卷，人民出版社 1982 年版，第 322 页。

第二节　斯大林模式的社会主义

　　苏联是人类历史上第一个社会主义国家，面对着资本主义世界的包围，在没有现成的经验可供借鉴，加上自身经济文化落后的情况下，斯大林根据马克思列宁主义的一些理论设想，结合苏联的具体实际，最终形成了社会主义的苏联模式，即斯大林模式。可以说，斯大林模式在建设苏联社会主义过程中起到了重要指导作用。1928 年到 1936 年在斯大林的领导下，苏联施行并完成了第一、第二个五年计划，建立了社会主义公有制，消灭了剥削阶级；苏联的生产力水平得到极大的发展，已经由一个农业国发展成为一个工业—农业国。

一、斯大林模式形成的社会背景

　　斯大林模式的社会主义高度重视工业和农业的集体化水平，这与列宁提出的新经济政策紧密联系。斯大林多次强调新经济政策发展工业和商业的重要性，他说："因为在新经济政策的条件下，有生产而没有销路就是置工业于死地；因为只有通过发展商业去扩大销路，才能扩展工业；因为只有在商业方面巩固了，只有掌握了商业，只有掌握了这个环节，才能指望把工业和农民市场结合起来并顺利地解决其他的当前任务，以便为建立社会主义的经济基础创造条件。"[①] 在斯大林看来，新经济政策是实现国家工业化、商业化的重要条件，只有坚持新经济政策才能从根本上保障俄国经济和社会的发展。斯大林也驳斥了一些人认为党中央农村政策有"富农倾向"的攻击，说："我可以肯定说，这是对党的污蔑。我可以肯定说，马克思主义决不会这样看问题，只有自由主义者才会这样看问题。"[②]

　　1927 年冬到 1928 年春苏联发生的粮食收购危机，使斯大林对新经济政策态度发生了根本转变。斯大林认为，这次粮食收购危机是由于苏联工业的发展速度太慢，社会主义积累太少，富农的投机倒把所导致的，是"标

---

① 《斯大林选集》上，人民出版社 1979 年版，第 256 页。
② 《斯大林全集》第 7 卷，人民出版社 1958 年版，第 295 页。

志着农村资本主义分子在新经济政策条件下对苏维埃政权发动的第一次严重进攻"①。他指出，工业特别是重工业的发展速度绝对不可以减缓，而这一问题的出路在于大力地开展农业全盘集体化运动，进一步改变农村生产资料所有制形式，保证国家所需要的足够商品粮。1929 年斯大林公开宣布"抛开"新经济政策。他说："我们所以采取新经济政策，就是因为它为社会主义事业服务。当它不再为社会主义事业服务的时候，我们就把它抛开。"② 农业全盘集体化运动的推行和优先发展重工业的社会主义工业化方针，为苏联社会主义工业化发展创造了条件，也为农业的机械化和现代化开辟了道路。终于在 30 年代中期苏联建立起了高度集权的涉及政治、经济、文化、外交等多个方面的社会管理制度。这就是后来所称的"斯大林模式"。

二、斯大林模式的具体内容

经济上，发展工业化和农业集体化。生产力是社会发展的根本动力，尤其对于新生的苏维埃政权而言，苏联经济基础十分的薄弱，因此发展经济就成了一个重要的任务。斯大林提出优先发展国家的重工业，并集中国家的人财物进行工业化生产，在 1927—1937 年的十年间，苏联的工业化水平得到了极大的发展。苏联的工业总产值已经位居世界第二、欧洲第一。斯大林在分析"五年计划的这个基本任务是由什么决定的，是以什么理由为根据"时明确指出："其理由就是苏维埃政权不能长久地建立在落后的工业的基础上，只有不仅不逊于而且过一个时候能够超过资本主义各国工业的现代大工业才能成为苏维埃政权的真正的和可靠的基础。"③ 斯大林根据苏联当时的实际情况，决定有计划地全力推进工业化，并采取限制和排挤资本主义的做法，确保社会主义经济的统治地位。第一、第二个五年计划的顺利完成，使得苏联的工业化得到充分的发展，改变了苏联经济发展的面貌。与此同时，农业的现代化水平也得以大幅提升，农民已经从繁重的手工劳动中解放出来，开始实行机械化生产，工业技术已经广泛地在农业生产中运用和发展。农业集体化和现代化还释放了大量的劳动力，为工业

---

① 《斯大林全集》第 11 卷，人民出版社 1955 年版，第 54 页。
② 《斯大林全集》第 12 卷，人民出版社 1958 年版，第 151 页。
③ 《斯大林全集》第 13 卷，人民出版社 1956 年版，第 158 页。

化提供了充实的劳动力基础。爱因斯坦曾评价，苏联"在战争中的行动已经显示出它在一切工业和技术领域里的伟大成就……过去二十五年中它那非常惊人的发展速度，实在是史无前例的"。[①] 这一模式主张采取计划指令的模式，主张用行政手段管理经济。斯大林模式是一种高度集中的国家指令模式，排斥市场调节的作用，使国家占有大部分的生产资料，并且通过行政指令的方式，对经济进行直接的管理，提出"计划就是法令"。为了能够赶超先进的资本主义国家，斯大林主张优先发展重工业和军事工业。在特殊的历史条件下，这种模式对于促进苏联经济的发展，提高苏联的经济实力起到重要的推动作用，使苏联在短时间内能够迅速赶超西方发达国家，一跃而跻身工业化的强国行列。苏联工业和军事工业的发展为后来苏联战胜德国法西斯，取得第二次世界大战的胜利奠定了坚实的物质基础。但是这种高度集权的模式阻碍了社会主义制度优越性的发挥，一是优先发展重工业，使得轻工业和农业发展相对滞后，经济结构发展不合理。二是计划经济条件下，片面追求产量，这导致生产的产品量大、质差。三是经济发展方式粗放，经济效益低下，大量消耗和浪费了资源，对自然环境造成的损害更是不可挽回的。

政治上，采取高度集权制度。根据无产阶级专政的原则，1936 年苏联通过的新宪法中规定了人民享有的广泛权利，充分体现了苏联的国家性质和人民性质。苏联出台的一些政策有效地缓解了社会矛盾，逐渐改善了工人和广大劳动人民的生活状况。但在政治建设中也存在着一些弊端。斯大林模式采取的党政不分的原则，以党代政，不断加强党对国家政治生活的领导地位，贬低苏维埃的地位和作用，使得苏联由无产阶级专政实质上变为苏共的一党专政，严重地破坏了政治社会生态。同时，苏联实行的是不受任何限制的无产阶级专政，采取的是领导终身制，领导干部不受广大人民群众的监督。这一模式将国家的权力集中在少数人的手里，最后就集中在了斯大林的手里，形成了斯大林的个人集权和专制。而且权力在运行过程中不受任何监督。这种党政不分、权力高度集中、家长制和个人崇拜盛行的情况使得权力在运行过程中不受监督，严重阻碍了苏联政治制度的发

[①] 《爱因斯坦文集》第 3 卷，许良英、赵中立、张宜三编译，商务印书馆 1979 年版，第 187 页。

展，破坏了党内民主，严重地挫伤了广大干部和人民群众的工作积极性。斯大林执政时期推行的肃反运动（大清洗运动）使得大批党、政、军领导人以及行业精英蒙冤受难，不仅产生了大量的冤假错案，也进一步造成了对斯大林个人的盲目崇拜，这给党和国家造成了难以挽回的损失。在对外关系上大力推行大国沙文主义和民族利己主义，严重地影响了苏联政治建设，也严重损害了苏联在国际上的声誉。

思想文化上，大力发展教育和文化，并用行政干预手段管理学术文化。文化作为上层建筑的重要内容，是对经济基础的深刻反映，文化自身的发展也有其相对独立性。斯大林高度重视文化的发展，重视马克思列宁主义的教育。他说："马克思列宁主义理论的力量。就在于它使党能判明局势，了解周围事变的内在联系，预察事变的进程，不仅洞察事变在目前怎样发展和向何处发展，而且洞察事变在将来怎样发展和向何处发展。"① 20 世纪30 年代以来，苏联逐步开设了哲学、政治经济学和马克思主义的基础课程，号召人民学习马克思主义理论。这对坚持马克思主义在意识形态中的统治地位起到了积极的作用。斯大林注重提高教育事业的发展。面对着苏联大部分人民几乎是目不识丁，一些地区没有学校和书的情况，1930 年开始，斯大林进行扫除文盲和普及义务教育、中等和高等教育等措施，大力发展国家的文化事业，将思想文化建设纳入到了国家发展战略中。"国家为劳动人民组织了免费生产技术教育，建立了奖学金制度，高等学校的学生有90% 、中等技术学校的学生有 83% ，享受到了国家奖学金。"② 与此同时，苏联还大力发展科研事业，加强科学研究工作，科研工作者的人数不断增加，所研究的领域也在不断拓展，在物理、化学、航空、航天等领域也取得了重大突破，取得了一大批具有世界先进水平的学术成果。但苏共在意识形态领域采取的是高度集中和教条化的方式，苏共领导人长期垄断着真理，垄断着马克思主义的解释权，这就使马克思主义理论的发展日益僵化，并且逐渐地脱离了现实生活，领导人的错误得不到及时的纠正，逐渐地助长了对斯大林的个人崇拜。这种思想高度集中的领导体制，对知识分子进行"大斗争""大清洗""大批判"，进行"文化大革命"。30 年代中期以

---

① 《斯大林选集》下，人民出版社 1979 年版，第 615 页。
② 苏联科学院经济研究所：《苏联经济的发展》，社会科学文献出版社 1955 年版，第 736 页。

后，苏联禁止一切领域对理论、科学的自由讨论，大搞理论专制主义，斯大林的理论成为一切思想的源泉。

外交上，坚持与资本主义国家和平共处，推行"世界革命"。第二次世界大战期间，苏联与美英等国结成反法西斯同盟，将制度分歧放在一边，与这些国家相互配合，他坚称："只有我们三国之间以及一切爱好和平的各国之间继续合作与了解，才能够实现人类最崇高的愿望——一种安全和持久的和平。"① 与此同时，苏联也积极发展与资本主义国家间的经济合作，积极开展经济交往。他说："以为社会主义经济是一种绝对闭关自守、绝对不依赖周围各国国民经济的东西，这就是愚蠢之至。"② 虽然强调苏联要加强与各国间的相互合作，但斯大林也高度重视本国的独立自主，坚持本国发展的独立性，强调不能使本国经济发展成为别国的附属品。斯大林又提出了"世界革命"的理论。在他看来，"资本主义总危机"日益加深，他说："资本主义能达到战前水平，能超过战前水平，能使自己的生产合理化，但这还不是说——还远不是说——资本主义的稳定因此能够持久，资本主义能够恢复它在战前的那种稳固性。恰恰相反，正是从这种稳定中……产生着最深刻最尖锐的世界资本主义危机，这种危机孕育着新战争和威胁着任何稳定的存在。"③ 根据世界总危机理论，斯大林提出了"世界革命"理论，他号召发达国家的无产阶级能够联合起来，推翻本国的资产阶级统治，建立社会主义政权，扩大社会主义国家，最终实现世界革命。

三、对斯大林模式的评价

1934 年斯大林宣布苏联已经由农业国变成了工业国，1936 年《斯大林宪法》颁布，将苏联的经济和政治体制定性，这也标志着斯大林模式的确立。从当时来看，斯大林模式的实质是对落后国家如何走向现代化的一种探索和创新，它开创了一条不同于资本主义发展模式的崭新道路。1937 年之后，问题也逐渐凸显出来。斯大林模式是一种高度集权制的发展模式，由于没能够结合苏联发展的具体实际进行有效的改革，给苏联和社会主义

---

① 《德黑兰、雅尔塔、波兹坦会议记录摘编》，上海人民出版社 1974 年版，第 221 页。
② 《斯大林全集》第 9 卷，人民出版社 1954 年版，第 118 页。
③ 《斯大林全集》第 10 卷，人民出版社 1954 年版，第 234 页。

事业发展留下了隐患，最终酿成了大的灾难。东欧剧变、苏联解体，标志着斯大林模式的彻底终结和失败。

客观评价斯大林模式，我们必须从当时的社会和现实出发去考察，而不能为了某一政治目的而任意地贬低、歪曲甚至全盘否定。客观评价这个模式，还必须把对斯大林模式的评价和对斯大林本人的评价区别开来，把它和苏联人民建设社会主义的全部丰富内容区别开来。尽管该模式自身也有巨大弊端。但它同苏联当时社会生产力的发展水平相适应，在二战前后发挥了巨大作用，使苏联只用 25 年便成为世界强国。这主要表现在：（1）迅速实现苏联的工业化，其工业产值及其在世界工业中的比重在一个不长的时间内居于世界前列，使落后的农业国发展成为一个强大的工业化国家。（2）在建立独立的门类齐全的工业体系，特别是重型工业和国防军事工业的基础上，创立了一度领先于国际水平的核子技术、航天技术等，使苏联一度跻身世界科技先进国行列，推进了国家现代化发展进程。（3）依托强大的经济、军事实力，苏联不但在反法西斯战争中取得了胜利，成为联合国发起国之一，而且根据"雅尔塔"体系，在战后把东欧纳入其势力范围，并以"社会主义阵营"核心国的身份，成为冷战时期唯一能够与美国相抗衡的超级大国。总体上看，斯大林模式是符合当时苏联复杂的国情的，它的建立巩固了苏联社会主义的成果。20 世纪三四十年代的苏联，无论是社会主义改造顺利的时候，还是政策发生失误的时候，整个社会较为稳定，为开展社会主义建设提供了保障。

对斯大林模式评价同时也必须坚持实事求是的原则。首先，必须把斯大林模式放到苏联整个社会主义实践的环境中加以考察，以现实为依据，从现实的历史条件出发，联系苏联所处的特殊环境。实事求是地评价斯大林模式，也必须透过复杂的历史现象把握它的本质，不能模糊科学社会主义的原则界限。在历史上，那些为斯大林模式辩护的人们，几乎无一例外地都强调这一模式对于增强苏联的工业、军事实力所起到的重要作用。但是，必须透过现象把握本质，不能仅看到表面现象。从表面看来，虽然在斯大林时期，苏联的工业、军事实力有了很大的增强，并最终发展成了能和美国相媲美的两个世界超级大国之一。但是，仅凭这一点是不足以说明它建成了社会主义的。因为，按照马克思主义经典作家的观点，社会主义的根本任务是解放和发展社会生产力，各国必须不断地去增强自己国家的综合国力，在此基础上，提高全体人民群众的物质和文化生活水平，实现人自由而全面的发展，实现人的解放，这是社会主义有别于其他社会制度的最本质的差别。但是，斯大林模式的根本问题之一，就在于斯大林虽然努力采取各种措施来增强苏联的综合国力，但是他忽视甚至严重损害了广大人民群众的根本利益。有苏联学者指出，斯大林关于国家强盛的"观念"主要来自俄国以前的经验（伊凡雷帝、彼得大帝），而不是来自马克思主义。① 可以说，这句话中包含着某些科学的内容，因为斯大林模式的出发点是苏联的强大，要维护的是苏联的国家安全，但是对其他国家的利益却有所损害，并非一种真正的共产主义。特别是，这一模式往往是以牺牲最广大劳动人民的利益为代价。据西方著作提供的资料，30 年代苏联的工业虽然取得了高速度的发展，而工人的实际工资在 1937 年时只相当于 1928 年时的 28%，农民则"过着比沙皇政权末期还要糟糕的日子"②。斯大林损害广大人民群众利益的系列政策，因此也就不可能真正实现国家强大的目的。斯大林之后的苏联，社会、经济的很多方面仍未能从根本上摆脱落后的状况，而且陷入了越来越深的矛盾境地中。

对斯大林模式的公正客观评价，离不开对斯大林"个人特征"的正确认识。一个国家的关键时期，那些有威信、有能力的"领袖人物"对历史发展起到重大的影响。斯大林模式的形成离不开斯大林的"个人特征"。"斯大林"在俄语里是钢铁的意思，斯大林确实也有着钢铁般的意志，具有高度的政治敏锐性，并且在工作中有着高超的组织才能，但他性格当中也存在着一些不足和缺陷。他经常妒贤嫉能、主观偏执、粗暴任性等。在《给代表大会的信》中，列宁直言不讳指出："斯大林同志当了总书记，掌握了无限的权力，他能不能永远十分谨慎地使用这一权力，我没有把握。"③后来，他又补充说："斯大林太粗暴，这个缺点在我们中间，在我们共产党人相互交往中是完全可以忍受的，但是在总书记的职位上就成为不可容忍

---

① 林利、姜长斌编：《在改革浪潮中重评斯大林——苏联近期报刊文章选译》，求是出版社 1989 年版，第 11 页。

② ［美］C. E. 布莱克、［美］E. C. 赫尔姆赖：《二十世纪欧洲史》上，山东大学外文系英语翻译组译，人民出版社 1984 年版，第 643 页。

③ 《列宁选集》第 4 卷，人民出版社 2012 年版，第 745 页。

的了。"① 列宁建议把他从总书记的职位上调开，找一个"较为耐心、较为谦恭、较有礼貌、较能关心同志，而较少任性"② 的同志担任总书记。列宁逝世后，斯大林能够在复杂的党内斗争中战胜各个反对派，占据党和国家的最高领袖地位，并从根本上改变苏联社会主义建设的道路和方法。在列宁病重期间，斯大林的思想就与列宁的思想发生了严重分歧，尤其是在苏维埃外贸垄断制、俄罗斯联邦和各独立共和国的相互关系、格鲁吉亚事件、党政机构中的官僚主义以及对待新经济政策等关涉到俄国发展的前途和命运的重大问题上。可以说，斯大林的"个人特性"在斯大林模式的形成过程中打下了深刻的烙印，特点鲜明。

第三节　戈尔巴乔夫人道的民主的社会主义

"人道的民主的社会主义"是戈尔巴乔夫提出的重要思想。戈尔巴乔夫于 1985 年 3 月 11 日当选苏共中央总书记。1987 年年底，他在《改革与新思维》一书中开始对"改革"问题进行分析和探讨。在 1988 年 6 月至 7 月间召开的苏共第十九次代表会议上，他提出要把苏联社会改建成为"人道的民主的社会主义"社会，并且指出这种社会制度具有七个特征：一是"真正的、现实的人道主义制度"；二是"有效益的和活跃的经济制度"；三是"社会公正的制度"；四是"具有高度文化素养和道德的制度"；五是"真正民主的政治制度"；六是"各民族真正平等的制度"；七是"渴望和平，渴望加强与社会主义兄弟国家的合作和协作，渴望……与各国人民和各个国家建立正常的和文明的关系的制度"。于是，在戈尔巴乔夫的领导下，改变苏联社会制度的具体计划开始浮出水面。这一计划实际上是苏联国内外党内外敌对势力，企图推翻苏联的一次合谋，其结果是葬送了苏联社会主义事业。纵观其人道的民主的社会主义思想，主要有以下几点特征。

---

① 《列宁选集》第 4 卷，人民出版社 2012 年版，第 746 页。
② 《列宁选集》第 4 卷，人民出版社 2012 年版，第 746 页。

一、取消共产党对"意识形态的垄断"，推行政治思想多元化

"人道的民主的社会主义"其哲学基础并不是辩证唯物主义与历史唯物主义，而是西方抽象的人道主义，这一思想把社会主义看作是符合"人性"和"人道"的制度，否定了马克思主义的阶级学说，否定社会上存在着阶级和阶级斗争，这从根本上已经背离了马克思主义的基本理论。戈尔巴乔夫放弃了把马列主义作为党的指导思想。在苏共二十八大的文件以及戈尔巴乔夫等人的讲话中，虽然还提及马列主义仍是苏共的指导思想之一，但实际上，戈尔巴乔夫等人早已是阳奉阴违，所作所为早已背离了马列主义。戈尔巴乔夫等人在政治改革过程中，在党内和全国已经开始了一场全面的非马列主义化运动。1989 年苏联高校政治理论课程改革中，几乎全部取消了马列主义教学，如将"科学共产主义"改为"现代社会主义问题"、将"苏共党史"改为"20 世纪社会政治史"、将"马克思列宁主义哲学"改为"哲学"等。1988 年 6 月，在苏共第十九次全国代表会议的报告中，戈尔巴乔夫提出应该"允许社会主义的舆论多元化"，但仍保有"社会主义"字样。1990 年 2 月，戈尔巴乔夫在苏共中央全会的报告中又说，"我国社会中进行的广泛民主化，带来了政治多元化的发展"，"苏共考虑到这些新的情况，应同所有坚持苏联宪法的社会团体合作并进行对话"，这时不仅提出了"政治多元化"概念，而且已不再提"社会主义"原则了。1990 年 7 月，戈尔巴乔夫在苏共二十八大报告中进一步提出了"自由人的公民社会"概念，并宣称这种"自由人的公民社会正在取代斯大林模式的社会主义"。从实际来看，戈尔巴乔夫这种宣称民主化和意识形态多元化的思想，引起了全党全国的思想混乱。面对反动势力的嚣张气焰，许多共产党员要求党中央采取措施加以制止。1989 年 11 月 22 日，列宁格勒 2 万多名共产党员集会反对反共宣传，要求苏共中央采取措施加以制止。而戈尔巴乔夫等人对党员群众这种正当要求不仅不予理睬，反而于 1990 年 6 月颁布了《新闻出版法》，宣称"新闻自由""舆论不受检查"，年满 18 岁的公民"都有创办舆论工具的权利"，公民有"以任何形式发表意见和传播信息的权利"，这就为各种反动思想的传播打开了方便之门。

二、取消共产党对"国家权力的垄断"，实行党政分离

戈尔巴乔夫上台后，大力推行人道的民主的社会主义，他认为原有的政治体制中存在着党政不分、社会主义发展不够的问题。因此，他主张实行政治多元化，提出"一切权力归苏维埃"，其目的在于借口反对一党专政，取消无产阶级政党的领导，搞多党制和议会民主制。在 1990 年 2 月苏共中央全会上，戈尔巴乔夫在党内外反共反社会主义势力的推动下，强调党的地位不应当依靠宪法来强行合法化，而应该对宪法进行必要的修改。"戈尔巴乔夫认为坚持党的领导就是主张搞与'民治国家'相对立的'党治国家'违反人民当家作主的思想"[1] 这一思想实际上否定了党与人民的统一性，否定了党代表工人的利益和意志。同年 3 月 14 日苏联通过的《苏联宪法修改补充法》修改为"苏联共产党、其他政党以及工会、共青团、其他社会团体和运动通过自己选入人民代表苏维埃的代表并以其他形式参加制定苏维埃国家的政策，管理国家和社会事务"。这样一来，共产党的领导地位和执政地位从法律上被取消了，共产党作为执政党的合法性也被取消，变成了与其他政党和社会组织一样，变成了苏联参政党之一。苏联的政治体制已经发生了根本改变，一党专政已经被多党制、议会竞选制、三权分立制度所替代。资本主义国家政治体制的原则已转移到了苏联。戈尔巴乔夫却认为，这一切都是他发动的政治改革的重大成果，他颇为自豪地说："政治体制正在进行根本改造，包括自由选举、多党制、人权在内的真正的人民政权正在复兴。"1990 年年初，他说"如果出现了多党制，并符合社会的实际利益，我没有看到有任何不幸"。同年 2 月，苏共中央全会接受了多党制原则，同意修改宪法第六条，放弃苏共领导地位。戈尔巴乔夫在讲话中强调，"党革新的根本问题是必须清除一切把党同专横官僚主义制度联系起来的东西"，苏共的活动"要严格限制在民主程序范围内"，苏共要"在辩论中捍卫政纲"，要"同其他社会政治力量合作"，但他却没有看到这些改革将会酿造成一场更大的灾祸。

---

[1]　周新城：《社会主义国家改革走上改旗易帜邪路的一个典型——评戈尔巴乔夫推行的人道的民主社会主义的改革》，载《中共石家庄市委党校学报》2014 年第 5 期，第 15 至 21 页。

三、按照社会民主党的面貌改造苏共

戈尔巴乔夫在对社会主义制度进行否定的同时，也对共产党本身进行了攻击，按照人道的民主的社会主义来对共产党进行"革新"。这一举措，实质上，就是要从根本上否定马克思主义政党的合理性，将其改造为社会民主党。1989 年 11 月，戈尔巴乔夫在《社会主义思想与革命性改革》一文中则改口说，"社会民主派之中存在着我们能够赖以决定我们发展目标的社会主义经验"，"我们有兴趣研究社会民主派所积累的丰富的、多方面的经验"，其中包括它们长期以来"对发展社会主义价值观念、社会改革所做的贡献"。1990 年 3 月，戈尔巴乔夫在《未来世界与社会主义》一文中表示，"今天，在社会党人与共产党人之间，从前使他们分裂的鸿沟已不复存在"，"在人道的民主的价值观的基础上我们不仅在政治立场上而且在世界观立场上都接近了"。在党的性质方面，戈尔巴乔夫否定了共产党的无产阶级的特性，主张把党改造成代表"全体人民""全民族的"党，这一思想就是要把共产党改造成资产阶级的党。很明显，这并非社会民主党人向苏共接近，而是戈尔巴乔夫等人向社会民主党主动靠拢。在奋斗目标上，戈尔巴乔夫提出，实现共产主义这一目标是错误的，应该加以矫正，应该把建立人道的民主的社会主义作为奋斗目标，这是一种有别于资本主义和社会主义的第三种制度、第三条道路。自苏共第十九次全国代表会议以来，苏共内部各种派别不断增多，到苏共二十八大时已经形成相互对立的三大主要派系，即以戈尔巴乔夫为首的"主流派"、以叶利钦为首的"民主派"和以利加乔夫等人为代表的"传统派"。这三大派都有自己的政纲，戈尔巴乔夫在二十八大上虽然以苏共总书记的身份作报告，但已不能代表全党，实际上统一的苏共已不复存在。

可见，戈尔巴乔夫提出的"人道的民主的社会主义"虽然仍留有社会主义字样，但是从根本上来说，这一思想已经背离了社会主义的原则和方向，是对科学社会主义的背叛。与马克思主义奠基人倡导的科学社会主义已是南辕北辙，最终把苏联引向了改旗易帜的邪路。

第四节　苏东剧变的原因

苏东剧变是指发生于 20 世纪 80 年代末至 90 年代初的苏联及东欧的南斯拉夫、罗马尼亚、波兰等国家的一次重大历史事件。这一件重大事件引发一系列的连锁事件，使社会主义事业遭受严重挫折，社会主义阵营崩塌，苏东各国执政党丧失政权，推行几十年的社会主义制度被资本主义制度所代替。苏联、南斯拉夫、捷克斯洛伐克三国四分五裂，土崩瓦解，民主德国也与联邦德国合二为一。这个事件尤其对苏联来说，影响最为巨大，作为最初能与美国相抗衡的国家，如今元气大伤，无法重现昔日的辉煌。苏联解体、东欧剧变并非天命注定，但确实是事出有因，深刻反思剧变的原因，将为推进社会主义现代化建设，提供重要的指导和借鉴。

一、苏联东欧在长期社会主义建设中形成的政治经济体制僵化

斯大林时期建立的高度中央集权制的计划经济体制曾极大地提高了苏联的经济社会的发展水平，使苏联发展成为超级大国。但随后，这种高度集中的计划经济体制日益地僵化和固化，其弊端日益显现，严重阻碍了苏联以及东欧社会的发展，不能再适应苏联国家社会的发展。一方面这种模式束缚了生产力的发展，使得经济建设举步维艰，另一方面，又使政治活动受到影响，社会主义的民主与法治建设受到影响和阻碍，社会主义制度的优越性无法得到有效的发挥。在实际中，苏联和东欧一些国家，片面地追求工业增长速度，重视发展重工业特别是军事工业，导致了重、轻、农经济结构比例严重失调。苏东与欧洲其他国家的差距进一步拉大。到了 80 年代，这种制度模式的潜力已经消失殆尽，面临着破产的危机，需要对这一模式进行有效的改革。苏联领导人一直致力于加强改革，希望通过改革实现苏联经济的发展。戈尔巴乔夫上台以来便致力于加强改革，加强改革却没有牢牢抓住经济建设这一中心问题，背离了改革的初衷，严重地阻碍了苏联经济的发展，逐渐地导致苏联的经济走向崩溃边缘。东欧其他国家由于一直套用苏联的发展模式，因此，同样面临着这样一种经济发展落后、

经济改革不合理的困境。经济领域问题又在政治领域中表现出来，人民的生活水平下降，导致了对党的严重不满，引发了政治和社会问题。而且，东欧大多数国家发展缓慢，改革成效不大，同西欧国家的差距越拉越大，又诱发政治危机和民族矛盾。在政治上，苏联高度集中的政治体制，使得苏东国家在政治上被管得过于严厉，整个社会缺乏活力和民主，社会主义制度的优越性也很难得到发挥。苏东的改革严重破坏了民主和法制，党和政府逐渐地脱离了群众。戈尔巴乔夫上台以来推行的"人道的民主的社会主义"严重地背离了社会主义的发展方向，社会发展的民主化被抛弃了，领导干部搞特殊化贪污腐败现象十分严重，破坏了党自身的建设，使党与群众严重脱离。

二、西方国家对苏东国家实行"和平演变政策"

自社会主义国家诞生以来，西方资本主义国家就企图通过经济封锁、政治孤立、军事包围等手段对社会主义国家进行扼杀，但是这些手段并没有达到目的。在采用武力手段无法扑灭社会主义的情况下，西方国家便开始采取"和平演变"战略。20世纪50年代以来，西方国家开始利用人员往来、大众传播媒介等进行意识形态渗透，打着民主和人权的幌子对苏东国家进行挑拨，激化国家内部的民族矛盾，以及苏联与东欧国家间的矛盾，制造乱子。西方的敌对势力利用原苏东国家的经济和社会危机，加强对这些国家的政治和经济渗透。80年代末，西方国家特别重视意识形态领域的斗争，把意识形态领域的斗争摆在首要位置，宣传西方的"自由""私有制""市场经济"，攻击马克思主义和社会主义，甚至直接插手苏联和东欧国家的内部事务。1989年时任美国总统的布什提出了对苏联和东欧的"超越遏制"战略，这一战略的实质就是对东欧和苏联实行"和平演变"，达到颠覆社会主义的目的。

三、戈尔巴乔夫改革的理论和路线错误

戈尔巴乔夫以及东欧其他国家领导人的改革理论和路线的错误，是导致苏东剧变的直接原因。改革的目的原本在于解决社会发展过程中存在的弊端，促进经济社会的进一步完善和发展，戈尔巴乔夫在口头上提出各种口号，而实际上改革却背离了社会主义的方向，使改革步入歧途，将改革推向政治多元化和多党制的方向，取消了党对社会主义的领导，经济领域实行的是以私有制为基础的市场经济，这就使得苏联完全背离了最初发展

的方向，结果投入到西方社会的怀抱。由于戈尔巴乔夫和苏共的纵容、影响、施压，南斯拉夫、波兰、匈牙利、捷克斯洛伐克、民主德国、保加利亚、罗马尼亚和阿尔巴尼亚等东欧国家在推行改革过程中均实施了错误的思想路线、政治路线和组织路线。

戈尔巴乔夫以及其他东欧国家领导人的改革理论和路线的错误主要在于：放弃了马克思主义的指导，转而奉行民主社会主义，甚至全盘接受西方资产阶级政治理念；放弃了共产党的领导地位，建立多党制、议会民主，实行政治多元化；奉行极端民主化的组织路线，放弃了党的各级组织，放弃了党的集中统一领导；放弃了党对新闻舆论的领导权，放任各种反党反社会主义势力和其他势力占领宣传阵地；放任西方敌对势力的演变和颠覆，甚至一味迎合西方公开进行的分化图谋、破坏活动。

四、结语

苏东剧变实际上反映出的是一个党和国家如果不能选择正确的道路和旗帜，那么就会发生亡党亡国的危机。苏东剧变不是在战争年代发生的，而是在和平年代发生的，不是被别国消灭的，而是社会主义建设过程中内外因素合力所致，并且本国的改革和国家的经济和政治建设的弊端是苏东剧变的重要诱因。苏联和东欧社会主义国家在没有硝烟的和平发展时期土崩瓦解，这大大震惊了整个世界，导致社会主义阵营力量大为缩小，社会主义事业的发展严重受挫。分析苏东剧变的原因对于推进社会主义建设具有重要的启示意义。

第一，社会主义建设应该以经济建设为中心，不断深化改革。经济决定政治，只有大力发展经济，提高经济水平，才能保证政治的稳定。经济的发展离不开行之有效的改革。马克思恩格斯曾说："在极端贫困的情况下，必须重新开始争取必需品的斗争，全部陈腐污浊的东西又要死灰复燃。"① 邓小平同志强调"贫穷不是社会主义"，社会主义国家的首要任务是解放和发展社会生产力，提高人民的生活水平。从苏联和东欧各国的发展实际来看，经济发展长期落后于欧洲其他国家，同以美国为首的资本主义阵营的差距也是越拉越大。人民的生活质量长时间得不到有效改善，生

---

① 《马克思恩格斯选集》第 1 卷，人民出版社 2012 年版，第 166 页。

活水平得不到提高，国家和政党自然而然不会得到支持，国家的建设失去民心基础。因此，只有不断地解放和发展生产力，提高经济水平，改善人民的生活，才能得到最广大人民的支持，坚定广大人民的社会主义信念，增强党在人民群众中的凝聚力。而社会生产力的发展离不开改革的推进，改革要坚持以科学社会主义原则为指导，坚持改革为了人民，改革依靠人民来实现，就如邓小平所说："不坚持社会主义，不改革开放，不发展经济，不改善人民生活，只能是死路一条。"①

第二，加强意识形态安全，防止西方国家的"和平演变"。十月革命胜利后，国际格局中出现了两种制度并存的情况。冷战时期，两个阵营之间相互对立，资本主义国家为了维护其自身利益，对以苏联为首的社会主义阵营进行了和平演变和思想渗透。最终，苏东的剧变验证了和平演变的严重危害。中国特色社会主义事业的发展不可避免地扩大开放，加强与资本主义国家间的相互合作。在这一过程中，西方的各种思潮也将趁势涌入。如何规避风险，保障我国意识形态安全，是维护我国政治安全、国家稳定的重要课题。在这方面，最为根本的就是要始终坚持以马克思主义为指导，加强思想政治教育，旗帜鲜明地与各种"西化"和"分化"行为进行伟大的斗争。

第三，加强执政党理想信念，增强党的群众基础。苏共在执政期间，由于一些党员理想信念迷失，严重脱离了人民群众，出现了大量的腐败现象，动摇了党的群众基础，最终苏共垮台。以史为鉴，共产党的执政离不开人民群众的支持，因此，要使党坚强有力，充满活力，必须加强和改进党的建设，增强党性修养，坚定广大党员的理想信念，增强广大党员与群众之间的血肉联系，使党始终全心全意为人民服务，遏制腐败问题的发生。加强党和人民群众的沟通，不断解决人民关心的事情，使人民群众发自内心地去拥护和热爱党，只有这样，才能推动社会主义国家的长治久安。

① 《邓小平文选》第3卷，人民出版社1994年版，第370页。

第四章
科学社会主义在中国的传播和发展

中国共产党一成立，就把实现共产主义作为党的最高理想和最终目标，始终坚持把科学社会主义与中国实际相结合，创立了毛泽东思想、邓小平理论、"三个代表"重要思想、科学发展观和习近平新时代中国特色社会主义思想，极大地丰富和发展了马克思主义。习近平新时代中国特色社会主义思想为发展马克思主义做出了重大原创性贡献，是马克思主义中国化最新成果，开辟了马克思主义新境界，是 21 世纪中国的马克思主义，实现了马克思主义基本原理与中国具体实际相结合的又一次飞跃。

第一节　科学社会主义在中国的传播

清朝末年，多种社会改造学说进入中国。其中，资本主义学说在中国广泛传播并渐成气候，但是，因其自身弊端以及难与中国有效融合而无法改变中国半殖民地半封建社会的境况。发源于欧洲的科学社会主义思想，在指导俄国革命取得成功后，逐渐传入中国。它以其科学性和革命性逐渐被中国先进分子接受，给正经历磨难、试图改变命运的人民带来新的希望。一方面，科学社会主义为中国革命点燃了思想火花，为中国改革和建设提供了指引，成功地服务于中国实践，实现了马克思主义中国化；另一方面，中国人积极探索中国革命和建设的基本规律，将中国智慧、中国经验凝练为理论，形成了毛泽东思想和中国特色社会主义理论体系，丰富和发展了科学社会主义。

一、社会主义在中国的初次亮相

19 世纪末，随着国门洞开，一方面，西方的野蛮与文明一起来到中国，列强在侵略中国、带来巨大灾难的同时，也带来一些先进思想；另一方面，为了救亡图存，中国的一些仁人志士走出国门，探索真知，寻求改变中国命运之道。一来一往之中，西方的各种社会学说和主张逐渐传入中国。从那时起，国人开始接触西方的社会主义学说。

（一）中国初次接触社会主义学说

19 世纪末，清朝政府创办的译书机构——江南制造局翻译馆出版了《西国近事汇编》，该书以英国《泰晤士报》的内容作为主要来源，专门介绍西国要闻大事。其中，不仅报道了 19 世纪 70 年代的英国的煤矿工人和造船工人的罢工事件，以及西班牙、美国和俄国等国家的工人运动，而且"首次报道了'第一个马克思主义的政党'——德国社会民主党，还多次报道了'共产主义者'和'马克思主义的政党'在德国和美国的斗争情况"，从而使中国人首次在国内听闻西方的社会主义学说，这"是中国最早传播西方社会主义思想的周刊，在社会主义思想传播史和中国期刊传播史上均具有开创性的地位"[①]。

1895 年 8 月，由外国传教士在中国所办的报纸《万国公报》正式刊行，其中，1899 年第 121 册至 124 册，连续刊载了李提摩太辑译的《大同学》，文中首次在中国提及马克思的人名，并且首次简要介绍马克思之思想与行为。文章写道："其以百工领袖著名者，英人马克思也。"又说："有讲求安民新学之一家，如德国之马客偲（马克思），主于资本者也。"[②]

《西国近事汇编》和《万国公报》是中国人最早接触社会主义的读物。但是，二者对于社会主义运动、马克思主义的介绍是片段的、片面的，甚至在某些地方歪曲了马克思的思想和行为，而且其文作者、编辑者也并非社会主义运动的信仰者。因而，是否将其认定为科学社会主义在中国传播

[①] 原付川、姚远、卫玲：《〈西国近事汇编〉及其社会主义思想的传播》，载《理论导刊》2010 年第 7 期，第 108 页。

[②] 见《万国公报》第 121 卷、第 123 卷（1899 年 2 月、4 月发行。1899 年 5 月《大同学》发行单行本）。——转引自姜义华编：《社会主义学说在中国的初期传播》，复旦大学出版社 1984 年版，第 36 至 37 页。

的开始或者它是否起到传播科学社会主义的作用，值得商榷。有人提出，能界定科学社会主义传播的起始者，必须具备三个要素：一是传播者是该学说的信仰者，二是传播的内容是体系式而非片段式，三是传播是应当时当地实践之需要而进行。就此来看，无论是《西国近事汇编》对一些欧美社会主义运动的报道，还是《万国公报》对于马克思思想的部分介绍，都不能称之为科学社会主义在中国传播的开始。就传播的内容来看，当时引入国内所闻之事，很多并非科学社会主义学说和运动；在形式上也只是蜻蜓点水甚至东拼西凑的报道，所以其传播科学社会主义的作用微乎其微。但是，从另一个角度来看，《西国近事汇编》《万国公报》对于社会主义运动和学说的报道，以及对科学社会主义创始人的介绍，走在了当时中国社会的前头。尽管不将其称之为开端，但是这两个报纸杂志发挥了媒介传播的功能，将社会主义（不等于科学社会主义）的学说和运动介绍给了中国民众，客观上起到了扩大社会主义影响的作用。

（二）中国人对社会主义的首次深入了解

在初次接触到了社会主义之后，中国人对社会主义学说的深入了解始于 20 世纪初。其间，大量知识分子将日本社会主义方面的书籍、报刊译介到中国来，加上部分留学生从欧美传来的关于社会主义的思想，一度形成一股热潮。如孙中山先生所言："中文的社会主义报刊有五十四种，这个可观的数字可以使你们认识到我们的读者和信仰我们思想的人数量之多。"①

一方面，中国人将日文的社会主义著作、评论等翻译成中文，在国内知识界传播。"1900—1906 年，留日学生翻译日本人的社会主义著作据统计多达 20 种左右。"② 如：1902 年 11 月，中国国民丛书社译、商务印书馆出版的幸德秋水撰写的《广长舌》；1903 年 2 月，赵必振译、广智书局出版的福井准造撰写的《近世社会主义》；1903 年 2 月，周子高译、上海广智书局出版的西川光次郎撰写的《社会党》；1903 年至 1907 年，幸德秋水所撰《社会主义神髓》先后三次由不同的出版社翻译出版，在中国流传甚广。此外，久松义典所著《近世社会主义评论》、村井知至所著《社会主义》、岛田三郎所著《社会主义概评》等书，被译成中文而在中国传播。

---

① 姜义华编：《社会主义学说在中国的初期传播》，复旦大学出版社 1984 年版，第 345 页。

② 李坚、金韧：《社会主义在华早期传播与日本》，载《日本研究》1995 年第 1 期，第 85 页。

另一方面，一些留学日本、欧美的中国知识分子，撰写对当时的社会主义学说进行评述的文章，比较正式地向中国人介绍了社会主义、马克思主义。这些人员中，有代表着不同社会阶层、不同社会主张的群体和个体。

其一是资产阶级改良派。他们为了实现资产阶级改良主张寻求社会主义学说的支持，但对社会主义的认识处于片面化、低层次的水平。如梁启超撰写的《进化论革命者颉德之学说》《中国之社会主义》《二十世纪之巨灵托拉斯》等，他称马克思"是社会主义的泰斗"[1]，其学理是变私有财产为公共财产的阶梯[2]。在《中国之社会主义》一文中，梁启超提出："社会主义者，近百年来世界之特产物也，概括其最要之义，不过曰土地归公，资本归公，专以劳力为百物价值之源泉。"[3] 他将社会主义主张与中国古代的井田制相提并论，认为二者为"同一立脚点"，将社会主义曲解为"干涉主义"，并在 1906 年后，梁启超转向反对社会主义。不过，尽管梁启超最终未能走上社会主义的道路，但是客观地讲，其前期关于社会主义和马克思的介绍，对社会主义确也起到了推广作用。

其二是资产阶级革命派。他们带着为革命寻求力量的目的而介绍社会主义学说。他们对社会主义的介绍，很大程度上是在准备推翻中国帝制建立资本主义制度时，发现了资本主义制度本身不可克服的流弊，期待借助社会主义学说中的某些思想推进资本主义革命进程而进行的。1903 年，马君武发表了《社会主义与进化论比较》，对社会主义学说发展史进行了简要的介绍；20 世纪初，孙中山旅日期间接触了社会主义学说之后，不仅赞同社会主义学说，在给友人的信中称社会主义"乃弟所极思不能须臾忘者"[4]，1905 年还亲自访问了布鲁塞尔的社会党国际局。1912 年，在资产阶级革命派的宣传阵地《民报》上，孙中山将其所倡导的民生主义视为社会主义，"民生主义，则排斥少数资本家，使人民共享生产上之自由。故民生主义者，即国家社会主义也"[5]。1906 年 1 月，朱执信在《民报》第 2 号上发表

① 梁启超：《进化论革命者颉德之学说》，载《新民丛报》1902 年 10 月第 18 版。
② 梁启超：《二十世纪之巨灵托拉斯》，《新民丛报》1903 年 9 月第 40 号。
③ 梁启超：《饮冰室合集第 6 册：专集 1—21》，中华书局 1989 年版，第 101 页。
④ 广东省社会科学院历史研究室等编：《孙中山全集》第 2 卷，中华书局 1982 年版，第 520 页。
⑤ 广东省社会科学院历史研究室等编：《孙中山全集》第 2 卷，中华书局 1982 年版，第 339 页。

的《德意志社会革命家小传》，首次以纪传体形式对马克思进行了介绍，也是我国历史上第一次较为系统、全面地介绍《共产党宣言》和《资本论》的重要著作。他认为：《共产党宣言》科学地分析了资本主义"毒害之所由来"，找到了"去之之道"，他指出：《共产党宣言》宣扬的社会主义是"科学的社会主义"。1906 年 6 月，朱执信发表《论社会革命与政治革命并行》，提出"自马尔克以来，学说皆变、渐趋实行，世称科学社会主义"。朱执信是资产阶级革命派中对社会主义、马克思主义理解和宣传最为全面的代表人物。此后，宋教仁译述《万国社会党大会略史》，叙述了国际共产主义运动史；革命党人廖仲恺翻译了《社会主义史大纲》《无政府主义与社会主义》等文，将社会主义发展简史及主要流派介绍给国人。从时间上看，资产阶级革命派对社会主义的关注，要晚于资产阶级改良派；但是，从影响来看，其作用远在改良派之上，而且其中部分资产阶级革命派后来成为社会主义的信仰者、实践者和传播者。

其三，从 1907 年开始，革命党人中一部分信仰主张"直接行动"、以暴力手段实现革命目的的无政府主义者，也更加热心地宣传马克思的学说。1907 年成立了两个无政府主义团体：一个是张继、刘师培在东京发起创立的社会主义讲习会，以《天义报》等作为宣传阵地；另一个则是张静江、李石曾等在巴黎发起创办的新世纪社，以《新世纪》周刊等作为主要阵地。无政府主义者在其宣传刊物上陆续摘录或者刊载了一些马克思、恩格斯著作的译文，如：震述在《经济革命与女子革命》的附录中，摘译了《共产党宣言》第二章关于家庭和婚姻制度的论述①；1908 年 1 月，《天义报》第 15 卷刊载了民鸣翻译的恩格斯为 1888 年英文版《共产党宣言》写的序言全文；李石曾、吴稚晖等在巴黎出版的《近世六十名人》一书中，首次刊出了马克思 1875 年的一张照片。以上宣传，在客观上为社会主义传播做了舆论准备，但是他们主要是借用社会主义部分内容为其"直接行动"提供支撑，认为无政府主义与社会主义相为表里。事实上，经历了无政府主义思潮的泛滥，1908 年后，社会主义学说在中国的第一次传播热潮反而冷却下来。

此外，中国社会党对于社会主义的鼓吹和宣传值得一提。1911 年 11

---

① 震述：《经济革命与女子革命》，载 1907 年《天义报》第 13、14 卷。

月，在上海成立中国社会党，由江亢虎领导。他们自称为中国唯一一个主张社会主义的政党，并出版了《新世界》《社会星》《社会党月刊》《社会日报》等刊物，摘录和刊载了部分马克思、恩格斯著作，发表了一些宣扬社会主义的文章。1912 年 5 月至 7 月，《新世界》上连载了恩格斯的《社会主义从空想到科学的发展》一文的第一、二节和第三节的一部分（当时译作《理想社会主义与实行社会主义》），江亢虎、陈翼龙、沙淦等中国社会党的骨干也各自发表了一些对于社会主义的认识和宣传的文章，后来因为遭到北洋政府镇压而逐渐减少活动。

这段时间，社会主义在中国的传播，除从传播渠道上能够进行区分以外，还可以从传播的时间上进行划分，可将其分为两个不同的阶段，或将其称之为两次浪潮：从社会主义初入中国至 1908 年为第一个浪潮，这次传播是中国人首次对社会主义有初步了解，但是因反动统治者的严厉禁止和残酷镇压、社会主义传播群体内部分化分裂和革命聚焦于激烈的政治斗争无暇顾及思想活动等原因，这次浪潮在 1908 年冷却下来。1911 年辛亥革命以后，在孙中山等资产阶级革命派的宣传下，在中国社会党、中华工党等推动下，以及一些无政府主义者的鼓噪下，形成了社会主义在中国传播的第二个浪潮。后来因为革命的失败和北洋政府的镇压，逐渐归于沉寂。

总体看来，中国人对于社会主义的接触经历了一个无意识到有意识、模糊社会诉求到明确社会诉求、无组织到有组织的过程。社会主义来到中国的源头，最早可追溯到 19 世纪末，介入方式以中国人的主动寻找为主，主要渠道之一是日本。这段时期的社会主义传播，从定性的角度来看，我们不能将其归为科学社会主义在中国传播的起始，只能称之为中国开始较多地接触社会主义学说。原因有二：其一，当时传入中国的社会主义，其本身就不全是科学社会主义。因为在社会主义传入中国之前，欧洲"马克思主义在理论上的胜利，逼得它的敌人装扮成马克思主义者"，"内里腐朽的自由派，试图在社会主义的机会主义形态下复活起来"。① 加之，恩格斯逝世后，第二国际领导权被机会主义者所掌握，其鼓吹的社会主义带有修正主义色彩。其二，当时我国参与其中的团体、派别和个人大多是各取所需地将"社会主义"为我所用，既不解其真谛，也没有系统性。

---

① 《列宁选集》第 2 卷，人民出版社 2012 年版，第 307 页。

对于这段时期的社会主义传播，就其历史作用而言，则要一分为二地看待。一方面，受当时包括日本在内的东方世界对社会主义学说的研究、介绍的限制和中国知识分子的思想准备不足、认识水平不高的影响，中国人对社会主义的了解还处于片面、肤浅的阶段。加之，中国人在日本、欧美等地出版的译著作品并非很多，传入国内的更少，而且传播的途径少、范围窄。一定程度来讲，以留学生为主的中国人接触、译介和评论社会主义学说的过程，就是中国思想界了解、认识和接受社会主义思想的过程。但是，这种影响主要限于知识分子，并没有对普通民众产生广泛影响。另一方面，由于社会主义思想在国人中传播的持续和扩大，其中一部分社会主义宣传者的认识水平不断提高，对社会主义运动的看法逐渐接近科学社会主义，譬如：刘师复主张中国社会主义革命是世界革命的一部分，革命方式为依靠下层工人、平民进行起义，推翻上层地主、资本家的统治政权，其实质是铲除封建制度和资本制度，建立人民政权。以上影响，为中国人后来接受科学社会主义，做了必要的思想准备，奠定了较好的认识基础。

二、科学社会主义在中国的早期传播

历经了两次社会主义在中国传播的浪潮以及冷却之后，前路仍然迷茫。1915 年开始的新文化运动，以《新青年》作为阵地，发动了一个新的反封建的思想启蒙运动，带给中国以"自由""民主"的思想洗礼，劳苦大众翻身作主人的思想渐渐兴起，但是中国人依然没有找到出路，仍在继续苦苦寻求之中。十月革命一声炮响，给我们送来了马克思列宁主义。

（一）科学社会主义传入中国的开始

1917 年 11 月 7 日（俄历十月二十五日），俄国十月社会主义革命爆发，次日凌晨，冬宫被攻陷，俄国资产阶级临时政府垮台。事件发生后，消息很快传到了中国。11 月 8 日，中国驻俄国公使刘镜人在致电北洋政府外交部时称："广义派联合兵、工反抗政府，经新组之革命军事会下令，凡政府命令非经该会核准，不得施行。昨已起事，夺国库，占车站……现城内各机关尽归革党掌握，民间尚无骚扰情事。"① 这封电报是中国人对于十月革

---

① 李友唐：《十月革命的炮响是怎样传到中国的?》，载《党史博采（纪实）》2007 年第 10 期，第 44 页。

命起义经过做出的最早、最详细的报告。十月革命胜利的第三天，中国国内报纸首次报道了此事。1917 年 11 月 10 日，上海《民国日报》以"突如其来之俄国大政变"为标题报道："八日伦敦电：俄国公报云，彼得格勒成军与劳动社会已推翻克伦斯基政府。"11 月 11 日，《民国日报》报又以"俄国大政变之情形"为题，对十月革命的经过进行比较详细的介绍。后来，上海《申报》《晨钟报》、长沙《大公报》、《广东中华新报》等一些杂志相继发表相关报道和文章。

随着报道与评论文章的不断刊发，中国人开始零星地了解到俄国发生的十月革命。尽管相关的文章报纸并不十分多，内容也不太详尽，但是中国人对十月革命表现出了相当激烈的反响，一些先进的知识分子逐渐认识到十月革命的性质和意义，极受鼓舞。陈独秀、李大钊、李达、蔡和森等对科学社会主义产生了浓厚的兴趣，并开展了积极的宣传。这就使科学社会主义在中国的影响更加显露出来。十月革命标志着科学社会主义在中国传播的正式开始。此后，在中国逐渐形成了一个学习和传播科学社会主义的潮流。诚如毛泽东所评："十月革命一声炮响，给我们送来了马克思列宁主义。十月革命帮助了全世界的也帮助了中国的先进分子，用无产阶级的宇宙观，作为观察国家命运的工具，重新考虑自己的问题。"①

（二）科学社会主义在中国传播开来

十月革命以后，中国的先进分子、革命力量对于纷繁复杂的思想、学说和救国方案，经过反复鉴别发现，逐渐有了清晰的认识：在诸多理论学说之中，马克思主义不仅解释清楚了人类社会的规律，清楚地指出前进方向，而且找到了革命斗争的力量，提供了开展革命的方法。科学社会主义也就成为拯救中国的首选方案，涌现出大批宣传和实践科学社会主义的马克思主义者。

尤其在 1919 年五四运动以后，中国先进分子进一步看清了资本主义的本质，看到了社会主义的前途和作用，一些接触过马克思主义学说的先进青年，陆续发表一批宣传马克思主义、社会主义的文章，并与资产阶级分子、无政府主义者等展开了论战，进一步推动社会主义在中国的传播。

这一时期中国先进知识分子对马克思主义的传播主要经历了三次大的

---

① 《毛泽东选集》第 4 卷，人民出版社 1991 年版，第 1471 页。

论争：一是 1919 年至 1921 年间，关于"问题与主义"的论战；二是 1920 年至 1921 年间，关于"走社会主义道路"还是"走资本主义道路"的论争；三是 1920 年至 1922 年间，关于实行"无政府主义"还是实行"共产主义"的论争。在这个过程中，李大钊、陈独秀、李达、李汉俊等人纷纷撰文，对实用主义、资产阶级改良主义和无政府主义等的许多错误观点进行了批驳，划清了科学社会主义与社会民主主义、无政府主义的界限。结论是：社会主义必将取代资本主义，社会主义是中国的唯一出路；社会主义运动要与中国的实际情况相结合，要建立革命政权。"三次论战"使马克思主义脱颖而出，获得论战的胜利，得到更广泛的传播。其间，不仅产生了大量的关于科学社会主义的论著，而且培养出了一大批马克思主义的信仰者和传播者。李大钊、杨匏安、陈独秀、毛泽东、李达、李汉俊、蔡和森、邓中夏、黄日葵、高君宇、恽代英、瞿秋白、赵世炎、陈潭秋、何叔衡、俞秀松、向警予、何孟雄、李汉俊、张太雷、王尽美、邓恩铭、张闻、罗亦农、彭湃等一批先进知识分子，包括参加过辛亥革命的董必武、林伯渠、吴玉章等，也先后走上社会主义道路，成为马克思主义者，为科学社会主义的传播做出贡献。

思想家是思想的载体，研究思想史，必须研究思想家。唯物史观认为，研究人们的思想意识，必须从具体的、处在一定社会关系中的人出发，揭示其意识产生的真正社会根源。这里拟介绍一些中国传播科学社会主义的代表人物。

1. 李大钊

李大钊是积极宣传科学社会主义革命的第一人。俄国十月革命前，李大钊就开始关注其革命动向。1917 年 3 月，俄国"二月革命"后，李大钊在《甲寅》报发表了《俄国革命之远因与近因》《俄国共和国政府之成立及其政纲》《俄国大革命之影响》等文章，分析俄国革命的原因与影响，尤其后来发表的《暴力与政治》，带有明显的无产阶级革命的思想。俄国十月革命爆发后，李大钊对于革命经验进行了系统的研究，进而走上了马克思主义道路，成为科学社会主义的传播者。

1918 年 7 月，李大钊发表了《法俄革命之比较观》，提出俄国的革命并非"布尔什维克的阴谋"，而是一场推动社会历史进步的革命，其历史进步性比法国的大革命"奠定一个新时代"的作用有过之而无不及。1919 年 8

月，李大钊在《再论问题与主义》一文中提出："科学的社会主义，把它的主张置在唯物史观的上面，依人类历史上发展的过程的研究，于其中发见历史的必然的法则。于此法则上，主张社会主义的社会必然的到来。由此说来，社会主义的社会，无论人愿要他不愿要他，他是命运的必然的出现，这是历史的命令。"中国应当顺潮流而动，做好迎接的准备。而迎接社会主义运动，不能生搬硬套，要与中国的实际相结合，即"一个社会主义者，为使他的主义在世界上发生一些影响，必须研究怎么可以把他的理想尽量应用于环绕着他的实境"。① 1918 年 11 月，李大钊在北大的演讲会上，发表了《庶民的胜利》，提出"民主主义劳工主义既然占了胜利，今后世界的人人都成了庶民，也就都成了工人"。同期，李大钊在《新青年》第 5 卷第 5 号上发表了《Bolshevism 的胜利》，旗帜鲜明地赞成、宣扬俄国十月革命，提出"他们的主义，就是革命的社会主义；他们的党，就是革命的社会党；他们是奉德国社会主义经济学家马客士（Marx）宗主的；他们的目的，在把现在为社会主义的障碍的国家界限打破，把资本家独占利益的生产制度打破"，"自今以后，到处所见的，都是 Bolshevism 战胜的旗，到处所闻的，都是 Bolshevism 的凯歌的声"，"试看将来的环球，必是赤旗的世界"②。此后，李大钊在《新青年》《每周评论》等刊物上，陆续发表了《新纪元》《我的马克思主义观》《再论问题与主义》等文章，系统全面地介绍马克思主义。他在《我的马克思主义观》一文中指出，马克思主义是历史论、经济论和政策论，即唯物史观、经济学说和社会主义理论三者的统一。这是中国知识分子首次对马克思主义学说做出比较完整的表述。从 1918 年 7 月至 1923 年 11 月，李大钊公开发表关于社会主义的论文 30 多篇，成为当时当之无愧的宣传马克思主义的第一人。

2. 杨匏安

继李大钊之后，杨匏安是较早接受和传播马克思主义的，在传播科学社会主义方面，他在华南地区发挥了至关重要的作用，甚至有人将其与李大钊相提并论，有"南杨北李"③ 之说。

---

① 李大钊：《再论问题与主义》，《每周评论》第 35 号，1919 年 8 月 17 日。
② 中国李大钊研究会编注：《李大钊文集》第 2 卷，人民出版社 1999 年版，第 243 页。
③ 李春发：《南杨北李：中共最早系统传播马克思主义的先驱》，载《党史文汇》2016 年第 6 期，第 22 至 27 页。

　　五四运动爆发后，杨匏安在冷静地分析中国现实的基础上，认真地鉴别了在中国传播的各种学说，最终认定社会主义才是中国的出路，而马克思主义是唯一的"科学社会主义"。1919 年 7 月，胡适在《每周评论》第 31 号发表《多研究些问题，少谈些"主义"!》一文，我国理论界开展了一场关于"问题与主义"的争论。胡适宣扬"实用主义"，抵制马克思主义。李大钊曾著文《再论问题与主义》批判胡适观点。1919 年 8 月，杨匏安撰文声援李大钊对胡适的批判，指出实用主义者认为"真理实为一种之手段而已""由实用而决定"，这实质上是"一种调和说，又曰改良说"，是一种错误的认识。1919 年 10 月，杨匏安又撰写了《社会主义》一文，介绍了欧洲各种流派关于社会主义的论述，称颂马克思所著《资本论》实为"社会主义圣典"。他还指出："近代生产事业，虽以资本制度而益形发达，然今日贫富之悬隔，及社会上各种罪恶，莫不由是而生。然则现在之社会状态，实劳动者奋起革命，以求改造之时期也。"① 他开始揭露资本主义的弊端，宣传社会主义革命和社会改造。1919 年 11 月，杨匏安以《世界学说》为题，在《广东中华新报》发表了 2 万多字的译述文章，比较系统地介绍西方各流派的学说，其中最长也是最重要的一篇——《马克思主义一称〈科学的社会主义〉》，文章提出：工人阶级"一旦群起而取得国家之权力，改一切生产工具为国有，脱去资本之羁绊，恢复各人之经济自由，此为解决社会经济的矛盾之唯一方法。"这篇文章与李大钊 1919 年 11 月在《新青年》第 6 卷第 6 号上发表的《我的马克思主义观》的下篇同时问世，因而后来谈及国内最早宣传马克思主义的先驱时，便有了"北李""南杨"之说。在此文中，他对马克思主义理论的唯物史观、阶级斗争学说、剩余价值理论进行了较为系统的阐述。并在文中提出："自马克思氏出，从来之社会主义，于理论及实际上，皆顿失其光辉，所著《资本论》一书，劳动者奉为经典。"② 1922 年春，他在《青年周刊》的创刊"宣言"中宣告说："我们最服膺马克思主义！因为他的经济学说，能把资本制度应当崩坏的纯经济的、纯机械的历程阐明。他的革命的无产阶级学说，就是指示我们实现社会主义的实际道路。"这些内容都清楚地表明了杨匏安对待马克思主义

---

① 《杨匏安文集》编辑组编：《杨匏安文集》，广州人民出版社 1986 年版，第 124 页。
② 《杨匏安文集》编辑组编：《杨匏安文集》，广州人民出版社 1986 年版，第 131 页。

的立场和态度。

这段时间内，杨匏安发表了几十篇关于马克思主义的文章，比较系统地论述了马克思主义的唯物史观、阶级斗争、剩余价值等学说，他高度评价了马克思主义在社会主义运动中的伟大历史作用，并且前瞻性地预测：中国将来的社会必将是一个走社会主义道路的社会。因此，杨匏安是十月革命后，华南地区传播马克思主义的第一人，是继李大钊之后，我国第二个马克思主义宣传者，他为中国人民了解、掌握科学社会主义这一强大的思想武器发挥了重要作用。

3. 陈独秀

1915 年 9 月 15 日，陈独秀创办《青年杂志》（第二卷改名《新青年》），成为一个激进的资产阶级民主主义者。但是，经过五四运动的洗礼，陈独秀的思想发生了根本性的变化，他由一个激进民主主义者转变成为一个拥护社会主义和无产阶级专政的共产主义者。为使《新青年》适应形势需要，从第五卷五号起，陈独秀在其上刊登了李大钊《庶民的胜利》《Bolshevism 的胜利》；并于 1918 年 12 月 22 日与李大钊等创办《新青年》副刊《每周评论》。这期间，他以北京大学为主要阵地，宣传马克思主义。陈独秀在 1919 年《新青年》七卷一号上发表了《本志宣言》，"《宣言》明显地含有社会主义的思想因素"[1]。1920 年 9 月，陈独秀发表《谈政治》一文，标志着他和资产阶级民主主义思想的决裂，成为一个马克思主义者。后来，陈独秀进一步批判资产阶级民主主义，宣传社会主义，他指出："民主主义只能够代表资产阶级底意，一方面不能代表封建党底意，一方面更不能代表资产阶级底意，他们往往拿全民意来反对社会主义，说社会主义是非民主的，所以不行，这都是欺骗世人把持政权的诡计。"[2] 他"主张实际的多数幸福，只有社会主义的政治……社会主义要起来代替共和政治，也和当年共和政治起来代替封建制度一样，按诸新陈代谢底公例，都是不可逃的运命"[3]。

---

① 任建树：《陈独秀大传》，上海人民出版社 2012 年版，第 197 至 198 页。

② 任建树、张统模、吴信忠编：《陈独秀著作选》第 2 卷，上海人民出版社 1993 年版，第 219 页。

③ 任建树、张统模、吴信忠编：《陈独秀著作选》第 2 卷，上海人民出版社 1993 年版，第 178 至 179 页。

中国共产党创建之后，陈独秀在积极投身和指导中国革命实践的同时，凭着对马列主义的理解和对苏联社会主义建设经验教训的思考，对于社会主义理论和建设问题提出了一些独到的见解，至今仍有价值。一是，"中国人的革命，总得要有中国人自己领导！"二是，社会主义的根本任务是发展生产力，"以国家计划的生产代替私人自由竞争，使社会的生产力有更进一步的发展，这便是社会主义制度的根本意义"。三是，社会主义是一个很长的历史阶段，"从革命发生起，一直到私有财产实际归公，必然要经过长久的岁月，从私有财产在制度上消灭，又必然要经过长久的岁月"。四是，"主张实际的多数幸福，只有社会主义的政治"，将使多数人民幸福作为社会主义社会的主要特征来认识。五是，社会主义绝对不是平均主义，"现在批评社会主义的人们，以为社会主义者是专从事于分配方法，就是相信社会主义的人们，也往往误会到这样。其实专讲分配方法去平均贫富，是均富主义，不是社会主义"。六是，社会主义社会应该允许多种经济成分并存，"国民革命成功后，中国的经济制度，自然是家庭的手工业与农业、小生产制、私人资本主义的大生产制、国家资本主义等，四种并行"。中国国民革命后的经济建设，在主观上在客观上，都不必采用私人资本主义为全社会主要的生产制度，而可以采用国家资本主义以过渡到非资本主义的国家工业，即是行向社会主义的社会。

尽管后来陈独秀又转向了赞成资产阶级民主的道路，尤其 1932 年 10 月份被捕入狱后，陈独秀从"斯大林现象"分析入手，得出资产阶级民主"优越性"的论断，从而出现了思想上的倒退。在中国共产党的历史上，陈独秀是毁誉相参的人物，但是，对于其功过问题，如毛泽东在七大上的明确划分一样：在科学社会主义在中国的传播和实践方面，他确实是做出了贡献的。

4. 李达

李达曾经是"教育救国""实业救国"的论者，俄国十月革命胜利后，走上"革命救国"的道路，成为了一名马克思主义者，提倡以社会主义革命方式拯救中国。他提出"要想救国，单靠游行请愿是没有用的，在反动统治下，'实业救国'也是一种行不通的幻想。只有人民起来，推翻反动政府，像俄国那样走革命的道路。而要走这条道路，就要加紧学习马克思列宁主义的理论，学习俄国人的革命经验"①。

从 1919 年到 1923 年间，李达先后投身于 20 世纪 20 年代的"社会主义大论战"，并积极投身于创建中国共产党的事业中，完成了向马克思主义的思想转向。李达对马克思主义的理解，是以社会主义思想为切入点的。李达发表了大量关于马克思主义和社会主义的文章，通过《什么叫社会主义？》（1919）、《社会主义的目的》（1919）、《劳动者与社会主义》（1920）、《社会革命底商榷》（1920）、《讨论社会主义并质梁任公》（1921）、《马克思派社会主义》（1921）、《社会主义与江亢虎》（1922）等一系列文章，阐述了他对社会主义的认识和态度。李达对社会主义的认识和态度可以概括为三个方面：其一，初步系统地阐述了社会主义的原则及"概观"，把科学社会主义看作是一个完整的思想理论体系。其二，在如何实现社会主义问题上，李达着力宣传了马克思主义关于社会革命的原理，对社会革命的性质、根源、目的、步骤、手段等问题做了回答。其三，在阐发社会主义革命理论的基础上，李达进一步阐发了无产阶级专政的理论。②

总之，李达不仅较为系统地阐述了马克思主义，促进了科学社会主义在中国的传播，而且还就中国的社会主义道路问题进行了理论探索，形成了较为丰富的理论成果，为科学社会主义思想在中国的发展做出了贡献。

5. 李汉俊

从 1919 年至 1922 年，李汉俊在报刊上发表了 100 多篇文章，他与李大钊、陈独秀、李达等合作，推动了马克思主义在中国的传播。1919 年 9 月，李汉俊在《民国日报》的副刊《觉悟》上发表了自己第一部马克思主义译著——日本学者山川菊荣撰写的《世界思潮之方向》，热情地歌颂了俄国十月革命，并预言社会主义的旗帜将在中华大地上迎风飘扬，因为"中国绝不在世界外，也不能在世界外"。

马克思主义传入中国后，在中国的思想界展开过的三次大的论战中，李汉俊是"关于社会主义的辩论"论战的揭幕人。1920 年 5 月，他在自己

① 李达：《沿着十月革命道路前进》，载《中国青年》1961 年 13 至 14 期合刊。
② 丁兆梅：《李达社会主义思想的形成发展轨迹》，载《理论探索》2012 年第 1 期，第 13 至 16 页。

主编的《星期评论》第二十号上发表《浑朴的社会主义者底特别的劳动运动意见》，在 5 月 30 日的《民国日报》上发表《自由批评与社会问题》等文章，揭开了批评基尔特社会主义的序幕。而且他还是论战的主将，其撰写的《跑到内地才睁开眼睛么？》《冤哉枉也——抨击张东荪先生的人们》等文章，对基尔特社会主义加以驳斥，他与陈独秀、李达一起把论战推向了高潮。因此，有人称"李汉俊是批判基尔特社会主义的最早斗士"①。李汉俊还是中共早期组织创办的第一种刊物——《劳动界》的执行主编，在李汉俊的领导下，《劳动界》成为马克思主义者向工人宣传社会主义、号召工人起来革命的重要阵地，宣传"社会主义主张推倒资本主义，废止财产私有，把一切工厂一切机器一切原料都归劳动者手中管理"。"劳动者要怎样才能得不饿死不冻死呢？要怎样才能够不受资本家的压迫呢？这就是现时代最大的劳动问题，也就是有志争经济的自由和平等的人所研究的社会大问题了。这种社会问题即劳动问题，要怎样才能解决呢？这里有一个最大的根本解决方法，就是社会主义。"②

在中国传播科学社会主义进程中，有很多为此做出过贡献的先驱，以上列举的是一些早期代表人物，并非所有。其间，还有黄日葵对社会主义思潮的传播倾注了大量心血，为科学社会主义在中国思想界主流地位的确立做出了积极的贡献；瞿秋白"对科学社会主义理论做了深入的梳理和阐述，初步厘清了科学社会主义和空想社会主义的本质区别，科学阐述了未来社会的主要特征，使科学社会主义以较为完整和准确的理论形态出现，对中国革命和马克思主义传播具有重要意义"③。蔡和森论述了只有社会主义才能救中国的观点，指出了中国实现社会主义的途径与方法。

（三）科学社会主义在中国传播的特点

其一，从时间上看，五四运动成为科学社会主义在中国传播的一个重要节点。五四运动前，尽管"十月革命一声炮响给中国送来了马克思主

---

① 田子渝：《李汉俊是批判基尔特社会主义的最早斗士》，载《湖北大学学报（哲学社会科学版）》2000 年第 2 期，第 85 至 87 页。

② 李达：《劳动者与社会主义》，载《劳动界》1920 年第 16 期。

③ 洪雁、胡丰顺：《试论瞿秋白对科学社会主义理论中国化的杰出贡献》，载《社会主义研究》2011 年第 3 期，第 24 页。

义"，但是当时接触、了解马克思主义的人本就不多，支持、赞成科学社会主义的人就更少。除李大钊有比较系统的了解和宣传外，少有中国人是真正掌握科学社会主义的，传播者就更少了，即使有，也是鱼龙混杂，各有所图，以今天的眼光看，有些人的所谓"传播"甚至起反作用。五四运动后，科学社会主义的传播逐渐形成热潮。

其二，从原因上看，科学社会主义在中国的传播是因为中国社会条件有了这种需要，是因为其同中国人民革命实践发生了联系。马克思在《〈黑格尔法哲学批判〉导言》曾指出："理论在一个国家实现的程度，总是取决于理论满足这个国家的需要的程度。"① 科学社会主义在中国的传播，是中国社会的客观需求，也是中国近代思想文化发展的必然：国家危难有了寻求救国出路的需要；新文化运动为新学说、新思潮的传入扫清了障碍；多种文化的争论交锋凸显了科学社会主义的优势；工人阶级的发展壮大为其理论的开展提供了物质力量。加之，俄国新生的苏维埃政权给中国人带来了好感。1919 年 7 月 25 日苏维埃政权发表《俄罗斯苏维埃联邦社会主义共和国对中国人民和中国南北政府的宣言》，提出"苏维埃政府废弃一切特权"，"苏俄政府准备与中国人民的全权（代表）就一切其他问题达成协议，并永远结束前俄国政府与日本及协约国共同对中国采取的一切暴行和不义行为"。1920年春，消息传到中国，更加促成了中国先进分子把目光由西方转向了东方。

其三，从传播形式上看，形式较为单一，报纸杂志是科学社会主义在中国早期传播的主要形式。据不完全统计，从 1918 年至 1919 年出版发行的刊物中，《新青年》《每周评论》《晨报》《国民》《星期评论》《湘江评论》等约有 30 种刊物开辟专栏介绍马克思主义学说。五四运动以后，宣传科学社会主义的刊物出现井喷式增长，一年之内猛增到 400 多种，科学社会主义在中国迅速传播开来。

其四，从传播的内容来看，越来越丰富和系统化。"十月革命后，社会主义学说从东、西、北三个方面，通过不同渠道涌向中国。李大钊、李达、陈望道、李汉俊等从日本介绍过来；周恩来、蔡和森等留法勤工俭学的先进分子从法国、德国直接输入；而张太雷、瞿秋白则利用赴苏俄考察、出

---

① 《马克思恩格斯选集》第 1 卷，人民出版社 2012 年版，第 11 页。

席会议的机会，结合苏俄的实际情况，宣传社会主义。"① 这时社会主义的传播已不是零星的，而是比较系统、完整了。一方面，大量的马列原著被翻译到中国。1920 年 4 月，由陈望道翻译的第一个中文全译本《共产党宣言》在上海出版，单行出版和报刊登载的马恩著作还有《社会主义从空想到科学的发展》《雇佣劳动与资本》《政治经济学批判序言》《资本论自叙》《科学的社会主义与唯物史观》等；列宁的著作有《无产阶级专政时代的经济政治》《从破坏历史的旧制度到创造新制度》《苏维埃政权当前的任务》《国家与革命》等。另一方面，还有大量研究马克思主义的论著，如李大钊的《我的马克思主义观》、杨匏安的《马克思主义》（一称《科学的社会主义》）等，都较为全面地介绍了马克思主义。

其五，从传播的范围看，从知识分子逐渐扩大到群众之中。与以往完全不同，五四运动以后的科学社会主义的宣传开始面向广大工人群众。如 1920 年出版的《劳动界》《劳动者》《伙友》等刊物，用简单易懂的语言，向工人宣传科学社会主义的理想和俄国十月革命的情况，唤起工人阶级的历史使命，号召工人起来为争取自身的利益而斗争。这些刊物的宣传，不仅扩大了科学社会主义的传播范围，而且启发了工人阶级的觉悟，召集和培养革命力量，是马克思主义与中国工人运动相结合的最初尝试。

20 世纪 20 年代，中国人宣传、称颂社会主义成为一种潮流。如 1920 年 8 月《太平洋》报二卷六号所说："譬如社会主义，近来似觉成了一种口头禅；杂志报章，鼓吹不遗余力；最近，则与社会主义素来不相干的人也到处以社会主义相标榜。""社会主义的潮流，真有万马奔腾之势头……现在社会主义的一句话，在中国算是最时髦的名词了。"其影响之大、范围之广，可见一斑。科学社会主义在中国广泛传播不仅吸引和培养一大批科学社会主义的信仰者和革命者，而且还培育起一个以马克思主义为指导的社会主义政党——中国共产党。这为科学社会主义在中国由理论传播变为革命实践准备了中坚力量。

---

① 陈汉楚：《科学社会主义在中国的传播和实践》，载《天津社会科学》1983 年第 1 期，第 30 页。

第二节　毛泽东思想的形成和发展

随着科学社会主义在中国的广泛传播，以毛泽东同志为主要代表的中国共产党人不仅找到了改变国家命运和自身命运的理论武器，而且在其指导下找到了中国革命的正确道路，实现了民族独立和人民解放。新中国成立后，又成功地在理论和实践上解决了民主革命与社会主义革命联系和转变问题；提出马列主义同中国实际的第二次结合的历史性任务，努力探索一条适合中国国情的社会主义建设道路。实践推动理论发展，中国共产党把中国长期革命实践中的一系列独创性经验做了理论概括，形成了适合中国情况的科学的指导思想——毛泽东思想。毛泽东思想是马克思列宁主义在中国的运用和发展，是被实践证明了的关于中国革命的正确的理论原则和经验总结，是中国共产党集体智慧的结晶。

一、毛泽东思想概述

毛泽东思想是社会历史发展的结果，它是中国历史、中国文化、中国需求、中国实践和马克思主义相结合的产物。马克思列宁主义是毛泽东思想的主要理论渊源，中国传统思想文化是其底蕴；20 世纪世界和中国的政局以及时代主题，是毛泽东思想产生和形成的时代背景；新文化运动和马克思列宁主义的传播，是毛泽东思想产生和形成的社会条件；社会生产力的进步和工人运动的发展，是毛泽东思想产生和形成的物质基础和阶级条件；中国共产党领导的人民革命，是毛泽东思想产生和形成的实践基础。

毛泽东思想以独创性的理论丰富和发展了马克思列宁主义。其内容包含多个方面：新民主主义革命理论、社会主义革命和社会主义建设理论、革命军队建设和军事战略的理论、政策和策略的理论、思想政治工作和文化工作的理论、党的建设理论，以及国家战略和外交工作的理论、思想方法和工作方法理论，等等。实事求是、群众路线、独立自主，是毛泽东思想的活的灵魂。毛泽东思想是中国共产党集体智慧的结晶，"我党许多卓越领导人对它的形成和发展都作出了重要贡献，毛泽东同志的科学著作是它的集中概括"①。在长期的革命斗争中，毛泽东把马克思主义运用于中国共产党的全部实践中，形成了符合中国实际、具有中国特点的立场、观点和方法。党的许多卓越领导人，包括刘少奇、周恩来、朱德、任弼时、邓小平和陈云等，也对毛泽东思想的形成和发展做出了重要贡献。

毛泽东思想是在长期的革命和建设实践中形成和发展的。1981 年 6 月 27 日中国共产党第十一届中央委员会第六次全体会议通过的《中共中央关于建国以来党的若干历史问题的决议》（以下简称"决议"）指出："主要在本世纪二十年代后期和三十年代前期在国际共产主义运动中和我们党内盛行的把马克思主义教条化、把共产国际决议和苏联经验神圣化的错误倾向，曾使中国革命几乎陷于绝境。毛泽东思想是在同这种错误倾向作斗争并深刻总结这方面的历史经验的过程中逐渐形成和发展起来的。它在土地革命战争后期和抗日战争时期得到系统总结和多方面展开而达到成熟，在解放战争时期和中华人民共和国成立以后继续得到发展。"②

毛泽东思想大体分为萌芽、形成、成熟和发展四个阶段：从 1921 年中国共产党的成立到 1927 年大革命失败以前是萌芽时期，从 1927 年大革命失败到 1935 年遵义会议是形成时期，从 1935 年遵义会议到 1945 年抗战结束是成熟时期，从 1946 年以后即在解放战争和中华人民共和国成立以后直到 1957 年为发展时期。

二、毛泽东思想的萌芽

1921 年 7 月，中共一大召开标志中国共产党成立。这是马克思主义在中国传播和中国人探寻救国救民出路的结果，是科学社会主义革命实践在中国的正式开始。也是从那时起，如何在中国进行革命，如何建立起一个以马克思列宁主义为指导的社会主义的政权和国家，成为了中国共产党人肩负的历史重任，正是在此思考、探索和实践之始，毛泽东思想开始萌芽。

尽管有学者提出："既然毛泽东思想是马克思主义和中国实际相结合的

---

① 《中国共产党中央委员会关于建国以来党的若干历史问题的决议》，人民出版社 1981 年版，第 40 页。

② 《中国共产党中央委员会关于建国以来党的若干历史问题的决议》，人民出版社 1981 年版，第 40 页。

产物，其上限就应该是从马克思主义在中国真正得到传播的五四运动开始。"① 此划分有其道理，依据是"结合的产物"一词，但是我们不能只看到决议中"马克思列宁主义普遍原理和中国革命具体实践相结合的产物——毛泽东思想"的表述，而应当从整体上来理解这句话，尤其是前半句"以毛泽东同志为主要代表的中国共产党人，根据马克思列宁主义的基本原理，把中国长期革命实践中的一系列独创性经验作了理论概括，形成了适合中国情况的科学的指导思想"这一表述，它明确地界定了毛泽东思想产生的主体是"以毛泽东同志为主要代表的中国共产党人"。显然，中国共产党人的出现是在中国共产党成立之后的。而且，决议还指出：毛泽东思想"是中国共产党集体智慧的结晶"，即毛泽东思想并非作为个体成果而是集体智慧而存在，当这个集体还未出现时，任何个人的理论探索和宣传活动只能归为科学社会主义在中国的早期传播，不能称之为中国共产党集体智慧的结晶。

此外，还有人将 1922 年中共二大作为毛泽东思想萌芽的开始，认为中共二大上才提出符合中国国情的革命任务，此时才能被认定为"马列主义普遍原理与中国革命具体实践相结合"②。诚然，中共二大标志中国共产党在马克思主义的指导下已经找到了解决中国革命问题的基本答案，是毛泽东思想萌芽时期中一个十分重要的时间点。中共二大提出的革命任务和革命步骤也是完全正确的，但并不能由此而否定中共一大"纲领"确立的基本原则的正确性，更不能否定彼时马克思列宁主义事实上已经与中国的具体革命实践相结合的事实。因此，将 1921 年 7 月中国共产党的成立作为毛泽东思想萌芽的起始是最为合适的。

"建党和大革命时期是毛泽东思想萌芽时期，在这时期内毛泽东的著作和实践是毛泽东思想萌芽的载体，其实践证明正确的观点是毛泽东思想萌芽的显现。"③ 毛泽东在这一时期，不仅积极参与各类革命实践运动，还在

① 张静如、丁晓强：《关于毛泽东思想发展史研究中的几个问题》，载《中共党史研究》1988年第2期，第45页。

② 王德木：《试谈毛泽东思想萌芽的标准和标志》，载《史学月刊》1990年第5期，第107页。

③ 唐振南：《马克思主义中国化的开端：毛泽东思想萌芽论析》，载《毛泽东思想研究》2000年第3期，第1页。

实地调研的基础上进行了大量理论探索。从中共一大召开到国共第一次合作失败、召开"八七会议"的六七年间，毛泽东创作了百余篇论文著述，其中作为标志着毛泽东思想萌芽形成的代表论著有收录于《毛泽东选集》第 1 卷的《中国社会各阶级的分析》（1925 年 12 月 1 日）和《湖南农民运动考察报告》（1927 年 3 月），以及收录于《毛泽东文集》第 1 卷的《外力、军阀与革命》（1923 年 4 月 10 日）、《〈广东省党部代表大会会场日刊〉发刊词》（1925 年 10 月 20 日）、《答少年中国学会改组委员会问》（1925 年 11 月 21 日）、《国民党右派分离的原因及其对于革命前途的影响》（1925 年冬）、《纪念巴黎公社的重要意义》（1926 年 3 月 18 日）和《在中央紧急会议上的发言》（1927 年 8 月 7 日）等。

尤其在"第一次国内革命战争时期，毛泽东以马克思主义为指导，通过参加革命实践，深入开展调查研究，科学分析了中国社会各阶级在革命中的地位和作用，提出了新民主主义革命的基本思想，标志着毛泽东思想萌芽的出现"[1]。其主要代表作是：《中国社会各阶级的分析》和《湖南农民运动考察报告》。1925 年 12 月所著的《中国社会各阶级的分析》是毛泽东最早提出新民主主义革命理论的代表性著作，文中第一次提出了关于建立农民武装和革命政权的思想。1927 年 3 月所著的《湖南农民运动考察报告》充分肯定了农民在中国民主革命中的作用，强调了党领导农民运动的极端重要性。此外，在这两篇著作中还明确提出了：革命要客观地分析中国的阶级问题、分清敌我："中国的事情要按照中国的情况来办"，"要依靠中国人自己的力量来办"；革命要相信群众、依靠群众等观点，出现了"实事求是、群众路线、独立自主"的思想萌芽。

在实践方面，在这一时期，中国共产党经历了工人运动、第一次国共合作、北伐战争和农民运动。毛泽东思想萌芽依循这些斗争实践而渐次推进，这些实践既有毛泽东本人的大量革命活动，也有中国共产党及其他成员的活动。就集体而言，比如：中共二大制定的党的最高纲领和最低纲领，中共三大提出的国共合作，中共四大提出的无产阶级在民主革命中的领导权问题和工农联盟问题，以及 1922 年社会主义青年团团刊《先驱》创刊发刊词提出的"努力研究中国的客观的实际情形，而求得一最合宜的实际的

---

① 田克勤、李彩华、孙堂厚：《中国化马克思主义通论》，人民出版社 2013 年版，第 28 页。

解决中国问题的方案"①，等等。就中国共产党的其他成员而言，代表人物有李大钊、邓中夏、蔡和森、周恩来、瞿秋白、恽代英、李达等。

总之，从中国共产党成立到大革命失败前，属于毛泽东思想的萌芽阶段。这一时期的主要成果是关于中国新式民主革命最初战略构想，内容涉及了党的建设、农民运动、工人运动、国共合作、阶级联合与统一战线、武装斗争、政权建设等多个方面。但是，由于当时的中国共产党尚处在幼年时期，对中国社会和中国革命的基本问题还缺乏深刻的认识，对于如何解决中国革命的道路问题和其他一系列革命问题还缺乏独立的认识和思考。

三、毛泽东思想的形成

恩格斯曾讲："要明确地懂得理论，最好的道路就是从本身的错误中、从亲身经历的痛苦经验中学习。"② 1927 年，大革命失败，为了总结革命失败的经验教训，8 月 7 日，在共产国际帮助下，中共中央在汉口召开紧急会议。会上，毛泽东提出了"枪杆子里面出政权"的著名论断，这说明中国共产党人对武装斗争在中国革命中的特殊地位有了较为清楚的认识，至于中国革命的出路在何方，此时尚未找到。直到 1927 年 9 月，毛泽东领导的湘赣边秋收起义受挫后，放弃攻打长沙转向井冈山，加上之前南昌起义的教训，毛泽东等中国共产党人开始发现一条不同于苏联城市暴动的革命道路，即"农村包围城市武装夺取政权"的革命道路。

但是，这一开创性的历史壮举，不仅没有得到应有的肯定和支持，反而遭到了当时中共中央的批评。原因有二：一是，毛泽东的做法被认为偏离在苏联已经取得成功的城市暴动方式，违背了马克思列宁主义的原则，是一种"典型的""山大王"的做法。二是，新建的根据地物质生活条件十分艰苦，加上敌人的严密封锁和不断"围剿"，致使一部分红军将士产生了"红旗到底能打多久"的疑问。由此，"红旗还能打多久"的疑惑出现：中国革命究竟应该走什么样的道路？在农村和山区建立起来的红色政权能不能长期存在和发展？不回答这些事关革命道路和前途的问题，中国革命就不能前进一步。为了回答这些问题，毛泽东展开了理论研究，论证了农村

---

① 中共中央党史研究室编：《中共党史大事年表》，人民出版社 1987 年版，第 14 页。
② 《马克思恩格斯书信选集》，人民出版社 1962 年版，第 440 页。

革命道路的正确性。

1928 年 10 月，毛泽东在湘赣边界中国共产党的第二次代表大会上作了《中国的红色政权为什么能够存在》的报告，阐明了"农村包围城市，武装夺取政权"的革命道路的理论。报告指出：因为中国各种势力的长期分裂和战争，为共产党领导的一小块或若干小块的红色政权的产生和存在留下了空间，也有坚持下去的可能，同时还提出："'工农武装割据'的思想，是共产党和割据地方的工农群众必须充分具备的一个重要的思想。"[①] 1928 年 11 月，毛泽东给党中央写的工作报告即《井冈山的斗争》，再次论证了在农村建立红色政权是完全可能的，并且还指出了工农武装割据的存在和发展需要具备的条件：（1）有很好的群众；（2）有很好的党；（3）有相当力量的红军；（4）有便利于作战的地势；（5）有足够给养的经济力。1930 年 1 月，毛泽东为了回应当时在红军内以林彪为代表的对革命前途产生右倾悲观思想的人，写了《星星之火，可以燎原》（原标题《时局估量和红军行动问题》）。文章在"工农武装割据"思想的基础上，把根据地的发展和夺取全国胜利联系起来，指出"红军、游击队和红色区域的建立和发展……无疑义地是促进全国革命高潮的最重要因素"[②]，"农村斗争的发展，小区域红色政权的建立，红军的创造和扩大，尤其是帮助城市斗争、促进革命潮流高涨的主要条件"[③]。这表明"农村包围城市"的革命道路理论已初步形成。这是毛泽东思想形成过程中一个标志性的重要内容。

1930 年 5 月，毛泽东又撰写了《反对本本主义》（原名《调查工作》），这是反对教条主义的重要论著。文章尖锐批评那种开口"拿本本来"、动辄照搬国际指示、苏联经验的错误倾向，强调必须"洗刷唯心精神"，"到群众中作实际调查去"，"没有调查，没有发言权"；尖锐地批评了那种轻视中国革命实践和群众斗争经验的错误倾向，提出坚持"从斗争中创造新局面的思想路线"。同时，毛泽东对于怎样看待上级、看待马克思主义"本本"的认识问题，提出明确的指向："我们说上级领导机关的指示是正确的，决不单是因为它出于'上级领导机关'，而是因为它的内容是适合于斗争中客

观和主观情势的，是斗争所需要的。""盲目地表面上完全无异议地执行上级的指示，这不是真正在执行上级的指示，这是反对上级指示或者对上级指示怠工的最妙方法。""我们说马克思主义是对的，绝不是因为马克思这个人是什么'先哲'，而是因为他的理论，在我们的实践中，在我们的斗争中，证明了是对的。""马克思主义的'本本'，是要学习的，但是必须同中国的实际情况相结合。我们需要'本本'，但是一定要纠正脱离实际情况的本本主义。"① 毛泽东通过《反对本本主义》，将中国共产党人从对共产国际和苏联经验的盲目崇拜中解放出来，实际上提出了"实事求是""群众路线""独立自主"的思想灵魂。实事求是的思想路线的提出，意味着毛泽东思想基本形成。

此外，毛泽东在这一时期还写了《关于纠正党内的错误思想》《论反对日本帝国主义的策略》《中国革命战争的战略问题》等文章，提出了建党建军、土地革命、经济建设、抗日民族统一战线、军事战略战术等理论。

至此，毛泽东思想已经形成。就标志性的内容来看，主要有两个方面：一是"成功地开辟了以井冈山革命根据地为代表的农村包围城市、武装夺取政权的中国革命的新道路"。二是"在同党内一度盛行的把马克思主义教条化、把共产国际决议和苏联经验神圣化的错误倾向作斗争中，从理论上论证了中国革命的新道路，强调马克思主义必须同中国实际相结合，初步形成了实事求是、群众路线、独立自主的基本思想"②。从此，科学社会主义在中国开始有了符合实际情况的实现道路和方式。毛泽东思想的形成，对从大革命失败到土地革命战争兴盛起到了重要的指导作用。但是，由于当时毛泽东在全党的领导地位还没有确定，毛泽东思想还没有被全党所认识，这就使毛泽东思想的指导作用受到限制，使毛泽东思想的发展遭遇严重阻碍。③

四、毛泽东思想的成熟

决议指出：毛泽东思想"在土地革命战争后期和抗日战争时期得到系

---

① 《毛泽东选集》第 1 卷，人民出版社 1991 年版，第 111 至 112 页。
② 田克勤、李彩华、孙堂厚：《中国化马克思主义通论》，人民出版社 2013 年版，第 28 页。
③ 郑德荣、田克勤：《遵义会议是毛泽东思想从形成到成熟的新起点》，载《东北师大学报》1985 年第 1 期，第 2 页。

统总结和多方面展开而达到成熟"。所谓成熟，"主要是指，党已经能够自觉运用马克思列宁主义普遍原理同中国革命实际相结合的原则，对中国革命的历史经验作出科学总结，已经能够深刻认识中国革命的基本特点及其发展的客观规律，并对中国革命的一系列基本问题作出了马克思主义的回答，已经形成了既完全属于马克思主义，又具有中国共产党人特色的完整的系统的理论体系，并制定了适合中国情况的路线和政策"①。

1935 年 1 月，遵义会议在军事上和组织上结束了王明等人的"左"倾教条主义在党中央的统治，事实上确立了毛泽东在党中央和红军的领导地位。遵义会议开始了中国共产党历史上第二次伟大的转变，即由第五次反"围剿"的失败到抗日战争的兴起的转折。遵义会议以后，共产党在毛泽东的领导下克服了原来"左"倾路线的错误，制定了正确的路线方针，为毛泽东思想从形成发展到成熟提供了重要的历史条件。此外，1935 年 7 月共产国际第七次代表大会提出"一般不直接干涉各国共产党内部的组织事宜"的原则，这为中国共产党根据中国的实际情况独立自主地解决中国问题提供了良好的外部环境。加之，当时大批马克思列宁主义经典著作的翻译出版，也为中国共产党人系统、深入地掌握马克思主义科学体系和精髓，提供了有利的条件。

1935 年 10 月，毛泽东带领中央红军到达陕北延安的吴起镇，开启了中国共产党历史上著名的延安时期。延安时期，毛泽东同志开展了大量的理论研究和著述，"解放后出版的《毛泽东选集》4 卷本，共收入 158 篇文章，其中 112 篇是延安时期写的，占总数的 70% 以上"②。1935 年 12 月，瓦窑堡会议通过的《关于目前形势和党的任务的决议》和毛泽东在党的活动分子会议上做的《论反对日本帝国主义的策略》的报告，比较系统地提出了抗日民族统一战线的理论和策略。抗日战争中，毛泽东又提出了独立自主原则以及同国民党顽固派斗争的原则，发展了革命统一战线的策略思想。1936 年 12 月，毛泽东撰写了《中国革命战争的战略问题》一书，系统地总结了中国革命战争正反两方面的经验，阐述了中国革命战争的特点及其战

---

① 郑德荣、黄景芳、田克勤：《论毛泽东思想的成熟及其在全党指导地位的确立》，载《东北师大学报》1986 年第 5 期，第 4 页。

② 李雅莉、王鸿静：《论延安时期毛泽东思想成熟的条件》，载《人民论坛》2010 年第 29 期，第 217 页。

略战术原则。1937 年 7 月，毛泽东发表了《实践论》，借用马克思主义认识论观点批评了党内的教条主义和经验主义，论述了能动的革命的反映论，系统地论述了实践在认识中的地位和作用。1937 年 8 月，发表的《矛盾论》不仅继续批判党内存在的严重的教条主义，而且运用唯物辩证法总结了中国共产党领导中国革命斗争的实践经验，从矛盾的普遍性与特殊性、主次矛盾、矛盾的主次方面、矛盾的同一性和斗争性等方面，深刻地阐述了对立统一规律，"在更深的层次上深化了对立统一学说，以矛盾问题的精髓为中心，提挈了矛盾问题的各个方面的原理，形成了一个完整系统的关于矛盾问题的理论系统"①。两篇著作，从理论上系统阐述党的实事求是的思想路线，划清了马克思主义同教条主义的界限。以这两篇哲学著作为代表，毛泽东哲学思想逐渐成熟。毛泽东哲学思想本身就是毛泽东思想的一部分，它的成熟，既意味着毛泽东思想趋于成熟，也为毛泽东思想更加走向成熟提供了哲学依据。

1938 年，毛泽东先后撰写了《论持久战》《抗日游击战争的战略问题》《战争和战略问题》等著作，分析了中国革命和中国革命战争的特点与规律，进一步论述"农村包围城市武装夺取政权"的革命理论。1938 年 9 月至 11 月，中国共产党六届六中全会召开，毛泽东在会上作了《论新阶段》的报告。全会批准了以毛泽东为核心的中央政治局的路线，会议基本克服了以王明为代表的右倾错误，并且明确提出"马克思主义中国化"的任务，为毛泽东思想的进一步成熟提供了坚定的政治基础和理论氛围。

1939 年 10 月至 1940 年 1 月，毛泽东先后发表《〈共产党人〉发刊词》《中国革命和中国共产党》《新民主主义论》等著作。这是毛泽东思想形成、发展过程中至关重要的著作，应当把毛泽东 1939 年 10 月发表的《〈共产党人〉发刊词》和 1940 年 1 月发表的《新民主主义论》两篇著作，作为毛泽东思想达到成熟的主要标志。在《〈共产党人〉发刊词》中，毛泽东不但阐明了马列主义必须与中国实际相结合的原则，而且系统地总结和论证了中国共产党在中国革命中战胜敌人的三个主要法宝（统一战线、武装斗争和党的建设）及其相互之间的关系。《新民主主义论》则从中国社会性质出

---

① 郭德宏、李玲玉主编：《毛泽东思想基本问题专题讲义》，中共中央党校出版社 2000 年版，第 218 页。

发，全面深刻地阐述了新民主主义革命理论，不仅阐明了中国为什么、怎么样进行新民主主义革命，还论及了民主主义革命与社会主义革命的关系，并由此制定了新民主主义的政治、经济、文化纲领。这三篇著作，可以说，《中国革命和中国共产党》和《新民主主义论》主要提出并回答了"什么是新民主主义革命"和"怎样进行新民主主义革命"的问题，《〈共产党人〉发刊词》在解决了中国革命领导权问题的基础上，提出并正确回答了在中国革命中"建设一个什么样的党"和"怎样才能建设"的问题。因此，这一时期，系统地解决了历史上的"二次革命论""一次革命论"带来的革命阶段性问题的困惑，使新民主主义革命理论达到成熟。新民主主义理论是毛泽东思想整个理论体系的主体，这个理论的成熟，标志着毛泽东思想的基本成熟。

而毛泽东思想的全面成熟则是在延安整风运动之后。1980 年，邓小平在对起草《关于建国以来党的若干历史问题的决议》提的意见时说："延安时期那一段，可以说是毛泽东思想比较完整地形成起来的一段。毛泽东思想中关于新民主主义革命的理论，包括党的建设的理论和处理党内关系的原则，在延安整风前后，都比较完整地形成了。"① 延安整风运动期间，毛泽东等党的主要领导人，在组织领导全党学习马克思主义理论之时，又针对当时的形势，撰写文章，发表演讲。因而，整风运动不仅提高了全党同志的理论水平和认识水平，同时，也为毛泽东思想的完全成熟增添了新内容。1945 年党的六届七中全会做出了《关于若干历史问题的决议》，接着举行了党的第七次全国代表大会，总结了历史的经验，为建立新民主主义的新中国制定了正确的路线、方针和政策，使全党达到空前的统一和团结。党的七大把毛泽东思想确立为指导思想，并庄严地写入党章，这标志着马克思列宁主义同中国实际相结合实现了第一次历史性飞跃。从此，毛泽东思想成为中国共产党和全国人民的一面旗帜，指导中国革命与建设事业从胜利走向新的胜利。

在这一阶段，毛泽东发表了大量理论著作，其他党的主要领导干部也积极开展了理论研究，对于新民主主义社会理论、军事理论、统一战线理论和党的建设理论进行了深刻的阐述。1945 年 4 月，中共七大召开，会上，

---

① 《邓小平文选》第 2 卷，人民出版社 1994 年版，第 292 页。

毛泽东在《论联合政府》的政治报告中，对新民主主义国家的制度和建设纲领进行了阐述，进一步完善了新民主主义思想；朱德做《论解放区战场》的报告，概述了人民军队的政治工作、军队指挥系统及指挥方法等有关军队建设的许多重大问题，全面论述中国共产党的军事路线。周恩来做《论统一战线》的发言，从敌人、队伍、领导权三个方面系统地总结了中国共产党在第一次国内革命战争时期、第二次国内革命战争时期和抗日战争时期的统一战线问题上的经验教训，全面总结和阐述了毛泽东的统一战线思想。① 另外，毛泽东为加强党的建设，发表了大量报告和讲话，如《改造我们的学习》《整顿党的作风》《反对党八股》《关于领导方法的若干问题》等。党的其他领导人，如刘少奇发表了《论共产党员的修养》《做一个好的党员》《建设一个好的党》等文章或讲演，陈云发表了《怎样做一个共产党员》等文章。

总之，如毛泽东自己所说："在民主革命时期，经过胜利、失败、再胜利、再失败，两次比较，我们才认识了中国这个客观世界。在抗日战争前夜和抗日战争时期，我写了一些论文，例如《中国革命战争的战略问题》《论持久战》《新民主主义论》《〈共产党人〉发刊词》，替中央起草过一些关于政策、策略的文件，都是革命经验的总结。那些论文和文件，只有在那个时候才能产生，在以前不可能，因为没有经过大风大浪，没有两次胜利和两次失败的比较，还没有充分的经验，还不能充分认识中国革命的规律。""在抗日时期，我们才制定了合乎情况的党的总路线和一整套具体政策。这时候，中国民主革命这个必然王国才被我们认识，我们才有了自由。"② 所以，毛泽东思想是在土地革命战争后期和抗日战争时期得到系统总结和多方面展开而达到成熟。

五、毛泽东思想的发展

决议指出：毛泽东思想在解放战争时期和中华人民共和国成立以后继续得到发展。"从毛泽东思想发展史的角度来看，从 1946 年到 1957 年 2 月

---

① 吴玉才：《毛泽东思想成熟的发展轨迹》，载《当代世界与社会主义》2007 年第 5 期，第 114 至 118 页。

② 《毛泽东文集》第 8 卷，人民出版社 1999 年版，第 299 至 300 页。

《关于正确处理人民内部矛盾的问题》的发表，是毛泽东思想继续发展的时期；其后虽然在某些方面仍有所发展，但总的来说是逐步偏离毛泽东思想正确轨道的时期。"①

抗日战争胜利以后，毛泽东等带领中国共产党在革命实践、理论探索和经验总结上继续前进，既有对新民主主义理论的继续丰富，对于党的建设和国家政权问题的深刻阐述，也有在新的历史条件和实践基础上的关于社会主义革命和社会主义建设的理论阐述和经验总结，取得一系列新的思想理论成果，推动了毛泽东思想的进一步发展。

从抗战胜利到中华人民共和国成立前后，为了适应全国解放战争形势发展和国家政权建立建设的需要，毛泽东发表了一系列论著，丰富了新民主主义的内容，提出了人民民主专政理论。1947 年 12 月，毛泽东在陕北米脂县杨家沟召集的中共中央会议上所做的报告《目前的形势和我们的任务》，正确总结了两年来人民解放战争的形势，在分析形势的基础上，提出了人民解放战争转入战略进攻后需要解决政策问题，是中国共产党在解放战争期间政治、军事、经济各方面带纲领性质的文件。1948 年 3 月发表的《在晋绥干部会议上的讲话》，阐述了新民主主义革命的总路线和总政策，完整地提出了中国共产党土地改革的总路线。1949 年 3 月发表的《在中国共产党第七届中央委员会第二次全体会议上的报告》，提出由新民主主义社会转变为社会主义社会的总任务。1949 年 6 月发表的《论人民民主专政》，阐明了中华人民共和国的国家性质、社会各阶级在国家中的地位及其相互关系，以及国家对内、对外政策等。

这一时期，以毛泽东等为核心的中国共产党还系统阐述了由新民主主义向社会主义转变的理论和政策，提出了党在过渡时期的总路线。这表明，毛泽东思想在新的历史实践中又获得了重大发展。1956 年年底，"一化三改造"基本完成，社会主义制度在中国确立，但是如何建设社会主义，是中国共产党面临的新的理论与实践问题。为此，毛泽东等第一代中国共产党人开展了社会主义建设的探索，并将中国社会主义建设的经验做了初步总结和理论概括，提出了社会主义建设的思想和原则。1956 年 9 月，中共八

---

① 郭德宏：《关于毛泽东思想形成和发展的不同观点评析》，载《中共云南省委党校学报》2000 年第 4 期，第 9 页。

大召开，大会对社会主义改造基本完成以后国内的主要矛盾做了科学的判断；确定了政治、经济、文化和外交工作的一系列方针；提出了执政党建设的问题，强调要坚持民主集中制和集体领导制度；提出加强党和群众的联系。这次大会为社会主义事业的发展和党的建设指明了方向。1956 年 5 月，毛泽东在一次中央政治局扩大会议上发表《论十大关系》的讲话，提出"以苏为鉴"，探索适合中国国情社会主义建设之路的思想；提出调动一切积极因素为社会主义事业服务，论述了处理好社会主义建设中的十大关系。1957 年 2 月，《关于正确处理人民内部矛盾的问题》运用唯物辩证法分析了社会主义社会的基本矛盾，正确区分和处理社会主义社会两类不同性质的社会矛盾；首次提出正确处理人民内部矛盾的命题，把它作为国家政治生活的主题。这为正确解决中国社会主义建设的问题提供了理论依据。

总之，解放战争时期和新中国成立以后，以毛泽东为代表的中国共产党进一步丰富和发展新民主主义理论，提出了人民民主专政理论、社会主义改造理论和社会主义建设思想，这是毛泽东思想在新的历史条件的发展。此后，毛泽东思想进入一个曲折发展时期，直到 1978 年十一届三中全会的召开，才在新的历史条件下再次得到良好发展。

第三节　中国特色社会主义理论体系的形成和发展

中国特色社会主义是科学社会主义理论逻辑与中国社会发展历史逻辑的辩证统一。习近平同志强调："中国特色社会主义是社会主义而不是其他什么主义，科学社会主义基本原则不能丢，丢了就不是社会主义。"[1] 十一届三中全会以来，中国共产党在中国特色社会主义建设实践中把科学社会主义基本原则与改革发展实际结合，先后创立了邓小平理论、"三个代表"重要思想、科学发展观，建构起中国特色社会主义理论体系。党的十八大以来，习近平总书记发表一系列重要讲话，进一步丰富了这一理论体系；党的十九大报告，把十八大以来党的理论创新成果概括为习近平新时代中国特色社会主义思想，展示出世界科学社会主义的发展正在进入全新境界。

---

[1]　习近平：《习近平谈治国理政》，外文出版社 2014 年版，第 22 页。

一、邓小平理论：中国特色社会主义理论体系的开创之作

邓小平理论是中国特色社会主义理论体系形成的首个内容体系，邓小平理论的形成是中国特色社会主义理论体系形成的第一个阶段。党的十一届三中全会实现了党和国家工作重心的转移，走上了改革开放发展道路，以邓小平为核心的党的第二代领导集体带领中国人民踏上了建设中国特色社会主义道路。"以党的十一届三中全会为起点，在拨乱反正和改革开放起步的过程中，建设中国特色社会主义理论逐步发展。"① 正如中国特色社会主义理论体系并非一蹴而就，邓小平理论也经历了一个逐渐形成的过程。从"中国式的现代化道路"到"建设有中国特色社会主义"，再到邓小平建设有中国特色社会主义理论，最后确立邓小平理论。邓小平理论成为中国特色社会主义理论体系的开创阶段。

（一）"中国式的现代化道路"的提出

十一届三中全会后，中国共产党开始走上社会主义现代化建设道路并对中国式的现代化道路做出了理论概括。1979 年 3 月 21 日，邓小平在会见英中文化协会执行委员会代表团时就中国实现四个现代化的目标和方针指出，"我们定的目标是在本世纪末实现四个现代化。我们的概念与西方不同，我姑且用个新说法，叫做中国式的四个现代化"②。3 月 30 日，党的理论工作务虚会上，邓小平在讨论工作重点转移后理论工作问题时，作了题为《坚持四项基本原则》的讲话，指出："过去搞民主革命，要适合中国情况，走毛泽东同志开辟的农村包围城市的道路。现在搞建设，也要适合中国情况，走出一条中国式的现代化道路。"③ 10 月，在《关于经济工作的几点意见》的讲话中，邓小平提到"所谓政治，就是四个现代化。我们开了大口，本世纪末实现现代化。后来改了口，叫中国式的现代化，就是把标准放低一点"④。11 月，邓小平与吉布尼的对话中说道："中国的社会主义

---

① 石云霞：《中国共产党思想理论教育 30 年（1978—2008）》，高等教育出版社 2008 年版，第 61 页。

② 中共中央文献研究室编：《邓小平年谱（1975—1997）上》，中央文献出版社 2004 年版，第 496 页。

③ 《邓小平文选》第 2 卷，人民出版社 1994 年版，第 163 页。

④ 《邓小平文选》第 2 卷，人民出版社 1994 年版，第 194 页。

道路与苏联不完全一样，一开始就有区别，中国建国以来就要有自己的特点。"① 12 月 6 日，邓小平在会见日本首相大平正芳时说道："我们要实现的四个现代化，是中国式的四个现代化。我们的四个现代化的概念，不是像你们那样的现代化的概念，而是'小康之家'。"② 1980 年 5 月 12 日，邓小平会见英国前首相、工党领袖卡拉汉时谈到中国的四个现代化目标，指出："我们的四个现代化，不同于包括你们英国在内的发达国家的现代化，中国人口太多，要达到你们那样的现代化，人均年收入五千至七千美元，不现实。所以，我们提出的现代化是中国式的现代化。""中国式"实际上是"中国特色"的最初表达，"中国式的现代化"的提出，是中国特色社会主义建设的"乳名"，是中国社会主义建设道路的初步探索。1981 年 6 月，党的十一届六中全会通过《关于建国以来党的若干历史问题的决议》，对适合我国国情的社会主义建设道路进行了比较完整的理论概括，一定程度上已经有了对中国特色社会主义道路的基本认识和理论阐释。

（二）"建设有中国特色的社会主义"的提出

1982 年 9 月，中国共产党召开第十二次全国代表大会，邓小平在开幕式上发表讲话，首次在党的正式会议上明确提出"建设有中国特色的社会主义"概念。邓小平提出把马克思主义的普遍真理同我国的具体实际结合起来，走自己的路，建设有中国特色的社会主义，这就是我们总结长期历史经验得出的基本结论"③。"建设有中国特色的社会主义"的提出，为中国现代化建设的指导思想提供了科学称谓。党的十二大报告还从社会主义物质文明、精神文明建设、民主法制建设等方面对建设有中国特色社会主义进行了较为全面的阐释。1983 年 6 月 8 日，邓小平参加北京科学技术政策讨论会的时候提出："我们搞的现代化，是中国式的现代化。我们建设的社会主义，是有中国特色的社会主义。"④ 1984 年《瞭望》周刊第三十四期上发表了《邓小平谈什么是有中国特色的社会主义》，初步概括和宣传了建设有中国特色的社会主义的基本观点。邓小平对毛泽东思想，中国特色社会主义，"一个国家、两种制度"，关于建立经济特区，关于科学教育等相

---

① 《邓小平文选》第 2 卷，人民出版社 1994 年版，第 235 页。
② 《邓小平文选》第 2 卷，人民出版社 1994 年版，第 237 页。
③ 《邓小平文选》第 3 卷，人民出版社 1993 年版，第 3 页。
④ 《邓小平文选》第 3 卷，人民出版社 1993 年版，第 29 页。

关论述相继见诸《瞭望》。在建设有中国特色的社会主义道路上，以邓小平为代表的党中央在中国式现代化的实践中不断丰富建设有中国特色的社会主义思想的内容。一方面强调始终坚持科学社会主义的基本原则并同中国具体实践结合。1985 年 8 月 21 日，邓小平会见坦桑尼亚总统尼雷尔时，谈到中国改革的性质、方向和政策，指出："我们的原则是把马克思主义同中国的实践相结合，走中国自己的道路，我们叫建设有中国特色的社会主义。"① 1986 年 11 月 9 日，邓小平在会见日本首相中曾根康弘时，就怎样看待马克思主义时明确指出："马克思主义必须发展。我们不把马克思主义当作教条，而是把马克思主义同中国的具体实践相结合，提出自己的方针，所以才能取得胜利。过去我们以农村包围城市，取得了革命的胜利。这一点在马克思列宁主义书本里是没有的。现在我们还是坚持马克思列宁主义、毛泽东思想。这里有继承的部分，有发展的部分。我们建设社会主义，准确地说是建设有中国特色的社会主义，这样才是真正地坚持了马克思主义。"② 1983 年 1 月 2 日，中共中央发出《当前农村经济政策的若干问题》，提出中国特色社会主义农业建设，提出要按照我国的国情，逐步实现农业的经济结构改革、体制改革和技术改革，走出一条具有中国特色的社会主义农业发展道路。1984 年 10 月，中共中央举行十二届三中全会，通过《中共中央关于经济体制改革的决定》，提出中国特色社会主义经济建设思想。1986 年 7 月 10 日，中共中央发出《关于全党必须坚决维护社会主义法制的通知》，提出建设具有中国特色的社会主义法制。1986 年 9 月，中共中央召开十二届六中全会，做出《关于社会主义精神文明建设指导方针的决议》，阐明了社会主义精神文明建设的战略地位、根本任务和具体要求，坚持马克思主义的指导地位等思想。1987 年 4 月 16 日，邓小平会见香港特别行政区基本法起草委员会第四次会议的全体委员谈到香港问题时强调："我们的社会主义制度是有中国特色的社会主义制度，这个特色，很重要的一个内容就是对香港、澳门、台湾问题的处理，就是'一国两制'。"③ 1987 年 3 月 8 日，邓小平会见坦桑尼亚总统姆维尼时指出中国搞有中国特色的社会主

---

① 《邓小平文选》第 3 卷，人民出版社 1993 年版，第 135 页。
② 《邓小平文选》第 3 卷，人民出版社 1993 年版，第 191 页。
③ 《邓小平文选》第 3 卷，人民出版社 1993 年版，第 218 页。

义要坚持"四个不变"，"总的讲，我们有四个不变：坚持四项基本原则不变，一心一意搞四个现代化建设不变，对外开放政策不变，进行经济体制改革和政治体制改革的方针不变。我们的改革和开放都将继续进行下去"①。这一时期，以邓小平为代表的党中央对建设有中国特色社会主义思想进行了多方面的探索和发展。

　　1987 年 10 月，中国共产党第十三次全国代表大会举行，大会做了题为《沿着有中国特色的社会主义道路前进》的报告。大会的突出贡献在于系统阐述了关于社会主义初级阶段的理论，完整概括了社会主义初级阶段的基本路线，确定了"三步走"战略。这些思想理论也丰富了中国特色社会主义理论。报告指出："十一届三中全会以来，我们党在对社会主义再认识的过程中，在哲学、政治经济学和科学社会主义方面，发挥和发展了一系列科学理论观点。包括：关于解放思想，实事求是，以实践作为检验真理的唯一标准的观点；关于建设社会主义必须根据本国国情，走自己的路的观点；关于在经济文化落后的条件下，建设社会主义必须有一个很长的初级阶段的观点；关于社会主义社会的根本任务是发展生产力，集中力量实现现代化的观点；关于社会主义经济是有计划商品经济的观点；关于改革是社会主义社会发展的重要动力，对外开放是实现社会主义现代化的必要条件的观点；关于社会主义民主政治和社会主义精神文明是社会主义重要特征的观点；关于坚持四项基本原则同坚持改革开放的总方针这两个基本点相互结合、缺一不可的观点；关于用'一个国家、两种制度'来实现国家统一的观点；关于执政党的党风关系到党的生死存亡的观点；关于按照独立自主、完全平等、互相尊重、互不干涉内部事务的原则，发展同外国共产党和其他政党的关系的观点；关于和平与发展是当代世界的主题的观点；等等。这些观点，构成了建设有中国特色的社会主义理论的轮廓，初步回答了我国社会主义建设的阶段、任务、动力、条件、布局和国际环境等基本问题，规划了我们前进的科学轨道。"② 从 12 个方面整理建设有中国特色的社会主义思想理论观点构成了建设有中国特色的社会主义理论的基本轮

---

① 《邓小平文选》第 3 卷，人民出版社 1993 年版，第 211 页。

② 中共中央文献研究室编：《十三大以来重要文献选编　上》，人民出版社 1991 年版，第 56 至 57 页。

廓，开始了系统化进程。

1992 年 10 月，中国共产党第十四次全国代表大会召开，江泽民做了题为《加快改革开放和现代化建设步伐，夺取有中国特色社会主义事业的更大胜利》的报告。报告指出："我们党所以能够取得这样的胜利，根本原因是在十四年的伟大实践中，坚持把马克思主义基本原理同中国具体实际相结合，逐步形成和发展了建设有中国特色社会主义的理论。"[①] "这是我们党付出了巨大代价获得的极为珍贵的精神财富，是我们党和人民进行新的历史创造的科学总结，是我们发展社会主义事业的伟大旗帜，是我们民族振兴和发展的强大精神支柱。"[②] 报告从社会主义的发展道路、社会主义的发展阶段、社会主义的根本任务、社会主义的发展动力、社会主义建设的外部条件、社会主义建设的政治保证、社会主义建设的战略步骤、社会主义的领导力量和依靠力量、祖国统一问题共九个方面总结了建设有中国特色社会主义理论的主要内容，实际上是对十三大有关中国特色社会主义理论轮廓的丰富充实和体统提升。"这一理论，第一次比较系统地初步回答了中国这样的经济文化比较落后的国家如何建设社会主义、如何巩固和发展社会主义的一系列基本问题，用新的思想、观点，继承、丰富和发展了毛泽东思想，是马克思主义同中国实际相结合的最新成果，是当代中国的马克思主义。"[③] 报告还指出："建设有中国特色社会主义的理论还有其他许多内容，还要在研究新情况、解决新问题的过程中，在实践检验中继续丰富、完善和发展。"[④] 党的十四大郑重地把邓小平建设有中国特色社会主义的理论写到了自己的旗帜上，通过《中国共产党章程》（修正案）的决议，把建设有中国特色的社会主义理论和中国共产党在社会主义初级阶段的基本路线写进党章。

伟大理论源于伟大实践，伟大的实践离不开伟大的理论。中国现代化

[①]　中共中央文献研究室编：《十四大以来重要文献选编　上》，人民出版社 1996 年版，第 9 至 10 页。

[②]　中共中央文献研究室编：《十四大以来重要文献选编　上》，人民出版社 1996 年版，第 445 页。

[③]　中共中央文献研究室编：《十四大以来重要文献选编　上》，人民出版社 1996 年版，第 445 页。

[④]　中共中央文献研究室编：《十四大以来重要文献选编　上》，人民出版社 1996 年版，第 13 页。

建设和改革开放伟大事业为理论创造性发展提供了取之不竭的源泉，同时，中国特色社会主义理论是中国特色社会主义建设实践的正确指导，但是如党的十三大报告所说："当前，党的马克思主义理论建设的状况，同我们正在进行的伟大事业相比，是很不相称的。改革开放已进行多年，改革开放的理论研究和宣传教育，仍然是一个相当薄弱的环节。"① 党的十三大会上构成了建设有中国特色的社会主义理论的轮廓，中国特色社会主义理论进入系统化阶段，向全党全国人民传播中国特色社会主义理论成为党接下来的重要工作。党的十三大召开以后，中共中央宣传部发出《关于印发〈认真组织好十三大文件的学习和宣传工作〉的通知》，要求分层次、分领域、有重点、有步骤地组织学习，普遍地、深入地进行社会主义初级阶段基本路线的教育，用党的十三大精神动员全党和全国人民沿着有中国特色社会主义道路继续前进。各级党组织按照十三大工作部署和中共中央宣传部要求开展了声势浩大的宣传、学习、贯彻党的十三大精神的宣传教育活动。1989 年 9 月 29 日，江泽民在庆祝中华人民共和国成立四十周年大会上的讲话指出："邓小平同志关于建设有中国特色社会主义的理论，是经过十年实践检验而为亿万人民所认识和接受的科学理论，是指引我们继续前进的旗帜。"② 要求全国人民高举旗帜，认真学习建设有中国特色的社会主义理论。11 月，中共十三届五中全会举行，全会强调指出："建设有中国特色的社会主义的基本理论，是毛泽东思想的重要组成部分，是毛泽东思想在新的历史条件下的继承和发展，是中国共产党和中国人民的宝贵精神财富。全会要求全党一定要认真学习邓小平同志的著作，使它今后在我国社会主义现代化建设的伟大进程中发挥重大的指导作用。"③ 1990 年 12 月，中共十三届七中全会举行，会议通过了《中共中央关于制定国民经济和社会发展十年规划和"八五"计划的建议》，提出了建设中国特色社会主义的十二条原

---

① 中共中央文献研究室编：《十三大以来重要文献选编　上》，人民出版社 1991 年版，第 60 页。

② 中共中央文献研究室编：《十三大以来重要文献选编　中》，人民出版社 2011 年版，第 617 页。

③ 中共中央文献研究室编：《十三大以来重要文献选编　中》，人民出版社 2011 年版，第 678 页。

则，从整个社会发展高度对建设有中国特色的社会主义的原则进行思考。在全会闭幕式上，江泽民强调："把马克思主义普遍真理同我国具体实际结合起来，是一件具有根本意义而又很不容易的事情。社会主义在中国所以具有旺盛的生命力和强大的凝聚力，就在于这种结合；有中国特色的社会主义，也只有在这种结合的过程中才能形成、丰富和发展。"[1] 1992 年 1 月 18 日至 2 月 21 日，邓小平视察武昌、深圳、珠海、上海等地，发表重要谈话，就什么是社会主义、怎样建设社会主义提出一系列新思想、新论断。邓小平南方谈话，既进一步丰富和完善了建设中国特色社会主义的科学理论体系，也使得中国特色社会主义理论得到更广泛的传播。

（三）邓小平理论的提出和确立

1997 年 9 月，中国共产党第十五次全国代表大会召开，会上明确提出"邓小平理论"这一概念，指出："邓小平理论形成了新的建设有中国特色社会主义理论的科学体系。它是在和平与发展成为时代主题的历史条件下，在我国改革开放和现代化建设的实践中，在总结我国社会主义胜利和挫折的历史经验并借鉴其他社会主义国家兴衰成败历史经验的基础上，逐步形成和发展起来的。它第一次比较系统地初步回答了中国社会主义的发展道路、发展阶段、根本任务、发展动力、外部条件、政治保证、战略步骤、党的领导和依靠力量以及祖国统一等一系列基本问题，指导我们党制定了在社会主义初级阶段的基本路线。它是贯通哲学、政治经济学、科学社会主义等领域，涵盖经济、政治、科技、教育、文化、民族、军事、外交、统一战线、党的建设等方面比较完备的科学体系，又是需要从各方面进一步丰富发展的科学体系。"[2] 党的十五大对邓小平理论体系内容进行了系统阐述和全面概括，明确了邓小平理论的地位。高举邓小平理论的伟大旗帜是党的十五大的灵魂，也成了十五大载入史册的标志。大会通过关于《中国共产党章程修正案》的决定，把邓小平理论确立为党的指导思想并写入党章。

---

① 中共中央文献研究室编：《十三大以来重要文献选编　中》，人民出版社 2011 年版，第 1430 页。

② 中共中央文献研究室编：《十五大以来重要文献选编　上》，人民出版社 2000 年版，第 12 页。

二、"三个代表"重要思想和科学发展观：中国特色社会主义理论体系的丰富发展

2000 年 2 月 25 日，江泽民在广东省考察工作时提出："我们党所以赢得人民的拥护，是因为我们党在革命、建设、改革的各个历史时期，总是代表着中国先进生产力的发展要求，代表着中国先进文化的前进方向，代表着中国最广大人民的根本利益，并通过制定正确的路线方针政策，为实现国家和人民的根本利益而不懈奋斗。"① "三个代表"重要思想第一次比较全面且明确地被提出来。5 月 14 日，在上海主持召开江苏、浙江、上海党建工作座谈会上，江泽民提出：始终做到"三个代表"，是我们党的立党之本、执政之基、力量之源；按照"三个代表"要求抓党的建设，同新时期党的建设新的伟大工程的总目标、总要求是一致的；推进党的思想建设、政治建设、组织建设、作风建设，都应该贯穿"三个代表"要求。中共十五届五中全会上，江泽民发表讲话指出："'三个代表'的要求，是根据我们党的性质、宗旨和历史经验、现实需要提出来的，也是为了在新的时期新的实践中更好地全面落实毛泽东思想、邓小平理论关于党的建设的要求提出来的，是我们党的立党之本、执政之基、力量之源，是我们加强新时期党的建设的基本方针。"② 阐明了"三个代表"重要思想的历史地位和作用。2001 年 7 月 1 日，江泽民在庆祝中国共产党成立八十周年大会上，对"三个代表"重要思想的科学内涵和重要意义进行了全面深入的阐述，提出正确认识和全面贯彻"三个代表"重要思想的要求。2002 年 5 月 31 日，江泽民在中央党校省部级干部进修班毕业典礼上的讲话，从党和国家工作全局的战略高度，进一步补充说明"三个代表"重要思想的内涵和贯彻"三个代表"的根本要求，为党的十六大召开提供了政治、理论、思想准备。随后召开的中国共产党第十六次全国代表大会，提出全面贯彻"三个代表"重要思想的要求，指出：贯彻"三个代表"重要思想，关键在坚持与时俱进，核心在坚持党的先进性，本质在坚持执政为民。大会一致同意在党章

---

① 中共中央文献研究室编：《十五大以来重要文献选编 中》，人民出版社 2001 年版，第 1139 页。

② 中共中央文献研究室编：《十五大以来重要文献选编 中》，人民出版社 2001 年版，第 1406 页。

中明确规定：中国共产党以马克思列宁主义、毛泽东思想、邓小平理论和"三个代表"重要思想作为党的行动指南，"三个代表"重要思想是党必须长期坚持的指导思想。2003 年 6 月 10 日，由中央宣传部组织编写的《"三个代表"重要思想学习纲要》（以下简称《纲要》）出版发行。《纲要》从建设中国特色社会主义的思想路线、发展道路、发展阶段和发展战略、改革开放、根本任务、根本目的等方面，以及经济、政治、文化、国防和军队、统一战线、祖国统一、外交和国际战略、党的建设等各个领域对"三个代表"重要思想进行阐释。

2002 年 11 月，中共十六届一中全会选举胡锦涛为中央委员会总书记。以胡锦涛为代表的中国共产党人在继承和发展邓小平理论、"三个代表"重要思想基础上，结合中国发展实际提出了科学发展观。2003 年 7 月 28 日，胡锦涛在全国防治非典工作会议上讲话，提出"全面发展、协调发展、可持续发展的发展观"。会上胡锦涛指出："我们讲发展是党执政兴国的第一要务，这里的发展绝不只是指经济增长，而是要坚持以经济建设为中心，在经济发展的基础上实现社会全面发展。我们要更好地坚持全面发展、协调发展、可持续发展的发展观，更加自觉地坚持推动社会主义物质文明、政治文明和精神文明协调发展，坚持在经济社会发展的基础上促进人的全面发展，坚持促进人与自然的和谐。"① 2003 年 3 月 10 日，胡锦涛在中央人口资源环境工作座谈会上讲话，全面阐述了科学发展观的深刻内涵和基本要求。他指出：坚持以人为本，全面、协调、可持续的发展观，是我们以邓小平理论和"三个代表"重要思想为指导，从新世纪新阶段党和国家事业发展全局出发提出的重大战略思想。2003 年 10 月，胡锦涛在中央十六届三中全会通过《关于完善社会主义市场经济体制若干问题的决定》，指出：树立和落实全面发展、协调发展和可持续发展的科学发展观，对于我们更好地坚持发展才是硬道理的战略思想具有重大意义。至此，完整意义上的"科学发展观"，作为我国经济社会发展的重大战略思想和指导方针，被明确地提出来了。2006 年 6 月，为把学习贯彻科学发展观引向深入，中共中央宣传部理论局组织编写了《科学发展观学习读本》，从 7 个方面对科学发

---

① 新华月报编：《十六大以来党和国家重要文献选编　上》，人民出版社 2005 年版，第 1425 页。

展观进行了阐述。2007 年 6 月 25 日，胡锦涛在中央党校省部级干部进修班发表重要讲话，指出：党的十六大以来，党中央继承和发展党的三代中央领导集体关于发展的重要思想，提出了科学发展观。科学发展观，第一要义是发展，核心是以人为本，基本要求是全面协调可持续，根本方法是统筹兼顾。作为中国特色社会主义理论体系的重要组成部分的科学发展观，在全面建设小康社会的伟大实践中发展形成并得以广泛宣传。

构建社会主义和谐社会既是科学发展的目标，也是重要内容。党的十六大把"社会更加和谐"作为党领导人民群众为之奋斗的重要目标。党的十六届四中全会集中讨论了加强党的执政能力建设，把"不断提高构建社会主义和谐社会的能力"确定为当前和今后一个时期加强党的执政能力建设的主要任务。2005 年 2 月 19 日，胡锦涛在省部级主要领导干部提高构建社会主义和谐社会能力专题研讨班上的讲话，阐述了中国特色社会主义事业四位一体的总体布局和构建社会主义和谐社会的目标要求。2006 年 10 月 8 日至 11 日，中共十六届六中全会举行，全会审议通过《中共中央关于构建社会主义和谐社会若干重大问题的决定》（以下简称《决定》），《决定》充分肯定了构建社会主义和谐社会的地位和作用，确定了构建和谐社会的目标和任务、必须遵循的原则和当前今后构建和谐社会的部署，是构建社会主义和谐社会的纲领性文件，也是党的构建社会主义和谐社会思想的集中表达。

党的十六届六中全会首次提出了"社会主义核心价值体系"，指出建设和谐文化是构建社会主义和谐社会的重要任务，社会主义核心价值体系是建设和谐文化的根本。2007 年，胡锦涛在"6·25"重要讲话中强调，要大力建设社会主义核心价值体系，概括了社会主义核心价值体系包括的四个方面基本内容，即马克思主义指导思想、中国特色社会主义共同理想、以爱国主义为核心的民族精神和以改革创新为核心的时代精神、社会主义荣辱观。

党通过召开各种重要会议，发布决议和要求，对中国特色社会主义建设中的各种思想理论进行了总结提升，实质上丰富发展了中国特色社会主义理论体系内容。2007 年 10 月，中国共产党第十七次全国代表大会召开，正式提出"中国特色社会主义理论体系"，中国特色社会主义理论在内容形式上完成了体系化发展。

第四节　习近平新时代中国特色社会主义思想：马克思主义中国化的最新成果

中国特色社会主义理论体系是与时俱进的理论体系。随着中国特色社会主义建设的深化，中国特色社会主义理论体系也在不断创新发展。2012年党的十八大以来，以习近平同志为主要代表的中国共产党人，顺应时代发展，从理论和实践结合上系统回答了新时代坚持和发展什么样的中国特色社会主义、怎样坚持和发展中国特色社会主义，建设什么样的社会主义现代化强国、怎样建设社会主义现代化强国，建设什么样的长期执政的马克思主义政党、怎样建设长期执政的马克思主义政党等重大时代课题，创立了习近平新时代中国特色社会主义思想。习近平新时代中国特色社会主义思想是对马克思列宁主义、毛泽东思想、邓小平理论、"三个代表"重要思想、科学发展观的继承和发展，是当代中国马克思主义、二十一世纪马克思主义，是中华文化和中国精神的时代精华，是马克思主义中国化最新成果，是党和人民实践经验和集体智慧的结晶，是中国特色社会主义理论体系的重要组成部分，是全党全国人民为实现中华民族伟大复兴而奋斗的行动指南。在习近平新时代中国特色社会主义思想指导下，中国共产党领导全国各族人民，统领伟大斗争、伟大工程、伟大事业、伟大梦想，推动中国特色社会主义进入新时代。

一、中国特色社会主义新时代：新方位新坐标

习近平总书记在党的十九大报告中指出："经过长期努力，中国特色社会主义进入了新时代，这是我国发展新的历史方位。"[①] 这是基于我国社会发展成就、世情国情党情变化和良好发展前景做出的重大政治判断。经过改革开放近 45 年的发展，尤其是党的十八大以来，我国社会发生了巨大变化：社会生产力水平总体上显著提高，很多方面进入世界前列；人民生活

---

① 习近平：《决胜全面建成小康社会夺取新时代中国特色社会主义伟大胜利——在中国共产党第十九次全国代表大会上的报告》，人民出版社 2017 年版，第 10 页。

水平显著提高，对美好生活的向往更加强烈；影响满足人们美好生活需要的因素很多，但主要是发展的不平衡不充分问题。① 总体看来，我国自社会主义初级阶段以来的"落后的社会生产"状况已经发生了新的阶段性变化，人民群众日益增长的"物质文化需要"也呈现出一系列阶段性的新特征。我国社会的社会主要矛盾已经转化为人民日益增长的美好生活需要和不平衡不充分的发展之间的矛盾。同时，我国发生一系列历史性变革，发展取得一系列历史性成就：不仅提出一系列新理念新思想新战略，出台一系列重大方针政策，推出一系列重大举措，推进一系列重大工作，而且解决了许多长期想解决而没有解决的难题，办成了许多过去想办而没有办成的大事。②

中国特色社会主义进入了新时代，是从党和国家事业发展的角度而非历史学上时代划分的角度做出的判断。这个新时代是承前启后、继往开来，在新的历史条件下继续夺取中国特色社会主义伟大胜利的时代，是决胜全面建成小康社会、进而全面建成社会主义现代化强国的时代，是全国各族人民团结奋斗、不断创造美好生活、逐步实现全体人民共同富裕的时代，是全体中华儿女勠力同心、奋力实现中华民族伟大复兴中国梦的时代，是我国日益走近世界舞台中央、不断为人类做出更大贡献的时代。③ 简言之，这是一个中华民族实现强起来的时代。

中国特色社会主义进入新时代，意味着近代以来久经磨难的中华民族迎来了从站起来、富起来到强起来的伟大飞跃，迎来了实现中华民族伟大复兴的光明前景；意味着科学社会主义在 21 世纪的中国焕发出强大生机活力，在世界上高高举起了中国特色社会主义伟大旗帜；意味着中国特色社会主义道路、理论、制度、文化不断发展，拓展了发展中国家走向现代化的途径，给世界上那些既希望加快发展又希望保持自身独立性的国家和民族提供了全新选择，为解决人类问题贡献了中国智慧和中国方案。

---

① 《毛泽东思想和中国特色社会主义理论体系概论（2018 年版）》编写组编：《毛泽东思想和中国特色社会主义理论体系概论（2018 年版）》，高等教育出版社 2018 年版，第 178 至 179 页。

② 习近平：《决胜全面建成小康社会夺取新时代中国特色社会主义伟大胜利——在中国共产党第十九次全国代表大会上的报告》，人民出版社 2017 年版，第 8 页。

③ 习近平：《决胜全面建成小康社会夺取新时代中国特色社会主义伟大胜利——在中国共产党第十九次全国代表大会上的报告》，人民出版社 2017 年版，第 10 至 11 页。

二、习近平新时代中国特色社会主义思想的核心内容

　　党的十九大、十九届六中全会将习近平新时代中国特色社会主义思想的核心内容概括为"十个明确""十四个坚持""十三个方面成就"，系统地回答了新时代坚持和发展什么样的中国特色社会主义、怎样坚持和发展中国特色社会主义这个重大时代课题。在此基础上，党的二十大报告对习近平新时代中国特色社会主义思想的主要内容进行了整合性的新概括，明确指出："十九大、十九届六中全会提出的'十个明确''十四个坚持''十三个方面成就'概括了这一思想的主要内容。""十个明确"是习近平新时代中国特色社会主义思想的核心内容，是这一思想的主体部分，构成支撑这一理论大厦的四梁八柱。"十四个坚持"是习近平新时代中国特色社会主义思想的关键内容，是新时代坚持和发展中国特色社会主义的基本方略，构成了新时代坚持和发展中国特色社会主义的行动纲领。"十三个方面成就"全景展示了党的十八大以来以习近平同志为核心的党中央治国理政、推进新时代中国特色社会主义伟大事业取得的历史性成就。

　　"说一千道一万归结为一点，就是坚持和发展中国特色社会主义。"坚持和发展中国特色社会主义，是习近平新时代中国特色社会主义思想的核心要义。新时代坚持和发展什么样的中国特色社会主义？习近平同志强调"中国特色社会主义是社会主义而不是其他什么主义，科学社会主义基本原则不能丢，丢了就不是社会主义"。"中国特色社会主义，是科学社会主义理论逻辑和中国社会发展历史逻辑的辩证统一，是根植于中国大地、反映中国人民意愿、适应中国和时代发展进步要求的科学社会主义。"[①] 即中国特色社会主义是既坚持科学社会主义的基本原则，又具有鲜明的中国实践特色、民族特色和时代特色，是集道路、理论、制度、文化于一体的社会主义。十八大以来，中国共产党的全部理论和实践探索都是围绕这个主题而进行的。

　　十九届六中全会概括的"十个明确"系统地回答了"新时代坚持和发展什么样的中国特色社会主义"的问题，"十个明确"也是新时代中国特色社会主义思想的最主要、最核心的内容。其具体内容是：第一，明确中国

---

　　① 习近平：《习近平谈治国理政》，外文出版社 2014 年版，第 21 页。

特色社会主义最本质的特征是中国共产党领导，中国特色社会主义制度的最大优势是中国共产党领导，中国共产党是最高政治领导力量，全党必须增强"四个意识"、坚定"四个自信"、做到"两个维护"。第二，明确坚持和发展中国特色社会主义，总任务是实现社会主义现代化和中华民族伟大复兴，在全面建成小康社会的基础上分两步走，在本世纪中叶建成富强民主文明和谐美丽的社会主义现代化强国，以中国式现代化推进中华民族伟大复兴。第三，明确新时代我国社会主要矛盾是人民日益增长的美好生活需要和不平衡不充分的发展之间的矛盾，必须坚持以人民为中心的发展思想，发展全过程人民民主，推动人的全面发展、全体人民共同富裕取得更为明显的实质性进展。第四，明确中国特色社会主义事业总体布局是经济建设、政治建设、文化建设、社会建设、生态文明建设"五位一体"，战略布局是全面建设社会主义现代化国家、全面深化改革、全面依法治国、全面从严治党四个全面。第五，明确全面深化改革总目标是完善和发展中国特色社会主义制度、推进国家治理体系和治理能力现代化。第六，明确全面推进依法治国总目标是建设中国特色社会主义法治体系、建设社会主义法治国家。第七，明确必须坚持和完善社会主义基本经济制度，使市场在资源配置中起决定性作用，更好发挥政府作用，把握新发展阶段，贯彻创新、协调、绿色、开放、共享的新发展理念，加快构建以国内大循环为主体、国内国际双循环相互促进的新发展格局，推动高质量发展，统筹发展和安全。第八，明确党在新时代的强军目标是建设一支听党指挥、能打胜仗、作风优良的人民军队，把人民军队建设成为世界一流军队。第九，明确中国特色大国外交要服务民族复兴、促进人类进步，推动建设新型国际关系，推动构建人类命运共同体。第十，明确全面从严治党的战略方针，提出新时代党的建设总要求，全面推进党的政治建设、思想建设、组织建设、作风建设、纪律建设，把制度建设贯穿其中，深入推进反腐败斗争，落实管党治党政治责任，以伟大自我革命引领伟大社会革命。

三、新时代中国特色社会主义的基本方略

习近平新时代中国特色社会主义思想既明确了新时代坚持和发展什么样的中国特色社会主义，也深刻回答了新时代怎样坚持和发展中国特色社会主义——党的十九大概括的"十四个坚持"。这也是新时代中国特色社会

主义基本方略。"十四个坚持"的内容包括：第一，党政军民学，东西南北中，党是领导一切的，必须坚持党对一切工作的领导。第二，人民是历史的创造者，是决定党和国家前途命运的根本力量，必须坚持以人民为中心。第三，只有改革开放才能发展中国、发展社会主义、发展马克思主义，必须坚持全面深化改革。第四，发展是解决我国一切问题的基础和关键，必须坚持新发展理念。第五，党的领导、人民当家作主、依法治国有机统一是社会主义政治发展的必然要求，必须坚持人民当家作主。第六，全面依法治国是中国特色社会主义的本质要求和重要保障，必须坚持全面依法治国。第七，文化自信是一个国家、一个民族发展中更基本、更深沉、更持久的力量，必须坚持社会主义核心价值体系。第八，增进民生福祉是发展的根本目的，必须坚持在发展中保障和改善民生。第九，建设生态文明是中华民族永续发展的千年大计，必须坚持人与自然和谐共生。第十，统筹发展和安全，增强忧患意识，做到居安思危，是我们党治国理政的一个重大原则，必须坚持总体国家安全观。第十一，建设一支听党指挥、能打胜仗、作风优良的人民军队，是实现"两个一百年"奋斗目标、实现中华民族伟大复兴的战略支撑，必须坚持党对人民军队的绝对领导。第十二，保持香港、澳门长期繁荣稳定，实现祖国完全统一，是实现中华民族伟大复兴的必然要求，必须坚持"一国两制"和推进祖国统一。第十三，中国人民的梦想同各国人民的梦想息息相通，实现中国梦离不开和平的国际环境和稳定的国际秩序，必须坚持推动构建人类命运共同体。第十四，勇于自我革命，从严管党治党，是我们鲜明的品格，必须坚持全面从严治党。

"十四个坚持"主要是回答怎样来坚持和发展中国特色社会主义，构成新时代坚持和发展中国特色社会主义的基本方略，是习近平新时代中国特色社会主义思想的重要组成部分，是落实习近平新时代中国特色社会主义思想的实践要求。

四、新时代中国特色社会主义的历史性成就、历史性变革

"十三个方面成就"全景式展现了党的十八大以来以习近平同志为核心的党中央治国理政的基本理念、重大成就和新鲜经验，既是习近平新时代中国特色社会主义思想指导的结果，又是这一思想的重要内容；既丰富和充实了习近平新时代中国特色社会主义思想的科学内涵，又检验和证明了

这一思想的科学真理性；既开辟了马克思主义中国化时代化新境界，又开辟了新时代中国特色社会主义事业发展新局面。"十三个方面成就"作为理论成就与实践成就的统一，其中既包括作为理论成就的原创性思想，也包括作为实践成就的变革性实践、突破性进展、标志性成果。"十三个方面成就"的内容包括：

第一，在坚持党的全面领导上，党中央权威和集中统一领导得到有力保证，党的领导制度体系不断完善，党的领导方式更加科学，全党思想上更加统一、政治上更加团结、行动上更加一致，党的政治领导力、思想引领力、群众组织力、社会号召力显著增强。第二，在全面从严治党上，党的自我净化、自我完善、自我革新、自我提高能力显著增强，管党治党宽松软状况得到根本扭转，反腐败斗争取得压倒性胜利并全面巩固，党在革命性锻造中更加坚强。第三，在经济建设上，我国经济发展平衡性、协调性、可持续性明显增强，国家经济实力、科技实力、综合国力跃上新台阶，我国经济迈上更高质量、更有效率、更加公平、更可持续、更为安全的发展之路。第四，在全面深化改革开放上，党不断推动全面深化改革向广度和深度进军，中国特色社会主义制度更加成熟更加定型，国家治理体系和治理能力现代化水平不断提高，党和国家事业焕发出新的生机活力。第五，在政治建设上，积极发展全过程人民民主，我国社会主义民主政治制度化、规范化、程序化全面推进，中国特色社会主义政治制度优越性得到更好发挥，生动活泼、安定团结的政治局面得到巩固和发展。第六，在全面依法治国上，中国特色社会主义法治体系不断健全，法治中国建设迈出坚实步伐，党运用法治方式领导和治理国家的能力显著增强。第七，在文化建设上，我国意识形态领域形势发生全局性、根本性转变，全党全国各族人民文化自信明显增强，全社会凝聚力和向心力极大提升，为新时代开创党和国家事业新局面提供了坚强思想保证和强大精神力量。第八，在社会建设上，人民生活全方位改善，社会治理社会化、法治化、智能化、专业化水平大幅度提升，发展了人民安居乐业、社会安定有序的良好局面，续写了社会长期稳定奇迹。第九，在生态文明建设上，党中央以前所未有的力度抓生态文明建设，美丽中国建设迈出重大步伐，我国生态环境保护发生历史性、转折性、全局性变化。第十，在国防和军队建设上，人民军队实现整体性革命性重塑、重整行装再出发，国防实力和经济实力同步提升，人民军队坚决履行新时代使命任务，以顽强斗争精神和实际行动捍卫了国家主权、安全、发展利益。第十一，在维护国家安全上，国家安全得到全面加强，经受住了来自政治、经济、意识形态、自然界等方面的风险挑战考验，为党和国家兴旺发达、长治久安提供了有力保证。第十二，在坚持"一国两制"和推进祖国统一上，党中央采取一系列标本兼治的举措，坚定落实"爱国者治港""爱国者治澳"，推动香港局势实现由乱到治的重大转折，为推进依法治港治澳、促进"一国两制"实践行稳致远打下了坚实基础；坚持一个中国原则和"九二共识"，坚决反对"台独"分裂行径，坚决反对外部势力干涉，牢牢把握两岸关系主导权和主动权。第十三，在外交工作上，中国特色大国外交全面推进，构建人类命运共同体成为引领时代潮流和人类前进方向的鲜明旗帜，我国外交在世界大变局中开创新局、在世界乱局中化危为机，我国国际影响力、感召力、塑造力显著提升。

总之，"十个明确""十四个坚持""十三个方面成就"，构成了习近平新时代中国特色社会主义思想的核心内容，为中国特色社会主义增添了新的科学内涵，丰富发展了中国特色社会主义理论体系。习近平新时代中国特色社会主义思想，是中国特色社会主义理论体系的丰富和发展，是马克思主义中国化的新阶段新飞跃，它开辟了马克思主义新境界、中国特色社会主义新境界、党治国理政新境界、管党治党新境界，是在新的历史起点上进一步开创中国特色社会主义新局面、实现中华民族伟大复兴的中国梦必须长期坚持的指导思想。习近平新时代中国特色社会主义思想对人类文明进步同样具有重要意义，为大变局中的世界更好地解决全球性问题贡献了中国智慧和中国方案。

第五章
其他社会主义国家的社会主义

第二次世界大战结束以后，在苏联社会主义取得了巨大成就的影响下，中国、越南等国先后建立了人民民主专政的政权。随着国际共产主义运动和世界社会主义运动陷入低谷，除中国努力开创中国特色社会主义以外，越南、老挝、古巴也各自结合自身实际，进行社会主义理论与实践的不懈探索，实现了马克思主义在本国的创新和发展，使当代社会主义焕发出新的生机。研究越南、老挝、古巴的社会主义，对于了解当代世界社会主义发展概况，促进中国特色社会主义理论与实践的发展，具有重要的理论价值与时代意义。

第一节　越南社会主义的理论与实践

俄国十月革命后，马克思主义在世界范围内迅速传播。在中国共产党和法国共产党的影响和帮助下，马克思主义传播到越南。越南共产党逐步把科学社会主义理论与越南革命实践结合起来，探索越南民族民主革命和社会主义建设道路，推动马克思主义在越南的实践和发展。

一、越南共产党的成立

1881 年法国强迫越南签订《顺化条约》，取得对越南的"保护权"，1885 年中法战争结束，清朝与法国签署《中法新约》，清政府承认法国对法属印度支那殖民地的宗主权。从此，越南进入殖民地半封建社会，越南社会矛盾变为越南人民与法国帝国主义之间的矛盾，越南农民阶级与封建统治阶级之间的矛盾。社会矛盾的尖锐、复杂，决定了越南社会革命的艰巨性，在此条件下科学社会主义在越南得以迅速传播，为越南人民寻求民族独立和阶级解放道路提供了有力的思想武器。

（一）马克思主义在越南的传播

在殖民地半封建社会的越南，越南人民与法帝国主义之间的矛盾，越南人民主要是农民同封建统治阶级之间的矛盾成为社会主要矛盾。越南人民获得独立、自由，必须正确处理好这两个矛盾。越南社会矛盾的复杂性，反映出越南民族、人民民主革命的艰巨性。这也是共产主义在越南传播的最基本的社会历史条件。[①]

19 世纪中后期，黄花探领导的安世农民起义、潘佩珠组织的武装起义、潘周桢领导的爱国维新运动均告失败，客观上传播了民族民主革命思想，推动越南先进分子的进一步觉醒，探索适合越南国情的革命道路。1925 年，胡志明在中国广州创立"越南青年革命同志会"，为越南共产党的成立在思想和组织上做了准备。

越南工人阶级队伍的壮大是马克思主义在越南传播的阶级基础。伴随着法帝国主义对越南的"开发"，越南工人阶级开始诞生，越南工人阶级逐步发展壮大，作为一支政治力量登上历史舞台。在一个殖民地国家，越南工人阶级受到帝国主义、封建势力和资产阶级的剥削，工人阶级来源于破产农民，与农民阶级有着天然联系，因而，具有彻底的革命性和建立工农联盟的有利条件。在当时的越南社会，由于封建地主阶级向法帝国主义投降，软弱的资产阶级无力与工人阶级争夺领导权，农民阶级从开始便与工人阶级结成联盟，工人阶级争取到革命的小资产阶级的支持等情况，革命的领导权就历史性地落在越南工人阶级身上。

越南革命需要科学社会主义理论的指导。越南人民在长期的革命斗争中，深刻认识到要领导革命取得成功，必须有新的科学革命思想指导革命实践。

俄国十月革命取得伟大胜利，为人类解放提供了新的方向和道路，马克思主义迅速向世界各地传播。随后，马克思主义通过法国和中国传到越南。

阮爱国（1890—1969）[②]，即胡志明，出生于越南义安省南坛县南莲乡

---

① 李建国：《马克思主义在越南发展的启示》，载《社会科学家》2016 年第 6 期，第 28 页。

② 胡志明国家行政学院党史院：《越南共产党编年史（第一次）》，国家政治出版社 2013 年版，第 7 页。

金莲村。第一次世界大战前到欧洲，1917 年，投身于法国工人运动，加入法国社会党。在得知第三国际维护殖民地国家人民权利的立场后，开始接受列宁主义，[①] 认识到只有马克思列宁主义才能指导越南革命。1920 年 12 月，加入法国共产党，并发表文章揭露殖民主义罪行，鼓舞和引导越南革命群众走上马克思主义道路。

1924 年年底，胡志明到中国广州，组织创建"东亚被压迫民族联合会"。1925 年 6 月，胡志明将设在中国的越南进步团体"心心社"改组为"越南青年革命党"（后与越南国内的"越南革命同志会"合并为"越南青年革命同志会"），提出越南青年革命同志会的宗旨首先是开展国家革命，然后进行世界革命；在国家革命阶段，革命对象是帝国主义、封建主义和资本主义；斗争策略上提出了经济方面、政治方面、教育方面、工人阶级、农民阶级、士兵等各方面的措施。越南青年革命同志会开始时还具有小资产阶级性[②]，但它客观上促进了马克思列宁主义在越南的传播，培养了一批共产主义者。

（二）越南民族民主革命的迅速发展

在中国共产党和法国共产党直接帮助下、越南青年革命同志会的组织宣传下，马克思主义进一步传播，成为革命者的思想武器，越南民族民主革命迅速发展。

1924 年以后，民族矛盾和阶级矛盾日益尖锐，革命斗争此起彼伏。在 1926 年至 1927 年间，革命运动不断高涨，越南青年革命同志会根据当时的社会状况不断改进工作方法，开展有效的政治斗争。会员深入矿区、工厂和庄园宣传动员群众，领导工人群众开展革命斗争，宣传工人阶级的历史使命，组织工人参加革命斗争。在 1928 至 1929 年，工人运动不断发展，反抗法国殖民统治的运动在全国各地兴起，从最初的经济斗争发展到后来的政治斗争。1928 年，西贡冰厂、海防法亚水火油公司、禄宁橡胶园、河内面包公司、南定纱厂等工人相继开展罢工。1929 年，工人运动持续高涨，斗争运动从城市扩展到农村，形成全国民族民主革命潮流。工人阶级发展成为一支独立的力量登上政治舞台。

---

① ［越］胡志明：《为了独立自由　为了社会主义》，越南外文出版社 1971 年版，第 224 页。
② ［越］陈辉燎：《越南人民抗法八十年史》第 1 卷，范宏科、吕古译，生活·读书·新知三联书店 1960 年版，第 378 页。

（三）越南共产党的成立

马克思主义在越南的迅速传播，使革命群众掌握了斗争的思想武器，工人运动、农民运动持续不断，领导工人运动的共产主义组织相继出现，工人阶级成为独立的政治力量。单独依靠各组织自身力量，难以对抗殖民主义和封建主义势力，革命形势的发展需要成立一个无产阶级政党来领导革命。此时，越南已具备成立无产阶级政党的各项条件。

外部条件。1924 年，共产国际派胡志明到广州，其中一项任务是筹建越南共产党。在中国共产党的帮助下，胡志明改造越南爱国组织"心心社"，创立特别政治训练班；组织越南训练班成员参加广东省农民协会的报告会；挑选优秀青年进入黄埔军校学习；中共广东省委派饶卫华协助越南政党成立工作。

思想条件。在越南青年革命同志会的宣传和组织下，马克思主义在越南得到广泛传播。越南青年革命同志会在各地发展，政治训练班成员深入群众，把马克思主义与工人运动、农民运动结合起来。

阶级条件。越南工人运动的发展，使工人阶级发展成一支重要的政治力量。世界经济危机加重越南人民的受剥削程度，工人运动不断高涨，开始由经济斗争转为政治斗争。

组织条件。从 1926 年开始，参加政治训练班的越南青年陆续回国组织和发动群众，建立基层支部。1929 年 3 月，越南青年革命同志会北圻成员成立共产主义小组，6 月 17 日，成立印度支那共产党；1929 年 10 月，越南青年革命同志会总部成立安南共产党；1929 年 6 月，中、南部的新越革命党成立新越共产主义联盟，1930 年 1 月改组为印度支那共产主义联盟。至此，越南有了三个共产主义组织。

三个共产主义组织都自认为自身是真正的革命组织，并相互攻讦，设法联系共产国际。1929 年 10 月，共产国际派胡志明以共产国际东方部委员和东南亚司负责人的身份召集会议，协商成立越南统一的共产党组织。1930 年 2 月 3 日①，三个越南共产主义组织②在香港九龙召开会议，决定成立越

---

① 越南共产党党史起初是以农历记录成立时间的，为 1930 年正月初六（公历 2 月 3 日）。根据越南劳动党第三次全国代表大会决议，决定将党成立的时间按公历算，定为 2 月 3 日。

② 印度支那共产主义联盟未及时参加，于 2 月 24 日决定加入越南共产党。

南共产党。

会议通过党的简要政治纲领，指出越南社会特点是被法国帝国主义统治的社会，封建制度普遍存在，越南革命性质是资产阶级民族民主革命；革命对象是法国帝国主义和封建势力；革命任务是取得越南独立、人民解放；革命力量是工人和农民，同时引导小资产阶级和知识分子，争取资产阶级和中小地主阶级；领导力量是无产阶级。简要政治纲领指出了越南革命的基本路线："开展包含土地革命的资产阶级民主革命，推翻帝国主义和封建主义，实现越南独立，走社会主义和共产主义道路。"① 为实现基本路线，必须建立工人阶级政党，建立工农军队和工农联盟，建立民族统一战线，同时，加强与世界革命运动联合、团结。越南共产党的诞生标志着越南革命的伟大转折，越南革命开始有了坚强的领导核心。

同年 3 月制定出党的章程，指出党的奋斗目标是领导无产阶级打倒法帝国主义，建立共产主义社会。10 月，为统一领导印度支那革命，越南共产党中央第一次会议将党的名称改为印度支那共产党，会议通过政治论纲即资产阶级民主革命纲领。论纲分析了世界形势与印度支那革命的性质和任务，指出：在帝国主义和无产阶级革命时代，俄国十月革命以后，越南革命成为世界无产阶级革命的一部分，越南革命与世界革命相互联系。印度支那革命性质初期是资产阶级民主革命，革命胜利后，建立工农政权，进而开展社会主义革命，指出越南革命必须经过两个阶段，"第一阶段是在工人阶级的领导下进行资产阶级民主革命，打倒帝国主义和封建主义，实现民族独立和耕者有其田。革命第二阶段，即开展社会主义革命，逐步建设社会主义"②。资产阶级民主革命任务是打倒帝国主义，消灭封建势力，摧毁封建制度。

越南共产党政治论纲的通过，使越南人民第一次有了新兴的资产阶级民主革命纲领，反映了越南殖民地半封建社会人民的客观要求，为越南革命找到了正确的方向，再次明确了推翻帝国主义和封建主义的革命任务，坚持工人阶级对越南革命的领导权。

---

① 越南中央党史研究委员会编：《党的四十年活动》，越南外文出版社 1970 年版，第 12 页。
② 越南中央党史研究委员会编：《党的四十年活动》，越南外文出版社 1970 年版，第 13 页。

二、越南民族民主革命的斗争

越南共产党成立以后，结合国内实际情况，制定正确的战略方针，领导越南民族、人民民主革命运动，不断推动越南革命向前发展。革命斗争在不同阶段面临不同任务，越南共产党领导人民制定不同的斗争策略，推动革命向前发展，最终赢得民族独立和阶级解放。

（一）越南民族、人民民主革命战略路线与第一次革命高潮

1. 越南民族、人民民主革命战略路线

印度支那共产党把马克思列宁主义创造性地运用到一个殖民地、半封建国家的革命中，根据不同时期的社会特征，适时调整革命策略，形成了有其特色的"越南民族、人民民主革命战略路线"。就其主要内容来看，主要包括：在革命中，坚持党对革命的领导权；坚持工人阶级的领导，争取并团结农民阶级，建立工农联盟；坚持反对帝国主义和反对封建主义紧密相连，民族解放革命必须包含民主革命；殖民地民族问题实质上是农民问题，民族独立和耕者有其田始终贯穿于民族、人民民主革命，有效开展土地改革；团结一切可能团结的力量，争取一切与共同敌人有矛盾的力量，中立一切可能中立的力量，建立广泛的民族、人民民主革命统一战线，坚持党对统一战线的领导，高举民族和民主旗帜；利用敌人内部矛盾，采取灵活策略分化和孤立敌人。①

2. 1930—1931 年革命高潮

1930 年年底，印度支那共产党召开中央全体会议，大会指出印度支那资产阶级民主革命的客观条件已经具备，革命运动已经发展到高潮，党的主要任务是领导工农和劳苦大众开展斗争，夺取政权。1930 至 1931 年的革命高潮以 1930 年 2 月南部富莲庄园工人罢工、3 月北部南定纱厂工人罢工、4 月中部边水火柴厂和锯木厂工人罢工为开端，迅速席卷全国。1930—1931 年，全国总计发生 129 次罢工和 535 次农民示威游行。1930 年 5 月 1 日以后，革命高潮在全国范围出现。义、静苏维埃运动（义安、河静两省工人运动）使革命高潮达到顶峰，由党支部领导的乡级农会执委会负责农村管

---

① ［越］黎笋：《越南革命的基本问题和主要任务》，越南外文出版社 1970 年版，第 15 至 28 页。

理工作，建立苏维埃政权，颁布各项人民自由、民主权利。义、静苏维埃成立后，中央号召全国支持义、静苏维埃，反对白色恐怖，革命形势继续向前发展。

面对人民群众的革命斗争和印度支那共产党日益扩大的影响，法帝国主义进行疯狂镇压，多地党组织遭到破坏，党员、干部和革命群众被捕被杀，从 1931 年下半年，革命运动转入低潮。

1930 至 1931 年的革命高潮和义、静苏维埃的成立，具有重要历史意义。它是为取得八月革命胜利进行的第一次总演习，党的民族、人民民主革命路线和政策在革命运动中得到实践和传播，党组织和党员在革命中得到锻炼。它证明只有工人阶级及其先锋队印度支那共产党才能领导越南民族、人民民主革命，斗争方法是暴力革命。但由于党的斗争经验还不够丰富，同帝国主义势力开展斗争时，犯了组织上和政治上的错误，如党派问题、盲目斗争、群众斗争、排斥柬埔寨和老挝的无产阶级等。

3. 1930—1931 年革命高潮的新特点

从规模上看，1930—1931 年的革命运动吸引百万群众参加，在全国各地爆发百余起工人罢工、上千次农民示威游行、众多学生罢课、商人罢市。义、静苏维埃是劳动人民第一次真正掌握地方政权。

从形式和内容上看，提出经济斗争为主变为经济和政治斗争相结合，斗争形式发展为示威游行和暴力革命，把反对帝国主义和反对封建主义紧密地结合起来，并且根除了改良主义的影响。

从革命力量上看，工人和农民自觉结合起来，为实现自身和整个民族解放而并肩战斗。

从革命影响看，在印度支那共产党的领导下，越南革命运动已成为世界革命的一部分，并得到共产国际的指导。

（二）印度支那民主阵线运动（1936—1939 年）

1934 年，印度支那共产党海外领导委员会在中国澳门成立。1935 年 3 月，黎鸿峰在中国澳门主持召开印度支那共产党一大，会议统一了党的组织系统和革命行动，为革命进入新的高潮做准备。1938 年，民主统一战线正式成立，任务是保卫和平，其性质是无产阶级政党领导的广泛的反帝阵线。

1. 民主阵线运动的革命任务与斗争路线

1929—1933 年的经济危机带来严重后果，法国殖民者最大限度地榨取殖民地人民，越南人民受剥削程度更加严重，社会矛盾更加尖锐，民族资产阶级破产、工人失业，农民破产情况日益严重。法国殖民者一方面镇压革命，一方面以拉拢的手段欺骗殖民地人民。

1935 年 3 月，印度支那共产党一大提出党的三大任务：一是巩固和发展党的组织。把分散的党员和党组织集合起来，把有限的力量集中到工业区、矿区和垦殖场，同时有力发展党员，开展批评与自我批评，同"左"倾和右倾机会主义作斗争。二是广泛争取群众。通过保护群众利益，争取群众权利，把群众引向斗争，争取农民、妇女等支持。三是反对帝国主义战争。大会认为帝国主义战争已经开始，法帝国主义正在积极备战，决定成立反对帝国主义战争的委员会。1935 年 7 月，共产国际七大提出无产阶级应当联合民主进步分子，建立人民阵线，反对法西斯，反对战争，要求自由与和平。共产国际七大结束以后，印度支那共产党开始贯彻会议精神并修改党的一大决议的部分内容，调整斗争策略。1936 年 5 月，法国人民阵线赢得大选。1936 年夏，印度支那共产党中央根据形势发展改变斗争策略，指出革命任务是坚定站在法国民主和平阵线一边，反对法西斯主义，反对侵略战争；改变"打倒法帝国主义""没收地主的土地分给农民"的政策，建立印度支那人民反帝阵线，以团结民主和进步力量，争取民主自由，改善人民生活，保卫世界和平。1938 年 3 月底，印度支那共产党中央委员会制定民主统一战线任务，分析了民主统一战线的敌人，主要敌人是殖民地反动派，不是一般的殖民者，次要敌人是国内各种反动派，必须提防的敌人是日本法西斯。

党在民主战线时期（1936—1939 年）的路线是为争取党的合法活动，建立广泛的民族民主战线，灵活争取资产阶级和法国人民阵线的支持，巩固和发展越南革命力量，积极争取党对民族民主战线的领导权，反对宗派主义和狭隘主义，加强党的马克思列宁主义宣传教育。

2. 印度支那共产党领导的民主阵线运动

为孤立分化法国法西斯分子和殖民地法国反动派，印度支那共产党将印度支那人民反帝阵线改为印度支那民主阵线，团结一切民主进步力量开展斗争，争取自由、民主，改善人民生活，反对法西斯侵略和保卫世界和平。在组织形式与斗争方法上，主张利用合法、半合法的条件组织宣传、发动群众，巩固党的地下组织，把合法、半合法的活动与不合法的活动相结合，以发展壮大党和民主阵线，推动群众斗争。为揭露殖民主义和半封建的腐朽制度，反映人民的要求，印度支那共产党积极宣传马克思列宁主义与党和共产国际的路线、政策。

在印度支那共产党领导下，群众运动迅速发展，争取民主改革和改善民生为目标的行动委员会、演讲会、群众集会纷纷成立和开展。组织工人举行罢工和游行示威，提出改善生活、组织工会和自由权利；广大劳动者建立友爱会、互济会，农民举行示威游行，要求减免租税。迫于人民运动的压力，大量政治犯被释放，进步刊物得以合法出版，团结了一批进步资产阶级和小资产阶级。

印度支那民主阵线运动（1936—1939年）是一次人民的胜利，教育和团结了广大人民群众，再次掀起越南民族、人民民主革命运动的高潮，在运动中，党的组织和党员干部得到了锻炼，扩大了党的影响力，宣传了马克思列宁主义和党的路线、政策。印度支那民主阵线运动高潮是八月革命的第二次总演习。

（三）民族解放运动和八月革命（1939—1945年）

1. 民族解放运动（1939—1945年）

1939年11月，印度支那共产党中央第六次会议召开，指出民族解放是当前革命的首要任务，党应暂时放弃土地革命的口号，提出反对高利贷、高地租，没收帝国主义和越奸的土地分给农民；争取地主阶级中的进步人士，扩大民族统一战线，改为印度支那反帝民族统一战线。这次会议是战略指导方面正确改变的标志，会议全面分析了民族问题，认为印度支那社会主要矛盾是整个民族与帝国主义侵略者之间的矛盾，民族解放运动是世界革命运动不可分割的一部分。[①] 会后，越南人民不断发动起义反抗侵略者。1940年9月，北山起义爆发；11月，南圻起义爆发。1940年10月，北山起义军改编为游击队；11月，党中央第七次会议确定当前革命任务是领导人民准备武装起义，夺取政权，建立革命根据地。

1941年5月，胡志明主持召开党中央第八次会议，会议确定当前革命

---

① 越南中央党史研究委员会编：《党的四十年活动》，越南外文出版社1970年版，第23页。

是民族解放革命，各革命力量必须集中矛头对准日、法侵略者。会议决定印度支那三国在各自国家内解决民族问题，决议成立越南独立同盟会（即越盟）。会议决定建立革命根据地，发展武装力量，准备武装起义，从局部起义到总起义，直至夺取全国政权①。1944 年 8 月，印度支那共产党号召"准备武器，赶走共同的敌人"②；12 月，在北部高平省成立越南解放军宣传队。越南解放军宣传队，是解放军的起点，同时肩负主力部队的任务和培养地方武装干部的任务。

2. 八月革命及其意义

1944 年，苏联在欧洲战场取得胜利，德国法西斯岌岌可危；在太平洋战场，日军转入战略守势。1945 年 3 月 9 日，日本法西斯发动政变，解除法军武装，独占印度支那。印度支那共产党认为总起义条件将会迅速成熟，决定发动群众"打开谷仓，解决饥荒"，在条件成熟的地区，发展游击战争。1945 年 6 月，北部六省相继解放。

1945 年 8 月 13 日，印度支那共产党召开第二次全国会议，决定发动总起义；8 月 15 日，日本宣布向盟国投降；8 月 16 日，国民大会召开，通过总起义令、十大政策。8 月 19 日，河内起义胜利，至 28 日，总起义在 60 个省市取得胜利，八月革命在全国范围取得胜利。1945 年 9 月 2 日，胡志明在河内发表《独立宣言》，宣布越南民主共和国成立，脱离与法国的关系。③

八月革命是一场民族解放革命，是越南民族、人民民主革命胜利的决定性环节。推翻了法国殖民主义统治和封建专制制度，建立越南民主共和国。

八月革命的胜利是三次革命高潮、十五年连续战斗的结果。从印度支那共产党成立起，坚持领导各阶层人民，团结一切爱国力量，组成民族统一战线，建立革命武装，最终推翻帝国主义和封建主义，建立了人民政权。

八月革命具有深刻的人民性。在印度支那共产党领导下，广大人民群众有策略地开展斗争，进行艰苦的革命斗争，最终获得解放。

① 李建国：《马克思主义在越南发展的启示》，载《社会科学家》2016 年第 6 期，第 28 页。
② 越南中央党史研究委员会编：《党的四十年活动》，越南外文出版社 1970 年版，第 26 页。
③ ［越］胡志明：《胡志明选集》第 2 卷，越南外文出版社 1962 年版，第 3 页。

八月革命是工人阶级领导的、在殖民地半封建国家取得胜利的民族解放革命，为瓦解帝国主义殖民体系做出了贡献。

（四）巩固人民民主政权和维护民族独立

1. 保卫人民民主政权和坚持长期抗战斗争

越南民主共和国成立时，蒋介石政权和英国分别到越南北部、南部受降，并支持越南反动派活动。1945 年 11 月，印度支那共产党中央指出，当前任务是巩固人民民主政权，反对法国殖民者，清除内患，改善民生。面对复杂局面，印度支那共产党领导人民开展议会普选工作，积极争取人民；提出减租 25%①，没收殖民当局和越奸土地分给农民；实行八小时工作制，保护工人权益；发展教育文化卫生事业；与法国签订临时协定，双方停火；制定宪法，明确人民当家作主权利。

1946 年 12 月 22 日，印度支那共产党中央发布全民抗战的指示，指出抗战性质、目的和行动纲领。越南人民全民、全面、长期和自力更生的抗战的基本原则是：抗战的对象是帝国主义，坚持消灭敌人有生力量，发展抗战力量，逐步改变敌我力量对比；长期抗战必须坚持自力更生，坚持全民团结，坚持开展政治、经济和文化与军事战线相结合；战争要经过防御、相持和总反攻三个阶段。

进入相持阶段后，为了扩大革命成果，印度支那共产党制定新的斗争路线。在军事方面，巩固抗战根据地，开展游击战争。在经济方面，发展新民主主义经济，发展国营企业，发展对外贸易；落实土地政策，鼓励农民生产；开展爱国竞赛运动，改善人民生活。在社会文化方面，发展教育事业，发展新文化，开展新生活运动。在党建方面，提高党员干部道德修养，开展批评与自我批评。

1950 年 10 月，越南赢得边界战役。根据地进一步巩固和扩大，打通了越北根据地与中国的联系，粉碎了敌人的包围。

2. 越南劳动党二大

战争进入相持阶段后，国际、国内形势发生巨大变化，要求印度支那共产党在新形势下采取措施巩固和扩大革命成果，夺取抗战胜利。

1951 年 2 月 11 日—19 日，印度支那共产党在河静省召开第二次全国代

---

① 越南中央党史研究委员会编：《党的四十年活动》，越南外文出版社 1970 年版，第 35 页。

表大会，会议决定公开党的活动，并改称越南劳动党。大会通过党的纲领、章程和宣言。大会指出越南革命业已从胜利走向胜利，将正在进行的资产阶级民主革命称为"民族、人民民主革命"，指出"革命任务是赶走法国帝国主义侵略者，推翻封建主义，争取民族独立，实现人民民主，进而进行社会主义革命和建设，不经过资本主义阶段"[①]。革命步骤是：第一阶段，主要任务是赶走法国殖民主义者，实现民族解放；第二阶段，主要任务是清除封建残余，实现耕者有其田，发展工业，完善人民民主制度；第三阶段，主要任务是建立社会主义基础，建立社会主义。

越南劳动党二大成功召开标志着越南劳动党的重要成长，大会充分发扬民主作风，为新形势下取得革命胜利指明正确方向。

3. 奠边府大捷和日内瓦会议

1953 年起，法国实施战略收缩，同时，美国插手印度支那事务。越南劳动党提出，集中力量占领战略要地，分散、消灭敌人兵力，开展敌后游击战争。这迫使法军退守山区，法军占领奠边府后，建立据点群。越南军队发动战略性进攻，1954 年 5 月，全歼奠边府据点群。

奠边府大捷是越南军民的伟大胜利，鼓舞了越南人民同帝国主义斗争的士气，支持了正在进行的日内瓦会议。

1954 年 4 月 26 日至 7 月 20 日，日内瓦会议召开，主要讨论朝鲜问题和关于恢复印度支那和平问题。会后，与会各国签署《越南停止敌对行动的协定》，发表《日内瓦会议最后宣言》[②]。法国承认和尊重越南独立，法军撤出越南。

日内瓦会议的胜利，是印度支那人民反对帝国主义、争取民族解放的重要结果，更是越南人民艰苦抗战的重要结果，是世界和平力量的胜利。

三、越南共产党对社会主义的探索

日内瓦会议后，越南暂时被分为北方和南方。越南北方面临着恢复和发展经济，进行社会主义革命的任务；南方面临着反抗帝国主义斗争，争取国家的统一。

---

① 越南中央党史研究委员会编：《党的四十年活动》，越南外文出版社 1970 年版，第 48 页。
② 美国未在宣言上签字，单独发表声明表示尊重关于印度支那问题的日内瓦协议。

（一）越南北方社会主义制度的建立

1. 北方土地改革和经济的恢复与发展

1954 年 9 月，越南劳动党中央政治局提出新的革命阶段的总任务：巩固和平，团结和领导人民实现停战协定；巩固北方，继续开展土地改革，恢复和发展农业；南方坚持斗争，实现民族独立、民主。总的政策路线是"切实依靠贫雇农，紧密团结中农，联合富农，逐步地、有分别地消灭封建剥削制度，发展生产，大力促进抗战"①。方针是放手发动群众，坚持群众路线，领导农民开展斗争。

1956 年上半年，北部平原、红河中游地区和部分山区完成土地改革。1959 年 8 月起，山区各省根据"农业合作化、发展生产、结合完成民主改革运动"的要求，继续开展土地改革，彻底废除封建所有制，实现农民权利，维护民族团结。

土地改革成就显著，消灭了封建地主阶级，废除了封建土地所有制，实现耕者有其田，农民获得解放，成为真正的主人，农村生产力获得解放，北方农业生产得到恢复和发展，巩固了工农联盟和人民民主政权。但是，由于操之过急，在土地改革中也出现了一些严重错误，由于及时发现并纠正问题，土地改革得以顺利完成。

恢复和发展国民经济工作与土地改革同步进行。在越南劳动党的领导和中国的帮助下，制定"先农后工，先轻后重"的方针。1957 年年底，国民经济得到恢复和发展。在中国工程技术人员帮助下，一批工业企业恢复生产和兴建，工业总产量恢复到 1939 年水平；粮食达到 413 万吨以上，超过战前水平②；铁路恢复运营；国营经济得到巩固和发展；人民生活得到改善。

2. 初步发展经济和文化的三年计划和社会主义改造

经济恢复和发展以后，越南劳动党领导人民开始初步发展经济和文化的三年计划，中心任务是"对农业、手工业、私营资本主义工商业实行社会主义改造，主要环节是改造和发展农业"③。

---

① ［越］胡志明：《胡志明选集》第 2 卷，越南外文出版社 1962 年版，第 309 页。
② 古小松主编：《越南经济》，世界图书出版公司 2016 年版，第 44 页。
③ ［越］胡志明：《胡志明选集》第 3 卷，越南外文出版社 1963 年版，第 330 页。

对农业的社会主义改造，首先是引导个体农民从变工组过渡到低级农业生产合作社，再到高级农业生产合作社。对手工业者改造实行引导加入手工业合作社的方法。对私营资本主义工商业采取和平改造。在对其改造时，经济上对民族资产阶级的生产资料采取赎买政策，政治上把民族资产阶级看作越南祖国战线①的成员。到 1960 年年底，85% 以上的农户加入合作社，其中 11.81% 加入了高级合作社；全部工业和 98% 的商业完成改造；87.9% 的手工业者加入合作社。至此，社会主义改造基本完成。同时，工农业生产，教育、文化和卫生领域取得良好效果。

初步发展经济和文化的三年计划和实行社会主义改造，消灭了剥削制度，确立了社会主义生产关系。

1959 年 12 月 31 日，越南国会通过越南第一部社会主义宪法②，宪法规定国家性质是工人阶级领导的、以工农联盟为基础的人民民主国家；规定建立社会主义的路线是沿着社会主义道路，发展和改造国民经济，从人民民主制度走向社会主义社会，把落后经济发展为现代化、有先进科学技术的社会主义经济，将现有复杂成分的经济逐步发展为全民所有制和集体所有制经济；规定国家组织机构、活动原则，公民权利与义务等内容。

（二）北方的社会主义建设

越南社会主义改造完成后，北方进入社会主义建设时期，在越南劳动党领导下，第一个五年计划顺利完成，社会主义经济发展迅速。

1. 越南劳动党三大召开

1960 年 9 月 5 日，越南劳动党三大召开。大会指出越南革命进入新阶段：北方开展社会主义革命，南方继续进行民族、人民民主革命。当前革命总任务是 "加强民族团结，促进北方社会主义革命，同时大力促进南方的民族、人民民主革命，在独立和民主的基础上实现国家的统一……"③ 指出越南过渡时期 "最大特点是从一个落后的农业国不经过资本主义发展阶段，直接走上社会主义"④。提出北方快、猛、稳地走上社会主义的总路线，

---

① 1955 年 9 月 5 日越盟阵线和越联阵线合并为越南祖国战线。

② 越南中央党史研究委员编：《党的四十年活动》，越南外文出版社 1970 年，第 68 页。

③ 越南中央党史研究委员编：《党的四十年活动》，越南外文出版社 1970 年版，第 66 - 67 页。

④ ［越］胡志明：《胡志明选集》第 3 卷，越南外文出版社 1963 年版，第 328 页。

用人民民主专政继续推进社会主义改造，发展国营经济，合理优先发展重工业，同时发展农业和轻工业来实现社会主义工业化，促进思想、文化和科技的社会主义革命，把越南发展为拥有现代工业、现代农业和先进科学文化的社会主义国家。大会通过发展经济和文化的第一个五年计划（1961—1965年）。

越共认为，建设社会主义首先要建设社会主义的自主经济。社会主义的生产关系是全民所有制和集体所有制两种形式，不断巩固国营经济的领导地位，重视物质技术基础在国民经济发展中的作用，提高生产效率。随着经济的发展，尤其是物质和技术的发展，新的劳动分工逐步形成，社会劳动力开始重新得到安排，技术干部和技术工人队伍逐渐扩大。在发展全民经济成分的同时，消灭了剥削制度，实现劳动人民当家作主权利，建立了劳动者之间的合作关系。在改造经济和建设经济中，一方面大力发展经济，另一方面不断改善人民生活，同时在思想文化领域，不断巩固马克思主义的指导地位，发展社会主义文化。

在经济建设中，不断加强党的领导，完成土地改革和经济恢复之后，党的中心任务是领导社会主义改造和开展社会主义建设，在工作中改进方法，增强党同人民的联系，改善人民生活，巩固工农联盟，在经济建设中不断加强党的领导作用。在管理、组织方面，充分发扬民主作风，重视民主的力量，逐步建立责任制度，严明党的纪律，加强检查工作，彻底反对贪污、浪费和官僚主义。

2. 第一个五年计划的实施

北方社会主义建设重点是发展社会生产力、完善社会主义生产关系，任务是"必须建设社会主义的物质和技术基础，使北方逐步走上社会主义，拥有现代工业、农业，有先进的文化和科学"①。逐步实现社会主义工业化和完成社会主义改造。

为落实经济建设路线，越南劳动党制订农业、工业、国家计划，流通分配与价格政策；明确社会主义革命中生产关系革命、技术革命和思想文化革命的关系，坚持以技术革命为关键；明确了积累与消费、经济与国防、工业与农业、重工业与轻工业、中央与地方的关系。

———
① ［越］胡志明：《胡志明选集》第3卷，越南外文出版社1963年版，第328页。

1961 年起，第一个五年计划开始实施。越南劳动党带领人民开展一系列生产竞赛运动，发扬自力更生、勤俭建设社会主义精神。为有效管理经济，1963 年年初，越南开展农业领域的改进合作社管理、改进技术运动，工商业领域的提高责任心、加强财政管理、改进技术，反对官僚、贪污、浪费运动。

经过第一个五年计划，越南初步实现社会主义工业化，初步建立社会主义的物质和技术基础，北方成为全国革命稳固的根据地。农业方面，兴建了一批水利工程，开发大量荒地，生产技术提高，粮食产量稳步提高。工业方面，建设一批工厂企业，工业体系逐渐完善。教育文化社会方面，各类学校增加，文盲大大减少，人民文化生活多样化，社会主义文化迅速发展。

（三）南方的革命斗争

1. 人民要求实现日内瓦协议的斗争

日内瓦协议签订以后，南方人民继续开展斗争，要求落实协议内容。1954 年，美国在南方扶植吴庭艳建立伪政权，建立起新殖民主义。吴庭艳政权实行法西斯统治，制造惨案，发动多次"控共、灭共"事件。1955 年 7 月，南方爆发大规模革命运动，要求协商普选实现国家统一，反对傀儡国会选举，要求民主自由权利，革命运动席卷整个南方。

南方人民坚持把政治力量与武装力量结合起来，组织和发展人民武装力量，坚持武装斗争。南方人民的斗争是八月革命的继续，是在越南共产党的领导下争取民族解放和统一祖国的斗争。

2. 南方的抗美救国斗争

美帝国主义的侵略政策，吴庭艳政权的卖国行径和残酷统治，遭到人民强烈抵抗。南方革命者制定正确的斗争路线，坚持军事斗争与政治斗争、群众起义与革命战争相结合，确立山区、平原和城市的战略地位，领导农村局部起义。[①]

在工农革命的影响下，各阶层人民掀起斗争浪潮。坚持用革命暴力来反对反革命暴力，武装斗争和政治斗争相结合。1960 年 1 月，槟知省发起崛起运动，成立人民自管委员会，没收地主土地分给农民。随后，崛起运动发展到各地。

---

① ［越］黎笋：《越南革命的基本问题和主要任务》，越南外文出版社 1970 年，第 45 至 46 页。

1960 年 12 月 20 日，南方各革命阶层成立越南南方民族解放阵线，要求建立独立、民主、和平、中立的南方，统一国家；其总任务是团结全民，坚决同美帝国主义斗争，推翻吴庭艳政权，在南方建立民族民主联合政权，实现民族独立、自由民主，改善人民生活，促进国家统一。1964 年 12 月，南方军队取得平也大捷，标志着美国"特种战争"的破产。越南人民在党的领导下采用人民战争战术，粉碎了美军两次旱季攻势，打乱了敌人计划，陷入被动防御的美军被迫于 1968 年 11 月 1 日宣布无条件停止轰炸和炮击，同时与越南举行谈判。在越南人民全民、全面、长期的抗战下，美国帝国主义最终失败；1973 年 1 月 27 日，美国与越南签订《关于在越南结束战争恢复和平的协议》，美国及其盟国撤军，承认越南独立和主权。1975 年 4 月 30 日，南方解放；7 月，越南统一。越南人民取得抗美救国战争胜利。

越南人民取得抗美救国斗争的胜利，是多种因素下的结果。一是越南劳动党和民族解放阵线的正确领导，把马克思主义创造性运用于革命实践中。二是制定正确的战略方针，创造性地把民族和民主任务结合起来，进行以工农联盟为基础的全民团结抗战。三是以人民战争的战略战术反对帝国主义的非正义战争，坚持武装斗争。四是得到社会主义国家和全世界和平力量的支持和帮助。

（四）胡志明思想的形成和发展

越南共产党成立以后，把科学社会主义理论与越南革命的具体实践相结合，不断探索民族独立和阶级解放道路，并不断总结革命经验，实现马克思主义在越南的新发展——胡志明思想。

1. 胡志明思想的提出

胡志明在领导越南共产党和越南革命的实践中，逐步形成越南革命关于民族独立、人民解放、土地革命、民族大团结、建立人民民主政权、军队建设、改善人民生活和党的建设等一系列思想和观点。

1951 年 2 月，越南劳动党二大确立胡志明在越南革命中的地位和作用。1991 年 1 月，武元甲在印度举办的"胡志明、越南和世界和平"国际研讨会上指出，"胡志明思想是马列主义在越南民族解放事业和新社会建设事业的实践中的创造性运用，是马列主义的新发展……胡志明思想是一个体系，概括起来，就是：为祖国谋独立和统一，为人民谋自由和民主，为全人类谋平等和幸福，为各民族谋和平和友谊，为时代文化和人文关系谋发展"①。1991 年 3 月 30 日，在越共中央政治局关于革新事业中的科学技术工作的决议中，在谈到科学技术未来几年紧迫的、基本的任务时指出，创造性地运用马克思列宁主义学说、胡志明思想研究基本理论问题，完善实施越南社会主义建设纲领、稳定和促进经济社会发展……这是第一次使用"胡志明思想"一词，代替之前"胡志明的思想""胡志明道德""胡志明作风"的提法。1991 年 5 月 24 日，越共中央政治局讨论六届十二中全会内容时，对"胡志明思想""越共的思想基础"两项议题进行表决，决议使用"胡志明思想"和"以马列主义和胡志明思想为思想基础"，胡志明思想一词正式出现。1991 年 6 月，越共七大通过的党章指出，"党以马克思列宁主义和胡志明思想作为思想根基和行动指南"。2001 年越共九大指出，胡志明思想是关于越南革命的基本问题、关于从人民民族民主革命到社会主义革命的全面而深刻的理论和政治观点体系，是在我国具体条件下创造性运用马克思列宁主义，继承和发展优良民族传统价值观以及吸收人类文化精华的产物。胡志明思想包括关于民族解放、阶级解放和人类解放的思想；关于民族独立与社会主义紧密联系、民族力量与时代力量结合的思想；关于人民力量与民族大团结的综合力量的思想；关于人民当家作主和建设真正属于人民、来自人民、为了人民的国家的思想；关于经济和文化发展以及不断改善人民物质和精神生活的思想；关于革命道德、勤奋、节俭、诚恳、正直、为公和无私的思想；关于培养未来革命接班人的思想；关于建设廉洁和强大的党以及把党的干部和党员锻炼成为既是领导者又是真正忠于人民的公仆的思想，等等②"它的目的是为了民族解放、阶级解放和人类解放，建设一个和平、统一、民富、国强、社会公平、民主、文明的越南。"③ 此后，越南学者关于胡志明思想的研究逐渐增多。

2. 胡志明思想的主要内涵

越南理论界不断对胡志明思想内涵进行丰富和完善，目前还未形成统

---

① ［越］双成、谭志词：《胡志明思想的概念和体系》，载《东南亚纵横》1995 年第 2 期，第 7 页。

② 许宝友：《越共九大政治报告的新特点》，载《国外理论动态》2001 年第 7 期，第 1 至 2 页。

③ ［越］邓有全：《胡志明思想对马克思列宁主义的社会主义理论的继承和发展》，载郑一明、潘金娥主编《中越马克思主义理论创新比较研究》，社会科学文献出版社 2011 年版，第 85 页。

一意见。越南理论家双成的观点具有一定代表性，他认为"按照越南共产党二大至今的传统分类法，可以把胡志明思想分为思想，道德，方法和风格"，四部分构成有机统一的整体。（1）思想方面主要包括：一是人文思想。即对人充满仁爱、争取人的解放等。二是经济思想。其核心是实现民富、国强。三是政治思想。政治思想是第一位和主要的，主要包括民族独立、阶级解放和社会主义建设思想；革命斗争策略；马克思主义与党建思想；新型民主国家思想；以民为本等。四是军事思想。即建设革命军队，建立革命根据地；起义理论；全民、全面、长期抗战。五是文化思想。即坚持民族文化传统，发展道德和艺术文化。（2）道德方面主要包括道德思想和道德榜样。（3）方法与风格方面。胡志明方法包含在唯物辩证法之内，同时也具备东方哲学方法，如经与权、刚与柔、时与势、阴与阳、否与泰等。胡志明风格主要包括思维风格、领导风格、工作风格、表达风格和生活风格。[1] 在胡志明思想中，贯穿始终的主线与核心是民族独立与社会主义相结合。

此外，邓春奇教授[2]在越共理论刊物《共产主义》发文，从民族解放道路、殖民地革命、社会主义革命、党的领导、民族统一战线和民族团结、夺取和建设政权、以民为本的人民政权思想、革命方法、国际主义、道德和文化等方面阐述了胡志明思想的主要内容。

3. 胡志明思想的历史地位

胡志明思想是越南革命和建设事业取得胜利的重要保证，是革新开放事业的理论基础。胡志明思想指明了越南革命和社会主义发展的目标和方法，制定正确的战略方针，坚持党的领导和民族大团结，坚持政治斗争与军事斗争。为革新开放事业提供理论支撑、道路和方法，确保越南革新事业沿着社会主义方向发展。

胡志明思想奠定了马克思列宁主义在越南创新的理论基础，[3] 有效推动了马克思主义理论在越南的创新；是马克思列宁主义与越南革命和建设相结合

---

① ［越］双成、谭志词：《胡志明思想的概念和体系》，载《东南亚纵横》1995 年第 2 期，第 8 至 10 页。

② 曾任越共中央委员、越南马克思列宁主义与胡志明思想研究院院长。

③ 黄骏：《中越两国改革比较研究》，中国社会科学出版社 2014 年版，第 76 页。

的结果，是越南人民的实践经验总结，是越南共产党和人民的精神财富；它植根于越南民族文化，深深地打上了越南烙印，成为越南文化的一部分。

四、越南共产党领导下的革新开放事业

1975 年越南统一以后，全国进入社会主义建设时期。在南方开展对工商业的社会主义改造和农业合作化运动，在全国范围内统一社会主义生产、流通和分配。在改造和建设过程中，由于方法过"左"和走上对外扩张道路，造成越南经济严重困难。1986 年，越共六大总结经验和教训，坚持直面事实、正确评价事实和说明事实，决定实行革新开放的政策。

（一）革新开放背景

1. 高度集中的计划经济

越南北方完成社会主义改造后，北方经济被纳入计划体制，政府通过行政命令和计划方式管理经济生产，企业没有自主权，价格体系、金融体制也存在严重缺陷，经济活力较低。1976 年，越共四大决定对南方进行社会主义改造，但由于对社会主义的认识过于简单，加之不顾越南南北历史上形成的巨大差异，对南方的社会主义改造犯了主观急躁、偏激的错误，导致越南南方经济衰落。

越南的社会主义建设开始时间较晚，主要借鉴和学习苏联与中国的经验，没有根据自己的实际，而是教条地照搬苏联模式来进行越南的社会主义建设。苏联高度集中的计划性经济模式的弱点和弊端在社会主义建设过程中日益突出。"改革前的越南，也逐步形成一种官僚、集中、统包为特征的经济体制，加上长期处于战时紧急状态，集中的、命令式的管理方式更为普遍，使这种高度集中的指令式经济管理模式更为强化"，"官僚、集中、包给的经济体制的存在与强化，违背了价值规律，阻碍了国民经济的发展，是导致越南经济走进死胡同的主要因素"[1]。

2. "左"倾路线影响

越共四大提出越南经济路线是合理优先发展重工业，造成农轻重比例失调。提出南方在五年内完成社会主义改造，"使南北的经济早趋一致"，

---

[1] 梁志明：《试论越南经济革新的历史背景》，《史学月刊》1996 年第 6 期，第 97 至 103 页。

"设法使南方国营经济迅速扩大，在生产、流通、分配中占优势"①。提出第二个五年计划（1976—1980 年）的目标是"既要解决 30 年战争和新殖民主义严重后果，又要重新组织原来贫穷落后的经济，在全国范围内初步建立社会主义大生产，为国家的工业化事业奠定基础"②。1980 年，南方私人企业 90% 以上被以没收或者合并的方式改造，87% 的农户和 78% 的土地被强行集体化，约 1/3 的城市人口被赶到条件十分恶劣的"新经济区"。"左"倾改造路线造成一部分工业生产停止，农田荒芜，人口外流，极大地破坏了社会生产，造成经济倒退和严重的通货膨胀，导致经济社会危机。

1986 年 12 月，越共六大召开，在总结过去的经验和教训的基础上，提出必须进行革新，越共六大被看成越南革新的标志。

（二）建设社会主义定向的市场经济

越南的革新事业首先从思维革新开始，特别是在经济领域的革新。在认识时代发展规律的基础上，越南共产党总结了世界市场经济发展经验，特别是越南社会主义建设实践和中国经验，提出社会主义定向市场经济的发展路线。

1. 社会主义定向市场经济理论的探索历程

社会主义定向市场经济体制是越南经济发展路线中的基本理论与实践问题，是越共在社会主义过渡时期关于经济模式的新发展。经济体制革新以马克思列宁主义和胡志明思想为指导，坚持社会主义的目标。越共六大承认存在商品生产和商品市场，突破了计划经济体制的限制；分配上坚持劳动成果与劳动报酬挂钩。随后，允许农村发展商品经济，农民成为生产资料所有者。1989 年 3 月，越共六届六中全会提出发展有计划的多种成分的社会主义商品经济。1991 年，越共七大指出，"按照社会主义定向发展多种成分的商品经济，就是国家管理的按照市场机制运行的经济体制"③。提出按劳分配为主，实行多种分配形式。2001 年，越共九大正式提出社会主

① 外文出版社编：《越南共产党第四次全国代表大会文件》，越南外文出版社 1977 年版，第 79 页。

② 外文出版社编：《越南共产党第四次全国代表大会文件》，越南外文出版社 1977 年版，第 52 页。

③ ［越］阮有悌：《越南革新事业的发展历程、特征与前景》，载郑一明、潘金娥主编：《中越马克思主义理论创新比较研究》，社会科学文献出版社 2011 年版，第 143 页。

义过渡时期的经济发展总体模式——建设社会主义定向的市场经济。它表明，确定发展市场经济，是以社会主义为目标，由国家管理的市场经济；是包含多种经济成分共同发展，国有经济占主导地位的市场经济，私有经济也是社会主义定向市场经济的一部分。在分配方式上，九大文件指出，实行按照劳动成果和经济效益分配，同时按照其他要素对生产和经营的贡献，并通过社会福利进行分配。十大补充了鼓励致富和消除贫困的内容，十一大增加了在分配中注重社会进步和公平的内容，以及处理好经济增长与文化发展、实现社会进步和公平之间的关系；并提出经济革新的目标是坚持以国有经济为主导，发展和完善社会主义方向市场经济体制。

越共十二大提出，对社会主义定向市场经济的认识不断深化：包括社会主义定向的市场经济是完全、同步按市场规律运行的市场经济，同时保证符合社会主义方向；是融入国际的现代市场经济；由越南共产党领导、社会主义法权国家管理，目标是达到"民富、国强、民主、公平、文明"；具有适应生产力发展水平的先进生产关系；存在多种所有制形式、多种经济成分，国有经济占主导地位，私人经济是重要动力；各种经济成分主体依法平等、合作和竞争；市场在有效发挥和分配资源中起主要作用，是解放生产力的主要动力；与市场机制相适应，根据战略、规划、计划分配国家资源。国家担当定向作用，制定和完善经济体制，创造平等、公开和健康的竞争环境；使用国家资源、政策和工具定向调节经济，促进生产经营，保护环境；在发展中体现社会进步、公平；发挥人民在社会经济发展中当家作主地位。

越共十二届四中全会指出，否定社会主义定向市场经济是当前"自我演变""自我转化"的表现，要坚决与这种行为做斗争。

越共十二届五中全会指出，社会主义定向市场经济要按市场经济规律全面且同步运行，并确保发展符合国家不同发展阶段的社会主义定向的经济体制。

2. 越南经济革新的实践与成效

在理论革新的同时，越南党和政府不断制定切实措施，确保党的政策得以贯彻和执行。越共六大以后，越南党和政府颁布一系列政策法规，法律文件经济发展路线得以法制化。1990 年开始，对国有企业进行整顿、重组和股份制改革。对农业进行改革，实行土地承包制度，建设新农村；鼓励发展私营经济，肯定私营经济的重要地位；采取有力措施，吸引外国投资。

越南经济开始复苏，农业生产迅速恢复和发展，通货膨胀得到控制。革新开放以来，越南经济年均增长率超过 6.8%，2020 年，受新冠疫情影响，增长率为 2.91%。① 在农业改革领域，使农业生产力得到解放，农民生产积极性提高，粮食产量增加，逐步成为第三大粮食出口国；通货膨胀率从 20 世纪 80 年代中期的 700% 下降为 90 年代初的 5% 左右；非公经济快速发展，成为国民经济发展的重要推动力量，2008 年，越南非公经济占国民生产总值一半以上；国有经济效益不断提高，竞争力不断增强；人均收入快速增长，人民生活得到改善；外资投资额和对外贸易额稳步增长，与世界经济联系日益增强。

图一　革新开放以来越南 GDP 年增长率

（数据来源：越南统计年鉴）

2006 年加入世界贸易组织，融入国际社会速度加快。2018 年 11 月 12 日，越南成为批准《全面与进步跨太平洋伙伴关系协定》（CPTPP）的第七个国家，该协定于 2019 年 1 月 14 日对签署国正式生效，对越南充满机遇和挑战。越南海关官方数据显示，2020 年越南进出口贸易总额达到 5453.6 亿美元，其中，出口贸易额达到 2826.5 亿美元，进口贸易额达到 2627 亿美元②。营商环境持续改善，商业审批行政效率不断提升。

---

① 从 1987 年至 2019 年。

② Thống kê Hải quan: Tình hình khẩu, nhập khẩu hàng hóa của Việt Nam tháng 12 và 12 tháng/2020, https: //www. customs. gov. vn/Lists/ThongKeHaiQuan/ViewDetails. aspx? ID = 1901&Category = Tin%20v%E1%BA%AFn%20th%E1%BB%91ng%20k%C3%AA&Group = Ph%C3%A2n%20t%C3%ADch.

近年来，越共不断深化对国有经济的认识，加快国有企业改革力度。越共十一大提出，国有经济具有主导地位，使集体经济得到巩固与发展，国有和集体经济日益成为国民经济的坚实的基础；私有经济是国民经济的动力之一。越共十二大指出，国有经济具有主导地位，私有经济是国民经济的重要动力。2016 年，国会通过 2016—2020 年经济结构重组计划。

经济改革特别是国企重组工作不断推进，国企不再作为宏观经济政策工具，进一步推动国企重组，提出国企只掌握若干关键领域，进一步推进股份制改革，国有资产管理总公司（SCIC）可以将其在非关键领域持有的股份转让给私营企业，区分国企政策性业务和经营性业务，区分所有者职能和国有资产经营管理职能，改善国企的公司治理等。越南政府关于国企改革的《704 决议》和《929 决议》，为国企改革指明方向，即对国企进行分类、出台关于国有资产投资的相关法律文件、修改《企业法》与国有企业有关的内容、国企信息透明化。

当前，越南社会主义定向市场经济还不够完善，具体表现为政府管理方式不符合市场经济发展规律、市场调节作用不能充分发挥、市场监督机制不健全；政府管理与市场运作交叉重叠、政府过多干预生产者和消费者行为；政府经济管理效率低。

（三）完善以民为本的政治体系

政治系统革新，即革新行政机构与运行机制，而非革新政治路线和方向。革新目标是建立由党领导、国家管理、人民当家作主的社会主义法权国家，重点是处理好党、国家和人民的关系。

1. 政治体系的革新

加强党的建设，革新领导体制。在全面革新的基础上，越南共产党有重点、分层次进行革新，坚持以经济革新为重心，党的建设为关键，把政治稳定作为革新事业的基础。越共六届六中全会提出革新政治系统就是要加强党的领导、提高政府管理效力和发扬人民当家作主。党领导政治系统，也是政治系统的一部分。政治系统革新的首要任务是保证党的清正廉洁，建设强大的党。加强党的建设和整顿，制止和杜绝政治变节、道德变坏、生活变奢，以及"自我演变""自我转变"现象。革新党的领导方式、党的领导观念和组织机构。

建设社会主义民主法治。越南共产党指出，政治革新目标是建立由党领导、国家管理、人民当家作主的社会主义法权国家。完善和扩大一党执政下的社会主义民主，发挥越南祖国统一阵线作用。尊重人民当家作主权利，人民当家作主就是建设属于人民、来自人民、为了人民的国家，深刻反映了社会主义民主的实质和国家性质。不断建设和完善各项民主制度，完善国会选举制度、国会代表比例、工作制度和监督制度以及国会开会方式。完善监督体系，对关系人民利益的问题，国会要实现最高监督，及时解决人民群众关心的问题，对人民负责，为人民办事。提升国会专职代表和妇女比例，革新国会代表直接选举制度，落实并持续革新国会代表接触选民、接受询问的制度，继续革新信任投票制度。

越共六大提出运用法律管理国家；八大提出建设"社会主义法权国家"；九届代表中期会议上提出以法律为革新开放事业提供法理依据；坚持司法改革，完善司法体系。此后，越共不断领导和加强立法工作，科学的立法是建立法治的前提条件，在越共领导下，越南逐渐形成完善的法治体系。坚持司法改革工作以"建设纯洁、强大、民主、纪律严明、维护公理、逐步现代化、服务人民、服务越南社会主义祖国的司法部门"为目标，促进司法正义。同时加强执法监督，保障科学、民主执法。

2. 政治体系革新的成效

在党的建设方面，越共把党的思想建设放在首位，把全党思想统一作为思想建设的基础；以胡志明思想教育全党，加强理想信念教育，抵制和平演变；开展胡志明道德榜样运动，加强党的整顿工作。坚持制度建设，完善民主集中制。实行党内质询制度，开展批评与自我批评，党委选举实行差额选举制度、干部推荐制度和试用制度，落实干部考评制度。加强反腐倡廉建设，严格检查和监督制度，完善"党领导、国家管理、人民当家作主"机制。

在民主法治建设方面，坚持以党内民主带动人民民主。不断完善党内和国会质询制度，强化国会职能，加强国会监督，完善信任投票制度，扩大政治参与对象。落实国会代表直接选举和财产公开制度，增加专职代表。加强立法和司法改革，提高立法、执法质量，保护组织和个人的合法权利。

在行政体制改革方面，有效落实行政改革总体规划，简化行政手续，革新行政作风和行政纪律。推动公务员制度改革，精简公务员队伍，推进"一个窗口、一枚图章"服务，提高公务员中的"一把手"责任意识、人民是权力主体的意识。

当前，围绕政治系统建设主要存在的热点议题有：在政治改革方面，如何处理发展社会主义定向市场经济与建设社会主义民主政治的关系、如何处理社会主义定向市场经济与完善社会主义法权国家的关系、如何实现政治稳定与经济革新和发展的关系；在法权国家建设方面，在法治下推动行政改革、强化法治建设依法治理国家、贯彻民主集中制、提高反腐效果、加强党的领导、尊重和保障民主权、确保人权和公民权。

（四）发展具有浓郁民族特色的文化

关于文化建设，胡志明提出要清除帝国主义文化中的奴隶意识，发展优秀的民族文化，同时吸收世界先进文化来建设民族的、科学的和面向大众的文化。这一理念指明了越南发展社会主义文化的基本方向，为以后的文化理论创新奠定基础。

1. 越南文化建设的路线、方向和目标

越共中央八届五次会议总结了革新开放以来越南文化建设的实践，指出文化是社会经济发展的动力和目标；越南文化是越南各族人民为争取独立和发展的结果；是吸收世界先进文明并发展的结果；越南文化是先进的、具有民族特色、统一多样性的文化；发展文化是党领导的长期性事业，文化建设是一个阵线。① 越南文化建设方向是建设先进的、具有民族特色的文化；目的是在革新开放事业、工业化、现代化和融入国际进程中，发挥越南文化的推动作用。文化建设中，坚持"以人民之力建设人民生活"的方针，越南共产党和政府授权祖国统一阵线开展文化活动。

越共十二大指出文化发展的目标是：全面培养越南人民，达到真、善、美，融入人文、民族、民主和科学精神；使文化真正成为社会精神基础，成为实现"民富、国强、民主、公平、文明"目标的保证，成为可持续发展和保卫祖国的重要内在动力，总结并树立越南文化和人文价值观标准体系。

2. 越南文化建设的实践成效

在越共领导下，越南文化建设取得一定成效，胡志明思想在文化领域的指导作用显著加强，并且成为民族精神的重要代表，成为维系各民族团

---

① ［越］杨春玉：《在全球化和融入国际的背景下越南文化教育体制革新的实践与理论创新》，载郑一明、潘金娥主编：《中越马克思主义理论创新比较研究》，社会科学文献出版社 2011 年版，第 243 页。

结的精神纽带，胡志明道德榜样运动蓬勃发展，改变了人民的精神面貌。经济文化同步发展，人口素质大幅提高，少数民族文化、民族特色和民族语言文字得到发展。民族节庆活动纷繁多样，文化旅游得到开发，"全民团结建设文化活动"运动成绩突出，文化乡村、文化街区、文化机关、文化家庭，成为具有代表性的品牌文化活动。

（五）越南外交政策与中越关系

1. 从宣布独立到国家统一时期的外交政策和中越关系

1945 年 9 月，越南宣布独立后，成立越南民主共和国，提出越南外交政策宗旨是实现越南完全永久独立，与各同盟国、邻国建立友好关系。越南三届国会二次会议提出，越南党和国家对外政策是，在马克思列宁主义和无产阶级国际主义基础上，加强同社会主义国家的团结，坚决反对帝国主义侵略政策和战争政策；实行国家间和平共处，坚决支持被压迫人民、民族的解放斗争。[1] 这一时期越南社会主义建设和民族解放斗争得到国际社会有力支持，越南先后同中国等社会主义国家建立外交关系。1950 年 1 月 18 日，越南同中国建立正式外交关系，也先后同其他社会主义国家建立外交关系。1975 年 4 月，越南南北统一，标志着越南全国统一，改国名为越南社会主义共和国。在民族独立和国家统一战争中，得到中国等社会主义国家大量物质技术援助，有力地推动了民族民主革命和社会主义建设。

2. 从国家统一到革新开放前的外交政策和中越关系

国家统一以后，越南倒向苏联一边，实行亲苏政策和战争政策，签订《越苏友好合作条约》，中越关系逐渐恶化。1975 年 4 月，侵占中国南沙岛屿；随后，推行净化边境政策，禁止边民往来。越共中央通过反华决议，在中越边界制造事端[2]；1978 年，越南大举入侵柬埔寨。1979 年 2 月，中国发动对越自卫反击战。这一时期，越南陷入外交孤立，国外援助急剧下降，中越关系陷入低谷。

3. 革新开放后的外交政策和中越关系

1986 年，越共六大修订外交政策，即在与苏联合作的同时，要求改善中越关系。1988 年 8 月，越共提出广交友、少树敌，调整与东盟、美国、

---

① ［越］胡志明：《为了独立自由 为了社会主义》，越南外文出版社 1971 年版，第 259 页。
② 《黄文欢文选 1979—1987》，人民出版社 1988 年版，第 87 至 88 页。

中国的关系，营造革新开放事业的国际环境。越共七大提出，在和平共处五项原则基础上，发展平等互利合作关系；越共九大提出外交战略是重视发展同社会主义国家和周边国家的友好合作关系；提高与东盟各国的合作效果与质量；继续扩大与传统友好国家、民族独立国家、发展中国家、不结盟运动国家间的关系；推动与发达国家和国际组织的多样化关系。越共十大补充，努力使越南成为各国值得信赖的朋友和合作伙伴；越共十一大指出，"奉行独立、自主、和平、友好、合作和发展的外交路线，多边化、多样化国际关系，主动而积极地融入国际；提高国家的地位……"① 外交政策的方针是成为国际社会和地区负责任成员。维护国家、民族利益是对外工作中最高目标和原则。推动国际关系深入稳定、可持续发展是当前时期外交工作的方向。着重处理好与大国、周边国家关系，积极融入国际社会。对于周边各国，主要着眼于越南安全与东南亚和亚太安全之间的相互依赖，同时日趋重视东盟的作用。

越共十二大提出对外关系的目标和任务是，维护和平、稳定，主动和积极融入国际社会以推动国家发展，提升越南在地区和世界上的地位和威望。这一时期的外交目标主要是发展多样化、多元化、多边化的外交关系，提升越南综合国力和国际影响力，提高国家地位。

越共十三大后，越南提出了发展对外关系的"四个优先"，第一，着重于深化与越南所有重要伙伴的关系，特别是与邻国、战略伙伴国家、全面伙伴和传统朋友的关系。第二，外交部门集中全力为国家发展事业而服务。其中，外交部门确定政治外交、文化外交以及为海外越南人工作等必须服务于国家发展的目标。特别是，越南将经济外交确定为重点，争取重要的外部资源为越南国内发展提供服务。国际合作有助于越南融入国际与发展，实现目标和抱负。更重要的是，在当今的第四次工业革命中，外交部门必须走在最前沿，必须为进入各个不同市场开拓道路，不仅是为国家开拓道路，同时也要利用和引进第四次工业革命的最新技术，为越南未来可持续发展的数字化转型保驾护航。第三，近年来越南的国际地位得到提高，多边对外活动得到了大力开展。越南致力于积极和主动地参加国际论坛和多

① 许宝友主编：《世界主要政党规章制度文献：越南、老挝、朝鲜、古巴》，中央编译出版社2016年版，第212页。

边组织，以在越南融入全球的过程中参与、建立和发展国际游戏规则。第四，越南有日益壮大的海外越南人群体，约有530万人。但是，在过去的一段时间里，由于新冠疫情的影响，所有的活动都被推迟了，但海外保护公民的工作得到了加强。在未来如何与海外越侨联动，并为越南国家发展助力，这将成为外交部门的重点工作之一。

1991年，双边关系实现正常化，中越关系由此进入快速发展时期。1999年，中越两国领导人提出发展中越关系的十六字方针，即长期稳定、面向未来、睦邻友好、全面合作，确立了新阶段发展两国关系的指导思想和总体框架，中越关系进入新阶段。2005年，中越领导人进一步提出中越是好邻居、好朋友、好同志、好伙伴的"四好精神"，丰富了"十六字方针"。2008年，中越建立全面战略合作伙伴关系。这一时期，双方签署了一系列解决陆地边界、经贸、交流合作等内容的协议，建立一系列合作机制，经贸总额不断攀升，政治互访频繁，文化交流密切，不断推动中越长期友好和互惠互利的全面战略合作伙伴关系稳步发展。中越关系虽有起伏，但友好合作仍是主流。面对南海复杂问题，双方能够坚持谈判，正确把控海上分歧，和平解决争议问题。2002年，中国同东盟国家签署《南海各方行为宣言》；2013年，越南国家主席张晋创正式访问中国，中越共同发表了《中越联合声明》以及《新时期深化中越全面战略合作的联合声明》，并签订了《落实中越全面战略合作伙伴关系行动计划》。2015年11月，中共中央总书记、国家主席习近平访问越南，中国与越南签订《中越联合声明》，同意加强两国间发展战略对接，推动"一带一路"倡议和"两廊一圈"构想对接。2017年5月，中国同东盟国家达成"南海行为准则"框架；同年8月，东盟外长会议一致批准"南海行为准则"框架，有效解决了海上争议的问题。中共十八大以来，中越两党交流频繁，有力地引领并推动了两国关系的健康发展。

中越在经济上联系更加紧密，双边贸易总额不断增加，2020年中越双边贸易额达1330.9亿美元，其中，越对华出口489亿美元，较2019年增长17.9%；自华进口841亿美元，较2019年增长11.5%。中国仍然是越南最大贸易伙伴，也是越南最大进口市场和第二大出口市场（仅次于美国）。另据中国海关统计，2020年越南是中国第六大贸易伙伴，同比提升2个位次。

越南是中国第八大进口市场和第五大出口市场。①

（六）在革新开放进程中加强党的建设工作

越南共产党是工人阶级的先锋队，同时是越南劳动人民和越南民族的先锋队，忠实代表工人阶级、劳动人民和民族的利益。党的建设就是要在政治方面、思想方面、组织方面不断完善，努力建成真正纯洁坚强的党，密切联系群众，确保建立科学的领导方式和良好的党员、干部队伍。越共注重从政治上、思想上建党，认为思想是行动的指南，党的先进性首先要用党的先进理论和服务人民的思想来武装全党，思想政治教育工作是党的一项长期性工作。以"学习胡志明道德榜样运动"和党的整顿为载体，使全党树立正确的理想信念。

一是坚持马克思列宁主义、胡志明思想教育。在革新党的思想理论工作中，提出以马列主义和胡志明思想为指导，加强对各级领导干部的教育，革新政治系统的教育方法，提高实用性和有效性。加强从事思想理论工作干部队伍建设，更加注重干部质量，坚持思想工作、理论工作与经济发展同步进行，防止党员、干部队伍思想蜕变、道德退化。

二是坚持党的民主集中制原则。民主集中制是越共的组织活动原则，坚持党的领导机关由选举产生，坚持集体领导。检查、监督是党的一项职能，任何组织和党员都必须接受党的检查、监督，同时充分发挥党、国家和社会的监督职能。越共认为，发展党内民主就要提高全党的纪律性、组织性，严格惩处违反人民利益和人民当家作主的行为，必须反对官僚主义，落实民主集中制。发扬党内民主，个人和组织必须正确对待批评和自我批评，反对个人主义、小团体主义和机会主义。发扬党内民主要在法律范围内开展，任何个人和组织都必须遵守党的纪律和国家法律，自觉遵守党内民主制度，建设清正廉洁的党组织。②

三是革新党的组织和干部工作。革新党的组织机构主要是重组和革新中央和地方的党委、党组，健全党的各级组织，保障党的各项政策有效落实。革除机构重叠、人员冗杂，建立职责明晰、质量过硬的党组织。基层

---

① 驻胡志明市总领事馆经济商务处：《2020年中越贸易持续增长》，中华人民共和国商务部网站，http://www.mofcom.gov.cn/article/i/jyjl/j/202101/20210103031942.shtml.

② 谷源洋：《越南社会主义定向革新》，社会科学文献出版社2013年版，第92至98页。

组织是党联系群众的桥梁，事关党的执政根基，越共要求各级党组织加强党的基层工作，解决人民群众的切实需要，保障基层民主，增强党的群众基础。

革新党的领导方式。越共指出，党的领导方式要与政治、经济同步革新，坚持党对整个政治系统内的干部统一领导和管理。党对国家的领导通过路线、政策、决议等来实现，通过宪法和法律、制度实现具体化。坚持党对国家和立法、执法、司法的领导，革新党对祖国统一战线和人民团体的领导方式，充分发挥人民在革新开放进程中的创造性。

注重干部队伍建设，特别是单位"一把手"和主要领导干部，明确单位"一把手"权责。认为既要强调"一把手"的权责，又要尊重集体，在集体中发挥个人作用，充分发挥民主集中制。干部必须具有良好的政治品质，要政治坚定、党性纯洁、道德高尚、纪律观念强，尊重集体，密切联系群众。革新干部工作，完善选举制度，做到在干部选拔中坚持公平、依法依规。在加强党员干部队伍建设的同时，越共在革新开放的实践中不断扩大党的群众基础，越共十大允许党员经营私人经济，越共十一大强调越南共产党是越南劳动人民和民族的代表，理论上解决了允许私人企业主入党的问题，扩大了越共群众基础，提高了越共的凝聚力。

关于干部建设，越共十二大提出加强全党和每个干部、党员的建设，首先是提高各级主要领导、管理干部的政治本领、智慧、战斗性，任何情况下不动摇。牢牢保持党的工人阶级本质，以及干部、党员的先锋模范作用。继续推进实现"推动国家工业化、现代化时期的干部战略"，将党建原则体制化和具体化。继续颁布和实施干部管理工作中的各项规定、规则、机制，保障各环节的统一、同步和密切联系，保持各级部门间的联络；其中包括制定规则对干部进行正确、客观评价，为使用、调配干部奠定基础，阻止、抵制"跑官、跑权、改年龄、跑文凭"等现象。革新党内选举、选拔补充干部等工作，使真正德才兼备的干部能够选拔到领导岗位，特别是能够担当主要负责人。越共十二届七中全会正式颁发了《关于集中具备足以担当的有能力、有品质和有威信的干部队伍特别是战略级干部队伍建设的决议》（第26号决议）。决议提出的总体目标为：建设具备有能力、有品质和有威信的干部队伍特别是战略级干部队伍建设；数额足够，具有素质，结构符合经济社会发展和捍卫祖国的战略，确保接班人队伍的稳定性和连续性，拥有到 2030 年将我国建设成为现代化工业国家的能力，展望到 2045 年将我国建设成为社会主义定向的现代化工业国家，为民富、国强、民主、公平、文明、日益繁荣和幸福的目标做出努力。①

越共十二届四中全会通过了《关于加强建设和整顿党，制止和打击思想政治、道德和生活作风蜕化以及内部"自我演变""自我转化"现象的决议》，采取措施加强党的建设和整顿工作并预防党员干部"自我演变""自我转化"，注重党的纪律检查监督与内部政治保卫工作。

四是加大反腐倡廉建设。重视廉洁教育，坚持"破""立"结合，注重制定和完善关于反腐倡廉建设的政策、法律、制度，完善监督。坚持依法反腐，提高监察、调查、诉讼工作效率，提升反对贪污腐败、反浪费工作的能力。先后颁布了《防治贪污腐败法》《厉行节约、反对浪费法》《国家干部道德法规》《国会监督法》《检查法》《信息获取法》《干部公务员法》等法律法规，并制定了《防治腐败国家战略》。要求党的各级检查委员会针对党的各项任务的贯彻落实情况进行检查，严格处理违法违规行为，建立和完善反腐机构——中央反腐败指导委员会、中央内政部、中央监督检查工作组，健全党内民主制度等。2013 年—2020 年，各级党委、各级检查委员会对 13.1 万余名党员进行了纪律（违纪）处分。仅十二大以来，就对 8.7 万多名党员、干部进行了违纪处分，其中 3200 多名党员因贪污受到处分，处分中央级干部 110 多名（27 名党中央委员、原党中央委员；4 名政治局委员、原政治局委员；30 多名将级官员）。越共对反腐工作的打击力度真正落实了"没有禁区，没有特例，不论那人是谁，不受到来自任何个人的压力"②

五、越南共产党对社会主义的认识和越南社会主义的发展前景

胡志明和越南共产党为越南人民选择了社会主义道路，认为"只有社

---

① 《党建：越共十二届七中全会关于各级干部队伍建设的决议正式颁布》，越南人民军队网站，https://cn.qdnd.vn/cid-6123/7182/nid-549860.html.

② Ngày phát hành：Phát biểu kết luận của Tổng Bí thư, Chủ tịch nước Nguyễn Phú Trọng tại Hội nghị toàn quốc tổng kết công tác phòng, chống tham nhũng, http://hdll.vn/vi/tin-tuc/phat-bieu-ket-luan-cua-tong-bi-thu-chu-tich-nuoc-nguyen-phu-trong-tai-hoi-nghi-toan-quoc-tong-ket-cong-tac-phong-chong-tham-nhung.html.

会主义、共产主义才能够把被压迫民族和全世界劳动人民从奴隶的枷锁下解放出来"①。社会主义建立以后，随着实践的发展，越南共产党逐步深化了对社会主义基本问题的认识。革新开放后，越南社会主义事业健康、有序发展。

（一）越南共产党对社会主义的认识

1. 越南仍处于社会主义过渡时期

越共七大通过的《社会主义过渡时期国家建设纲领》指出，越南仍处于社会主义过渡时期，并全面提出社会主义过渡时期的理论，对越南社会主义发展阶段有了正确的认识，为今后一定时期的发展奠定了基础，越共十一大对"纲领"重新修订，仍坚持这一认识。纲领明确了建设什么样的社会主义和过渡时期的总体目标，规定了在过渡时期如何发展经济、文化、政治、外交等内容。越共认为，越南目前处于向社会主义过渡的初级阶段，一方面，越南坚持社会主义，当经济与社会发展到一定阶段，越南将过渡到社会主义社会，逐步发展，最终实现共产主义。另一方面，越南是从半封建社会越过资本主义发展阶段直接进入社会主义，需要经历一个过渡时期发展社会主义的物质基础。

2. 越南社会主义基本特征

越共十一大通过对革新开放和建设的实践经验总结，在越南《社会主义过渡时期的国家建设纲领（2011 年补充和发展）》里，概括出社会主义社会八个特征，即"建立民富、国强、公平、文明的社会；由劳动人民当家作主；有以现代化生产力和与之相适应的进步的生产关系为基础的高度发达的经济；建设有浓郁的民族特色的先进的文化；建设人民温饱、自由、幸福，并具备全面发展的条件；越南各民族一律平等、团结、互相尊重，互相帮助，共同发展；建立在共产党领导下的属于人民、来自人民、为了人民的社会主义法权国家；与世界上各国建立友好与合作关系"②。

3. 过渡时期越南社会主义目标和基本方向

越南社会主义过渡时期的总体目标是基本建成社会主义经济基础和与

---

① ［越］胡志明：《胡志明选集》第 3 卷，越南外文出版社 1963 年版，第 343 页。
② 许宝友主编：《世界主要政党规章制度文献：越南、老挝、朝鲜、古巴》，中央编译出版社 2016 年版，第 207 页。

之相符的政治、思想和文化等上层建筑，为把越南建设成一个日益繁荣和幸福的社会主义国家奠定基础。

为了落实好发展目标，在实践中必须坚持八个基本方向，即大力推进国家工业化、现代化，同时发展知识经济，保护资源和环境；发展社会主义定向的市场经济；建设有浓郁民族特色的先进的文化，提高人口素质，提高人民生活水平，实现社会的进步和公平；保证国防安全、国家安全和社会秩序的安定；实行独立、自主、和平、友好、合作和发展的对外路线，主动而积极地融入国际；建设社会主义民主，实现全民族大团结，加强和扩大民族统一阵线；建设属于人民、来自人民、为了人民的社会主义法权国家；建设廉洁、坚强的党。

4. 过渡时期的社会主义政治、经济、文化与外交

政治方面，越共是政治系统的领导者，也是其中一部分。党以马克思列宁主义和胡志明思想为指导，通过党的纲领和政策等来领导国家和社会开展社会主义建设。在建设中，以自我革新和自我整顿，发扬民主等多种形式加强党的建设。认为社会主义民主既是国家发展目标，又是国家发展动力，还是越南国家制度的本质。要不断建设和完善民主制度，并保证其实施。国家制定宪法和法律，尊重并保障公民权利，人民通过整个政治系统活动表达民主。国家是党领导下的属于人民、来自人民和为了人民的社会主义法权国家，国家权力属于人民，国家基础是党领导下的工农联盟和知识分子队伍。党坚持为人民服务，与人民保持密切联系，发挥人民民主作用，接受人民监督，坚持民主集中制原则，坚持法治建设。党坚决支持和发挥祖国阵线的政治联盟作用，支持祖国阵线按照自愿、民主协商的原则开展活动，充分发挥祖国阵线和人民团体的社会监督和社会舆论的作用。

经济方面，坚持发展多种所有制形式、多种经济成分、多种经营模式和分配方式的社会主义定向的市场经济，运用市场机制为发展社会主义经济服务。各经济成分都是国民经济的重要组成部分，在法律面前平等、相互合作与竞争、共同发展，继续发挥国有经济的主导作用，鼓励私人经济和外资经济，发展多种所有制经济，国家通过宏观调控管理经济。将遵循市场经济规律与坚持社会主义方向结合起来，依法保障各经济主体的权利。分配上坚持公平原则，并创造发展的动力，按照劳动成果和经济效率、生产要素的贡献进行分配，同时完善社会保障体系。坚持发展是中心，把工

业化、现代化与知识经济结合起来，合理布局国民经济，促进城乡协调、区域协调，积极融入国际。

文化方面，建设具有浓郁民族特色、全面发展、多样化而统一、富有人文、民主、进步精神的先进的越南文化，使文化与社会生活全面紧密相连并渗透其中，成为发展的坚实的精神基础和重要的内在力量。继承和发展越南传统文化，吸收人类先进文化，建设民主、公平、文明的社会。发展大众传媒，保障公民的知情权、自由创造权等。坚持发展教育，培养民智，发展科学技术，促进生产力发展，培养优秀人才。

对外交往方面，奉行独立、自主、和平、合作和发展的外交路线，坚持多边化、多样化，主动而积极地融入国际，不断提高国家地位，坚持以国家利益为中心，努力成为国际社会信赖的朋友和负责任的成员，为世界和平、民族独立、民主和社会进步做贡献。发展对外友好关系，与东盟国家一道，建设和平、稳定、合作和繁荣的东南亚。拥护各国共产党和工人党，拥护社会进步运动，在国家利益、独立自主、和平、友谊和合作与发展的基础上，加强与左翼党派、执政党等社会团体的关系。

5. 在革新开放中必须处理的关系

贯彻落实发展的基本方向时，必须把握好以下九大关系：革新、稳定和发展的关系；经济革新与政治革新的关系；遵守市场规律与保证社会主义定向的关系；生产力发展与逐步建设和完善社会主义生产关系之间的关系；国家与市场的关系；经济增长与文化发展、实现社会进步与公平之间的关系；建设社会主义与保卫社会主义祖国之间的关系；独立、自主和融入国际之间的关系；党的领导、国家管理和人民作主之间的关系。

（二）越南社会主义的发展前景

越共十三大提出了今后越南的总体发展目标是：提高党的领导力、执政力和战斗力；建设廉洁、全面强大的党和政治体系；巩固人民对党、国家和社会主义制度的信心；激发发展繁荣幸福国家的愿望，发挥与时代力量相结合的民族大团结的意志和力量；全面同步推进革新、工业化和现代化；坚定地捍卫祖国，维护和平稳定的环境；为越南朝着社会主义的方向在 21 世纪中叶发展成为发达国家而奋斗。具体的阶段目标是到 2025 年成为拥有现代工业的且超过中等偏低收入水平的发展中国家；到 2030 年成为拥有现代化工业、平均收入水平高的发展中国家；到 2045 年成为高收入水平的发达国家。

革新开放以来，越南摆脱了经济社会危机和欠发达状态，逐渐消除了贫困和落后，进入中等收入国家行列。社会主义定向市场经济体制逐渐形成；越南政治社会稳定，党的建设、社会主义法权国家建设成就突出，社会主义民主不断扩大，民族大团结得到巩固和加强；社会文化领域成绩显著，马克思列宁主义和胡志明思想得到继承和发展，人民生活水平得到改善；对外交往不断深入，国际地位不断提高。可以看出，在越南共产党的领导下，革新开放事业正稳步前进，越南社会主义事业不断向前发展，原因在于：

其一，马克思主义政党——越南共产党的正确领导。越南共产党是在马克思主义指导下，在领导民族、人民民主革命、社会主义建设中成长和发展起来的，经过长期实践，越南共产党能够领导人民制定正确的路线、政策，逐步成为越南革命和建设的领导者、组织者。加强党对革新开放事业的领导，发挥党的核心作用。坚持党对祖国阵线的领导，把民族力量与时代力量、国内力量和国际力量结合起来，共同推动国家建设。革新党对国会、政府、司法、祖国阵线的领导方式，落实分级管理，发扬民主。

其二，始终坚持马克思主义和社会主义道路。越南共产党始终坚持马克思列宁主义，并与越南具体实际相结合，探索适合越南国情的社会主义道路，以胡志明思想指导社会主义事业，在实践中发展马克思主义，确保越南发展始终沿着社会主义方向前进。在越共领导下，社会主义定向的市场经济快速发展，社会主义民主法治不断完善，以民为本的理念得到落实，越南社会主义建设稳步前进。

其三，在发展中注重党的建设工作。党的建设和整顿以巩固党的执政地位和革新党的领导方式为主要内容，不断加强党的思想建设，以胡志明思想提升党员思想道德修养，时刻提醒党员干部谨防官僚主义、宗派主义、贪污腐败等错误，预防党员干部"自我演变""自我转化"。党的组织建设上，特别注重党的基层组织建设，贯彻以民为本理念；不断发展党内民主制度，保持党的活力。加强反浪费、反腐倡廉建设，提高检查、监督质量，防止党员干部政治变节、道德变坏、生活变奢。革新领导方式与工作作风、方法，革新民主实践，真正落实民主集中制。

其四，坚持从越南建设的实际出发。越南社会主义是建立在落后农业国的基础上，在革新开放中发展。当前，越南正大力推进工业化、现代化建设，虽然取得了巨大成就，但越南仍然处于社会主义过渡时期。这是越南共产党对越南国情的基本认识，也是制定国家建设方针、政策参照的最大依据。越南共产党能够坚持从实际出发，从人民的实践出发，是越南社会主义不断发展的规律，确保社会主义建设少走弯路，这也是革新开放事业不断发展进步的重要原因。

第二节　老挝社会主义的理论与实践

老挝全称为老挝人民民主共和国（Lao People's Democratic Republic），位于亚洲东南部，是中南半岛上唯一的内陆国家，国土面积为 23.68 万平方千米，是一个有着 50 个民族的国家①，人口约 700 万。1975 年 12 月 2 日，老挝人民民主共和国成立，老挝人民革命党成为执政党，老挝开始走上了社会主义道路。40 多年来，老挝人民革命党团结和带领老挝人民坚定不移走符合本国国情的社会主义道路，不断探索社会主义建设规律，取得了辉煌成就，使老挝特色社会主义理论与实践不断丰富和发展。

一、老挝人民革命党坚定不移走社会主义道路

老挝人民革命党作为目前老挝唯一的政党和执政党，其前身为印度支那共产党老挝地区支部。十月社会主义革命取得胜利，开启了人类社会发展的新纪元，使民族解放运动成为社会主义革命密不可分的一部分。后来成为印度支那共产党创始人的热血青年胡志明十分重视研究俄国十月革命的成功经验。1920 年夏天，胡志明阅读了列宁撰写的关于国家和政治问题的文章并得出结论：只有社会主义和共产主义才能解放被压迫被剥削的国家和劳动人民，使他们摆脱奴隶的枷锁，而要救国救民，除了无产阶级革命之外，别无他路。

此后，胡志明将马克思列宁主义传播到印度支那。在列宁社会主义革命思想的进一步影响下，1924 年年底已是共产国际东方部委员的胡志明来到中国香港，参与发动东南亚各国革命运动，并推动于 1929 年 6 月成立了

---

① 2018 年 12 月 5 日老挝国会投票决定新增加一个叫"布鲁"的民族。由此，老挝民族数量增至 50 个。

印度支那共产党，随后印度支那共产主义联盟成立。印度支那共产党规定："印度支那革命是无产阶级领导下的民族民主革命，目标是建设一个社会主义国家；革命任务是推翻法帝国主义统治，实现印度支那完全独立，消灭封建制度，将土地交还给农民；革命的主要力量是无产阶级领导下的工人和农民。"[1] 1930 年 2 月 3 日，受共产国际委托，胡志明召集各个共产主义组织代表在中国香港召开会议，决定成立工人阶级的革命政党越南共产党。1932 年，老挝各个党支部加入印度支那共产党组织。1934 年 9 月，印度支那共产党成立了包含六个老挝党组的老挝地区委员会，并指导老挝全国各族人民进行抗日和抗击法国殖民统治的斗争活动。1951 年 2 月，印度支那共产党召开二大，决定在越南、老挝、柬埔寨三国分别建立自己的党，各国共产党继承印度支那共产党的思想和事业，分别领导本国革命，并共同抵抗帝国主义侵略。

面对新形势下革命的呼声，根据印度支那共产党二大决议，老挝共产党人为进一步巩固自身力量和筹备建立属于自己的政党不断努力，开展了相关准备活动，制定了独立的政治纲领和党章。1955 年 3 月 22 日至 4 月 6 日期间，印度支那共产党老挝籍党员召开大会，宣布成立老挝人民党（3 月 22 日）。大会选举凯山·丰威汉为党中央领导委员会总书记，并通过了其所作的政治报告，他强调指出："老挝人民党是在以农业人口为主的落后国家成立的党，是坚持马克思列宁主义方针的党，是继承印支共党事业的党，是真正代表工人阶级和劳动人民，坚决维护全国各民族和各阶层人民正当权益的党。老挝人民党坚持以为国家和人民服务作为行动指南。老挝人民党面对的主要敌人是美帝国主义、法国殖民主义及其走狗。党的新时期总任务是领导和团结全国人民完成解放事业，建立一个和平、独立、民主、统一和繁荣的老挝。"[2] 老挝人民党是老挝各族人民救国运动、工人斗争及由胡志明引进印度支那半岛的马克思列宁主义相结合的产物，继承了印度支那共产党的光辉事业，承担了领导老挝人民进行艰苦而又辉煌的革命历史任务，是老挝革命发展壮大的标志和重要转折。

---

① 老挝社会科学委员会党史编写组：《老挝人民革命党简史》，老挝出版社 1992 版，第 46 页。

② 老挝社会科学委员会党史编写组：《老挝人民革命党简史》，老挝出版社 1992 年版，第 46 至 47 页。

1972 年 2 月 3 日，老挝人民党第二次全国代表大会在东北部的华潘省召开，二大将党的名称更改为老挝人民革命党，通过了老挝人民革命党政治纲领和党章。二大确定了党的革命基本任务是"团结各族群众，推翻帝国侵略、官僚资本主义和封建阶级统治，在全国范围内完成民族民主革命，为不经过走资本主义道路直接过渡到社会主义准备条件，使老挝成为一个和平、独立、民主、统一、繁荣的国家……"① 1975 年 10 月，老挝人民革命党召开了二届三中全会，庄重宣布"老挝已经完成了民族民主革命，并开始不经过资本主义发展阶段而直接进入社会主义阶段"②。二届三中全会进一步强调，老挝当前革命的主要任务是进行社会主义改造和社会主义建设，并开始着手向社会主义过渡。

1975 年 12 月 1 日至 2 日，老挝全国人民代表大会在万象市召开，老挝人民革命党中央总书记凯山·丰威汉向大会做政治报告。会议决定："接受西沙湾·瓦塔纳国王的退位申请，取消临时政府和国家联合政权理事会；宣布消灭封建君主体制，成立人民民主共和体制；确定国徽、国旗、国歌和官方语言；决定成立最高人民议会和政府。"③ 大会选举苏发努冯任国家主席、国会主席，凯山·丰威汉任政府总理。

从党的二大为老挝进入社会主义准备一切必要的条件，到二届三中全会宣布进行社会主义改造和社会主义建设④，老挝人民革命党领导下的老挝社会主义建设在取得巨大成就的同时，也犯了急躁、冒进的错误，主要表现是不顾本国国情，照搬苏联模式，着重变革生产关系，忽视社会建设与发展，生产力水平下降，生产关系遭到一定程度破坏，导致老挝经济社会发展陷入困境。在 1979 年 11 月召开的老挝人民革命党二届七中全会上，凯山·丰威汉指出："我们要重新认识一些问题，了解经济发展规律，根据老挝的实际情况运用经济规律，必须考虑目前老挝生产力发展状况和水平。只有这样，经济才能发展，否则将适得其反。"⑤

① 老挝中宣部：《老挝人民革命党 60 周年》，老挝国家出版社 2015 年版，第 35 页。
② 柴尚金：《老挝：在革新中腾飞》，社会科学文献出版社 2015 年版，第 14 页。
③ 老挝中宣部：《老挝人民革命党 60 周年》，老挝国家出版社 2015 年版，第 42 页。
④ 蔡文枞：《老挝人民革命党简介》，载《东南亚研究》1991 年第 1 期，第 70 至 78 页。
⑤ ［老］凯山·丰威汉：《在老挝人民革命党三届六中全会上的报告》，老挝出版社 1984 年版，第 23 页。

1982 年 4 月召开的老挝人民革命党三大和 1984 年 8 月召开的三届六中全会，都对老挝的国情有了新的认识，认为老挝的经济总的来讲是"自然性质的、自给自足的小农经济。从小农经济过渡到社会主义的道路是漫长的、极其复杂和极其艰苦的"①。老挝人民革命党经过拨乱反正，统一了思想认识，认为在社会主义过渡时期，老挝存在着五种社会经济成分即国营经济和集体经济、公私合营经济、资本家私有经济、小商品生产经济和自给自足的自然经济。五种经济是客观的，符合老挝实际的。此后，1986 年 11 月召开的老挝人民革命党四大、1989 年 1 月召开的四届七中全会都对社会主义本质和本国国情进行再认识，重新评估了老挝所处的历史阶段，制定了革新开放的重大方针，重新调整国家发展道路由"直接进入社会主义"转向"继续建设和完善人民民主制度，为逐步迈入社会主义奠定基本要素"。

20 世纪 80 年代末至 90 年代初，苏东发生剧变，对老挝社会主义事业造成了极大的冲击，使部分党员干部的思想陷入混沌之中，一些党员干部和群众对社会主义走向何方产生了怀疑，对社会主义制度产生迷茫和失望，作为执政党，老挝人民革命党面对新的考验和挑战，对社会主义道路探索和发生的失误再一次进行了回顾与反思。1989 年 10 月召开的四届八中全会明确提出，坚持党的领导、社会主义方向、马列主义、人民民主专政、民主集中制以及爱国主义与国际主义相结合的六项基本原则，总结了社会主义道路探索的经验与教训，标志着老挝人民革命党对社会主义的认识进入了新的发展阶段，使社会主义在老挝得到进一步巩固和发展，丰富和发展了科学社会主义理论与实践。1991 年老挝人民革命党五大改变了社会主要矛盾是先进的政权和政治制度与落后的生产关系的矛盾这一提法，提出当前阶段的主要矛盾是极端落后的生产力同日益增长的社会需求的矛盾。发展生产力成为最紧迫的任务。这为老挝人民革命党工作重心转向经济建设奠定了理论基础。1996 年六大和 2001 年七大继续重申这一提法。2006 年八大上，老挝人民革命党进一步认识到："为了最终实现社会主义目标，根据老挝的国情特点，老挝还需要经历很长的发展过程，目前，老挝革命建设仍处在向社会主义过渡的初期。"2011 年九大上，时任老挝人民革命党中央

---

① 陶红：《老挝人民革命党对社会主义的认识与实践》，载《当代世界社会主义问题》1999 年第 1 期，第 30 页。

总书记朱马里·赛雅颂在政治报告中提出："要继续坚持'六项基本原则'，创造性地开发综合实力，把握机会，使发展事业实现突破，一是突破思维，二是突破人力资源开发，三是突破管理体制机制，四是突破扶贫减贫工作，四个突破要同时进行，和谐统一。""在'四个突破'精神的引导下，未来五年，全党、全国、全军和全国人民要履行职责，贯彻落实既定工作方针……"，"要继续坚持以经济建设为中心，为生产力发展提供有利条件，从自然经济转变成商品经济，完善社会主义市场经济体制"①。2016 年十大上，时任老挝人民革命党中央总书记朱马里·赛雅颂在政治报告中再次强调称："我们可以从落实九大决议的五年和坚持革新开放的 30 年中得出一些结论：第一，要坚持有原则的革新开放路线，在坚持社会主义道路和保持国家独立的基础上继续发展创新，运用和发展马列主义和凯山·丰威汉思想，在接受人类社会优秀成果的同时继承和发扬民族优秀传统。第二是想发展就要坚持以经济建设为中心，同时结合社会发展、文化保护和环境可持续发展……"② 2021 年十一大强调要解决在"为迈入社会主义奠定基本要素"的过程中所存在的问题。这些都表明，老挝人民革命党对社会主义的认识不断成熟，老挝特色社会主义建设事业进一步巩固，丰富和发展了世界科学社会主义理论与实践。

老挝人民革命党在领导各族人民走向社会主义的过程中有如下几个特点：第一，在国际社会，尤其是越南的直接支持和帮助下建党，与越南共产党关系密切，积极争取越南共产党支持，并一直深受其影响。1945 年越南独立，10 月老挝也宣布独立。1975 年 4 月越南解放，实现全国统一，同年 12 月，老挝宣布成立老挝人民民主共和国。1986 年越南开始进行革新，老挝也宣布革新开放。第二，革命前中期长期处于地下工作状态，直到 1972 年以后才逐渐公开。第三，走上社会主义道路充满老挝"小国"和"小党"智慧，先联合，后夺权。在民族民主革命斗争时期，老挝人民革命党曾于 1957 年、1962 年及 1973 年与其他政党、爱国力量和革命武装三次组成联合政府，实力壮大后于 1975 年开展名为"三锤子"的"水不混、莲

---

① 《新曙光杂志》，选自《老挝人民革命党九大报告汇编》，老挝国家出版社 2011 年版，第 28 至 29 页。

② 《新曙光杂志》，选自《老挝人民革命党十大报告汇编》，老挝国家出版社 2016 年版，第 30 页。

不伤"的全面夺权运动，并最终夺得全国政权。

从老挝人民革命党成长、成熟的历程看，老挝选择走社会主义道路是历史的必然，从国家发展战略看，老挝选择社会主义道路是应对世界大势的积极作为，从意识形态作用看，社会主义意识形态成为老挝渡过难关的重要支撑。老挝实行革新政策，确立社会主义发展方向以来，在马列主义和凯山·丰威汉思想指导下，老挝保卫和建设国家的事业蓬勃发展，取得举世瞩目的成就。

2021 年 1 月 13 日—15 日，老挝人民革命党十一大胜利召开。会议主题是"提高党的领导能力，加强全民团结，确保政局稳定，深化落实革新路线，大力推动经济社会向高质量发展转变，提高人民生活质量，继续带领国家摆脱欠发达国家状况并向社会主义目标迈进"。这一鲜明的主题表明，老挝人民革命党将会一如既往团结和带领老挝各族人民沿着先辈们开创的社会主义道路，为实现国家富强、民族团结、人民幸福而继续奋斗。大会听取和审议了政治报告，听取了八五规划（2016—2020 年）总结报告和九五规划（2021—2025 年）草案，审议并修改了党的章程，选举产生了新一届中央领导机构。在十一届一中全会上，中央政治局委员、政府总理通伦·西苏里当选老挝人民革命党中央总书记。

大会总结了十大以来取得的"八大成就"，主要包括：一是确保国家政局稳定，社会基本安定安全，维护了国家独立、主权与领土完整，捍卫了革命果实，人民民主新制度在持续巩固各级政权体系的基础上得到捍卫和巩固，老挝各族人民和海外爱国侨胞大力弘扬团结和睦和慷慨互助的优良传统，为保卫与建设祖国的事业做出了重要贡献。二是全面全民国防治安路线持续落实，国防治安力量得到建设和完善，思想政治立场坚定，组织坚强有力，忠于党和国家，履职能力得到增强，成为反对、遏制和粉碎敌对势力搞破坏、制造混乱的阴谋诡计和犯罪分子制造的各种犯罪活动的主要斗争力量，为确保政局稳定、社会基本安定安全做出了贡献。三是在经济发展方面，尽管面临财政、货币和债务等方面的严重困难，同时也遭遇了新冠疫情的严重影响，但仍然能够遏制经济严重倒退，没有演变成严重的财政危机，多领域重大投资项目持续开展，并成为推动发展的重要动力，保持经济年均增长 5.8%，2020 年人均收入达到 2664 美元，人民群众生产生活秩序基本保持正常。四是文化社会得到发展和提升，为确保未来经济可持续发展提供基本要素保障，其中，老挝在人力资源开放方面的指数达到了摆脱欠发达国家行列的标准，扶贫减贫工作持续开展，并取得新进展，各族群众的生活水平得到明显提升。五是国家权力机关在组织上得到完善，提高了运行质量，系统制定和完善法律法规体系，为依法治国奠定坚实基础，是实现人民民主法治国家目标的具体实践。六是党的群团工作和群众工作得到贯彻落实，发动群众参与扶贫脱贫运动，发展经济，提高生活水平，促进社会文化工作，参与国防治安工作，完善政权体系，参与疫情防控和其他政治与社会事业。七是在坚持和平、独立、友好、合作的外交路线基础上，继续扩大多形式、多层次的国际合作，通过符合各种形势的策略与方式，参与解决矛盾冲突，维护地区和国际和平，促进合作，继续发展和扩大与各战略合作伙伴国家已经升级的友好交往与合作，其中，老、越之间的伟大友谊、特殊关系与全面合作继续深化发展，老、中之间的传统及战略合作伙伴关系提升为老、中命运共同体，与其他社会主义兄弟国家之间的传统友好合作关系得到持续发展和增强，与俄罗斯联邦之间的多方面交往也不断加强。八是党建与干部工作取得重大进展，通过严格、深入开展党内政治生活和整风整治，经过对危及新制度和党的领导地位的问题与缺陷进行的广泛、直来直往的研讨，全党在关于党内和全社会内部形势问题上达成了空前一致，在解决和克服党内和社会内部的产生的问题上正在逐步实现积极转变，党内民主不断得到发扬，并能够更加广泛和深刻地发动全党的智慧。干部培养、选拔和任命计划按照年轻化要求得到指导和落实，党的干部工作并正在发生积极、强健的转变。

大会确定了未来几年需要把握好的"五大紧急任务"：一是将解决人民贫困作为重点，要树立自立、自主、自强的意识，坚决抵制党员干部和人民群众中广泛存在的"等、靠、要"思想。二是在实现强健、深刻、全面转变的过程中，最紧迫的任务就是解决好经济社会发展中，主要由于自身原因而长期存在的缺点和遗留问题，要从解决理论思维问题开始，提高认识国内和国际局势的能力，坚决解决经济结构问题，从各方面完善政府治理机制，消除党内和社会上存在的消极问题。三是未来的发展战略要建立在广泛使用科学技术创新成果基础之上，同时还要结合开发培养高质量的人力资源，尤其是工程领域的人力资源。因此，必须要强力改变当前的现状，要重新对关于发展的各类基础性政策与规划进行系统调整与完善，要将研究、推广和使用各种合适的科技与发明作为未来几年制定发展战略不可或缺的标准和条件，使得老挝人，尤其是干部骨干的智慧，包括基本知识、创新思想、熟练技能和甘于为社会与国家做奉献的精神等，能成为经济社会发展的主要动力，并不断强劲起来。四是在当前形势下，我们最必要做的就是积极主动参与捍卫和平、维护稳定的斗争，应对疫情和气候变化，解决跨国犯罪问题，确保国家的独立、主权和政治制度。同时，要在加强与各战略伙伴国家的友好与合作的同时，继续推进互联互通，为争取和吸引资金、技术和发明创造，发掘和发挥国家潜力和能力创造条件。五是新冠疫情的暴发给世界和各国在经济和社会方面带来了巨大而深刻的变化，世界社会生活的调整向新的生活方式转变，尽管是客观的发展趋势，但也将面临困难和挑战，这要求我们要更加主动地做好应对和克服困难和挑战的万全准备。[1]

大会还指出了要注意解决的"七大问题"：一是解决人民群众贫困问题，坚持"三建"发展，消除社会分化（贫富、城乡差距），确保偏远地区公共服务保障（教育、医疗）。二是解决经济基础薄弱问题，包括经济发展主要依赖低效率的自然资源开发，经济发展质量低，不能实现收入的普惠性，生产基础不稳固。三是解决财政基础薄弱问题，解决公共债务问题，财政收入不全面，有流失问题，不能与潜力相匹配，财政预算不能满足发展的需要（主要用于解决债务问题）。四是货币基础薄弱，国际服务贸易（BOP）有下降趋势，商品价格增长幅度较大（通胀），汇率时有波动，产生了地下交易市场。五是解决新冠肺炎病毒疫情影响，包括劳动力（失业），帮助受冲击企业复工复产。六是提高政府治理和社会治理效率，实现严格、坚决依法治国，创造和完善吸引投资的有利环境。七是着重发展人力资源，着重培养高素质的专业型人才，进入 4.0 时代，适应新常态。[2]

作为一个社会主义国家的马克思主义执政党，60 多年来老挝人民革命党高举社会主义伟大旗帜不放松，加强党的自身建设，不断发展壮大，现已拥有 48686 名党员[3]。在新一届老挝人民革命党中央的坚强领导下，老挝

---

① 参见 2021 年 1 月 13 日时任老挝人民革命党中央总书记、国家主席本扬·沃拉吉在老挝人民革命党第十一次全国代表大会上所作的政治报告（老文版）。

② 参见 2021 年 1 月 13 日通伦·西苏里在老挝人民革命党第十一次全国代表大会上所作的九五规划（2021—2025）报告（老文版）。

③ 老挝人民革命党 2021 年 1 月十一大公布数据。

新一届政府和各族人民正在把社会主义事业推向新的发展阶段。

二、老挝社会主义的基本理论

老挝人民革命党成立以后，把科学社会主义理论与老挝革命的具体实践相结合，在分析国际、地区和本国形势的同时，不断探索老挝人民争取民族独立的途径，并不断总结经验，实现马克思主义的老挝化——凯山·丰威汉思想。

凯山·丰威汉（1920—1992）出生于老挝南部与越南接壤的沙湾拿吉省。1934 年，凯山·丰威汉从老挝沙湾拿吉省出发前往越南河内求学。在越南求学期间，受 1936—1939 年越南印度支那民主阵线的革命运动影响，他开始萌生革命思想。1939 年，他返回越南继续读书，并于 1941 年在印度支那大学学习医学。两年后，凯山放弃医学，考进法律大学开始学习法律。1944 年，河内首都救国青年会决定吸纳凯山为会员，从此凯山走上了革命道路。1945 年，凯山在沙湾拿吉将当地人民武装与附近的伊萨拉（自由）武装合并为统一武装力量后不久就返回越南河内，继续开展革命救国活动。1946 年 3 月—12 月期间，他参加了河内老 – 越联络会的相关活动，联络在越老挝人和侨民。1948 年，凯山·丰威汉受印度支那共产党委派，担任老北冲锋队的指挥官，返回老挝开展革命活动，主要负责基层政治组织建设、组建革命武装、在老挝北部各省建立革命基地。1949 年 1 月 20 日，在印度支那共产党的指导下和第十区党委的直接领导下，凯山·丰威汉宣布成立老挝伊萨拉（自由）军，并于同日宣布将之前自己建立的武装部队命名为拉萨翁（王朝军）部队，凯山·丰威汉任总司令。由于工作出色，1949 年 1 月 6 日被吸纳为印度支那共产党预备党员，并于同年 7 月 28 日成为正式党员。凯山的人生迎来重大转变。1950 年 8 月，在老挝全国抗战阵线会议上，凯山·丰威汉提议成立国家统一阵线，老挝"伊萨拉（自由）阵线"应运而生，同时老挝抗战政府成立。1955 年 3 月 22 日，老挝人民党成立大会召开，大会选举凯山·丰威汉为党中央领导委员会总书记。自此，凯山·丰威汉开始以党的领导人身份领导老挝革命和开展建设社会主义的探索。

在革命和社会主义建设过程中，凯山·丰威汉逐步形成老挝革命关于民族独立、人民解放、群众路线、土地革命、民族大团结、人民民主政权、外交方针、军队建设、人民生活、教育工作和党的建设等一系列思想和观点。1946 年，凯山·丰威汉与胡志明第一次见面，胡志明指出："越南人和老挝人必须团结起来抗法救国，老挝人要成立老挝抗战委员会，在老挝全国建立革命基地，成立革命武装……"[1] 凯山对此十分赞同，并在后来的革命运动中进行实践。1951 年 2 月，印度支那共产党召开二大，凯山·丰威汉带领老挝区代表团参会，并与胡志明第二次见面，胡志明对他说："老挝要努力成立革命政党，并将其建成能够领导老挝革命的党。对越南来说，随时准备为老挝同志提供支持和帮助。有革命党领导革命，有越南和各个友好国家人民的支持，老挝革命必然能够取得胜利，请老挝干部相信自己的实力。"[2] 在参会期间，越南同志送了一本胡志明的著作给凯山·丰威汉，名为《改变工作方式》，得到这本书后，凯山·丰威汉时常进行认真研究，包括到后来保卫和建设国家的过程中，他还随身携带，有空就拿这本书出来阅读。在越南革命和胡志明思想的影响下，结合老挝革命和建设的实际，1977 年起，凯山·丰威汉开始研究和撰写《老挝革命新方向的一些初步经验和问题》，该书 1978 年完成，并于 1979 年出版发行。书中谈及八个问题，是对老挝 30 年斗争中各族人民群众智慧和经验的总结和升华。除此之外，凯山·丰威汉还先后就革命和建设各方面的工作进行了较为全面、系统的总结和表述，并通过报告、决议、电文、著作、文章等形式进行传达和贯彻。

2016 年老挝人民革命党十大对党章进行修改，将凯山·丰威汉思想写入党的章程，与马列主义一并成为老挝人民革命党基本思想。老挝人民革命党中央书记处书记、中组部长占西·普西坎在《关于修改党章的报告》中强调"将凯山·丰威汉思想作为党的指导思想和理论"，"是为了体现我们党的发展壮大是离不开凯山·丰威汉主席的建立、提升、锻炼和建设，凯山·丰威汉主席创造性地将马克思列宁主义与老挝人民革命党的路线、政策结合起来，引领我们党发展壮大，领导国家沿着革新路线进行建设"[3]。凯山·丰威汉思想是老挝人民革命党和各族人民的精神财富，是马克思列宁主义与印度支那半岛各国，尤其是老挝革命和建设实际情况相结合的产物，是老挝人民的实践经验总结，具有鲜明的时代特色。由于凯山·丰威汉思

---

[1] 《凯山·丰威汉主席——人民的儿子》，老挝国家社科委员会 1991 年版，第 28 页。

[2] 《凯山·丰威汉主席——人民的儿子》，老挝国家社科委员会 1991 年版，第 90 页。

[3] ［老］占西·普西坎：《关于修改党章的报告》，选自《老党十大汇编》2016 年 8 月 23 日。

想正在整理和论证阶段，在此，仅将老挝人民革命党提出来的部分相关思想和理论整理如下：

（一）人民民主制度理论

1989 年 1 月，老挝人民革命党中央总书记凯山·丰威汉在党的四届七中全会上深入阐述了人民民主制度和社会主义之间的关系，指出老挝当前革命的基本特征是由人民民主制度逐步进入社会主义，而不是脱离社会主义轨道进行发展。他强调，我们建设社会主义的目标没有变，现在的老挝革命处于继续建设和发展人民民主制度的阶段，这一阶段要确保老挝各族人民真正实现自由民主，为逐步迈向社会主义创造条件。

社会主义是人民民主制度的最高发展形式，人民民主最终将发展成为社会主义民主。人民民主制度在初级阶段尽管还不是完全的社会主义，但从一开始就具备了社会主义的诸多因素，这些因素最终将推动实现社会主义。要避免"人民民主制度就是退步，是脱离社会主义"或者"社会主义与人民民主制度相互对立"等错误思想。

老挝建设人民民主制度的内涵主要包括：在政治上，建立来自人民、属于人民、为了人民的社会主义法治国家，扩大社会民主，保障全体人民当家作主的根本权利；在经济上，建立和发展由国家调控、公有制为主体多种经济成分共同发展的社会主义定向市场经济；在社会文化上，继续推进文化革新，增加公共文化基础设施建设投入，构建比较完备的文化服务体系，振兴文化产业，弘扬民族优秀传统文化；优先发展教育，提高人民群众受教育水平；发展公共卫生医疗事业，确保人人都能享受卫生医疗服务，不断改善人民群众的物质和精神文化生活。

2021 年 1 月，老挝人民革命党十一大再次强调，要继续推动社会主义法治国家建设，坚持人民当家作主，建设稳定的人民民主国家，日益改善民生，实现国家富强、人民幸福安康，社会团结和谐，民主公正文明。

（二）社会主义发展阶段理论

1972 年 2 月 3 日，老挝人民革命党二大提出了"走社会主义道路，发展社会主义"的理论。随后，在 1975 年 10 月党的二届三中全会上，老挝人民革命党指出老挝已经完成了民族民主革命，开始进入社会主义阶段，并强调老挝革命的主要任务是进行社会主义改造和社会主义建设。

1975 年 12 月 2 日，在老挝人民民主共和国成立大会上，老挝人民革命党中央总书记凯山·丰威汉做了具有重大历史意义的政治报告。他分析了世界形势、国内形势，指出老挝民族民主革命在全国基本完成，明确了新时期老挝社会主义的方向和任务，表达了进一步贯彻落实党的路线的坚定决心。

1977 年 2 月党的二届四中全会制定了逐步建设社会主义规模化生产、推动实施工业化的社会主义过渡时期的中心任务，强调建立社会主义集体当家作主制，发展社会主义新文化，培养社会主义新人的路线方针。1979 年 11 月，在老挝人民革命党二届七中全会上，凯山·丰威汉指出，老挝是在以自然经济为主、生产规模小的经济基础上，向社会主义过渡的，将会与越南和柬埔寨一道成为东南亚社会主义的前哨。

1982 年 4 月 27 日，老挝人民革命党三大确立了社会主义过渡时期的总路线，强调进入社会主义是老挝革命的必经之路，国家独立与社会主义相结合符合时代的发展规律和发展方向。1986 年 11 月 13 日，老挝人民革命党的四大召开，四大在三大制定的过渡时期总路线基础上，确定了老挝向社会主义过渡时期的经济社会主要任务。

四大以后的五大、六大，老挝人民革命党对本国所处的社会阶段的认识不断深化和丰富，认为老挝当前正处于"继续建设和完善人民民主制度，为逐步迈入社会主义奠定基本要素"的阶段，而这一阶段的主要社会矛盾是社会日益增长的物质文化需求与落后的生产力之间的矛盾。

从此，老挝人民革命党领导老挝人民从进行社会主义改造时期、社会主义过渡时期、革新开放的时期，不断迈向社会主义更高阶段。

2021 年老挝人民革命党十一大认真回顾老挝革新 35 年历程，强调老挝仍处在"建设和发展人民民主制度，为逐步迈入社会主义奠定基本要素"的阶段。大会还提出了新时期完善人民民主制度的主要方针与核心目标，确定了新时期建设发展的"基本理念"，即要继续全面开展有原则的革新路线，继续完善人民民主制度，实现强健、深刻和全面转变，向社会主义目标迈进。以国防治安工作为基础，以发展经济和解决财政、债务问题为中心，以人力资源开发和为各类开发项目提供技术劳动力为首要任务，将提高党务和干部的工作质量作为保卫和建设祖国事业的决定性要素。①

---

① 参见 2021 年 1 月 13 日时任老挝人民革命党中央总书记、国家主席本扬·沃拉吉在老挝人民革命党第十一次全国代表大会上所做的政治报告（老文版）。

（三）革新开放路线

1975 年 12 月 2 日建国后，老挝人民革命党急于走上社会主义发展道路，在战后修复仅一年后，开始执行三年计划（1978—1980 年）和一五规划（1981—1985 年），取得了初步成果。但是，由于老挝人民革命党完全模仿苏联社会主义建设模式，过高地制定了本国的社会主义发展目标，在社会主义改造过程中犯了冒进和脱离本国实际的错误，导致国内经济社会徘徊不前，甚至陷入重重困境，制订的发展计划也未能很好地实现。

在 1986 年 11 月召开的四大上，老挝人民革命党对急于求成思想进行了深刻反思，全面回顾了建国 10 年来的社会主义建设的经验教训，重新审视本国基本国情，确立了以经济体制改革为先的革新路线。四届五中全会通过了关于经济结构、新的经济管理机制和提高经济效力的政策。1989 年 1月召开的四届七中全会认为，老挝革命才刚刚基本实现国家解放，民主任务完成得不多，仍需继续进行，不断推动生产发展，确保各族人民真正实现自由民主，为逐步迈向社会主义创造条件。四届七中全会决议明确规定了多种成分的所有制和经济结构，其中国有经济在多种形式、多种层次的生产经营中起核心作用。随后召开的四届八中全会明确提出了坚持社会主义目标，坚持马列主义，坚持党的领导，坚持以民为本，坚持人民民主政权，坚持独立自主与时代力量相结合的六项基本原则，同时强调要反对草率从事、缺乏阶级原则，反对多党制、多元化思想，反对资本主义自由民主思想，反对保守、主观、急躁、照搬照抄，不能将马列主义创造性地运用于实际，反对机会主义、右倾主义、修正主义、脱离群众等思想主张。上述情况反映了老挝人民革命党敢于拨乱反正，积极主动和富有创造性地制定符合国情和新阶段时代趋势的正确的革新路线。

1991 年 3 月，老挝人民革命党的五大和 1996 年 3 月的六大分别对老挝经济革新取得的成就和经验进行了深刻总结，进一步完善和发展了革新路线，并逐步形成了一条有原则的既包括经济革新，又包括政治革新、文化革新、社会革新和不断扩大对外合作的全面革新开放路线。

2016 年 1 月，老挝人民革命党十大站在新的高度，充分肯定了革新路线的正确性，并对革新开放 30 年来的成就进行了客观全面总结。

2021 年 1 月，老挝人民革命党十一大基于新的形势，强调要坚持革新路线，总结了革新开放 35 年来的相关成就与经验：一是提高党的领导能力和质量，要在确保制定正确和切实可行的政治任务内容的同时，解决组织、人事安排、领导作风和纪律管理等问题。二是发展国民经济，要重点加强生产基础与大型服务建设，建成优势行业和产品，以提高自立能力为起点，确保农村群众和企业主得到发展进步，建成强大、自主的经济基础，消除不公平的欠平衡状态。三是确保人力资源开发既能满足需要，又能建成经济社会发展的推动力量，保护和发展公民权益和人权，创建精神文明。四是贯彻落实党的决议与命令，以及各级政府发展规划与项目，要确保严格执行集体决策的同时，提高领导负责人的领导作用，保证各项工作进程能按照既定方针持续、强健开展，并向既定目标迈进。①

（四）社会主义建设目标任务

老挝人民革命党党章规定，党的宗旨是带领全体老挝人民执行有原则的全面革新路线，维护国家稳定，沿着社会主义目标，建设和完善人民民主制度，把老挝建设成为和平、独立、民主、统一、繁荣的国家。2016 年 1 月召开的老挝人民革命党十大指出，老挝人民革命党要团结和带领老挝各族人民，把老挝建设成为国家富强，人民富裕，社会团结、和谐、民主、公正、文明的社会主义国家，社会主义建设的目标是不断提高各族人民的生活水平，实现国家富强。十大还进一步强调，老挝力争到 2020 年摆脱最不发达国家状况，推动经济社会稳定发展，有效落实联合国千年发展目标，力争到 2025 年年均国内生产总值增长 7.5% 以上，使人均 GDP 比 2015 年翻一番，继续沿着社会主义方向，向工业化、现代化国家坚定迈进。

为此，老挝人民革命党十大立足基本国情，提出了社会主义建设的七大方针任务：一是根据可持续方针发展国民经济。二是视人力资源开发为国家发展的决定性因素，推动社会治理和发展创新，建设文明、公正社会。三是建设稳固的人民民主法治国家，确保行政管理公平有效，继续执行关于把省建成战略单位，把县建成全面坚强单位，把村建成发展单位的战略指导方针。四是加强各族人民团结和睦。五是坚持深入彻底执行全民全面国防治安路线，积极建设稳固、坚强、现代化的人民革命武装力量。六是始终坚持和平、独立、友好、合作的外交路线，主动融入国际和地区一体化进程，为建设东盟

---

① 参见 2021 年 1 月 13 日时任老挝人民革命党中央总书记、国家主席本扬·沃拉吉在老挝人民革命党第十一次全国代表大会上所做的政治报告（老文版）。

共同体做出积极贡献。七是加强党的领导能力、战斗力和先进性。

2021 年 1 月召开的老挝人民革命党十一大积极规划未来国家经济社会发展，制定新时期九五规划"六大奋斗目标"：一是国民经济持续、高质、稳定、可持续发展，未来五年实现经济年均增长 4% 以上，到 2025 年人均年收入达到 2887 美元。二是开发可以满足发展需要、具备研究和运用科技能力的高素质人才资源，提升生产和服务的效率和附加值。三是逐步提高人民物质和精神生活水平。四是保护环境，维护生态平衡，降低自然灾害风险。五是强化基础设施建设，利用国家地理优势和发展机遇，积极融入地区和国际加强合作与互联互通的进程。六是严格按照法治国家建设方针，实现国家高效治理，确保社会公平公正。①

大会还提出要实现系统、全面、持续的转变，并制定了新时期社会主义建设的"八大政策规划"：一是加强党对军队的绝对、直接、全面领导，继续按照全面全民国防治安路线组织落实国防治安工作，建成纯洁、坚强、稳固和具有现代化作风的国防治安力量，具备应对现代化战争和和平演变战争的能力，捍卫政局稳定、社会安定有序。二是发挥潜力与优势，建设强大的生产与服务基地，确保可持续自主发展，推动国内企业发展壮大，完善国家财政预算工作，加强货币管理，实现在吸引国内外投资当中的根本的、强有力转变，继续有重点地发展农村公共基础设施，强化城市管理与开发，解决环境问题与保护环境相结合。三是加强人力资源开发，提高人民当家作主地位，建设民主、平等、公正的社会，培养具备综合素质的老挝人，使每个民族和每个老挝人能够共同发展进步、共同公正地享受经济社会发展成果，弘扬民族特色文化，不断发展精神文明。四是完善政权组织和体制机制，建设坚强、高效政府，注重解决部门之间存在的职责重叠问题，建设职责明确的组织网络，精简机构，推行现代化办公，压缩编制，提高公务人员素质，厉行节约，遵纪守法，政务公开，接受群众监督，推动实现依法高效运转。五是加强党的统战与群团工作，老挝建国阵线委员会、老挝人民革命青年团、老挝妇女联合会、老挝工人联合会、老挝国家老战士协会以及在老挝依法成立和活动的各个社会、政治组织等，是党

① 参见 2021 年 1 月 13 日通伦·西苏里在老挝人民革命党第十一次全国代表大会上所做的九五规划（2021—2025）报告（老文版）。

开展群众工作的基本组织，要发挥团结各族群众、对各族群众开展宣传教育和提高各族群众政治觉悟的作用，组织、领导和参加国家和社会治理，在社会中组织抵制消极现象的运动，确保建成纯洁、坚强、稳固的党和透明高效的政府，同时还要积极开展人民外交，加强对外交流与合作。六是继续坚持和平、独立、友好与发展合作的外交路线，以预防性外交为重要指导方针，在坚持互相尊重独立与主权、共赢的基础上，继续扩大国与国之间、党与党之间多方向、多方面、多形式、多层次的交往合作，积极加强落实与各战略伙伴国之间签署的各项已经共同提升到新的高度的基本合作协定，深化与越南之间的伟大友谊、特殊团结和全面合作关系，发展与中国之间的传统友谊、全面战略合作伙伴和长期稳定的关系，推动中老命运共同体构建全面开花结果，维护和加强与其他兄弟国家和俄罗斯之间的传统友谊，发展与其他友好国家之间的友谊，包括继续发展与邻国之间的友好关系，并通过谈判解决双方之间的矛盾与分歧，同时保持和扩大双方之间的贸易与投资合作，继续在地区和国际组织积极活动，为维护地区和国际的和平稳定与促进发展合作作出重要贡献，为国家发展创造有利条件，为人民带来实际福祉。七是要加强党的建设，实现思维革新，提高党的思想政治理论质量，研究、运用和创新马列主义的凯山·丰威汉思想，继续完善各级党委，建设坚强党组织，坚决解决党内遗留问题，建设坚强的党组织，提高党员与干部素质，建设纯洁、坚强、稳固的基层党组织，落实党的基本原则，改善党的工作作风和领导作风，加强党内监督，坚决消除党内消极现象。八是实现干部工作的强健、深刻转变，系统制定和执行干部规划，完善干部选拔与任用体制，积极合理地完善对干部的政策与福利，严格执行干部管理、监督制度与纪律处分措施。①

（五）社会主义定向的市场经济体制

1986 年提出经济革新政策以来，老挝人民革命党立足老挝基本国情，大力发展社会生产力，努力实现从自然经济向商品经济转变。随后，老挝人民革命党的五大、六大、七大都鼓励各种经济成分在政府调控和管理下遵循市场机制开展经营，标志着老挝经济体制革新迈出了有力的一步。1991

---

① 参见 2021 年 1 月 13 日时任老挝人民革命党中央总书记、国家主席本扬·沃拉吉在老挝人民革命党第十一次全国代表大会上所做的政治报告（老文版）。

年 8 月 15 日，老挝颁布的第一部宪法规定，国家鼓励各种经济成分在发展生产和经营中相互竞争与合作。在此基础上，老挝人民革命党八大提出了沿着社会主义方向，在市场机制基础上发挥各种经济成分的力量，推动国有经济和人民合作经济发展壮大。2011 年 3 月老挝人民革命党在九大正式提出了坚持各种经济成分一律平等的口号，鼓励各种经济成分共同发展，实现自然经济向商品经济转变，建立社会主义方向的市场经济体制。2015 年 3 月，在纪念老挝人民革命党成立 60 周年大会上，朱马里·赛雅颂进一步强调要发展社会主义方向的市场经济。

2016 年 1 月，老挝人民革命党十大认为发展市场经济是老挝当前和今后长期的任务，是老挝从"陆锁国"走向"陆联国"的必然趋势，市场经济与社会主义是一致的而不是对立的，老挝发展市场经济是社会主义方向的市场经济，不是资本主义的市场经济。为此，十大强调要坚持多种经济成分、多种所有制形式、多种分配方式和生产组织形式并存，发挥其他经济成分与国有经济和集体合作经济作用，共同推动国家繁荣发展，发展社会主义方向的市场经济，确保市场在资源配置中的主要作用。

2021 年 1 月召开的老挝人民革命党十一大提出要以马列主义和凯山·丰威汉思想为指引，继续坚持社会主义定向的市场经济，进一步深化革新开放，积极探索符合本国国情的发展道路。

（六）马克思主义党建思想

作为一个坚持马列主义的社会主义国家执政党，老挝人民革命党在完成各时期中心任务的同时，始终以马列主义为指导，坚持党的自我建设，成功实现了从革命党向执政党的转变。老挝人民革命党第一代领导人凯山·丰威汉一直高度重视党的建设工作，他曾强调："从革命党转变为执政党，要知道革命任务的内容和目标产生了变化，要转变成一个带领全国各族人民当家作主、进行社会主义建设的执政党，必须高度重视和加强党的建设。"[1] 基于上述认识，老挝人民革命党始终坚持从思想政治、组织纪律、工作作风、干部培养、发动群众等方面对党的建设做出部署和规划。民族民主革命时期，老挝人民革命党重视党的阶级性和先进性建设，加强党的政治、

---

[1] 老挝人民革命党中央宣传部：《凯山·丰威汉文集（第 3 卷）》（老文版），老挝国家印刷社 2005 年版，第 78 页。

组织与干部建设。建国后，老挝人民革命党又基于根据地时期的人民民主制度建设经验，注重党的执政能力建设，巩固党的执政地位。进入革新开放时期，老挝人民革命党在开展有原则的革新路线的同时，始终重视党的先进性建设，党的执政能力与领导能力逐步增强。通过党的自我建设，老挝人民革命党党内思想高度统一，党的执政能力和领导水平得到极大提升。站在新的历史起点，在马列主义和凯山·丰威汉思想的指引下，老挝人民革命党将继续全面加强党的自我建设，努力建成"纯洁、坚强、稳固"的政党，提高党的领导能力和先进性，巩固党的执政地位。

三、老挝社会主义的生动实践

（一）突出以经济建设为中心

社会主义的本质是解放和发展生产力，大力发展经济，不断提高人民群众生活水平。自 1986 年确立革新开放以来，老挝人民革命党立足基本国情，不断探索推动社会生产力发展的有效途径，并进一步完善与生产力发展相适应的生产关系，努力实现从自然经济向商品经济、市场经济转变，促进老挝特色社会主义事业蓬勃发展，取得世界瞩目的成就。

一是国内生产总值（GDP）保持持续较快增长，人均 GDP 由 2000—2001 年的 319 美元增至 2013—2014 年的 1671 美元，2014—2016 年达到 1970 美元。2016 年老挝人民革命党十大以来，老挝经济继续发展，从 2016 年的 2025 美元达到了 2019 年的 2654 美元和 2020 年的 2664 美元。2011 年，世界银行将老挝由低收入国家行列列入中等偏下收入国家行列。

二是经济结构向工业化现代化方向转变，农林业由 1999—2000 年的 46.2% 降至 2014—2016 年的 23.7%，工业由 1999—2000 年的 17.9% 增至 2014—2016 年的 29.1%，服务业由 1999—2000 年的 35.9% 增至 2014—2016 年的 47.2%。2016 年老挝人民革命党十大以来，经济结构继续向工业化和现代化迈进。其中，第一产业从 2016 年的 15.8% 变成 2020 年的 16.6%，第二产业从 2016 年的 33.7% 变成 2020 年的 33.0%，第三产业从 2016 年的 40.3% 下降为 2020 年的 39.5%。

三是劳动力结构实现积极转变，农业劳动人口由 2005 年的 78.5% 降至 2016 年的 65.3%，工业劳动人口由 2005 年的 4.8% 增至 2016 年的 11.5%，服务业劳动人口由 2005 年的 16.7% 增至 2016 年的 23.4%。根据劳动力普查数据，2017 年老挝劳动适龄人口为 470 万人（预计人口为 690 万人），有经济贡献的为 195 万人，占劳动力人口的 40.8%，其中已就业人口为 175 万人，失业率为 9.4%。175 万人的就业人口中，第一产业占 35.8%，批发零售占 21.4%，工业生产占 9%，电力行业占 0.7%，矿业占 0.5%，其他行业占 32.6%。不过，自新冠疫情暴发以来，老挝失业率一度高达 20%。

四是老挝力争摆脱最不发达国家状态（LDCs）的相关准备工作取得较大进展。根据 2015 年国际评估，老挝人均国民总收入（GNI）为 1232 美元，相当于标准的 99%（标准为 1242 美元），人类财富指数（HAI）为 60.8，相当于标准的 92%（标准为高于 66），经济脆弱性指数（EVI）为 36.2，相当于标准的 88%（标准为低于 32）。根据 2018 年的评估，老挝在 3 个条件中有 2 个条件表现良好，三个标准值分别为 1996 美元、72.8、33.7。未来，老挝将继续努力，实现既定目标。

五是社会文化事业、生态环境保护取得多项成就，国民教育体系不断完善并得到巩固，以人力资源发展为中心，实现全国普及小学和初中教育，提高了国民卫生医疗服务和基层文化服务水平，建立和完善了立法机构，以生态文明建设为重点，保护了生态环境，推动可持续发展。近年来，老挝新闻和文化工作在数量和质量上大幅提升，实现电子化，调整新闻内容，提升新闻媒体质量，印刷品、电子媒体和网络媒体发展迅速，通信网络得到完善。截至 2020 年 9 月，老挝全国有文化家庭 957198 户，占全国家庭的 76.15%（计划为 80%），其中 5 年来建成的文化家庭达到 185000 户。文化村 6375 个，占全国的 75.52%（计划为 65%），其中 5 年来建成的文化村有 1154 个。宣传和推动旅游发展，其中比较突出的有 2018 老挝旅游年、2019 中老旅游年等。2017 年年底，老挝芦笙被列入世界非物质文化遗产，2018 年年底，石缸平原被列为世界遗产（努力将川圹的石缸平原和甘蒙的普鑫嗼诺石山申遗）。除此之外，还注意恢复、保护和推动物质和非物质文化的发展。公共卫生工作得到持续全面发展，从中央到地方的基础设施、医疗设备、医疗服务等得到发展和提升，中央、省、县、村级医疗网络都进行了现代化建设，完成了多个大项目，包括友谊医院新大楼、103 医院新大楼等，提升了医生和医护人员的知识、能力以及职业道德，在全国推行五好一满意政策，重视初级保健工作，注意边境传染病防治，重点防范新冠病毒、登革热和其他疾病，确保食品药品的营养、质量和安全。社会福利工作得到很好发展,社保、医保覆盖率达到 94%,超过计划的 80%。对参加民族民主革命有功的人落实政策 17491 人,占 54.31%(国会决议为 32204人)。在 13 个省成立社会救济基金,占计划的 72.22%(计划是 18 个省市)。扶贫救灾募捐现金达到基普 221.2 亿,美元 1438 万,泰铢 2.0223 亿,除此之外,还募集到了许多物资和设备。近年来,老挝可持续发展目标、绿色发展战略得到落实,得到国际社会的积极支持,许多国家保持援助水平,甚至有的国家还在原来基础上加大支持力度。

六是与国际地区经济发展接轨日益深入。老挝于 2013 年年初正式加入世贸组织,2015 年年底加入东盟经济共同体,主办多次重要国际会议。2016 年 9 月 6 日—9 日,老挝在首都万象举行了第 28 届和第 29 届东盟峰会、第 19 次东盟—中国领导人会议暨中国—东盟建立对话关系 25 周年纪念峰会、第 19 次东盟—日本领导人会议、第 18 次东盟—韩国领导人会议、第19 次东盟与中日韩(10 + 3)领导人会议、东盟—澳大利亚领导人会议、第8 届东盟—联合国领导人会议、第 14 次东盟—印度领导人会议、第 4 次东盟—美国领导人会议及第 11 届东亚峰会等系列会议。以上一系列重大实践,都推动老挝在国际经济政治舞台上的地位不断提高。

(二)加强党的自身建设

老挝人民革命党认为,党的领导是革命取得胜利、建立人民民主和坚持与捍卫社会主义制度的根本保障。老挝人民革命党能够在一个落后的国家保持长期执政地位,并且得到人民的拥护和信任,其中一个重要原因是十分重视执政党自身建设。早在党的一大、二大期间,老挝人民革命党就明确提出了党的建设的基本方向:党的建设必须以马列主义为指导,服务于各个时期的政治任务并与之紧密联系,必须与群众斗争运动紧密联系,把党建设成政治、思想和组织上稳固坚强的党。1982 年老挝人民革命党三大强调要从政治、思想和组织等三个方面强化党的建设,党建工作要与人民运动、改善政府机构和群众组织以及提高党员和干部素质相结合。[1] 1986年老挝人民革命党四大强调党的领导,改善党的组织,强化基层党组织的战斗力,革新干部工作,发挥党员干部的带头示范作用,改变工作方式,

---

[1] 老挝凯山博物馆领导委员会:《凯山·丰威汉的革命生涯》,老挝国家出版社 2012 年版,第 315 页。

坚持组织生活原则，加强思想理论工作。① 1991 年老挝人民革命党五大强调要提高党对社会的责任心。1996 年的六大通过了党的新章程，强调要建设一个政治、思想和组织坚强的党，提高党员素质。之后，七大、八大、九大、十大修改后的新党章都强调：在坚持马克思列宁主义，坚持社会主义理想的基础上，从政治、思想和组织上培育和建设一个坚强的党。其中，2001 年的七大提出要从思想政治、组织建设、领导作风、监察管理、干部队伍建设等几个方面着手，巩固党的执政地位。2006 年老挝人民革命党八大提出把党建设成廉洁、稳固和坚强的执政党。2011 年九大提出要加强党的思想政治建设、组织建设、领导作风建设、纪检监察建设和党员干部队伍建设等。2016 年，在老挝人民革命党十大政治报告中特别强调："提高党的领导能力和战斗力，增强党员先进性和榜样带头作用有着重要意义，是完成 2020 年带领国家摆脱欠发达状况并稳步走上社会主义新征程的决定性因素。"②

加强党的自身建设。2021 年老挝人民革命党十一大政治报告指出："要加强党的建设，实现思维革新，提高党的思想政治理论质量，研究、运用和创新马克思列宁主义的凯山·丰威汉思想，继续完善各级党委，建设坚强党组织，坚决解决党内遗留问题，提高党员与干部素质，建设纯洁、坚强、稳固的基层党组织，落实党的基本原则，改善党的工作作风和领导作风，加强党内监督，坚决消除党内消极现象。""实现干部工作的强健、深刻转变，系统制定和执行干部规划，完善干部选拔与任用体制，积极合理地完善对干部的政策与福利，严格执行干部管理、监督制度与纪律处分措施。"③ 未来，在十一大精神的指引下，老挝人民革命党将继续加强党的建设：一是研究、领会和掌握新时期关于党的自我建设的相关法规文件；二是强化各级党委对建设纯洁、坚强、稳固的党的责任意识；三是强化各级党委和所有党员在民主评价中的责任，要基于工作计划的组织实施与成效对党员与党组织进行评价；四是加强组织建设，提高党员管理工作与开展

---

① 老挝凯山博物馆领导委员会：《凯山·丰威汉的革命生涯》，老挝国家出版社 2012 年版，第 327 页。

② 老挝中宣部：《老挝人民革命党 60 周年》，老挝国家出版社 2015 年版，第 57 页。

③ 参见 2021 年 1 月 13 日时任老挝人民革命党中央总书记、国家主席本扬·沃拉吉在老挝人民革命党第十一次全国代表大会上所做的政治报告（老文版）。

基层党组织生活的质量；五是主动抵制和反对党组织内部和党员队伍内部的消极现象；六是继续发扬党内团结统一传统；七是重视党建工作的监督检查工作，定期总结党建经验。①

（三）推进社会主义民主法治建设

老挝人民革命党成为老挝执政党以来，一直致力于推进社会主义民主法治建设。为了调动各族群众建设社会主义的积极性，老挝人民革命党四大提出政治体制革新，核心是调整和完善人民民主制度。四届七中全会根据当时经济革新政策和经济管理体制革新的需要，决定从政治上革新以保证经济革新顺利进行，强调在从当前的人民民主制度向社会主义过渡的时期，必须加强民主建设，保障人民的民主权利，确定人民民主制度的基本任务是发展商品生产，巩固社会主义经济基础。

1991 年颁布的第一部宪法，标志着老挝社会主义法治建设正式拉开帷幕。经过数十年的发展，老挝形成了具有老挝特色的社会主义民主法治理念、方针，探索出了一条符合老挝国情的法治建设道路。

2012 年 2 月 15 日，老挝人民革命党中央政治局颁布了第 3 号"关于将省建设成为战略单位、将县建设成为全面坚强单位和将村建设为发展单位"的决议。"三建"工作是一项长期维护人民民主制度的重要战略，旨在实现民富国强、社会团结和谐、民主公正文明。按照"三建"工作要求，深入推进政治体制革新，把加强民主制度建设作为首要任务，充分尊重人民群众的主体意愿和创造精神，保障人民群众充分享有各项政治权利、参与社会管理，维护国家政治稳定，维护各民族团结和睦与社会安定有序。深化县级行政机构改革，完善公务员制度，推动建立公务员财产登记制度。

老挝人民革命党认识到了社会主义法治建设的重大意义，积极研究和出台建设法治国家有关政策，强调维护社会公平，保证法律权威，使全社会严格生活在宪法和法律框架下。截至 2021 年 6 月已颁布实施法律约为160 部，涉及政治、经济、文化、社会、环境保护等各个领域。2015 年 12月 15 日，颁布实施了修订后的新宪法，修订后章节由 2003 版的 11 章 98 条增至 14 章 119 条，新增省级议会、国家审计署和国家选举委员会 3 章内容

---

① ［老］通沙里·曼诺梅：《在老挝人民民主共和国建设纯洁、坚强、稳固的政党》（老文版），《新曙光杂志》2020 年第 1 期，第 26 至 30 页。

并增加了 21 条新条款。

近年来，老挝继续加强民主法治建设工作，法治国家、法治政府、法治社会建设有序推进。各级政府重视依法履行管理职能，依法管理国家事务和经济社会事务，不断提高依法管理国家和经济社会事务的效率。不断建立完善行政管理体制机制和规章制度，堵塞管理漏洞，使国家权力机关更加廉洁透明。各级司法机关积极开展机构革新，更加重视捍卫法律和维护社会公平正义。培养和建设了一支政治过硬、有革命道德、具备法律专业知识的干部队伍。积极开展社会法制宣传教育，培育国民守法意识，确保法律面前人人平等。

（四）重视文化建设，发挥佛教服务社会主义建设的积极作用

老挝人民革命党高度重视社会文化发展，推动物质文明和精神文明协调发展，各族人民群众文化生活日益丰富多彩。文化旅游工作不断发展，群众参与的文化生态旅游项目不断拓展。各类媒体在数量和质量上实现发展，群众性宣传思想文化工作有效开展。以人力资源发展作为中心和优先工作，革新国民教育体系，提高教育质量，整顿教育领域的消极现象和错误观念，实现全国普及小学教育，多省普及初中教育。

高度重视保护和弘扬各民族优秀传统文化和特色。教育青少年热爱和学习本民族优秀传统文化，保护民族文化特色，保护文化古迹、兴建文化设施。重视保护和传承非物质文化遗产。提倡穿着民族服装，规定公务人员，尤其是女性在工作场合或者正式场合必须穿具有老挝特色的民族服装。

佛教文化已融入人们生产生活的方方面面，对各族群众的影响极为深刻。老挝人民革命党十分重视发挥佛教、佛教组织在增强各民族团结、维护社会和谐稳定中的积极作用。制定和出台了不同时期符合社情民意的宗教政策，指导宗教工作，把教职人员和信教群众视为社会主义建设的积极力量。把佛教教育与爱国主义教育、公民思想道德教育有机统一。每逢重大庆典、法定节日和活动时，党和国家领导人与群众共同参与佛教活动，以此作为宣传党的方针政策和团结广大民众的重要方式。

（五）融入国际和地区社会，争取外部援助和支持

老挝人民革命党在坚持相互尊重、互利共赢原则基础上，积极奉行和平、独立、友好、合作、融合的外交政策，积极主动开展全方位、多方面、多层次、多形式的外交活动，逐步改善和加强与世界各国交往合作，积极争取国际经济和技术援助。1997 年，老挝成为东盟成员国。2012 年，老挝加入世贸组织。2015 年老挝加入东盟经济共同体并以创始成员国身份加入亚洲基础设施投资银行。2016 年 3 月，老挝与澜沧江－湄公河流域各国共同启动澜湄合作机制。2020 年 8 月 24 日上午，澜沧江－湄公河合作第三次领导人视频会议召开。会议发表了《澜沧江－湄公河合作第三次领导人会议万象宣言》和《澜沧江－湄公河合作第三次领导人会议关于澜湄合作与"国际陆海贸易新通道"对接合作的共同主席声明》，这是澜湄合作的最新成果。2020 年 11 月 15 日，老挝与其他国家 15 国领导人共同见证区域全面经济伙伴关系协定（RCEP）的签署，作为世界上参与人口最多、成员结构最多元、发展潜力最大的自贸区，这是老挝参与区域合作极具标志性意义的成果，更是多边主义和自由贸易的胜利，将为老挝经济的恢复性增长和繁荣增添新动能。2021 年是中国－东盟建立对话关系 30 周年，在中国—东盟合作蓬勃发展中，中老合作成就令人瞩目。截至 2021 年 10 月，老挝与世界上 145 个国家建立了外交关系，与世界上约 140 个政党建立了党际联系，开展党际交往。将党际交往、政府外交、群众组织外交与国防治安工作紧密结合，曾积极主动承办了第七次亚欧议会联盟会议、第九届亚欧首脑会议等多个重要国际会议，成为世界贸易组织正式成员，被选举担任联合国有关机构及其他国际组织成员。目前，外交活跃并取得了一系列丰硕成果。

提出有原则地争取外部援助和支持。革新开放以来，老挝弱化意识形态和社会制度的宣传，改善国际形象，提高国际影响力。在加强同社会主义国家友好合作的同时，重视发展同周边国家及世界各国、国际组织和机构的交流与合作。不断加强同东盟各国双边交往及区域多边交流合作。

四、老挝社会主义建设当前面临的主要问题

老挝革新既包括经济体制的革新，也包括政治体制的革新。革新 30 多年来的社会主义建设成效举世瞩目，但当前也面临一定的困难和问题。

一是经济基础薄弱，经济结构不合理，宏观经济不够平衡，对外依赖性强。仍过度依赖自然资源开采和原材料出口，不能创造足够的产品附加值，可持续发展能力不足。生产效率低，科技利用率低，工农业领域现代化滞后，基础设施建设领域外的其他领域投资不足。同时，老挝还存在经济对外依赖性过强、整体科学技术落后、人力资源缺乏、投资环境滞后、

商品无竞争力、无出海口等诸多不利因素。

二是队伍更迭换代问题。2016 年 1 月，老挝人民革命党十届一中全会进行了中央领导层的例行换届，虽然新一届中央领导集体结构体现了"老、中、青三代结合"，但仍然面临着接班人培养、执政能力挑战、队伍更迭换代、防范和平演变和巩固执政地位等问题。

三是党的建设工作尚待加强，思想政治、组织人事、党性培养和作风建设工作需要形成常态化机制，纪检监察工作还没有达到应有水平，宣传工作还有提升空间。

四是社会主义建设人才缺乏。因老挝国家整体教育和人才培养基础的薄弱，当前人力资源开发培养与经济社会发展需要尚不能同步，劳动力普遍缺乏专业知识和技能，竞争力相对较弱。教育教学机构、技能培训组织、科研单位较少，基础性学科建设薄弱，专业人才培养的对外依赖程度偏高。国家人力资源开发与人才培养战略尚不完善，教育普及与教育公平尚待改进。

五是民族优秀文化受到侵蚀，追逐不正确价值观的现象有所放任，一些陈风陋习牵制、阻碍了社会主义建设进程。黄赌毒等一些社会消极现象未能得到有效遏制，西方意识形态渗透对社会主义主流意识构成了较大的影响，和平演变和颜色革命风险较高。

六是社会治理体系尚未健全，法治建设收效较差，治理能力有待提高，贪腐现象依然存在。当前，这些消极因素在一段时期内、一定程度上影响或妨碍老挝社会主义建设。

七是外交政策和军事自强尚有提升空间。老挝在外交工作中还不可避免地受到地缘政治、历史传统和现实压力的影响，军事理论研究、军事战略战术安排、军事基础设施和军队建设尚待加强。

五、老挝社会主义发展前景

从上述老挝社会主义建设成就和所面临的困难，可以清楚地看到，未来老挝的发展机遇大于挑战。在国际风云变幻、各种矛盾相互交织、各种思想相互碰撞、各种力量竞相发声的背景下，老挝人民革命党将坚持马克思列宁主义、凯山·丰威汉思想为指导，坚定社会主义发展方向不动摇，坚持以人民为中心，全面深化革新开放，进一步加强政治、经济、文化、社会和生态建设，维护各民族团结和社会和谐稳定，不断探索符合自身国情的社会主义发展道路。

一是党的执政地位会继续巩固。老挝人民革命党领导老挝人民经历了抗法战争、抗日战争、抗美救国战争和解放运动的长期考验，建国后又经历了领导老挝各族人民修复战争创伤、进行社会主义改造尝试和实行革新开放等一系列社会主义革命和建设的实践考验，党的领导能力和执政水平不断提高，党员干部队伍的建设取得重大突破，领导社会主义建设的经验日益丰富。

二是经济总体协调发展。老挝现已实现 8 个经济社会发展五年计划，从相关资料看，第一至第七个五年计划的 GDP 增长率在逐年提高，第七个五年计划实现了 GDP 增速 7.9%，人均 GDP 达到 1970 美元。老挝人民革命党"十大"审议通过的"2030 年远景规划"、"未来 10 年发展战略"（2016—2025）和"八五"规划都把发展社会主义经济作为核心任务。第八个五年计划尽管受到新冠疫情等因素的影响，但经济仍保持了年均 5.8% 的增长，2020 年人均收入达到 2664 美元，人民群众生产生活秩序基本正常。老挝人民革命党十一大提出，将努力确保国民经济持续、高质、稳定、可持续发展，未来五年实现经济年均增长 4% 以上，到 2025 年人均年收入达到 2887美元。

三是社会将进一步和谐稳定。老挝党和政府积极推动社会主义法治建设，制定了一系列旨在维护民族团结、社会稳定的政策和举措。在努力发展经济，提高群众生活水平的同时，加强公民思想道德建设。改善人民群众精神文化生活，加快文化传媒产业和教育事业发展，提振文化自信，降低对国外，特别是邻国的文化产品依赖程度。继续发挥建国阵线的统一战线作用，指导和鼓励工、青、妇联和老战士联合会等各种群众组织的作用。加强对国际组织的监管，在防范"自我分化""自我西化"的同时，坚决防范和打击西方社会的"西化""分化"活动。

四是建立地区合作机制带来重大发展机遇。在东盟国家加强互利合作的基础上，以政治安全、经济和社会文化为三大支柱的东盟共同体于 2015年 12 月正式成立，标志着东盟一体化进程取得重大进展。东盟一体化对老挝政治、经济、社会文化与东南亚和世界接轨，对老挝产业走出国门、走向世界，对老挝更好更多地吸引外资与争取外援、外技、外来人才将是一个很大的促进。东盟一体化有望使老挝充分借助其所带来的人流、物流、资金流、信息流获得发展，并可借助东盟共同体的国际营销网络，发展对外贸易，提高出口创汇能力。

五是努力营造良好的国际环境。老挝一直坚持和平、独立、友好、合作的外交方针，积极主动融入国际和地区，扩大与周边国家、东盟共同体国家、世界友好国家及国际组织的交往合作，尤其是加强与各个有着共同理想的传统战略伙伴国家的友好往来。2016 年老挝人民革命党十大重申继续坚持和平、独立、友好、合作的外交方针，积极主动融入国际和地区，为东盟一体化建设做贡献。2021 年老挝人民革命党十一大提出，将继续坚持和平、独立、友好与发展合作的外交路线，以预防性外交为重要指导方针，在坚持互相尊重独立与主权、共赢的基础上，继续扩大国与国之间、党与党之间多方向、多方面、多形式、多层次的交往合作。

老挝社会主义事业发展的国际环境发生了改变。老挝与越、柬、泰、缅、中 5 国接壤，这些国家都与老挝建立了睦邻友好和互助合作关系。老越历史上关系密切，两国一直保持和强调"特殊团结"的友好关系，两国曾于 1977 年签订了有效期为 25 年的《友好合作条约》，目前，越南是老挝的第三大投资来源国，老挝是越南对外投资最多的国家。老泰关系已从对抗转为合作，泰国一直是老挝的第一大贸易伙伴。老柬尽管近期因边境争端，双方关系一度出现波动，但最后以"双赢"的解决方案化解了矛盾，两国又恢复了特殊的传统友谊。老中两国是好邻居、好朋友、好同志、好伙伴。目前，中国是老挝第一大投资来源国，第一大援助国，第二大贸易伙伴，第一大出口对象国。自中共中央总书记国家主席习近平提出"一带一路"倡议以来，老挝积极参与，主动融入。2015 年"老挝一号"卫星发射升空，2016 中老铁路开工建设。此外，澜沧江－湄公河合作机制构建，赛色塔综合开发区和中老磨憨－磨丁经济合作区建设是"一带一路"的杰作，老挝在经济、旅游、贸易等方面已从"一带一路"倡议中获益。2018 年 5 月，老挝人民革命党总书记、国家主席本扬·沃拉吉访华时表示："愿进一步发挥两党关系对中老关系的政治引领作用，保持两党定期会晤，加强党的建设、治国理政经验交流和政府各领域务实合作，加快推进老中'一带一路'框架下大项目合作，密切在国际和地区事务中的协调配合，共同建设好老中牢不可破的社会主义命运共同体，造福两国和地区人民。""一带一路"

成为老挝打造"东南亚蓄电池"的助推器、实现互联互通的总钥匙，正推动老挝从"陆锁国"变为"陆联国"，逐步摆脱最不发达国家状态。2019年，中共中央总书记、国家主席习近平与时任老挝人民革命党总书记、国家主席本扬·沃拉吉在北京签署《构建中老命运共同体行动计划》。这是中国首份以党的名义签署的构建人类命运共同体的双边合作文件。2021年是中老建交60周年和中老友好年，在中老两国的共同努力下，中老友好关系和互利合作将开启历久弥新、充满活力的新篇章。

第三节　古巴社会主义的历史、理论与前景

古巴社会主义兴起于20世纪50年代后期，至今已走过60多年的历史，形成了特色鲜明的古巴特色社会主义。研究古巴社会主义运动的历史、理论和发展前景具有十分重要的现实意义。

一、古巴社会主义运动的兴起

古巴为什么会走上社会主义的道路，原因肯定是多方面的。其中两个原因尤为重要：一是革命发生的条件及如何走向胜利；二是革命的领导力量，尤其是它的领袖菲德尔·卡斯特罗是如何接受马克思主义进而使古巴选择社会主义道路的。

古巴革命者以自身艰苦的武装斗争为主要形式，以山区革命根据地建设为重要内容，将反独裁斗争与农民争取土地的斗争相结合，获得了广大农民的拥护，从而使革命有了坚实的群众基础。待武装军事力量和革命根据地实力不断发展壮大后，古巴革命者开始向各大城市发起进攻，最后进军首都哈瓦那，推翻了独裁统治，建立了革命的新政权，夺取了全国革命的胜利。就此而言，古巴的革命斗争方式有些类似于中国革命。但不同的是古巴革命的主要领导力量——菲德尔·卡斯特罗领导的"七二六运动"，一开始并不是坚持马克思主义的指导思想，走社会主义的路线，而是高举反独裁争民主的旗帜，开展激进的民族民主革命。菲德尔·卡斯特罗领导下的古巴革命放弃原来的道路，转向社会主义方向既有客观因素也有主观原因。

其一，古巴革命发展形势推动着古巴转向社会主义。1960 年 10 月 15 日，菲德尔·卡斯特罗宣布："革命的第一阶段已告完成，革命现在进入第二阶段"，"革命政府在 20 个月内完成了蒙卡达纲领"。① 古巴革命取得胜利后，贫苦农民分得了土地，工人生活水平不断提高，民主改革得到了广大工农群众的积极拥护。古巴群众的革命呼声越来越高，革命要求已超出民主革命的范围，革命形势要求革命者把革命向更深层次推进发展。菲德尔·卡斯特罗宣布古巴革命是一场社会主义革命。正如菲德尔·卡斯特罗所说："是革命的规律使我们树立了社会主义的信仰。"②

其二，美国一直以来的敌视政策逼迫古巴选择了社会主义道路。革命之初，菲德尔·卡斯特罗在受审时，发表了《历史将宣判我无罪》的革命演讲。这篇著名的文献详细阐述了古巴革命的社会理想和政治、经济纲领，但其内容并未超出反帝反独裁的民族民主革命的范围。1957 年 1 月，在面对《纽约时报》记者赫伯特·马修斯的采访时，菲德尔·卡斯特罗指出：古巴革命就是为古巴民族达到历史目的和实现彻底统一而进行的一种斗争。此时的菲德尔·卡斯特罗还并不是一个社会主义者。1959 年春，菲德尔·卡斯特罗在访问美国时仍然强调："古巴革命既不是资本主义，也不是共产主义，而是橄榄绿色的人道主义。"5 月 9 日，菲德尔·卡斯特罗在古巴的一次讲话中重申了他在访美时的观点：古巴革命是完全民主主义的，与共产主义没有任何关系，因为这个革命不仅要给人民粮食，还要给人民自由。表示古巴在独立后还未确定选择社会主义、共产主义。古巴革命政权在政治、经济、教育等方面进行了改革，使古巴的面貌发生了很大的变化。古巴革命推翻了巴蒂斯塔独裁政权，而后进行的一系列改革又进一步触动了美国的利益，促使美国对古巴变本加厉地采取敌视颠覆政策。如外交上，通过竭力拼凑反古巴阵线孤立古巴，并于 1961 年与古断交；经济上，对古巴贸易实行禁运。此外，美国还组织雇佣军入侵古巴，企图颠覆菲德尔·卡斯特罗领导下的古巴革命政权。严峻的形势使古巴认识到除了选择社会主义，别无他途。

---

① ［古］菲德尔·卡斯特罗：《卡斯特罗言论集》第 1 册，人民出版社 1963 年版，第 291、298 页。

② ［古］菲德尔·卡斯特罗：《全球化与现代资本主义》，王玫等译，社会科学文献出版社 2000 年版，第 26 页。

其三，社会主义国家的支援是古巴选择社会主义的一个重要推动力量。在美国企图扼杀古巴革命时，社会主义国家选择了对古巴进行及时的援助。1960年2月，苏联和古巴之间达成协议，苏联给予古巴一亿美元贷款并计划5年内每年购买100万吨古巴糖。1960年7月，中国同古巴达成贸易共识；9月，古巴和中国建交；11月，中古签订经济技术合作协定，中国向古巴提供6000万美元贷款。在当时的背景下，一方面，古巴需要尽快稳固国内局势，捍卫革命政权，防止其他敌对势力颠覆革命政权；另一方面，尽快打破美国对古巴的封锁，寻找尽可能多的国际盟友，以获得经济上和外交上的支援。此时，包括苏联、中国的许多社会主义国家对古巴的援助无疑是雪中送炭，缓解了古巴所面临的国内外危机。

其四，菲德尔·卡斯特罗本人对马克思主义认识的转变。菲德尔·卡斯特罗作为一个具有民族主义思想的革命领袖，对马克思主义的认识也随着古巴革命实践的发展而不断深入。菲德尔·卡斯特罗本人在大学时代就接触了马克思主义思想的有关内容，在一次电视讲话中，他谈到了自己学习和接受马克思主义的过程：在大学经历的许多事件之一就是我们开始第一次接触到《共产党宣言》。马克思、恩格斯、列宁的著作等等。……当我们离开大学之后，特别是拿我自己来说，我真正是受到了很大的影响——我不是说我已是一个马克思主义者，不，不是的……很可能我当时还存在着无数条小资产阶级的偏见和一系列小资产阶级的思想，我很高兴我现在基本没有了，但也是基本上没有了……我绝对相信马克思主义！……并强调他对马克思主义没有丝毫的怀疑，是一个至死不变的马克思主义者。在经历吉隆滩战役的战斗洗礼后，菲德尔·卡斯特罗认清了美帝国主义的真面目，更加坚定了对马克思主义、社会主义的立场。此外，菲德尔·卡斯特罗还在古巴领导创办了马列主义学校，推动马列主义在古巴的传播。在此期间，古巴还相继同许多社会主义国家建立外交关系。

二、古巴社会主义建设的艰难历程

（一）古巴特殊的国情及当时的国内外环境

1. 古巴经济的特殊性

古巴经济对外的依赖程度很高。从1510年始，西班牙对古巴进行数百年的殖民统治时期，古巴经济大体经历了矿业时期（约从 16 世纪初到 16 世纪中）、畜牧业时期（约 16 世纪中到 18 世纪初）以及后来的蔗糖和烟草种植业时期。长期以来的殖民统治造成古巴经济体制的单一性。进入 20 世纪，在美国垄断资本的控制和掠夺下，单一甘蔗种植和蔗糖加工一直是古巴经济发展的基础。美国资本自 19 世纪末期开始向古巴糖业投资，到古巴革命胜利以前，美国垄断资本在古巴糖业的投资达 5.4 亿美元，投资建厂 36 家，共消耗了古巴全国 36.7% 的甘蔗，共计约 16.7 万名工人受雇于这些美国公司。此外，美国还垄断古巴蔗糖的对外贸易，垄断资本通过"贱买贵卖"的方式，残酷剥削古巴，以攫取巨额利润。美国垄断资本的控制对古巴经济的正常发展造成了巨大的影响，造成古巴经济对美国严重的依赖性。经济结构的单一性决定了古巴经济的发展严重依赖于对外贸易。古巴革命胜利以前，1957—1958 年进出口贸易总额超过国民生产总值的一半，而当时古巴对外贸易的 2/3 是同美国进行的。60 年代古巴曾下定决心迅速改变单一的蔗糖生产结构，但在改革遇到问题后，又回头强调依靠生产蔗糖来求发展。古巴革命胜利后，面对美国的封锁，70 年代古巴加入了经互会，对外贸易的绝大部分同苏东国家进行，但经济结构的单一性并未得到改变，经济发展很大程度上又转而依赖于与苏东国家的对外贸易。根据国际分工的原则，古巴承担了苏东国家蔗糖进口的需要，以此换取自己发展所需要的燃油、粮食及其他物资，经济结构的单一性得到进一步凸显。

2. 美帝国主义对古巴长期奉行孤立和封锁政策

美国一直认为掌控古巴的政治经济命脉，将其视为自己的势力范围是理所应当的。古巴的民主革命和社会主义革命打碎了这个"理所应当"，损害了美国的地缘政治利益。古巴在美国身边建立社会主义国家，成为西半球唯一的社会主义国家，被帝国主义美国视为"洪水猛兽"，深深挫伤了美国的自信心和自豪感。1960 年 5 月，美国宣布停止对古巴的一切经济援助；10 月，宣布对古巴实行禁运。1961 年 1 月，美国宣布同古巴断交；2 月，制定了一项扶植和利用古巴流亡分子企图推翻革命政权的"九点计划"。苏联解体后，美国更是肆无忌惮，不顾其他国家在联合国会议的呼声，加大对古巴经济封锁和贸易禁运力度。2016 年古巴外交部长布鲁诺·罗德里格斯·帕里利亚的一份报告指出，美国对古巴实行封锁近 60 年来，累计造成古巴的经济损失超过 1250 亿美元。① 美国一直以来把古巴作为宿敌，采取煽动"移民风潮"、进行意识形态宣传攻势等手段，企图搞垮古巴政府。古巴社会主义政权的巩固和社会主义的经济建设一直面临巨大的压力。

3. 苏联对古巴的"两面性援助"

美国严苛的"经济封锁和贸易禁运"政策对于岛国古巴无疑是掐住了喉咙。为巩固新生的革命政权，维持古巴国内的政治稳定和经济发展，古巴政府加强了与社会主义国家的交流与合作。1972 年，古巴确定了通过融入苏东社会主义一体化来建设社会主义的战略，加入了经互会。据统计，到 80 年代末，古巴欠苏东国家的债务累计达 260 亿美元，古巴对外贸易的80% 是同苏联进行的。苏东对古巴的援助不仅包括经济方面，还包括在军事上，苏联还提供大量武器装备，修建了包括海军基地、弹药基地等在内的现代化军事基础设施，派遣了苏联驻古巴的军事顾问和其他军事人员。

但苏联对于古巴的援助是带有"两重性"的，一方面，出于巩固革命政权的需要，古巴在面对美帝国主义的全面封锁下。迫切需要其他国际力量的援助，而此时苏东国家的援助对古巴是必要的；但在另一方面，此时苏联对古巴的支援是出于同美国争夺世界霸权的需要，古巴无形中成了苏东社会主义阵营与以美国为首的资本主义阵营争夺世界霸权的一块"筹码"，很有可能就成为美苏争霸的牺牲品。1962 年加勒比海危机就是一个典型的例子。苏联解体后，长期依靠苏东社会主义国家援助的古巴面临巨大挑战。经济上，在美国仍然坚持全面封锁的政策下，古巴失去了大量的经济援助，也失去了对外贸易最大的"伙伴"。政治上，失去了最大的国际政治依托，不得不继续独自面对美帝国主义国家的敌视和可能发生的"军事颠覆"行动。

除此之外，古巴自革命胜利后建立并不断完善的社会福利制度也给古巴发展带来了巨大的挑战。长期以来，古巴一直坚持发展以全民免费、全方位覆盖为特点的社会保障和福利体系，这对于团结广大古巴劳动人民，巩固古巴新生的社会主义政权是必要的。但过高的社会保障和福利政策实际上是与古巴经济发展落后的状况不符的，古巴财政无力长期承担如此高

---

① Bruno Rodíguez：EI blqueo económico contra Cuba aún persiste，http：//www. cuba. cu/politica/2016 – 10 – 27/bruno-rodriguez-bloquco-economico-contra-cuba-aun-persiste/33891.

水平的社会福利和保障政策。低积累率和平均主义的特点也不利于调动民众发展经济的积极性。

（二）古巴建设社会主义的探索

自 20 世纪 60 年代古巴确定社会主义道路以来，古巴建设社会主义的 60 年，是在探索中不断前进的 60 年。

1. "搞出一套自己的办法来"（1960—1970 年）

菲德尔·卡斯特罗坚持不照搬他国现成的社会主义建设模式，坚持走自己的路，想"搞出一套自己的办法来"①。"建设社会主义的确是一条人家已经走过的道路，但这并不是说各国条件都是完全一样、各国所建设的社会主义都要一样、应该丝毫不差地抄袭人家已经使用过的方式。不！每个国家都有它的特点，正因为如此，每一个国家应该使自己的纲领、方法和策略适合本国的特点，这也是我们应该做的事。"②

经济上，革命胜利初期，菲德尔·卡斯特罗期望改变古巴长期以来形成的"单一经济结构"，希望加大工业化比重，发展多种农业，但最终由于古巴经济发展对于蔗糖生产和制糖工业的依赖性，这一努力受到很大阻碍。在经济体制上，对工业实行财政预算制度，对农业实行经济核算制度，两套制度并存。此后废除财政预算，取消统一计划，放弃企业间的购销关系的"经济簿登记制度"。但这种体制不利于刺激经济发展，不能满足社会化大生产的要求，容易引起经济混乱。

1961 年 4 月 16 日，在古巴历史进程的关键时刻，卡斯特罗宣布古巴革命"是一场贫苦人的、由贫苦人进行的、为了贫苦人的社会主义民主革命"③。因此，在社会福利上，古巴从 1967 年到 1969 年不断增加免费项目，实行免费政策。"共产党人并不希望获得任何种类的奖励，他准备作出一切奉献，而不索取任何报酬。"④ 在劳动生产上，古巴突出强调"凭觉悟劳动"，忽视"按劳分配"的重要性，具体实践中表现为在经济工作中反对利

① ［古］菲德尔·卡斯特罗：《在古巴共产党第一、二、三次全国代表大会上的中心报告》，王玫等译，人民出版社 1990 年版，第 89 页。
② ［古］菲德尔·卡斯特罗：《卡斯特罗言论集》第 2 册，人民出版社 1963 年版，第 256 页。
③ 徐世澄：《古巴社会主义的文化理论和实践》，载《拉丁美洲研究》2013 年第 3 期，第 6 页。
④ 徐世澄：《菲德尔·卡斯特罗论共产主义和社会主义》，载《世界社会主义研究》2016 年第 2 期，第 114 页。

用经济杠杆、否定商品关系和物质刺激。

古巴重视提高劳动者基本素质和生产技术能力。菲德尔·卡斯特罗在 1966 年 12 月 18 日在技术教育计划理事会第一批毕业典礼上的讲话指出 "不进行一场技术革命，任何人类社会都不可能到达共产主义"①。

"教育就是一切，没有教育什么都不会得到发展。"② "没有文化就没有自由也不可能会有拯救。"③ 正是由于意识到了教育在社会主义建设中的重要作用，古巴一直非常重视教育。让全体古巴人民享受到受教育的法定权利是政府不可推卸的责任。政府坚持教育公共性，让人民平等享受免费教育。开展扫盲运动，大建校舍，成立教育管理机构，制定教育法规，发动社会力量助学，重视教育现代化和外部交流，形成了包括特殊教育、成人教育、中小学教育、高等教育、师资教育在内的有专项财政资金支撑的整套教育体系。

1961 年 7 月，"七二六运动"、人民社会党、"三一三"革命指导委员会合并成立为革命统一组织。1965 年，革命统一组织改名为古巴共产党。从此，古巴共产党成为执政党，领导古巴的社会主义建设。菲德尔·卡斯特罗党建思想也顺应这一变化，逐渐由革命思维变为建设思维，党的各项建设开始渐进探索、逐步长进。

由于处于建设初期，古巴社会主义建设缺少经验，犯了急躁冒进、急于求成的错误。菲德尔·卡斯特罗后来指出古巴当时的部分做法"犯了唯心主义错误"，偏离了社会主义建设的正确道路。④

2. 经济领导与计划体制并行（1970—1980 年）

菲德尔在纪念攻打蒙卡答兵营 15 周年上的讲话指出他对社会主义的认识。"什么是社会主义？社会主义就是以最佳方式利用人力资源和自然资源，为人民的利益服务。什么是社会主义？社会主义是要克服生产力的发

---

① 徐世澄：《菲德尔·卡斯特罗论共产主义和社会主义》，载《世界社会主义研究》2016 年第 2 期，第 117 页。

② ［古］萨洛蒙·苏希·萨尔法蒂编：《卡斯特罗语录》，宋晓平、徐世澄、张颖译，社会科学文献出版社 2010 年版，第 69 页。

③ ［古］菲德尔·卡斯特罗：《总司令的思考》，徐世澄等译，社会科学文献出版社 2008 年版，第 208 页。

④ 肖枫、王志先：《古巴社会主义》，人民出版社 2004 年版，第 66 页。

展与生产关系之间的矛盾。"①

20 世纪 70 年代古巴实行"经济领导和计划体制"。该体制主张企业基于利润、成本来独立收支，企业之间综合考虑计划、指标、价格因素建立购销关系，个人工资和劳动所得应和劳动成果挂钩。古巴开始恢复宏观计划管理。1972 年，古巴中央计划委员会制订全国统一计划，编制了 1973年—1975 年的"三年经济计划"。1975 年，古巴又制订了五年计划。

虽然相比较而言，"经济领导和计划体制"更能调动人们生产生活积极性，更适应古巴当时的生产力发展，但是，这种体制在很大程度上类似于苏联式的高度集中、粗放经营的经济模式，尤其是在处理企业与国家的关系上，国家向企业下达指令，实行统收统支，企业拥有的自主权有限，各方面被管得过死。"经济领导与计划体制"能在一定范围内促进经济发展，但到一定程度时，其弊端作用就会愈加凸显出来。

菲德尔·卡斯特罗认为：社会主义应当为所有的人提供一种"真正的和绝对的机会平等"，使其在体力和治理方面获得充分的发展，而不应受到任何性别、类别、种族、经济地位的歧视。我们应当创造条件，真正地根除赤贫、饥馑、贫困、娼妓和吸毒，杜绝人与社会财富、个人与集体、目标与规范相分离的现象。② 因此，古巴在 60 年代探索新政策的基础上，70年代把教育、医疗、住房、社会管理制度进行系统设计，实现了社会保障制度体制化。

70 年代，也是古巴政治结构体制化的年代。"民主就是大多数人的治理；民主就是在这样治理形式下大多数人的理由得以维护。"③ 1972 年，古巴成立了由总理主持的、包括几名副总理在内的部长会议执行委员会。1976年 2 月，古巴全民公投以 97.7% 的支持率通过第一部社会主义宪法，确立人民政权代表大会制度为国家根本政治制度。宪法规定古巴的国家性质是社会主义，工人阶级是领导阶级，工农和其他劳动人民联盟是国家的主人，

---

① 徐世澄、宋晓平、张颖：《菲德尔·卡斯特罗论共产主义和社会主义》，载《世界社会主义研究》2016 年第 2 期，第 116 页。

② ［古］埃斯特万·拉索·埃尔南德斯：《菲德尔与古巴社会主义》，高静译，载《拉丁美洲研究》2006 年 10 月第 5 期，第 69 页。

③ Michael Taber, ed: Fidel Castro Speeches Vol. Ⅱ, Pathfinder Press, New York, 1983, p. 30 – 34.

实行"代议制民主"，民众通过各级人民政权代表大会行使权利。古巴宪法反对民族歧视和不公正的规定，政府采取各种措施提高黑人的受教育水平，保障黑人社会待遇。在民族和性别平等上，古巴走在了世界前列。1976年12月，古巴正式成立全国人民政权代表大会（议会），并选举产生国务委员会，任命部长会议成员，奠定了古巴现行政治体制的基础。

1975年，古共一大通过的党纲提出古巴现在还处于社会主义初级阶段，通过发展技术、积累物质基础，古巴最终将建立共产主义。1976年，古巴人民政权代表大会通过的《古巴共和国宪法》规定了党的性质和任务："由工人阶级以马克思列宁主义先锋队组成的古巴共产党，是国家和社会的最高领导力量，它组织和引导朝着建设社会主义和共产主义前进的目标共同努力。"[1] 古巴共产党党建思想开始逐渐走向成熟，组织建设、思想建设、制度建设内容不断丰富发展。

"共产主义也必须通过提高觉悟和进行教育来建设。"[2] 菲德尔·卡斯特罗重视文化的革命性和政治性，注重爱国主义、国际主义、社会主义教育，并注重进行马列主义、何塞·马蒂思想教育。古巴重视文化建设，成立文化管理部门，兴建文体设施，组建文体团队，宣传民族英雄，挖掘民族特色的雪茄文化和蔗糖文化。在美术、音乐、舞蹈、体育、文学和电影等方面不仅满足国内民众需求还在国际享有一定声誉。

3. 80年代前期实行利用市场的局部性小改革

"社会主义是人的事业，是人的理智的事业，是人的预见、计划和解决问题能力的事业，不是盲目的规律和盲目的机制的事业。"[3] 古巴在此阶段开始有计划、有战略、有策略地建立和完善社会主义。

1980年12月，菲德尔·卡斯特罗在古共二大中心报告中对70年代"经济领导和计划体制"进行肯定，并确定了到2000年通过物质积累、技术进步和基础建设的方式达到经互会欧洲成员国的发展水平。

古巴承认社会主义的阶段性。"在社会主义阶段，对生产资料的全民所

---

① 毛相麟：《古巴社会主义研究》，社会科学文献出版社2005年版，第45页。

② 徐世澄、宋晓平、张颖：《菲德尔·卡斯特罗论共产主义和社会主义》，载《世界社会主义研究》2016年第2期，第115页。

③ 徐世澄、宋晓平、张颖：《菲德尔·卡斯特罗论共产主义和社会主义》，载《世界社会主义研究》2016年第2期，第115页。

有制尚未成为唯一的所有制，同它一起还存在合作所有制，还存在社会阶级，尽管其矛盾已不是对抗性的了。体力劳动和脑力劳动之间、城市和乡村之间还存在差别。劳动主要还是谋生的手段，因此，在精神奖励的同时还需要利用物质激励。货币—商品关系仍然是需要的，虽然将具有新的内容。生产力的发展还不能完全满足人的物质和精神需要。社会实行在这一时期能保证社会利益和个人利益最紧密结合的分配原则：各尽所能，按劳分配。"[1]

从 1980 年开始，古巴对一些政策进行了局部小改革。通过调整零售物价、运用经济手段来调动农民、个体劳动者和企业的生产积极性。工资改革，让按劳分配原则更明显，并取消部分免费项目。

通过局部性小改革，古巴经济在 20 世纪 80 年代拉美国家普遍出现经济停滞或下降时，仍保持 4% 的经济增长率。菲德尔·卡斯特罗在古共三大的报告中给予了肯定的评价，但也指出："在经济领导和计划体制初步建立之后，没有继续使其不断完善。积极性没有了，也没有出现必要的创造热情，来使一种积极吸取其他国家经验的制度更好地运用于我们的具体条件。"[2]

"关注人民的健康，使他们免受痛苦，治愈他们的疾病，这主要是一项社会和道义的任务；但也具有经济意义，因为正是构成人民的男女大众创造了价值，勤劳的、身体健康和强壮的人民对于发展来说，是必不可少的。"[3] 古巴在建立三级医疗机制的基础上，开始探索家庭医生制度。通过对人民健康和医疗的重视，古巴的医疗达到世界领先水平。

4. 80 年代后期的"纠偏运动"

80 年代后期，戈尔巴乔夫在苏联上台后，开始在苏联着手进行改革。苏联的改革在古巴国内引起了巨大的反响。古巴国内部分人提出效仿苏联和东欧，搞苏联式的休克改革。与此同时，世界经济形势的变化也给古巴国内经济的发展笼上了一层阴影。1986 年，国际糖价持续大幅度下跌，而

---

① 荣枢：《菲德尔·卡斯特罗对社会主义本质的认识》，载《学习月刊》2012 年第 8 期，第 14 页。

② ［古］菲德尔·卡斯特罗：《在古巴共产党第一、二、三次全国代表大会上的中心报告》，王玫等译，人民出版社 1990 年版，第 385 页。

③ ［古］萨洛蒙·苏希·萨希法蒂编：《卡斯特罗语录》，宋晓平、徐世澄译，社会科学文献出版社 2010 年版，第 254 页。

古巴所需的进口商品价格则猛涨。这对国内经济结构单一，出口产品结构单一的古巴来说所带来的打击无疑是巨大的。古巴依靠出口蔗糖所赚取的外汇收入约占整个古巴外汇收入的21%。此外，国际石油价格的暴跌也对古巴的外汇收入造成了巨大影响。自加入经互会后，苏联每年会以优惠价格向古巴提供1200万~1300万吨石油，除本国消费外，古巴每年会将其中200万~300万吨石油转售给其他国家，以赚取外汇收入，转售石油所赚取的外汇约占当时古巴整个外汇收入的40%。从国内看，80年代初期实行的类似"苏联式"的改革，一定程度上与当时的古巴国情不相符，在具体实施的过程中也出现了一定的偏差，一定程度上影响了古巴国内的稳定。

"只有社会主义才能把人类从可怕的威胁中拯救出来。这些威胁是有限自然资源的枯竭、环境的不断恶化，人口的无序增长、令人痛心的饥饿和战争的灾难。"[1] 古巴应该坚定共产主义信仰，坚持社会主义道路。"社会主义和共产主义的建设从本质上说是一项政治任务，是一项革命任务，他主要应该是社会主义和共产主义觉悟和教育发展的结果。"[2] 要想坚定社会主义，就不能忽略对不良倾向的纠正。

1986年，古巴领导人提出了要在全国开展一场以"纠正不良倾向"为主题的整风运动。整风运动的主要内容有：强调改革的必要性，尤其面对当前帝国主义的封锁、包围、入侵的环境下，但坚决反对照搬苏联、东欧改革模式，改革应从古巴本国国情出发。1987年1月14日，菲德尔·卡斯特罗在工会第53次全会上指出，现在是古巴的历史转折关键时刻，为了更好地前进，需要整顿。整顿中，古巴既要纠正抄袭苏联模式的错误，又要当心犯理想主义的错误，必须自己利用自己的方法，寻找探索自己的道路，并对戈尔巴乔夫当时在苏联的改革和提倡的"公开性"持保留态度。此外，整风运动的内容还包括批评党内和社会存在的不正之风，在经济工作中应充分发挥经济因素的重要性等内容。通过"纠偏整风运动"，古巴有效地实现了党内和社会的稳定，避免了苏联东欧式的悲剧在古巴的重演。

---

[1]　徐世澄、宋晓平、张颖：《菲德尔·卡斯特罗论共产主义和社会主义》，载《世界社会主义研究》2016年第2期，第115页。

[2]　徐世澄、宋晓平、张颖：《菲德尔·卡斯特罗论共产主义和社会主义》，载《世界社会主义研究》2016年第2期，第115页。

5. "和平时期的特殊阶段" 的探索（1990—2006 年）

20 世纪 90 年代，苏联的解体以及东欧各社会主义国家相继发生的 "政治巨变"，给正在进行社会主义改革的古巴造成了巨大的冲击，古巴的社会主义建设面临着十分严峻的形势，存在双重的封锁。政治上，古巴一下子没有了社会主义大家庭的支持，不得不独自继续面对美帝国主义对古巴的 "敌视、包围和颠覆" 政策；经济上，古巴失去了苏联和东欧国家一直以来的援助，美国 "经济封锁和贸易禁运" 政策依然存在，面临的形势十分严峻。

面对急剧的变化，古巴政府于 1990 年 8 月认识到国家处于最困难时期，决定开启 "和平时期的特殊阶段"，以应对风险和挑战。在苏联解体后的局势下，菲德尔·卡斯特罗一再强调古巴要 "誓死捍卫社会主义，誓死捍卫马列主义"。

为有效抵御苏东剧变后可能发生的困难，菲德尔·卡斯特罗在 1990 年授予 "布拉斯科·罗卡" 小队全国先锋称号上的讲话中重申："社会主义是引导人民投身国家发展，引导群众直接参与祖国发展，争取群众参与这一伟大事业的科学，社会主义是建立、保持和发展党和群众之间最广泛和深刻关系的科学，是以正确方式进行领导的科学，是榜样的科学。社会主义是古巴的本质。"[1]

坚定社会主义的立场，坚持社会主义道路不动摇。"只有社会主义才能把广大人民群众如此紧密地团结在一起，开展精神、政治、经济和社会领域的伟大斗争。作为一种政治、经济和社会制度，只有社会主义才能实现正义。社会主义只能完善，不能破坏。我们面临的调整是十分艰巨的，我们做好了誓死捍卫社会主义的准备。革命者永远不会放弃自己的原则，永远不会放弃我国人民斗争换来的成果，永远不会放弃理想和目标，永远不会放弃建设由我们人民自己选择的社会、经济和政治的权利。"[2]

把坚持社会主义同维护国家主权完整、独立自主和反对帝国主义的斗争紧密地联系起来，唤醒人民自觉，以此来提升国内的凝聚力，共同对抗国外敌对势力。"教育党员时，不仅讲党的历史，讲革命的过程，也非常注

---

[1] 徐世澄、宋晓平、张颖：《菲德尔·卡斯特罗论共产主义和社会主义》，载《世界社会主义研究》2016 年第 2 期，第 114 页。

[2] 参见古巴共产党机关报《格拉玛报》，1997 年 11 月 1 日。

意讲上个世纪古巴发生的情况，这是要让人民理解主权的真正含义，了解社会主义意味着什么。"

国内腐败问题是渡过特殊时期最大的敌人，比美国的颠覆活动对捍卫社会主义政权的危害更大。古巴一直高压反腐，对贪污腐败分子进行严厉打击。1996 年《古巴国家干部道德法规》从制度层面加强反腐败工作。它规定了国家干部和党员的道德行为准则，制定了一系列针对党员与领导干部的监督体制机制。从制度上规定领导干部和党员在医疗、教育、用车、住房、生活必需品配置、工资待遇上不搞特权，和群众同甘共苦。他们参与基层组织活动和出访考察要保持简便朴素、平易近人的形象。

古巴通过积极推行"全方位"的对外政策，提升自己的国际活动空间，以此抗衡美帝国主义的全面封锁。通过实践和观察，菲德尔·卡斯特罗认识到新自由主义全球化的本质。1999 年 2 月，菲德尔·卡斯特罗在发表题为《全球化的后果和社会主义的前途》的长篇演说中指出："我们今天是什么样的全球化？新自由主义全球化，……（未来）将会是什么样的全球化？只能是共同一致的、社会主义的、共产主义的或者随你们想叫成什么样的。"[①] 这里我们姑且称之为"社会主义全球化"，而且菲德尔·卡斯特罗为此断言这是替代新自由主义全球化的唯一形式。"我想象不出除了社会主义全球化还会有另一种全球化，不可能有另外一种。"[②]

菲德尔·卡斯特罗支持全球化，呼吁公平的全球化，积极打开国门对外开放。1992 年修订颁布了《外资法》。1992 年对宪法进行修改，承认合资企业是古巴生产资料所有制之一。1995 年再次修改《外国投资法》，进一步放宽外资准入。1996 年，古巴宣布自由贸易区建成落地。

"如其死亡，不如改革"，古巴宣布逐步推行"稳步额度改革开放"政策。允许私人持有美元，允许美元流通，自由兑换外币。开放农牧市场、手工市场和工业市场。变国营农场为合作社性质，缩小国营企业规模，改造农业企业。建立自由贸易区，进行金融改革。精简和调整政府机构，扩大直选人大代表范围，强化群众主体地位。1991 年古共四大党章，首次把

---

① ［古］菲德尔·卡斯特罗：《全球化与现代资本主义》，王玫等译，社会科学文献出版社 2000 年版，第 103 至 104 页。

② ［古］菲德尔·卡斯特罗：《全球化与现代资本主义》，王玫等译，社会科学文献出版社 2000 年版，第 310 页。

入党条件放松到信仰宗教的优秀分子，这是古巴在宗教政策上从禁止到承认的一次大转向。

"学习与劳动相结合的原则首先是马克思主义的思想、革命的思想；其次，是人的需要，是社会的需要。""每个人都有劳动的权利，都有不受剥削和不遭失业的权利。"① 古巴在学生教育阶段就注重劳动技能的培训和劳动实践课时条件的保障。由于经济疲软，古巴 90 年代失业率持续增高，甚至到了 8%。为解决就业问题，政府优先发展劳动密集型产业。通过发展服务业、旅游业增加就业机会。鼓励支持私人投资开展个体经营和经办企业。合理利用外商投资，创造就业机会。城市发展大棚农业，既解决了无工可做又加大了食物供给。为解决下岗职工困难，古巴组建了再就业中心，每个下岗职工可以得到三次再就业机会的免费服务，对再就业人员进行技术更新培训。

菲德尔·卡斯特罗一直非常重视环境保护和资源节约问题。"生态环境遭到无情的不可逆转的破坏，不可恢复的重要资源正在迅速被浪费和消耗，大气、地下水、河流、海洋受到污染，气候的变化已经带来了不可预言的、明显的后果。本世纪，10 万公顷的原始森林消失了，还有同样面积的土地变成了沙漠和无用的土地。"② 古巴在清洁能源、有机农业、林业、环保教育、旅游开发、组织管理、法律保障等方面做出了巨大努力。世界环保非政府组织——世界自然基金会的报告显示古巴是目前世界上唯一实现可持续发展的国家。

6. 劳尔·卡斯特罗主政时期的"更新"阶段（2006—2018 年）

劳尔·卡斯特罗从 2006 年主政以来，开启了"更新"阶段。他一再强调："人民推选我当主席不是为了出卖革命，不是为了让资本主义在古巴复辟，而是为了让古巴继续捍卫、发展、完善社会主义，因此，说我摧毁社会主义是无稽之谈。"③ 他高度重视意识形态工作，提出思想教育工作应该

---

① ［古］菲德尔·卡斯特罗：《在古巴共产党第一、二、三次全国代表大会上的中心报告》，王玫等译，人民出版社 1990 年版，第 133 页。

② ［古］菲德尔·卡斯特罗：《全球化与现代资本主义》，王玫等译，社会科学文献出版社 2000 年版，第 54 至 55 页。

③ ［俄］尼古拉·S. 列昂诺夫：《劳尔·卡斯特罗 革命生涯》，魏然、范蕾、李菡译，中国社会科学出版社 2016 年版，第 215 页。

采用多种方式去合理调动团结一切积极力量巩固爱国联盟，帮助革命者树立科学的世界观、人生观和价值观。通过耐心细致的思想政治工作，纠正群众的错误认识和偏见。马列主义教育、社会主义道德教育、审美教育、古巴历史、美洲历史和世界历史的教育要普及到每个党员、群众，尤其是青少年。

坚持党的工作重心的转移，把经济建设放在头等重点的地位。从"芸豆和大炮同等重要"提升到"芸豆比大炮更重要"① 来强调经济建设是党的工作重心。"没有效益就不是社会主义。"要求全部领导人的第一学习目标是发展好经济，必须全心全力学习、全力以赴发展、竭尽所能管理好经济，要做"经济战士"。

重视市场因素。以计划经济为主导，发展商品经济，加大市场因素。坚持公有制占经济的主体地位，鼓励支持多种所有制经济发展，放开个体户、私营企业、外资企业、混合所有制企业，承认私营企业的合法地位。承认合作社的社会主义性质，对合作社提档升级。政府要逐步放开非决定性领域的经营权。提高国家所有制企业的经营管理自主权，政府利用计划和法律去引导企业发展方向、规范企业作为。鼓励激励大学生和职工兼职创业。重视发展农业，放开农贸市场，鼓励农民承包可耕作土地。开放银行贷款，允许持有美元。否定了私营经济就是资本主义的落后思维和惯性思维，劳尔决定逐步放开对私营企业的限制。

把公正、平等与平均主义分开，批判平均主义。坚持按劳分配为主的分配体制。建立权力公平、机会公平的政策体系，摒弃结果平等的僵化教条思想。把物质刺激和精神刺激结合个人利益与集体利益作为经济增长的动力。

发展"短、平、快"的产业产品，以增加经济收入。深度发掘传统产业的潜能，增加传统产品的市场竞争力。加大国内粮食、能源等重要物质产品的生产，实现自给自足。将高附加值服务和新兴产品产业的发展放在更加突出的位置。

---

① ［俄］尼古拉·S. 列昂诺夫：《劳尔·卡斯特罗　革命生涯》，魏然、范蕾、李菡译，中国社会科学出版社 2016 年版，第 173 页。

实行政治体制改革。减少不必要开支和政府补贴，实行政府和国有部门裁员。在坚持品德优先的前提下，更加重视干部队伍的专业化、年轻化，重视干部的工作经验和日常表现。领导干部的种族和性别构成比例也是组建干部班子的重要指标。实行领导任期制，结束终身制。开始探索党政分开、政企分开、各级权力下放的体制改革。积极应对群众的不满，畅通个人和集体反映问题渠道，从多途径满足群众合理诉求。减少由上级下发的缺乏弹性的日程安排，保证党员干部有更多时间干好工作。减少充满形式主义的纪念活动、讲话、义务劳动和竞赛等活动，不打扰党员群众的日常生活和休息。严肃党内政治生活，定期召开党代表大会。坚决惩治党内奢靡之风。

扩大对外交往，积极发展外交关系。在奥巴马主政美国时期，劳尔为缓和古美关系做出不少贡献。积极参与玻利瓦尔美洲国家替代计划、南美国家联盟和拉丁美洲和加勒比国家共同体等区域国际组织，推动区域一体化进程。继续多方位发展与合作伙伴的关系，特别是与海地的合作更加密切。加大与社会主义国家政党和政府的交流合作力度。

7. 迪亚斯·卡内尔主政时期的"持续更新"阶段（2018 年至今）

2018 年 4 月 18 日，古巴第九届全国人民政权代表大会 604 名参会代表齐聚古巴哈瓦那，进行无记名投票，迪亚斯·卡内尔以 603 票当选为国务委员会主席，成为新一任古巴国家元首兼政府首脑。

1960 年 4 月 20 日，迪亚斯·卡内尔出生于古巴中部比亚克拉拉省普拉塞塔斯市一个普通家庭，父亲是机械厂工人，母亲是小学教师。20 世纪 80 年代，他在拉斯维亚斯中央大学修完电子工程专业。此后，他在部队服过役，还在母校当过教师。由基层官员做起，在地方主政期间得到良好口碑，先后出任古巴共产党比亚克拉拉省委第一书记和奥尔金省委第一书记。自 2003 年以来，卡内尔一直是古巴共产党中央政治局委员。2009 年 5 月被任命为古巴高等教育部部长。2012 年 3 月被任命为古巴部长会议副主席（副总理），主管教育、科学、文化和体育。2013 年 2 月 24 日，古巴全国人民政权代表大会选举他为国务委员会第一副主席。由于劳尔·卡斯特罗任内推行"废除干部终身制"，外界普遍视年轻一代的卡内尔为劳尔的接班人。卡内尔于 2018 年 4 月 19 日的新一届全国人民政权代表大会上当选国务委员会主席和部长会议主席，为古巴共和国历史上首位 1959 年古巴革命后成长起来的国家领导人以及首位非卡斯特罗家族的领导人。2019 年 10 月，当选第一任古巴共和国主席（国家主席），劳尔·卡斯特罗留任古巴共产党第一书记（最高领导人）。2021 年 4 月 19 日，古共八大闭幕，卡内尔当选第一书记，正式成为古巴最高领导人，也成为自 1959 年古巴革命以来第一个非卡斯特罗家族出身的最高领导人。

劳尔·卡斯特罗可以为年轻的一代领导集体把控国家发展方向，避免新起步的"更新"模式走偏。"更新"模式将逐步、有序、渐进和谨慎地进行。由于迪亚斯·卡内尔出生于革命后的 60 年代，本身有着新潮时尚的气质，拥有优秀的管理才能，所以"更新"模式的步伐可能会有所加快。

基于原则基础上的政治民主化。2018 年 7 月，古巴全国人民政权代表大会举行全体会议就宪法修正案草案进行审议。2019 年 4 月 10 日，劳尔·卡斯特罗在第九届全国人民政权代表大会第二次特别会议上宣布根据公投结果新宪法正式生效。① 古巴新宪法规定：古巴以"马克思、恩格斯、列宁的社会解放思想为指导"②，国家活动的主要原则之一是建设社会主义。在经济"更新"中，坚守共产主义信仰是老一辈领导给新任领导划定的政治红线。在坚持原则基础上，古巴在政治民主、社会民主和出版民主上有了新尝试。新宪法限制国家元首的任期为 10 年，每届任期 5 年，可连任 1 次，并重新设立总理一职（国家元首不再兼任政府首脑）。要求国营媒体可以公开更多具争议性的信息，欢迎民众批评政府。

古巴经济建设主要还是以增加工农业产值，改善人民的生活为重点。新宪法重申了国有企业是整体经济的支柱，也承认自由市场制度和私有财产的合法性，完善了有关个体户和非农牧业合作社的有关条例，企业家和外国投资者将受到法律的保护，这将为国内私营企业和外资企业创造更优良的营商环境，进一步开放古巴市场。迪亚斯·卡内尔积极推动现代化，发展互联网，对互联网的使用限制会有所松动和放宽。大力发展优势产业

---

① 《古巴新宪法强调坚持社会主义制度和共产党领导》，新华网：http：//www. xinhuanet. com/world/2019 - 04/11/c_ 1124354481. htm.

② Constitución de la República de Cuba, proclamada el 10 de abril de 2019, https：//www. gacetaoficial. gob. cu/es/constitucion-de-la-republica-de-cuba-proclamada-el-10-de-abril-de-2019.

如制糖业、旅游业，加快实体经济的发展，加速古巴经济结构的转型。

基于原则基础上的外交多元化。卡内尔明确表示古巴会一直坚持主权完整和独立自主原则，坚持对外政策的底线不动摇，这点不容讨论。卡内尔始终保持着对古巴和平安全受到国际环境威胁的高度警惕。由于盟友和石油主要来源地委内瑞拉面临严重的经济危机，古巴遭受重大影响。虽然在奥巴马时期，美国与古巴关系破冰，有了重大突破，但是美国总统特朗普上任后，美古关系变得紧张。古巴开始加强与欧盟、西方其他国家的友好合作关系。

三、古巴社会主义的理论成果

古巴社会主义 60 多年实践历程的理论成果就是菲德尔·卡斯特罗思想。

菲德尔·卡斯特罗是古巴社会主义的缔造者，是古巴革命和建设的主要领导者，他的思想对古巴社会主义 60 多年的实践历程产生了重要影响。菲德尔·卡斯特罗思想不只是他本人的思想，也是以他为核心的党和国家领导集体的智慧，更是古巴社会主义 60 多年发展经验教训总结的理论结晶。

在古巴面对的国内外环境下，菲德尔·卡斯特罗思想以马克思列宁主义、何塞·马蒂思想为理论渊源，以古巴 60 年社会主义革命和建设历史为实践根源，由菲德尔·卡斯特罗本人努力探索，劳尔·卡斯特罗、切·格瓦拉等一批党和国家领导人参与贡献而成。

菲德尔·卡斯特罗思想的形成经历了三个时期：萌芽时期，从菲德尔童年、中学、大学时期到他攻打蒙卡达兵营失败在法庭进行了著名的《历史将宣判我无罪》的辩护；形成阶段，从他在马埃斯特腊山区开展游击战到革命胜利建立社会主义国家，在 60 年代、70 年代、80 年代、90 年代面对不同的国内外环境，在实践和理论上不断创新而形成、成熟；发展阶段，从 2006 年菲德尔病重退居二线，劳尔主政起到 2016 年菲德尔逝世。在此阶段，菲德尔还通过文章、会谈等形式表达他对国内外形势的思考。

菲德尔·卡斯特罗思想是一个内涵丰富、自成体系、富有古巴特色的思想体系。它的主要内容包括：

民族独立思想：古巴革命最重要目的是古巴获得真正独立地位。古巴民族要彻底解放必须走社会主义道路。美国霸权主义是古巴维护国家主权的最大威胁。

社会公正思想：社会主义优越性体现在政治平等、经济平等、社会平等。为了大多数的普通人民群众，政治上强调群众参与，经济上平等分配，社会保障制度上高福利、全民平等原则、反对各种歧视。

国际主义思想：独立民族支援未独立民族，这是独立民族义务，也是对独立民族有利的。拉丁美洲各国各民族互相支援。爱国主义与国际主义是一致的，先人类，后国家。

党的建设思想：共产党的领导是古巴革命的灵魂。加强党的建设才能保持古巴革命的本质。严格党员标准，党要保证思想纯洁和组织团结。密切联系群众，不搞特殊化。严于律己、遵守纪律。艰苦奋斗、富有牺牲精神。

反对帝国主义和新自由主义思想：我们存在于单边霸权主义和帝国主义的笼罩下。帝国主义没有失去侵略本性，它以新自由主义的面貌出现。新自由主义是帝国主义的最后一种表现形式。新自由主义全球化是对第三世界的再殖民化。帝国主义是没有前途的，是必然灭亡的。我们已经处于从资本主义向社会主义过渡阶段。我们的目标是世界多极化。反对帝国主义需要第三世界国家联合团结起来共同斗争。世界和平和发展不是凭空出现的，是各国人民长期艰苦斗争的结果。

关于全球化思想：全球化是历史发展的必然结果，是社会化生产力进步的必然要求，是历史的客观规律。当今的全球化更多是帝国主义的全球化、强加给世界新自由主义的全球化，这样的全球化是不可持续的，会终究失败的。我们需要的是财富平均分配的全球化。

军队建设思想：全民战争，不放松警惕。军队对党绝对忠诚。建立现代化强大的国防力量。

塑造新人的思想：社会主义要成功不仅需要牢固制度更需要社会主义觉悟的人。新人是摒弃私有观念，不为旧社会旧思维旧理念所异化的人。这样的人只有不懈的革命教育才能形成。"道德的因素、觉悟的因素、文化的因素在社会主义中是不可取代。"[1] 共产党人应该成为为社会而存在、具

---

[1]　徐世澄：《菲德尔·卡斯特罗论共产主义和社会主义》，载《世界社会主义研究》2016 年第 2 期，第 116 页。

有共产主义道德的新人。

全民免费教育思想：受教育是国民享有的最基本权利，教育经费国家负担，古巴教育要处于世界先进水平。

全民免费医疗思想：保障全体国民享有医疗服务是国家责任，古巴创造了小而穷国家拥有最先进公共医疗体系的奇迹。

反和平演变、颜色革命的思想：旗帜鲜明坚持立场，在原则上绝不让步。干扰反古电台，取缔非法组织，加强群众思想政治工作。针锋相对地予以反击，揭露帝国主义阴谋诡计和侵略本质。对海外侵略势力主动出击，打下来犯敌机。

菲德尔·卡斯特罗本人以其坚强果敢、依靠群众、反对个人崇拜、勇于批评和自我批评、清正廉洁、严格要求亲属和好友、率先垂范、以身作则、忘我工作、毕生奉献的人格魅力得到了古巴人民的拥护，也为古巴精神的象征。

菲德尔·卡斯特罗思想作为古巴共产党、古巴社会主义建设的指导思想，是古巴共产党建设、古巴社会主义建设的宝贵精神财富。菲德尔·卡斯特罗思想是马克思主义民族化的典范，丰富发展了马克思主义，在科学社会主义运动史上树起一面光辉旗帜。

劳尔·卡斯特罗主政时期，进行"更新"的实践已有十多年了，积累了丰富的实践经验，取得了不少成就。由于上台时间较短，迪亚斯·卡内尔还没有充足的时间在实践和理论上崭露头角，政策上更多的是对劳尔时期的坚持和深入。所以我们只能暂时将其归入劳尔思想。劳尔和菲德尔·卡斯特罗思想相比较虽然也有不小的突破，但特点不够鲜明，整个"更新"实践还不够牢稳，还有待进一步观察思考，因此还没有形成成熟的共识性的理论成果。我们暂且对劳尔思想进行简单概括总结。

完善和繁荣社会主义是治国目标。建立一个主权完整、独立自主、民主公正、经济繁荣和可持续发展的社会主义国家是古巴的发展目标。古巴政治经济体制以《古巴共产党章程》和《古巴社会主义发展的经济和社会模式定义化草案》这两部党和国家重要制度将其固定下来。

公平与效率是治国导向。社会主义既不能为了追求公平而降低效率，也不能因追求效率而不顾公平。社会主义要求把公平与效率放在同样重要的位置上。① 古巴社会主义建设一以贯之地注重全体公民的权利平等和机会平等，认为公平是社会主义重要特征。相比较而言，劳尔为解决经济问题，把提高生产效率、大力发展生产力摆在更突出位置，把满足每个民众的基本生活需要作为主要任务。

经济模式更新是治国的重中之重。古巴需要探索一套既能促进物质财富极大增加又能保证合理公正地分配财富的经济运行体制。为了有效定义计划与市场的内容并处理好二者在社会主义建设过程中的关系，劳尔有计划地更新经济模式，放开经济体系中原有的过分限制，实行政企分开，改革合作社的经营方式和运行机制。放松对私营经济、个体经济、外资经济的限制，鼓励支持非公有制和混合所有制经济。

民主法制建设是治国的关键。党应真正发挥作用的地方便是负责领导国家和政府，监督其运转，在党的鼓励、协助下，推动政府部门更好地开展工作，而不是替代它。② 劳尔支持党政分开，不能以党代政，政府功能也要去集权化。适应"更新"模式的需要，修订和完善了《移民法》《税收法》《个体劳动者法》《社会保障法》《马列尔特区发展法》等法律法规。

改善民生是治国的突破口。古巴着眼于实现公民生活富裕的理想，经济社会稳定十分重要，公民个人和家庭的未来不能受到不安全和不确定性因素的影响。③ 劳尔反对大规模不切合实际的福利补贴，实施重点合理的补贴津贴政策，反对平均主义。劳动者的劳动报酬以个人和单位的贡献量为标准，以劳动成果为依据，激励大家多为完成社会目标而工作。逐步增加工资，延长退休时间和工作年限。

发展多边外交是治国的重要条件。古巴坚持把捍卫国家主权完整、保持民族独立自主作为外交的底线和原则。在此基础上，古巴可以容许意识形态差异，愿意同任何善意的国家和合法组织进行交往。奥巴马执政时期，古巴和美国一改往日宿敌，开始破冰交流。

---

① 王承就、王莹瑛：《劳尔·卡斯特罗的社会公平思想》，载《西南科技大学学报（哲学社会科学版）》2014 年第 2 期，第 1 至 5 页。

② 刘永哲：《古巴共产党建设的成功经验》，载《江苏省社会主义学院学报》2009 年第 1 期，第 49 至 53 页。

③ 于蔷：《古巴社会主义发展的经济和社会模式概念化草案》，载《当代世界社会主义问题》2016 年第 3 期，第 60 至 81 页。

加强党的建设是治国的根本保障。古巴共产党在古巴是执政党，发挥着政治引领的作用。古巴共产党把腐败视为反革命，对打击腐败现象毫不手软、绝不姑息。党要在反腐败斗争中起到主导作用，带头执行反腐败制度，积极作为，不能漠视腐败滋生，将其消灭在萌芽状态。为了从严治党，古巴成立了监察审计部，独立进行党内监督，同时发挥包括保卫革命委员会等群众组织对党员干部的党外监督作用。

稳中求进和上下有机结合是治国方式方法。"更新"道路上不能急躁冒进，要认识到"休克疗法"的危害性。在落实决议的过程中，要按部就班、稳步前进，将决议中的每一条政策都落实到实际工作中，并且要改变过去教条主义的工作方式，及时改正我们可能犯的错误。① "更新"也不能止步不前，改革要先易后难，逐步深入开展；要按部就班进行，一步一步不懈推进。要注重充分听取群众意见，展开大讨论，做好从下到上的民主工作。也要做好群众思想动员工作，把"更新"执行落实下去。

四、古巴社会主义的发展前景

（一）坚持社会主义本质不变

古巴在实践中选择了社会主义道路，创建了古巴特色的社会主义模式，社会主义实践开辟了新的发展境界。古巴要想独立、发展，就只有保持社会主义本质不变。只有坚持马克思主义的指导地位、坚持古巴共产党的领导地位、坚持社会政策的公正性不变才能保持社会主义本质不变。

（1）坚持马克思主义的指导思想地位

古巴宪法规定国家的指导思想是马克思主义，从法律上保证了马克思主义的指导地位。古巴注重研究、宣传马克思主义，在各类学校开设相关课程，在新闻媒体宣传马克思主义，注重对外交流马克思主义研究成果。菲德尔·卡斯特罗思想作为马克思主义古巴化的成果，古巴倍加珍惜，表示要一直坚持和发展菲德尔·卡斯特罗思想。古巴在革命建设中涌现了一批民族英雄，如：何塞·马蒂、菲德尔·卡斯特罗、切·格瓦拉。他们都将成为一代一代古巴人学习的楷模。面对国际经济形势不利，新自由主义

---

① 宋晓平：《关于古巴经济模式更新：体制变革的视角》，载《当代世界与社会主义》2014年第 1 期，第 79 至 85 页。

带来的种种危害，古巴人民会更坚定对马克思主义科学性的认识。成立专门机构调查研究党员群众的思想动态，有针对性地开展马克思主义思想教育，增强思想政治工作实效性。

（2）坚持古巴共产党的领导不变

古巴共产党作为执政党，这是宪法明确规定的。古巴共产党在革命建设中取得了非常大的成就，在国内得到广大群众的赞许。古巴共产党重视党的建设，在国内执政中发挥了重要作用。古巴共产党将继续加大党建力度。坚持党的领导地位不动摇，清醒地认识到多党制、西方民主制度和私有化的危害性。以德才兼备、又红又专的标准，培养后备接班人，实现领导人更替的稳定性。发扬密切联系群众的优良传统，保持领导人的平易近人形象，帮助群众解决困难。保持艰苦奋斗的工作生活作风，不搞特殊化。树立廉洁、高效的执政形象。顺应形势的发展，重视从基层中选拔干部，重视培养干部的管理才能、经济才能。扩大党内民主，认真贯彻民主集中制。严格入党程序，保证党员质量。以基层党组织建设为重点，增强党组织建设强度。注重制度建设，完善监督体系。把党纪国法挺在前面，及时重拳打击"更新"进程中的腐败分子。

（3）坚持社会公正的社会政策不变

古巴从一开始就坚持高福利、公正的社会政策，免费教育、免费医疗成为古巴的名片。从襁褓到坟墓，对居民日常生活方方面面全覆盖的社会保障体系基本健全。古巴将一直保持这种高福利、公正的社会政策，坚持全民平等性、民主务实性的原则。反对种族歧视、性别歧视，坚持种族、性别平等。重视民众的政治参与，建立完善各种群众团体组织，注重发挥团体组织的力量。重视群众意见，畅通多种类型的民主参与政治渠道。理顺宗教关系，完善宗教政策。各种渠道保障社会保障资金的安全，实现资金不断增加。重视经济上的公平分配。法律法规和地方规章条例相互配合，跟随"更新"进程变化，不断完善社会保障制度体系，住房和就业问题得到更大的改善。

（二）积极进行经济建设

古巴只有积极进行经济建设，才能增强综合国力，提高人均收入水平，有足够资金支撑高福利社会保障体系，才能应对新时期的挑战，彰显社会主义制度的优越性。

古巴经济增长率一直不高，人均生活水平不高，对外依赖度很高，这是需要以后重点解决的老问题。如何繁荣经济，国内还有不同的声音，国家社会主义、市场社会主义和民主社会主义三者间对市场和计划的关系经常进行论战。纵观古巴历史，呈现出把市场作为工具手段，在理想主义与实用主义中循环。古巴今日的"更新"在趋向"市场化"，但改革的暂时停滞、逆转可能性也很大。从长远看，古巴市场化是大趋势。

随着改革与开放的深入，改革的成果为全体国民所享有，全球化大势为古巴人民所认识，我们相信古巴的经济建设还是以对外开放为主流，但也难免带来一些挑战和风险。

古巴上下进行改革的呼声很高，加大经济建设得到了全体国民的拥护。古巴在谨慎地坚持计划经济主导下，坚持公有制占主体地位，同时鼓励支持其他所有制经济发展，注重市场经济，鼓励个体、合作社、私营企业、外资企业的发展，支持组建混合所有制企业。进一步放开农业市场，鼓励农业生产，解决食品供给问题。提升传统优势产业，如制糖业、旅游业。加大新兴产业的发展，如食品业、制药业。深化税收制度、价格制度、市场管理制度、金融制度的改革。制定新的劳工法、移民法、特区法、投资法等法律法规，为"更新"提供法律依据。坚持按劳分配为主体，将逐渐实行各种分配方式，加大物质刺激力度，个人追逐物质利益将成为经济增长重要动力源。

随着"更新"模式的持续深入，古巴的对外交往进入一个新的局面。古巴经济对外开放加大，更多旅游者来古巴游览风景名胜，会有更多的国外投资，进出口贸易额增大，金融往来也会密切。国外先进的科学技术和经营管理经验越来越受到古巴的重视，同时也会刺激国内经济发展，如制糖业、医药业。古巴侨民会带来大量外汇。

（三）面临的可能的挑战与风险

正如菲德尔·卡斯特罗所说："社会主义是新的制度，它不可避免地会遇到困难，会有缺陷，需要探索，难免会犯错误。"[1] 古巴的市场经济改革尚处于起步阶段，随着改革的不断进行，不可避免地会出现一些新的社会

---

[1] 徐世澄、宋晓平、张颖：《菲德尔·卡斯特罗论共产主义和社会主义》，载《世界社会主义研究》2016 年第 2 期，第 115 页。

现象，它会对现有的社会制度以及改革本身造成一定的冲击。如贫富差距的逐渐扩大；"平均主义"的缺失、公众"社会不公正"的心理的出现；利益多样化和社会思潮多元化现象的出现，尤其是外来资本主义思潮对古巴社会主义思潮的冲击。外来的一些不良现象也可能在古巴出现，如卖淫、吸毒、赌博等，促使古巴犯罪率的不断提升。上述这些都会加剧古巴现有的市场经济改革的挑战性。

"社会主义不是自发产生的，社会主义需要去建设它，而社会主义的主要建筑师是党。"① 古巴共产党作为执政党，面临着改革所带来的诸多问题，需要不断地提升自己驾驭市场经济的能力、治理现代化的能力和迎接外部环境冲击的能力。当前古巴的"更新"内容还只是停留在传统框架内，随着深层次问题的不断出现，更多更难的矛盾被提上日程，古巴共产党还需要不断提高自己的理论和实践创新水平。

古巴在加速发展对外经济，积极融入全球化的过程中，一方面，会面临外来经济对古巴国内传统经济秩序所带来的冲击；另一方面，由于古巴经济体制的一个最大特点就是高度依赖于发展对外经济，在积极融入全球化的过程中，会进一步增加古巴经济受国际金融危机影响的风险性。无形之中这又给以美国为首的资本主义国家妄图通过经济手段颠覆古巴社会主义政权的做法提供了新的筹码。

---

① 徐世澄、宋晓平、张颖：《菲德尔·卡斯特罗论共产主义和社会主义》，载《世界社会主义研究》，2016 年第 2 期，第 114 页。

第六章
其他主要社会主义思潮和流派

　　资本主义条件下创造的文明成果是人类社会的共同财富，了解和借鉴资本主义世界中的社会主义思潮和流派的有益成分，是我们面临的时代性课题。随着全球化的深入发展和国际形势的不断变化，各种社会主义思潮和流派蓬勃发展，民主社会主义思潮一直受到各界的关注。此外，西方马克思主义、欧洲共产主义、拉美"21世纪社会主义"、南亚社会主义等也作为主要的社会主义思潮和流派频繁出现在人们的视野中。

第一节　民主社会主义

　　民主社会主义，又称社会民主主义，是各国社会党、社会民主党和工党（本文统称为社会民主党）以及它们的国际组织——社会党国际奉行的一种非科学社会主义的改良主义的思想体系的总称。同时，民主社会主义在一百多年的历史进程中，经历了由理论到实践，由运动到模式，由欧洲到世界的演化历程，它也已经成为一种具有广泛影响的社会政治思潮和政治力量。自19世纪中期以来，随着资本主义的变化发展，民主社会主义经历了形成、发展、危机与变革和面临新挑战的演进过程。

一、民主社会主义的缘起

　　民主社会主义是欧洲社会主义者在早期工人运动中逐步创立和发展起来的政治思潮和理论体系，通过对民主社会主义的理论和实践进行综合考察，可以发现其形成的原因大体包括以下四个方面。

（一）民主社会主义的社会历史根源

1. 近代资产阶级自由权利运动的发展

从历史的视角来看，民主社会主义是"近代史上自由党人的自由权利运动的合乎逻辑的延伸"①。从 18 世纪起，欧洲兴起了反对封建制度和专制统治的自由权利运动。自由主义的政治准则是：既然人生来就是平等和自由的，那就只有整个社会才有权使用政治权力和规定政治权力的目标和限度。这种信仰要求制定宪法，要求议会有权监督政治权力，全体公民不论出身如何都能参与这种监督。② 在经济方面，自由主义主张每个人按照自己认为是最好的方式从事经济活动，私有制和自由处置个人财产的权利是这种自由的经济发展的基础。拥有财产和受过教育的资产阶级以及自由职业者和公务员，从自由主义的新秩序中找到了发展和维护自己利益的机会，成为自由主义的主要社会支柱。而自由主义的社会政治纲领也使下层阶级从中看到了希望，他们中的很多人甚至愿意为达到自由主义的目的而开展革命斗争，并为之牺牲生命。

2. 劳工运动的兴起

在 19 世纪的欧洲，以自由主义纲领为指导的资本主义经济得到了蓬勃发展。但是，随着资本主义的发展，"资本主义经济制度再次把社会分成阶级。绝大多数人，那些没有财产的阶级，发现自己仍处于依附的、不平等的和被剥夺的地位"③。19 世纪后半叶，随着资本主义的发展，无产阶级即现代工人阶级也在同一程度上得到发展。"工人开始成立反对资产者的同盟；他们联合起来保卫自己的工资。他们甚至建立了经常性的团体，以便为可能发生的反抗准备食品。有些地方，斗争爆发为起义。"④ 随着劳工运动的蓬勃兴起，要求"建立一种以平等的自由和公民团结互助为基础的社

---

① ［联邦德国］托马斯·迈尔等：《论民主社会主义》，刘芸影等译，东方出版社 1987 年版，第 7 页。

② ［联邦德国］托马斯·迈尔等：《论民主社会主义》，刘芸影等译，东方出版社 1987 年版，第 9 页。

③ ［联邦德国］托马斯·迈尔等：《论民主社会主义》，刘芸影等译，东方出版社 1987 年版，第 11 页。

④ 《马克思恩格斯选集》第 1 卷，人民出版社 2012 年版，第 409 页。

会，使社会摆脱一切由于财产所有权而产生的限制"① 的社会主义思想应运而生。

（二）民主社会主义的理论渊源

从民主社会主义所蕴含的思想内容来看，它的理论主要来源于：

1. 马克思主义

1848 年，《共产党宣言》的发表标志着马克思主义的诞生。在马克思主义的指导下，从 19 世纪 60 年代起，欧洲一些民族国家先后建立起了一批无产阶级政党，它们大多数取名为社会民主党或社会民主工党，并以社会民主主义来表述自己的主张，社会民主主义也开始成了一个广为流行的概念为很多人所接受。在这种情况下，刚刚复苏的工人运动不得不打出了新的民主主义即社会民主主义的旗帜，而新的工人阶级政党也以激进的民主主义政党出现，自称为社会民主党。为了联合不同的工人派别，马克思、恩格斯在策略上做了一些让步，暂时接受了这一概念，以便在适当的时候改造它，使其最终归向科学社会主义。在马克思和恩格斯的指导下，马克思主义在国际工人运动中的影响不断扩大，社会民主主义也不断接受马克思主义，与科学社会主义的思想交汇、交叉，使它在一个特定的历史时期内成为科学社会主义的同义语。

2. 拉萨尔主义

拉萨尔主义是 19 世纪 60 至 70 年代德国工人运动中出现的一种思潮，拉萨尔主义的核心内容是由普鲁士资助建立生产合作社和争取普选权来和平实现社会主义。② 拉萨尔主义一度给德国工人运动造成很大危害，成为传播马克思主义和工人运动发展的主要障碍。马克思指出，"拉萨尔的全部社会主义在于辱骂资本家，而向落后的普鲁士容克献媚"，是一种地道的"普鲁士王国政府的社会主义"。③ 拉萨尔的思想观点，深刻地影响了修正主义的鼻祖——伯恩施坦，而且至今还对当代社会民主党人有着巨大的影响。例如，德国社会民主党前主席汉斯－约亨·福格尔（Hans-Jochen Vogel，

---

① ［联邦德国］托马斯·迈尔等：《论民主社会主义》，刘芸影等译，东方出版社 1987 年版，第 13 页。

② 《机会主义、修正主义资料选编》编译组编：《拉萨尔言论》，生活·读书·新知三联书店 1976 年版，第 113 至 143 页。

③ 《马克思恩格斯全集》第 16 卷，人民出版社 1964 年版，第 255 至 256 页。

1926—2020）就认为，拉萨尔的国家观远比马克思、恩格斯更能指明社会民主主义工人运动在其政治实践中同国家的关系。①

3. 工联主义和费边主义

工联主义是对 19 世纪中叶英国工人联合会的改良主义观点和政策的一个总称。工联主义把改善工人眼前的经济条件和劳动条件看成工人运动的唯一目的，反对工人阶级进行推翻资本主义制度的政治斗争。费边主义是 19 世纪后期流行于英国的一种典型的资产阶级改良主义思潮。费边主义鼓吹阶级合作、社会和平，主张运用温和渐进的方法和一点一滴的改良，实现社会主义。工联主义和费边主义对英国工党有着极其重大的影响，例如麦克唐纳的工党政府和艾德里政府的一系列政策就是以这套理论为依据的。费边主义对伯恩施坦也产生了很大的影响，他自己也承认，他正是根据英国社会经济情况及从费边社的活动中学到了一些东西，才看到了资本主义还有强大的生命力。②

4. 蒲鲁东主义

蒲鲁东主义是 19 世纪中叶法国最有影响力的社会主义思潮之一。蒲鲁东主义把资本主义生产关系看成永恒的、不可动摇的，而把社会主义的历史看成抽象观念的历史，并企图用头脑中的运动来代替现实的阶级斗争和社会运动。民主社会主义所继承的蒲鲁东的改良主义思想主要集中在两点：一是在不触动资本主义根本制度的情况下，通过组织生产、销售、信贷合作社等办法，特别是通过建立生产合作社和"人民银行"，就可以消除资本主义社会的一切弊端。二是在反对资本主义大生产带来的灾难的同时，又力图永远保存小生产者的私有制及其商品生产的所有权，反对马克思关于一切生产资料公有化的原则。

（三）民主社会主义的组织渊源

1. 第一国际

由于民主社会主义在其形成过程中从第一国际吸收了改良主义的思潮，从这个意义上说民主社会主义的组织历史可以追溯到 1864 年在伦敦成立的

---

① 林建华、董泉增：《当代西欧社会民主党论纲》，中国工人出版社 1995 年版，第 68 页。

② 中共中央马克思、恩格斯、列宁、斯大林著作编译局国际共运史研究室编：《德国社会民主党关于伯恩施坦问题的争论》，生活·读书·新知三联书店 1981 年版，第 66 页。

国际工人协会。1864 年 10 月 11 日国际工人协会正式宣布成立，即第一国际。马克思是第一国际的创始人之一和实际领导者，恩格斯于 1870 年 9 月定居伦敦后参加了总委员会。在国际工人协会存在期间，国际内部既有马克思主义的科学社会主义派别，也有其他各种社会主义流派。所以，它在与阶级敌人进行斗争的同时，在内部也开展了反对机会主义的斗争。巴黎公社失败后，各国反动政府加紧迫害国际的会员，使协会的组织遭到了严重破坏。1872 年海牙代表大会后，总部迁到纽约，同欧洲支部的联系逐渐削弱，美国支部内部派别斗争也十分激烈，在这种情况下，第一国际原有的斗争形式已不能适应工人运动发展的新形势的要求，根据马克思的建议，于 1876 年 7 月 15 日在美国宣布解散。

2. 第二国际

第一国际解散后，一些工人活动家曾多次提出重建国际工人组织的倡议。在恩格斯的关怀和指导下，1889 年 7 月 14 日，来自欧美 22 个国家的社会主义政党的近 400 名代表在巴黎召开了国际社会主义者代表大会，正式成立了第二国际。从 1889 年到 1914 年，第二国际先后召开过 9 次代表大会和 16 次国际局全体会议，通过了很多正确的决议。1895 年恩格斯去世后，第二国际逐渐分裂为左、中、右三派，其中以伯恩施坦为代表的右派全面系统地修正马克思主义，而 1899 年 6 月法国独立社会主义同盟首领米勒兰参加资产阶级政府，则做出了"实践的伯恩施坦主义"的榜样。1914 年 8 月，第一次世界大战爆发，参加第二国际的大多数政党公开支持本国资产阶级政府进行帝国主义战争，完全堕落为社会沙文主义者。这样，第二国际也就在思想上、政治上宣告破产。

二、民主社会主义的形成

（一）民主社会主义理论的雏形

1. 伯恩施坦主义

伯恩施坦主义又称"伯恩施坦修正主义"，是 19 世纪末 20 世纪初国际工人运动中出现的一种歪曲、修正和否定马克思主义的思潮。伯恩施坦（Eduard Bernstein，1850—1932），出生在柏林一个犹太血统的德国人家庭。1872 年加入德国社会民主党。1896 年 10 月，即恩格斯逝世一年后，伯恩施坦公开打出了修正马克思主义的旗帜。"我对于人们通常所理解的'社会主义的最终目的'非常缺乏爱好和兴趣。这个目的无论是什么，对我来说都是微不足道的，运动就是一切。"[①] 主张渐进的社会改良，为谋求一时的实际利益而牺牲无产阶级的根本利益，这就是伯恩施坦修正主义的实质。应当说，伯恩施坦修正主义是民主社会主义一个更为全面、更为主要、更为直接的思想来源。

2. 考茨基主义

考茨基（Karl Kautsky）是 19 世纪末和 20 世纪初德国社会民主党和第二国际的重要理论家之一。考茨基认为："在民主国家的纯粹资产阶级统治时代和纯粹无产阶级统治时代之间，有一个从前者变为后者的转变时期。同这个时期相适应的也有一个政治上的过渡时期，这个时期的政府通常将采取联合政府的形式。"[②] 考茨基这一观点是对马克思关于在资本主义社会和共产主义社会之间存在一个无产阶级专政时期的论断的重大修正，这也标志着考茨基的思想向民主社会主义者的转变。

3. 资产阶级的经济学理论

当代西方社会民主党在其理论活动和实践活动中直接吸取了资产阶级经济学理论的大量观点，如凯恩斯主义、福利经济学、瑞典学派等，尤以凯恩斯主义为代表。凯恩斯主义的理论体系是以解决就业问题为中心，而就业理论的逻辑起点是有效需求原理。凯恩斯主义主张政府对经济的积极干预。凯恩斯主义不仅为资本主义经济学的发展划定了历史界限，而且为社会民主党的经济理论和政策提供了重要的论证。二战后，凯恩斯主义受到愈益广泛的重视，各国社会民主党在制定经济政策时大都采用了凯恩斯主义的主张，并取得实效。

（二）民主社会主义诞生初期的组织建设

如果从直接的组织联系来看，民主社会主义的组织历史实际上应该从社会主义工人国际的成立算起。1921 年 2 月，英国独立工党、法国社会党、德国独立社会民主党、奥地利社会民主党、俄国孟什维克等 13 个原第二国际内的中派政党在维也纳举行国际社会党代表会议，成立社会党国际工人

[①] 中共中央马克思、恩格斯、列宁、斯大林著作编译局资料室编：《伯恩施坦言论》，生活·读书·新知三联书店 1966 年版，第 60 页。

[②] 中共中央马克思、恩格斯、列宁、斯大林著作编译局资料室编：《考茨基言论》，生活·读书·新知三联书店 1966 年版，第 377 页。

联合会，史称"维也纳国际"。因其声称这个国际不应该像第二国际那样只允许无产阶级用民主的方法进行斗争，也不应该像第三国际那样要求人们都去仿效俄国的工农革命，故它又被称为"第二个半国际"。1923 年 5 月，右派社会党人恢复的第二国际与中派社会党的第二个半国际在德国汉堡合并，成立社会主义工人国际。社会主义工人国际的成立对于民主社会主义运动的发展具有重要意义。作为一个以社会党为主体的国际联合组织，社会主义工人国际从成立到 1940 年被迫停止活动，先后举行了 5 次代表大会，以在欧美工人运动中鼓吹改良主义为其宗旨。1940 年 5 月，法西斯德国入侵比利时，社会主义工人国际总部所在地布鲁塞尔被希特勒军队占领，该组织也停止了活动。

（三）民主社会主义的初步实践

1. 德国社会民主党的早期民主社会主义实践

德国社会民主党的历史可以追溯到于 1869 年 8 月 7 日创立的德国社会民主工党。1878 年 10 月，帝国议会强行通过了《反对社会民主党企图危害社会治安的法令》，使社会主义工人党处于非法状态。但该法案没有撤销社会民主党议员的议席，也没有剥夺社会民主党人参加议会选举的权利，这也使该党在实践上向议会改良的方向发展。两年后社会主义工人党恢复了合法地位。1891 年 10 月，德国社会主义工人党更名为德国社会民主党。1896 年起，伯恩施坦主义开始在德国社会民主党内泛滥，与此同时，德国社会民主党在议会选举中不断有新的突破。第一次世界大战期间，社会民主党的右翼投靠了德意志帝国反动政府，左翼作为反战派于 1917 年 4 月成立了德国独立社会民主党（USPD），而社会民主党的其余部分则成为多数派德国社会民主党（MSPD），社会民主党内的激进派和改良派也就此彻底决裂。1922 年 9 月，独立社会民主党的改良派与多数社会民主党合并。1928 年 5 月德国社会民主党第二次上台执政，但由于应对经济危机不力于 1930 年 3 月再度下台。1933 年希特勒上台后，社会民主党被取缔，直到 1945 年纳粹政府倒台后社会民主党才恢复活动。

2. 英国工党的早期民主社会主义实践

英国工党创立于 1900 年 2 月，最初被称为劳工代表委员会，由隶属于职工大会的 67 个工会组织以及费边社、独立工党和社会民主联盟组成。1906 年正式改名为英国工党。一战后，工党的党员人数大幅度增长。在

1923 年举行的大选中，工党获 191 个议席，超过自由党成为议会第二大党。1924 年 1 月，工党领袖麦克唐纳（James Ramsay MacDonald，1866—1937）在自由党的支持下，组建了第一届工党政府。由于与自由党政见不同，此届政府仅存在了 10 个月。1929 年大选，工党获胜成为议会第一大党，第二次上台执政，但由于应对经济危机乏力，1931 年再度下台。1934 年，工党提出新的纲领性文件《争取社会主义与和平——工党的行动纲领》重申了关于工业国有化的主张。二战期间，工党参加了丘吉尔的战时联合政府。联合政府接受工党的提议出台了一系列有关国有化的政策和规定，这也为此后工党上台并进一步实施和发展这些政策奠定了基础。

3. 法国社会党的早期民主社会主义实践

19 世纪与 20 世纪之交，法国各社会主义政党和派别围绕"米勒兰（Alexandre Millerand，1859—1943）入阁事件"发生激烈争论，引发法国各派社会主义力量重新组合，形成法兰西社会党与法国社会党。1905 年 4 月，法兰西社会党与法国社会党合并，当时名为"社会党—工人国际法国支部"。1920 年 12 月，社会党在图尔代表大会上发生分裂，支持加入共产国际的以加香为首的多数派建立共产国际法国支部，即法国共产党；而反对加入第三国际的以保罗·福尔（Paul Faure，1878—1960）和勃鲁姆（Leon Blum，1872—1950）为首少数派继续保持"社会党—工人国际法国支部"的名称，分裂后的社会党只有不到 5 万名党员。1936 年，社会党与法国共产党结盟，建立反法西斯人民阵线，成立了由法国共产党支持的、由勃鲁姆组阁的人民阵线政府。勃鲁姆政府实行了一系列改革，受到工人群众的普遍欢迎，但却遭到了大资产阶级的激烈反对，1937 年 6 月，勃鲁姆政府倒台。二战中，法国社会党由于赞成慕尼黑协议、支持当局取缔法国共产党、部分社会党议员支持贝当投降政府等使党的力量和影响力急剧下降。战后初期，社会党通过清洗党内在战争中的投降派和逍遥派，向一切抵抗人士敞开党的大门，并同法国共产党以及参加抵抗运动的人民共和党合作，党的力量和影响在逐步扩大。

4. 瑞典社会民主工人党的早期民主社会主义实践

瑞典社会民主工人党，简称瑞典社会民主党，成立于 1889 年 4 月 19日。1897 年瑞典社会民主党在德国社会民主党的《爱尔福特纲领》的基础上制定了自己的第一个党纲，宣称党的指导思想是科学社会主义，党的目标是实现生产社会化和建立无阶级社会。1896 年，党的创始人卡尔·亚尔玛·布兰亭（Karl Hjalmar Branting，1860—1925）当选为社会民主党首位议员。1914 年，社会民主党获 73 个议席，成为议会第一大党。1917 年 10 月，社会民主党与自由党组成联合政府。1920 年社会民主党政府制定了新的纲领，新纲领"比同一时期的其他社会主义纲领都更清楚地阐明了实现社会化的目的和手段问题。"① 1925 年 2 月布兰亭在任上去世，由桑德勒（Rickard Johannes Sandler，1884—1964）继任。1928 年，社会民主党的第二任主席汉森（Per Albin Hansson，1885—1946）开始调整党的政策。"汉森当选社民党主席后不久，他便完全放弃了阶级斗争的理论，放弃了实现生产资料社会化的思想，提出了以实现经济平等以及经济和社会的民主，消除阶级差别和一切社会、经济不平等现象，让平等、合作和互助精神贯穿整个社会为核心思想的'人民之家'（people's home）理论。"② 1932 年汉森带领瑞典社会民主党上台执政，执政后的社会民主党以"人民之家"思想为指导，将普遍的福利作为社会主义的目标，开始了"福利社会主义"的探索。从 1932 年至 1944 年，瑞典社会民主党实现了连续执政。

三、民主社会主义的发展

（一）民主社会主义组织机构的确立

1944 年，英国工党就提出要恢复社会党国际的组织，此后还邀请法国、意大利、比利时、荷兰等国的社会党就此事在伦敦交换意见。此后多次召开筹备会议并设立常设机构。1951 年 3 月，国际社会党代表会议委员会在伦敦召开会议，草拟了组织纲领和章程。同年 6 月 30 日至 7 月 3 日，国际社会党代表会议委员会在法兰克福召开第八次会议，一致通过建立社会党国际的决议，并将这次大会作为社会党国际的第一次代表大会。至此，社会党国际正式成立。社会党国际设立了一整套完整的组织结构即社会党国际代表大会、社会党国际理事会、社会党国际执行局和社会党国际秘书处来实现其领导作用。代表大会是社会党国际的最高机构。它宣布社会党国际的原则，决定其章程，并由占 2/3 的多数通过的决议来吸收新的成员党。

---

① 袁群：《瑞典社会民主党的历史、理论与实践》，云南人民出版社 2009 年版，第 59 页。
② 袁群：《瑞典社会民主党的历史、理论与实践》，云南人民出版社 2009 年版，第 61 页。

每个成员党代表不超过 6 人，且只有一票的否决权。咨询成员党和观察成员党不超过 2 名代表列席，无表决权。代表大会至少每两年举行一次。理事会由成员党各派 2 名代表、中东欧社会主义联盟 4 名代表、社会党国际妇女秘书处 1 名代表、社会党青年国际联盟 1 名代表组成，执行局由 10 人组成。

（二）民主社会主义理论体系的构建

1951 年 6 月召开的社会党国际第一次代表大会通过了《民主社会主义的目标和任务》也即《法兰克福宣言》（以下简称《宣言》），第一次以国际纲领的形式确认了民主社会主义作为其意识形态。从这时起，民主社会主义就取代了以前常用的社会民主主义，成为社会党、社会民主党、工党等社会党国际的成员党及其思想体系和纲领主张的统称和总概念。正是以《法兰克福宣言》和 1959 年德国社会民主党通过的《哥德斯堡纲领》为标志，民主社会主义实现了其理论体系的构建。

1. 对资本主义的批判和对现实社会主义的否定

民主社会主义对资本主义持批判的态度。《宣言》指出："虽然世界蕴藏的资源足以供每个人过像样的生活，但是资本主义未能满足人口的基本需要。"[1] 民主社会主义对现实社会主义持否定的态度。《哥德斯堡纲领》宣称："共产党人错误地援引社会主义传统，他们实际上歪曲了社会主义思想财富。共产党人为了建立自己的一党专政而利用社会分裂状态，社会主义者则希望实现自由和公正。"[2]

2. 民主社会主义的基本价值

《哥德斯堡纲领》宣称，社会主义者努力建设一个每个人都能自由发展自己的个性，并且作为为共同体服务的成员，负责地参与人类的政治、经济、文化生活的社会。"自由、公正和团结互助，即从共同紧密联系中产生的相互义务，这些都是民主社会主义意愿的基本价值。社会主义是一个持久任务——为实现自由和公正而斗争，保卫自由和公正，而且自身也要经受自由和公正的考验。"[3]

----

[1] 社会党国际文件集编辑组编辑：《社会党国际文件集 1951—1987》，黑龙江人民出版社 1989 年版，第 1 至 3 页。

[2] 《德国社会民主党纲领汇编》，张世鹏译、殷叙彝校，北京大学出版社 2005 年版，第 71 页。

[3] 《德国社会民主党纲领汇编》，张世鹏译、殷叙彝校，北京大学出版社 2005 年版，第 70 页。

3. 民主社会主义的目标

民主社会主义宣称，它的目标是要建立一个政治民主、经济民主、社会民主、国际民主的新社会。

关于政治民主，《宣言》声称，社会主义只有通过民主制才能完成，而民主制也只有通过社会主义才能完全得到实现；民主制是民有、民治、民享的政府。[①] 关于经济民主，《宣言》声称，社会主义谋求用这样一种制度来代替资本主义。在这种制度下，公共利益优先于私人利润的利益。应根据有关国家的本身结构来决定公有制的范围和所要采用的计划化形式。关于社会民主，《宣言》声称，社会主义不仅意味着基本的政治权利，而且意味着经济和社会权利。关于国际民主，《宣言》声称，只有把和平建立在国家之间自愿合作的基础上，社会党人所争取的新的世界社会才能在和平中繁荣昌盛。联合国的建立是走向国际共同体的重要步骤。民主社会主义者认为维护世界和平是当前时代的最高任务。只有集体安全体系才能保障和平，为国际裁军创造条件等。[②]

（三）民主社会主义在各国的实践

1. 民主社会主义在德国的实践

在民主社会主义思潮的影响下，自 20 世纪 50 年代起，德国社会民主党开始向以选举为目标的党演变。1959 年 11 月德国社会民主党在波恩的巴德·哥德斯堡举行的代表大会通过了《德国社会民主党基本原则纲领》，也即《哥德斯堡纲领》（以下简称《纲领》）。《纲领》声称"民主社会主义根植于西欧的基督教伦理、人道主义和古典哲学"，只字不提马克思主义，并宣称"德国社会民主党是一个思想自由的党"。1966 年，德国社会民主党开始上台参政，1969 年在大选中获胜，成为执政联盟的主角。1975 年德国社会民主党通过了《德国社会民主党 1975—1985 年经济政治大纲》，全面阐述了共决制思想，共决的主要方法是"职工或职工代表在就业岗位和企业日常工作的其他问题上，享有参与商讨和实施的权利；职工同资方相互平等

---

① 社会党国际文件集编辑组编辑：《社会党国际文件集 1951—1987》，黑龙江人民出版社 1989 年版，第 4 至 5 页。

② 社会党国际文件集编辑组编辑：《社会党国际文件集 1951—1987》，黑龙江人民出版社 1989 年版，第 8 至 9 页。

地参与企业领导机构的任命和监督"①。1976 年，德国社会民主党通过了新的共决法，并大力推行"雇员代表参与监事会"和"工厂委员会参与决策"两种共决制的实施模式，在一定程度上保护了职工权益、缓和了劳资矛盾，提高了劳动生产率，德国的民主社会主义也因此被称为"参与型社会主义"。

2. 民主社会主义在英国的实践

1945 年 7 月，工党成为议会第一大党并组建内阁。1948 年 7 月担任英国首相的工党领袖艾德礼（Clement Attlee，1883—1967）宣布英国已成为福利国家。艾德礼政府也开启了以工业国有化、经济计划化、福利国家建设为主要特征的民主社会主义的英国模式。在 20 世纪 50 年代，由于其工人阶级形象和固守国有化政策，英国工党没有得到日益扩大的中间阶层选民的认同，连续三次大选失利。1963 年 1 月，威尔逊（Harold Wilson，1916—1995）成为工党新领袖。威尔逊提倡"以社会主义来充实科学，以科学来充实社会主义"，通过强调计划性，特别是通过强调科学的重要性，赋予了工党与时俱进的色彩，改善了党的社会形象。工党在 1964 年再度上台后，开始认同混合经济，并对工会的权力进行了限制，这也导致了工党 1970 年大选的失败。1974 年 2 月，工党在大选中获胜。工党上台后，无论是在公有制问题、推进社会公正问题，还是在处理与工会的关系上都出现了向传统民主社会主义的回归，但这也导致了工党内左右两翼的分裂，同时为了应对经济衰退，党政府采取的限制工资的政策也引起了广大民众的不满，在 1979 年的大选中，工党再次失去执政地位。

3. 民主社会主义在法国的实践

在战后初期的数年中，法国社会党的力量和影响迅速发展，1945 年大选，获 23% 的选票，成为仅次于法国共产党的左翼第二大党。1947 年 5 月，社会党人拉马迪埃政府将法国共产党排除出政府，此后社会党开始推行一条既反对法兰西人民联盟，又反对法国共产党的"第三种力量"路线。1971 年 6 月，法国社会党同密特朗（François Mitterrand，1916—1996）领导的共和体制大会党合并，实现了社会党的重建，密特朗当选为社会党第一书记。1972 年 6 月，法国社会党同法国共产党、左翼激进党人运动正式结

---

① 赵永清：《德国民主社会主义模式研究》，北京大学出版社 2005 年版，第 119 页。

成了"左翼联盟"。1973 年 6 月，社会党举行第二次代表大会，强调社会党是一个"革命的党"，1977 年社会党召开第四次代表大会，提出通过民主道路来夺取政权。1978 年社会党在立法选举中获得 22% 以上的选票，首次超过了法国共产党，成为左翼第一大党。1981 年密特朗当选法国总统，组建了有法国共产党参加的左翼联合政府。社会党执政后，先后颁布了《国有化法令》《权利下放法案》《计划化改革》等法令。由于社会党政府重视通过权力下放来实行地方自治，因此法国模式的民主社会主义也被称为"自治管理的社会主义"。

4. 民主社会主义在瑞典的实践

瑞典社会民主党"福利社会主义"的推行，实现了社会民主党关于社会民主的目标，但经济民主的目标还远未实现。20 世纪 60 年代中期后，以阿德勒·卡尔松（Gunnar Adler-Karlsson，1933—2020）为代表的社会民主党人进行了"职能社会主义"的探索。相对于"福利社会主义"而言，"其新颖之处在于：不再回避生产资料所有制问题，承认对资本主义所有制进行改造和限制的必要性。变全面否定生产资料的社会化为否定全面的社会化，主张利用'职能社会化'的方式在资本主义所有制结构内部进行改革"①。战后至 70 年代中期，瑞典社会民主党将其"阶级合作""法治政府、廉洁政府""经济发展与社会公平并重"的执政理念付诸实施，大力发展其"瑞典式的社会主义"，取得了极大的成功，并形成了"瑞典模式"，突出的执政业绩使得社会民主党人在历次议会大选中的选票都在 40% 以上，并连选连任，社会民主党进入了其历史上的鼎盛时期，其取得的突出的执政业绩也被西方人士称为"令人神往的功业"。

5. 民主社会主义向亚非拉的推进

社会党国际成立后，民主社会主义的影响就逐步向亚非拉扩散开来。1952 年社会党国际在米兰召开的第二次代表大会上，通过了关于《社会党国际对不发达国家的政策》的宣言，作为其加强同亚非拉国家社会党进行合作的思想基础。1953 年 1 月，日本、印度等 10 个国家社会党人在缅甸仰光召开了亚洲社会党成立大会。1955 年社会党国际成立了社会党国际拉美书记处，并以此为核心组建了一个协商委员会来吸引和团结拉丁美洲一些

---

① 袁群：《瑞典社会民主党的历史、理论与实践》，云南人民出版社 2009 年版，第 100 页。

国家的社会党。1960 年 4 月，社会党国际通过了《关于民主社会主义新任务的声明》，明确宣布民主社会主义在 60 年代的新任务是要解决与亚非拉国家、新独立国家有关的新问题。① 在 1961 年 10 月召开的社会党国际第七次代表大会上，喀麦隆社会党和马达加斯加社会民主党加入了社会党国际。自 1976 年 11 月召开的社会党国际第十三次代表大会起，社会党国际开始主动放弃"欧洲中心主义"，致力于向广大亚非拉发展中国家渗透和扩大民主社会主义的影响，其通过的《关于拉丁美洲的决议》和《关于国际经济团结互助的决议》，成为社会党国际走向第三世界积极开放政策的起点。

四、民主社会主义的危机与变革

20 世纪 70 年代初至 90 年代初，随着资本主义各国政治、经济、社会文化的变迁以及国际形势的变化，民主社会主义面临着诸多方面的挑战。20世纪 90 年代初，新自由主义的声望开始急剧衰落。在这种背景下，欧洲社会民主党人开始对传统的民主社会主义的纲领政策进行反思调整，提出了"第三条道路"的理论主张。在"第三条道路"的指导下，包括英国工党、法国社会党在内的欧盟 13 国的社会民主党执政或联合执政，民主社会主义在 20 世纪末出现了神奇回归。

（一）民主社会主义面临的挑战

1. 阶级结构的变化

20 世纪 70 年代以来，西方国家经济的快速发展和产业结构的调整，直接影响到了阶级结构的变化。"首先，随着人们受教育水平的提高、物质生活的不断富裕，整个社会以及人们的生活方式也不断趋于同质化。……阶级身份与投票行为之间失去了直接的相关性；其次，社会流动水平的提高进一步模糊了阶级组合的边界，'阶级投票'遭到削弱；最后是阶级结构本身的变化，一个新兴的由白领雇员构成的中产阶级打破了传统的建立在雇佣者阶级与工人阶级对立基础之上的分野。而这一新兴阶级在社会地位上往往是模糊的，他们的政治主张也表现出相当的多元性。"② 在这种情况下，

---

① 社会党国际文件集编辑组编辑：《社会党国际文件集 1951—1987》，黑龙江人民出版社 1989年版，第 114 页。
② 袁群：《瑞典社会民主党的历史、理论与实践》，云南人民出版社 2009 年版，第 151 至 152页。

社会民主党派不再拥有一个可以为其提供稳定支持的"阶级集团"。

2. 全球化的挑战

20 世纪 80 年代末 90 年代初，随着冷战的结束和以信息技术为代表的新技术革命的推动，世界进入经济全球化时代。在经济全球化过程中，民主社会主义面临的最大挑战就是以私有化、自由化和放松经济管制为主要特征的新自由主义的迅速崛起和扩张。正如托马斯·迈尔指出的，"经济危机几乎再也无法通过国家发放信贷和开支计划拉动国内需求来进行控制。在二战以后的黄金时代，社会民主党的充分就业政策曾经是非常成功的关键性手段，现在已经失效。没有人指望在可以想见的未来，它能够再度获胜"①。

3. 福利制度难以为继

20 世纪 70 年代以来，伴随着石油危机的出现和经济全球化的加速，民主社会主义的福利国家制度开始陷入困境。但由于福利制度的刚性，执政的欧洲社会民主党政府各国不得不继续提高福利水平。日益庞大的社会保障支出使政府赤字剧增，债台高筑，出现了巨大的"财政黑洞"。由于福利国家没有以恰当的代价取得符合社会标准要求的改进，国家对经济的干预不过是使经济进一步背离获得增长所要求的状况。这样，社会民主党以福利国家作为促进平等的基本措施的做法就遭到了抨击。② 20 世纪 70 年代中后期以来，一些新当选的保守党政府又大力推行新自由主义政策，大力削减福利开支，这又使社会保障体系遭受严重破坏，进一步加剧了福利制度的困境。

4. 苏东剧变的冲击

苏东剧变后，尽管社会民主党人声称与共产主义有根本的区别，并称社会民主党的理论家和政治家"早在共产主义实验开始时就根据有远见的分析对这一实验可能会有的进程做出了预断"③，但事与愿违，由于舆论和

---

① 张世鹏：《西欧社会民主主义政党指导思想的历史演变》，山东人民出版社 2014 年版，第 288 页。

② ［英］斯图亚特·汤普森：《社会民主主义的困境：思想意识、治理与全球化》，贺和风、朱艳圣译，重庆出版社 2008 年版，第 32 页。

③ ［德］托玛斯·迈尔：《社会民主主义的转型——走向 21 世纪的社会民主党》，殷叙彝译，北京大学出版社 2001 年版，第 98 页。

相当一部分民众认为"社会民主主义的纲领和共产主义的纲领在论题和传统上有很大的相似之处，在历史上和意识形态上是相近的"。① 而在欧洲各国资产阶级眼中，共产主义的失败应该连带引起民主社会主义的失败，以便使它永无挑战的威胁。与此同时，随着苏东剧变后两极格局的瓦解，欧洲社会民主党的居中地位消失，对世界政治的影响力也开始下降，这些不利的形势使民主社会主义明显地遭受到冲击。

（二）民主社会主义的反思与调整

首先是在理论反思方面。一是全盘否定现实社会主义，认为现实社会主义"是一个经济上、生态上、政治上和伦理上彻底失败的制度"，必须"以明确的、人人都看得见的方式与一个已经垮台的、已经失败的制度划清界限"②。二是对是否放弃"民主社会主义"的概念进行了深入的讨论，尽管欧洲社会民主党人对于今后如何对待"民主社会主义"概念提出了不同的选择，但是各国社会民主党人在"未来的共同任务"方面却达成了共识：（1）寻找社会制的自治的、自我调节的形式；（2）提出能使人们摆脱困苦和外部强加的目标的、在经济上合理的思想和行动；（3）组织对自己的个性有自觉的人们的共同社会生活的形式，在这些形式的组织里，由经济合理性产生的客观强制要服从生态目标和文化目标；（4）为达到以民主方式确定的、能使社会公正实现的目标创造民主形式的框架条件。③

其次是在政策调整方面，英国工党于 1995 年 4 月剔除了具有强烈意识形态色彩的党章第四条的"公有制"条款，转而对以私有制为基础的市场机制持肯定态度。德国社会民主党对自己在 70—80 年代的经济社会政策做了某些针对性的调整：（1）纠正了对经济增长重"质"不重"量"的方针，主张在保持"质"的前提下，尽可能促进"量"的增长；（2）放弃了谨慎发展科学技术的提法，主张对任何科学技术都要首先着眼于研究其有益的方面并加以利用，不要轻易因其显示出某些有害方面就予以全盘否定；

---

① ［德］托玛斯·迈尔：《社会民主主义的转型——走向 21 世纪的社会民主党》，殷叙彝译，北京大学出版社 2001 年版，第 96 页。

② 中央编译局世界社会主义研究所：《当代国外社会主义：理论与模式》，中央编译出版社 1998 年版，第 229 页。

③ 中央编译局世界社会主义研究所：《当代国外社会主义：理论与模式》，中央编译出版社 1998 年版，第 237 页。

（3）修正了新凯恩斯主义宏观调节方针，既重视国际性协调政策对本国经济的调控作用，也重视供给学派旨在给企业发展提供更多活动余地的调控主张；（4）对构成"德国经济模式"的各方利益和相互关系做出调整，力求增加共识，更好地发挥社会市场经济体制的效能。[①]

（三）民主社会主义的理论变革——"第三条道路"的提出

"第三条道路"是欧洲社会民主党人为解决国内外所面临的新问题而提出的一种新的政治理论，其根本点就是要寻找并提出一条既超越国家干预的老左派理论又超越自由放任主义的新右派理论、介于左与右之间的中间道路。"第三条道路"的理论内容包括以下几个方面：

1. 建立合作包容型的新社会关系，实现权利和义务的一致

"第三条道路"认为，新自由主义虽然改善了经济效益，但是它用扭曲的"个人主义"破坏了社会团结的纽带。因此，"第三条道路"针对社会的过度原子化状态，提出应建立合作包容型的新社会关系。这种新型的社会关系，主要包括以下三个方面的内容：第一，在尊重个人价值的基础上，倡导建立共同体意识。第二，协调资本与劳工的关系，提倡双方建立共担风险、共享利益的关系。第三，协调国内居民和外来移民之间的关系。

2. 淡化意识形态，确立能够团结各种政治力量的新政治中心

"第三条道路"的倡导者认为，左翼要恢复对选民的吸引力，重新成为政治生活的中心，就必须对思想理论和政党制度改革。具体措施是：第一，重新对传统的社会民主主义的思想理论和价值观念进行诠释，进一步淡化或放弃与传统社会主义观念的联系。第二，修正党的性质，进一步突破传统的阶级政治的限制，团结各种力量尤其是中间力量。第三，改革封闭的政治制度和政党制度，扩大制度的包容度。

3. 改革福利制度，解决公平与效率的矛盾，创造更有活力的现代经济

福利国家制度是当代西方社会最棘手的问题。"第三条道路"指出，应改造传统的福利国家，建设现代化的福利制度，福利制度改革应遵循以下原则：第一，变"福利国家"为"社会投资国家"。在任何可能的情况下要

---

① 王学东、陈林等：《九十年代西欧社会民主主义的变革》，中央编译出版社1999年版，第233至234页。

投资于人力资本，而不是直接给予利益。① 第二，权利与责任统一。"不承担责任就没有权利"，机会、权利共享，风险、义务共担。第三，变结果平等为机会平等。致力于一切的机会平等，即满足不同的群体对社会的不同需要。

4. 重新定位政府，重新定位国家："少一些管理，多一些治理"

"第三条道路"主张应超越左派的"以国家为答案"和右派的"把国家当作敌人"的思维模式，探求一种新的治理方式，从而实现"少一些管理，多一些治理"。"第三条道路"认为，不同国家有不同的情况，但总体上来看有以下几点：第一，重新界定政府的地位和作用。第二，重新定位国家与社会的分工。第三，国家应当和公民社会开展合作。国家与公民社会之间是一种制衡关系。"政府有时需要比较深入地干预公民社会的事务，有时候又必须从公民社会中退出来。"②

5. 致力于大国和地区合作，寻求解决全球问题

"第三条道路"认为，虽然全球化创造了巨大的经济和文化财富，但是这些经济和文化财富是以不平等的方式进行分配的。正是在这样的背景下，"第三条道路"提出了全球治理的新模式。第一，建立世界性国家；第二，实行全球性治理；第三，限制全球范围的市场原教旨主义。"第三条道路"认为，要想获得一个兼有稳定、公平和繁荣特性的社会，决不能依靠全球化市场和现存的"相对来说比较软弱无力的国际组织"。③

（四）民主社会主义的组织变革

1. 扩大党的代表性

为了扩大党的代表性，欧洲社会民主党提出要摒弃阶级政治，寻求跨阶级合作。如英国工党疏远了与工会的关系，淡化工党的阶级性质，向中产阶级靠拢，强调工党不仅要成为"人民的党"，而且要成为"商业界和企业界的党"。德国社会民主党则提出要组建一个"在社会和文化上更加复杂、更加多元化的公民联盟"，并实行"项目党员"制，允许仅支持社会民

---

① ［英］安东尼·吉登斯：《失控的世界》，周红云译，江西人民出版社2001年版，第101至102页。
② ［英］安东尼·吉登斯：《第三条道路：社会民主主义的复兴》，郑戈译，黄平校，北京大学出版社2000年版，第83页。
③ ［英］安东尼·吉登斯：《第三条道路：社会民主主义的复兴》，郑戈译，黄平校，北京大学出版社2000年版，第160页。

主党个别政治主张的人在一定时期入党，参加党的机关工作和活动。①

2. 拓宽党的民主渠道

为了扩大党内民主，英国工党实行了"一人一票制"，让每个党员在党内都有表决权，发言权。法国社会党赋予了党员更大的民主权利，切实维护党员的投票权、表达权和公正接受处理的权利，保证每一位基层党员都能充分地参与决策。② 为了适应信息化时代的特点，欧洲社会民主党积极发展"电子民主"，通过利用现代网络技术和媒体的作用，增强党的开放性。如德国社会民主党明确宣称要建成"网络党"，并专门制定了"红色电脑"和"红色手机"计划。

3. 改进党的组织机制

为了改善长期存在的组织涣散的情况，党员老化的情况，英国工党、瑞典社会民主党相继取消了集体党员制度，大力发展个人党员。法国社会党通过技术培训中心来培训基层党员干部，在选举党的各级领导人方面由间接选举改为由全体党员直接选举。同时，法国社会党引入了"意向入党"制，大量地吸收那些只对党的某些项目感兴趣的新党员，使党员人数大为增加。

4. 注重党际交往

为了扩大社会民主党在国际社会的影响，20 世纪 90 年代以来，社会民主党及其地区和国际组织以"第三条道路"为主旨，加强与世界各国左翼政党的联系和交往。1997 年英国首相、工党领袖布莱尔与美国总统克林顿发起成立了以执政的社会民主党人为主的"进步管理网络"，来宣扬社会民主党的价值观念和政策取向。③ 社会党国际也把扩大对国际事务的影响作为工作重点，加强该国际同世界上其他主要政治力量的对话与合作。

（五）"第三条道路"在各国的实践

1. 英国工党的"第三条道路"

1997 年英国工党上台执政后，在政治方面，大力推进宪政改革，实行

---

① 罗云力：《西欧政党政治全方位危机的成因与趋势》，载《中国社会科学院要报》2004 年第 21 期。

② 陈露：《法国社会党处理党群关系的经验教训》，载《当代世界与社会主义》2006 年第 5 期，第 9 页。

③ 裴援平、柴尚金、林德山：《当代社会民主主义与"第三条道路"》，当代世界出版社 2004 年版，第 153 页。

中央与地方分权；在经济方面，接受了私有化和自由市场经济的理念，提倡公私部门的共同发展；在社会政策方面，工党遵循以社会投资国家来改革传统的福利国家的思想，于1998年4月公布了福利改革绿皮书《我们国家的新动力——新的社会契约》，提出了新福利制度的8项原则，勾画了到2020年英国社会福利制度的新蓝图。[1] 在外交政策方面，工党提出了"新国际主义"，积极谋求恢复英国在欧洲的领导地位，为此，它特别注重英美之间的"特殊关系"，希望以此建立英美主导的国际安全机制和国际关系规则。

2. 德国社会民主党的"第三条道路"

1997年德国社会民主党根据英国工党的"第三条道路"理念提出了自己的"新中间道路"口号。1998年德国社会民主党上台后，在政治方面，建立了执政党与议会、政府之间的协调机制，制定了党内高层的民主决策机制，规定政府总理、党的总书记和议会党团主席三人要定期碰头，交换意见，以达到政府、执政党与议会权力之间的平衡。[2] 在经济方面，社会民主党政府提出了一个150亿欧元的经济振兴计划。此后政府又进行了税制改革。与此同时，社会民主党政府还全面改进了医疗保险制度和养老金制度，削减投保者的缴费数额，并部分实行了保险业的私有化。2003年，社会民主党政府第二届内阁出台了《保险费法》和《基本医疗保险现代化法》，大幅度削减社会福利，强化个人的责任和义务，相应地减少国家的资助。

3. 法国社会党的"第三条道路"

1997年法国社会党上台执政后，在政治方面，加强了政治阶层的更新，规定部长不再兼任地方行政职务；选举中男女对等原则在宪法中体现出来；将总统任期改为5年。[3] 在经济方面，提出了"要市场经济，不要市场社会"，强化国家对市场的干预。对所有制采取灵活务实的态度。在社会政策方面，社会党在坚持社会福利制度的基本原则的同时，主张对国家统包的

---

[1] 王振华、刘绯、陈志瑞主编：《重塑英国：布莱尔主义与"第三条道路"》，中国社会科学出版社2000年版，第101至102页。

[2] 谭鹏：《德国社会民主党"新中间道路"的理念、实践与启示》，载《中国浦东干部学院学报》2014年第5期，第124页。

[3] 陈露编写：《法国社会党执政五年来的总结以及对未来十年的规划》，载《国外理论动态》2002年第4期，第24页。

福利制度进行改革，实施积极福利。法国历史学家皮埃尔·罗桑瓦隆（Pierre Rosanvallon，1948—）认为，法国式的"第三条道路"有以下四个明显的特点：社会党出现了明显的更新换代；与密特朗主义（即强调社会平等，同时反对过度国有化、福利化改革，以免影响法国竞争力）分道扬镳；创建政府文化和纲领改革者的形象；创新。①

4. 瑞典社会民主党的"第三条道路"

1994 年瑞典社会民主党上台执政后，在政治方面，该党主张实行新的社会治理方式，强调"公民社会"的作用，执政方式由"统治"转向治理，在人民和政治家之间建立信任和忠诚，努力使政府、公民和社会组织之间形成良好的伙伴关系。政府向更加透明、法治、高效、务实的方向转变，成为公民可信赖的公共机构。在经济方面，社会民主党政府在对于基础领域和公共事业领域的重要环节和部门保持必要的控制力的前提下，在基础领域，包括铁路、民航等部门和公共事业中实行民营化，但不搞全盘私有化。加强对国有企业管理，推动国企为社会创利。在社会政策方面，社会民主党不再坚持充分就业的主张，取而代之的是减少失业或增加就业；不再坚持社会平等的主张，取而代之的是可以期望扩大收入和财富分配的平等。社会民主党人主张，福利救济应保持合理的水平，税收应以支付能力为基础，但不再主张累进税率。②

5. 马来西亚民主行动党③的"第三条道路"

20 世纪 90 年代，马来西亚民主行动党借鉴欧洲的"第三条道路"理论，提出了既不认同巫统的种族主义，也不支持回教党神权政治，而是在二者之间寻求一条多元民主和自由开放的"第三条道路"。④ 2002 年，行动党政治教育局对其民主社会主义理念做出新的阐述，即政治自由、社会开放、经济公正、政教分离、人人平等（包括族群、宗教和性别等）。在这

---

① ［英］斯图亚特·汤普森：《社会民主主义的困境：思想意识、治理与全球化》，贺和风、朱艳圣译，重庆出版社 2008 年版，第 76 页。

② ［英］斯图亚特·汤普森：《社会民主主义的困境：思想意识、治理与全球化》，贺和风、朱艳圣译，重庆出版社 2008 年版，第 112 页

③ 马来西亚民主行动党成立于 1966 年，是社会党国际的正式成员党，也是现在唯一的以华人为主的具较大影响力的社会党类型政党。

④ 丘光耀：《马来西亚的"第三条道路"研究初探》，载《当代世界与社会主义》2003 年第 5 期，第 51 页。

里，民主社会主义被着重解释为"多元的民主主义"。①

6. 日本社会党的"第三条道路"

20 世纪 90 年代以来，受欧洲"第三条道路"思潮的影响，日本社会党在理论与政策方面均发生了显著的变化。1993 年日本社会党发表了《对政权的挑战——93 年宣言》，标志着日本社会党实现了向西欧式社会民主主义的转型。1996 年，日本社会党改名为日本社会民主党。1996 年以来，日本社会党的政策主要包括：在政治上，强调主权在民，遵守多党制和议会制民主主义；在经济上，主张在发挥市场经济的有效作用的同时，对其进行规制和引导；在军事上，强调不走军事大国之路，不在海外行使武力，恪守无核三原则；在对外关系上，主张维护日美同盟，但反对日美合作指针适用于台湾，主张建立与亚太国家的合作关系，尤其是与中国的关系等。②

五、民主社会主义面临的新挑战及发展趋势

进入 21 世纪以来，德国社会民主党、瑞典社会民主党、英国工党、希腊社会民主党等欧洲大多数国家的社会民主党在大选中纷纷下台，失去执政地位，这表明"第三条道路"并没有实现社会民主党的成功转型，民主社会主义仍面临着严峻的挑战。

（一）民主社会主义的新挑战

1. 理论的不成熟性带来的挑战

"第三条道路"主张在资本主义体系内部"超越左右"，即超越右翼的新自由主义和左翼的传统社会民主主义，力图在二者之间寻找一条中间道路，这导致了"第三条道路"的主要价值判断和观点折中多于创新。"第三条道路"试图糅合不同渊源的激进思想和主张，但它并没有形成自身的特质，其不成熟的理论体系也遭受到来自各方的质疑。

2. 党的组织结构转型带来的挑战

为了应对随产业工人阶级力量衰减，新中间阶层膨胀而带来的政治支持率下降的危机，欧洲各国社会民主党纷纷选择了向中间阶层靠拢的路线，

---

① 宋效峰：《马来西亚的"第三条道路"：民主行动党的理念与实践》，载《东南亚南亚研究》2012 年第 3 期，第 28 页。

② 向文华主编：《冷战后社会党研究》，中央编译出版社 2006 年版，第 215 页。

力争使自己成为"可选举的党"，甚至成为名副其实的"全方位党"（catch-all party）、全民党。社会民主党对党的性质的修正虽然在短期内促成了其"神奇回归"，但也随之陷入身份危机之中。21 世纪以来欧洲社会民主党在本国大选中纷纷失利就是它们为自己模糊身份特征付出的高昂代价。

3. 社会福利政策改革带来的挑战

在社会福利政策方面，社会民主党主张将市场机制与社会公正结合起来。但从具体情况来看，改革过度地强调了市场机制的作用，而对社会公正的关注度却在降低。在实践中社会民主党则尽可能采取小步渐进的改革，通过执行"温和的撒切尔主义"，削减社会福利。这样一来，社会民主党就受到了来自左、右两方面的抨击。由于社会民主党左、右都不讨好，自然其执政地位难以巩固。

4. 政党传媒化的挑战

在西方社会，由于媒体运作具有相对的独立性，现代媒体已成为政党的最大竞争对手、竞争受众，争夺对社会主流意见的主宰权，政党的一些传统政治功能如政治教育、政治动员等，已在媒体的冲击下大为减弱。"这样，媒体主导下的西方选举政治，选举结果更加具有不确定性。此外，媒体的介入也使政党之间的界限日益模糊"①，这使得选民已难以从党纲来辨认政党的性质，从而缩小了公民的替代性选择余地。

尽管进入 21 世纪以来民主社会主义由于客观环境的变化而受到严峻的挑战，在很多方面陷入困境，但这并不意味着民主社会主义的衰落，更不意味着民主社会主义的终结。作为世界社会主义运动的重要组成部分之一，民主社会主义仍保持着相当强大的影响力。

（二）民主社会主义的发展趋势

2012 年 8 月 30 日至 9 月 2 日，社会党国际在南非开普敦召开了第二十四次代表大会，来自全球 130 多个政党和组织的 400 多名代表与会。二十四大以来，社会党国际抓住新的发展机遇，抓紧进行理论政策和组织方式的调整与革新，出现了一些值得注意的新变化，② 这也在一定程度上反映了民

---

① 袁群：《瑞典社会民主党的历史、理论与实践》，云南人民出版社 2009 年版，第 183 页。

② 袁群、丁玮：《金融危机背景下社会党国际的新变化》，载《当代世界》2014 年第 1 期，第 60 至 62 页。

主社会主义未来的发展趋势。

1. 在理论纲领上，主张发展新型民主、新的国际主义和团结一致的新文化

在基本价值面临金融危机严重冲击的形势下，社会党国际强调发展新型民主的重要性。社会党国际在二十四大报告中指出，要建立公平、公正的选举制度，建立以法治为基础独立的司法制度，使世界各国人民都有机会行使他们的自由权利。此外，社会党国际还提出，新的国际主义（指保证进步性的变革、传播民主、强化合作安全、共同承担集体责任和加强民主的国际机制）和团结一致的新文化是解决当今社会面临的各种难题，为每一个国家提供新的机遇和发展空间的关键，同时也是建立使所有人都享有权利和自由的公正的全球社会的有效途径和必要条件。

2. 在经济政策上，提出应对金融危机的新方案

自 2008 年金融危机爆发以来，社会党国际召开了多次会议来讨论这一全球性问题，同时还建立了常设机构——"全球金融问题委员会"，对全球金融危机进行经常性的分析和探讨。2012 年 8 月社会党国际第二十四次代表大会提出，在当前经济处于低增长和高失业的情况下，应把扩大投资、刺激增长作为未来经济复苏的最佳选择。2013 年 2 月社会党国际又发表了《全球经济宣言》。其要求所有国家不仅要放弃财政紧缩的错误政策，而且要采取体现广泛需求的能够管理全球金融、促进全球经济增长的一系列新政策。

3. 在组织机制上，注重机构内部的民主化建设

针对组织机制僵化和官僚主义日趋严重的问题，在 2012 年 8 月召开的二十四大上，社会党国际对章程进行了修改。新章程规定，社会党国际的主席、秘书长以及主席团其他成员由直接选举产生。这也使二十四大成为了社会党国际历史上最为民主的一次代表大会。为了保证各个区域的成员党能够按比例代表该地区积极参与到社会党国际的事务中去，2013 年 2 月，社会党国际决定成立主要由各区域代表组成的 10 个区域委员会和 8 个专题委员会及工作小组，在 2 个法定委员会——道德委员会和金融与行政委员会中，每个委员会也都由 3 名非洲代表、4 名美洲代表、4 名欧盟代表、2 名非欧盟代表以及 2 名来自亚太和中东的代表组成。这样，委员会和工作小组就成为国际生活的重要组成部分，这也使社会党国际的所有成员都能参与其中开展工作。

4. 在社会基础和对外联系上，进一步向社会开放

经过半个多世纪的发展，社会党国际已成为真正意义上的全球性国际组织。目前，社会党国际已有 154 个成员党，其中 54 个在所在国政坛执政或参政。但自成立以来，社会党国际只是向政党和组织开放，而对于蓬勃兴起的左翼社会运动和广大的普通民众并没有给予太多的关注。为了扩大社会党国际及其成员党的社会基础，保证其能随着社会的发展而发展，2013 年 2 月在葡萄牙举行的理事会会议决定，社会党国际除了向政党和组织开放外，还向个人开放。同时，与街头示威者，以和平、非暴力的方式推动社会朝着更加美好和公正方向发展的社会运动和其他新的社会组织建立伙伴关系。此外，社会党国际还提出要与学术界和科技界发展更广泛的联系，建立与其相关的全球智库网络。

5. 在宣传机制上，重视发挥媒体和现代信息技术的作用

长期以来，社会党国际主要是通过自上而下的、单调的宣传机制来号召广大党员和群众。二十四大以来，为了提升自身形象和影响力，社会党国际提出要与主流传统媒体和社会媒体建立积极、持续的联系，社会党国际的会议信息要及时向媒体公布，邀请媒体扩大对其重大事件和重要会议的报道，特别是加强对领导人活动和会议内容的报道。为提高与媒体打交道的能力，社会党国际鼓励各成员党新闻官员之间加强沟通，互相交流相关经验和好的做法。为了扩大宣传阵地，社会党国际要求各成员党必须在其网站上用更多的篇幅来登载有关社会党国际的文章、新闻通讯和访谈。各成员党还要利用电子邮件、定期简报、脸谱、微博来讨论问题，加强沟通。

总体上看，社会党国际理论政策和组织方式的调整与革新是其试图重新回归社会民主主义传统，重塑身份特征，实现重振的有益探索。但也应看到，社会党国际的变革还缺乏建设性的理论创新，同时，由于各成员党之间在理论取向上分歧严重，社会党国际的影响力和号召力已受到严重削弱。这些问题能否得到有效、合理的解决，将影响和决定民主社会主义的未来发展方向。

六、对民主社会主义的总体评价

邓小平指出："社会主义要赢得与资本主义相比较的优势，就必须大胆吸收和借鉴人类社会创造的一切文化成果，吸收和借鉴当今世界各国包括资本

主义发达国家的一切反映现代社会化生产规律的先进经营方式、管理方法。"①
这实际上就是要求我们用历史的辩证的眼光看待其他社会主义流派的历史、
理论和实践，只有这样才能认清它们的本质，并以正确的态度对它在治党
理政方面的有益经验进行总结和借鉴。

（一）民主社会主义的性质

民主社会主义与科学社会主义曾同出一源，在19世纪90年代，民主社
会主义（当时称为社会民主主义）被视为科学社会主义的同义语。此后，
民主社会主义逐渐与科学社会主义分道扬镳，最终演化为一种与科学社会
主义有着本质区别的改良主义的理论体系和政治思潮。民主社会主义与科
学社会主义的差别主要表现为以下几个方面。

1. 指导思想的差异

科学社会主义始终坚持马克思主义在意识形态领域的指导地位，决不
搞指导思想多元化。而民主社会主义继承并发展了思想多元化的传统，对
于马克思主义，民主社会主义认为马克思主义只是社会民主主义的思想来
源之一。例如，法国社会党领袖居伊·摩勒则承认马克思主义对资本主义
的批判，赞成辩证唯物主义，但反对历史唯物主义。②

2. 对待资本主义与社会主义态度上的差异

科学社会主义认为资本主义有其存在的历史必然性和现实依据，但也
具有其自身难以克服的固有矛盾和弊端，因此，社会主义代替资本主义是
社会历史发展不可逆转的总趋势。同时，也强调社会主义要吸收和借鉴包
括资本主义发达国家在内的人类文明成果。而民主社会主义从最初把建立
社会主义制度作为目标，逐步发展为仅仅把社会主义作为一种价值追求、
道德需要，否认其历史必然性。

3. 变革现实的途径差异

科学社会主义认为，变革社会的主要途径有两种：一是通过暴力革命
建立社会主义；二是以和平的方式向社会主义过渡，但不能把和平取得政
权作为工人阶级变革现实的主要手段。而民主社会主义否定无产阶级社会

---

① 《邓小平文选》第3卷，人民出版社1993年版，第373页。
② ［奥］尤利乌斯·布劳恩塔尔：《国际史》第3卷，杨寿国、孙秀民、汤成永等译，上海译
文出版社1992年版，第245页。

主义革命，把渐进改良作为变革社会的唯一途径。

4. 奋斗目标的差异

科学社会主义认为，共产主义是人类社会发展的必然，是无产阶级政党为之奋斗的目标。民主社会主义认为，人类社会的发展没有规律可循，社会主义不存在终极目标，也不存在任何固定不变的社会制度，它只是一项不断追求美好社会的持久的运动。

（二）民主社会主义的地位与作用

1. 民主社会主义是在资本主义制度框架内起着举足轻重作用的政治思潮和政治力量

民主社会主义作为资本主义国家国内主要政治思潮和政治力量，在提高人民群众的政治经济地位，维护人民群众的合法权益，改善人民群众的生活质量，保护生态环境，促进经济社会协调发展等方面起着积极的作用。但由于民主社会主义没有从根本上触动资本主义私有制，因此也不可能从根本上克服资本主义的种种痼疾。事实表明，民主社会主义不是一个能够解决资本主义固有矛盾的范例。

2. 民主社会主义是对国际局势具有重大影响力的国际性思潮和国际性运动

民主社会主义一直十分关注国际局势，它在重大国际问题上积极提出自己的见解和主张，主动参与国际事务。如它反对核军备竞赛，积极支持裁军；它积极支持不结盟运动，主张南北对话，开展以建立一个新的、公平的世界经济秩序为目标的国际合作；它支持第三世界国家的民族解放运动和经济建设；等等，赢得了广泛的关注和好评。这也使它成为对国际局势具有重大影响力的国际性思潮和国际性运动。

（三）中国特色社会主义与民主社会主义的关系

中国特色社会主义，既是科学社会主义的新发展，又需要吸收借鉴包括民主社会主义在内的其他社会主义流派的有益成分；既不是苏联模式的社会主义，也不是西方社会的民主社会主义，而是中国化的、创新了的马克思主义、是扎根于当代中国的科学社会主义。20 世纪 80 年代以来，中国共产党与西方社会民主党的关系得到了较快的发展。1987 年 4 月，瑞典社会民主党主席、瑞典首相英瓦尔·卡尔松（Ingvar Carlsson）访华，邓小平同志在人民大会堂会见了卡尔松。1990 年 5 月，日本社会党书记长山口鹤南，使日本社会党与中国共产党的关系完全正常化。2004 年 2 月，胡锦涛在会见来访的社会党国际主席古特雷斯（António Guterres）时指出："中国共产党十分重视发展与包括社会党国际在内的世界各类政党和政治组织的交流和合作，愿意本着超越意识形态的差异、谋求相互了解与合作的精神，在独立自主、完全平等、互相尊重、互不干涉内部事务的原则基础上，同社会党国际及其成员党开展形式多样的友好交往，就共同关心的问题交换意见，增进了解，扩大共识，加强合作，促进双边关系以及中国同社会党国际成员党所在国国家关系的进一步发展"①。2009 年 5 月，中国共产党与社会党国际在北京共同举办了"可持续发展问题研讨会"。社会党国际主席帕潘德里欧指出："中国共产党是世界上最大的政党，执掌着世界上最具经济活力的国家。社会党国际是世界上最大的政党国际组织，有 170 个各类成员党和组织。我们共同探讨可持续发展问题意义重大。我们可以加深了解，达成共识，并搭建平台实现这些目标。"② 2011 年 7 月，时任中共中央政治局常委、国家副主席的习近平同志会见了以主席拉斯穆森为团长的欧洲社会党高级代表团，习近平对欧洲社会党及其成员党多年来积极推动中欧关系发展表示赞赏。他强调，"为应对共同挑战，中欧政党有必要加强定期交流，就中欧关系中的长期性、战略性、根本性问题进行深入对话，为推动中欧全面战略伙伴关系健康稳定发展发挥更大作用"③。总之，中国特色社会主义与民主社会主义在意识形态上的差异是第一位的，但不能因为有差异而不合作。"超越意识形态差异，谋求互相了解与合作"是处理中国特色社会主义与民主社会主义关系的基本原则，只有在这一原则的指导下，我们才能正确地对待民主社会主义，中国共产党和社会党国际及其成员党的关系才能进入良性发展的轨道。

---

① 《胡锦涛会见社会党国际客人》，http：//news. xinhuanet. com/newscenter/2004 - 02/17/content_ 1318815. htm.

② 《社会党国际：中国可以在应对气候变化问题上发挥桥梁作用》，http：//news. xinhuanet. com/newscenter/2009 - 05/15/content_ 11381759. htm.

③ 《习近平会见欧洲社会党主席》，http：//politics. people. com. cn/GB/1024/15089710. html.

第二节　西方马克思主义

一、"西方马克思主义"概念与历史演变

（一）"西方马克思主义"概念的提出

"西方马克思主义"最早由柯尔施在《〈马克思主义和哲学〉问题的现状——一个反批判》中提出。1923 年柯尔施和卢卡奇分别出版了《马克思主义和哲学》和《历史与阶级意识》两本书，受到了第二国际理论家的批判。柯尔施对此进行反驳写下了《〈马克思主义和哲学〉问题的现状——一个反批判》，在其中使用了"西方马克思主义"概念。"西方马克思主义"成为我国学术界的学术话语应当是 1981 年英国学者安德森（Perry Anderson）的《西方马克思主义》在中国大陆出版。

斗转星移，围绕着马克思主义的争论，已不再局限于第二国际的理论家与第三国际的理论家之间，它开始在"以考茨基的老的马克思主义正统派联合新俄式'列宁主义'正统派为一方"，"同以今天的无产阶级运动中一切批判的和进步的理论趋向为另一方"之间展开，简言之，在新老"正统的马克思主义"与"西方共产主义""西欧的马克思主义""西方马克思主义"之间展开。柯尔施认为，自己的《马克思主义和哲学》和卢卡奇的《历史与阶级意识》代表着后者。[1] 虽然，自己被共产国际视为"修正主义"，但是柯尔施依旧坚持自己是西方马克思主义者，是"形成了共产国际自身内部一个敌对的哲学派别"[2]。柯尔施的"西方"更确切地说应当是相对于俄国的"西欧"，他自己也承认，自己和卢卡奇所代表的"西方马克思主义"是有别于俄国社会主义的一种新的马克思主义理解方式，他说："必须记住，尽管对俄国马克思主义和西方马克思主义的这种批评性对照来自今日俄国执政党的一个政治反对派，然而它的作者是一个正统的普列汉诺夫

---

① 陈学明：《西方马克思主义教程》，高等教育出版社 2001 年版，第 1 页。

② ［德］卡尔·柯尔施：《马克思主义和哲学》，王南湜、荣新海译，张峰校，重庆出版社 1989 年版，第 72 页。

的信徒，一个在哲学上站在俄国马克思主义一边的人。因而，他的批评根本不是旨在反对'苏联的马克思主义'的一般历史结构，而是只反对它的最近的滑稽形式，这些滑稽形式使得'苏联的马克思主义'显得不是俄国马克思主义理论传统的一种'发展和继续'，而是一种'败坏和歪曲'。（'不言而喻，普列汉诺夫对苏联的马克思主义不负任何责任'）施弗林对于为什么'西欧共产主义者——更一般地说——所有欧洲左派马克思主义者，所有在罗莎·卢森堡和弗兰茨·梅林的理论传统中培养起来的人，要进入俄国马克思主义的潮流是这样困难（如果不是不可能的话）'只有一种很肤浅的意识形态的理解。一方面，他以一种纯粹意识形态的方式把这归结于这样一个事实：西方激进的左派马克思主义'并没有留下俄国马克思主义的启蒙传统'。另一方面，他把它的起源肤浅地置于这样一个事实上，'苏联的马克思主义一直很明确地被构造成一种国家的意识形态'，并且'适应苏维埃国家的非常专门的任务'。……但是他不知道这些因素也是俄国马克思主义和西欧马克思主义之间在理论意识形态上的分歧的现实的并且更深刻的原因。"[1]

20 世纪 20 年代以来，一方面西方马克思主义以新的视角去批判不断发展着的资本主义社会，另一方面也用自己的学术话语在解释马克思主义，重构自己的理论体系。虽然它以自己标新立异学术风格去演绎马克思主义的相关理论，既批判资本主义也不认同列宁主义和斯大林的苏联模式，生存空间一直受到挤压，但是它还是坚强地在西方左翼思想家中传播着。

（二）梅洛·庞蒂的"西方马克思主义"概念

1955 年法国存在主义哲学家梅洛·庞蒂的《辩证法的历险》一书问世之后，"西方马克思主义"开始普及开来。他在《辩证法的历险》一书中，将此书第二章的标题定为"西方马克思主义"。虽然梅洛·庞蒂没有直接对"西方马克思主义"进行直接而明确的解释，但是在他的语境中可以明确一点，"西方马克思主义"是相对于正统马克思主义而言的，是"指以卢卡奇的《历史与阶级意识》一书开始的、同第三国际的马克思主义特别是同列宁主义相对立的理论"[2]。梅洛·庞蒂是西方资产阶级的理论，没有能找到

---

① ［德］卡尔·柯尔施：《马克思主义和哲学》，王南湜、荣新海译，张峰校，重庆出版社 1989 年版，第 72 至 73 页。

② 刘同舫：《西方马克思主义的理论性质与中国意义》，载《中国社会科学》2010 年第 5 期，第 45 页。

社会主义革命的正确道路，却形成了"青年马克思"同"成年马克思"及"马克思和恩格斯、列宁的对立"，他割裂了马克思主义理论的统一性。

（三）安德森对"西方马克思主义"概念全面分析

他在 1976 年出版的题为《西方马克思主义探讨》的小册子中，对"西方马克思主义"概念进行了更加系统全面的分析，也提出了一种与柯尔施和梅洛·庞蒂不同的理解。

安德森认为，1924 年列宁逝世后，斯大林领导之下的苏联国内外的革命群众的社会主义理论发展与实践开始遭到镇压和破坏，在列宁的最后一批战友遭到清洗以后，"马克思主义在俄国差不多已经沦为一种纪念品"[1]。他认为西方马克思主义者有卢卡奇、科尔施、葛兰西、本杰明、霍克海默、德拉·沃尔佩、马尔库塞、列菲弗尔、阿道尔诺·萨特、戈尔德曼、阿尔都塞和科莱蒂。

马克思主义发展的代际划分。安德森认为马克思主义发展可以分为三代，他说与马克思和恩格斯相比，第一代"都来自更加落后的东欧或南欧地区"[2]，第二代都"毫无例外地都来自柏林以东的地区"[3]，第三代即"西方马克思主义"，除卢卡奇和他的学生戈德曼以外，其他人"都来自更远的西部"[4]。从理论主题的转变来看，安德森指出，第一代马克思主义者著作的主要方向"事实上可以视为恩格斯本人最后时期的继续"，因为他们关心的是以不同的方式将历史唯物主义作为有关人和自然的全面理论而加以系统化，使之能替代对立的资产阶级学科，并为工人运动提供其战斗者们易于掌握的广泛而一贯的世界观。第二代马克思主义者的著作关注的是两个新方向：对垄断和帝国主义的经济分析和说明，以及对无产阶级革命的政治战略和策略的研究。第三代马克思主义者，即西方马克思主义者则把其

---

① ［英］佩里·安德森：《西方马克思主义探讨》，高铦、文贯中、魏章玲译，高铦校，人民出版社 1981 年版，第 29 页。

② ［英］佩里·安德森：《西方马克思主义探讨》，高铦、文贯中、魏章玲译，高铦校，人民出版社 1981 年版，第 12 页。

③ ［英］佩里·安德森：《西方马克思主义探讨》，高铦、文贯中、魏章玲译，高铦校，人民出版社 1981 年版，第 15 页。

④ ［英］佩里·安德森：《西方马克思主义探讨》，高铦、文贯中、魏章玲译，高铦校，人民出版社 1981 年版，第 38 页。

理论中心转向了哲学，而且专业哲学家在这些人中占了压倒优势。①

（四）"西方马克思主义"历史演变之早期的西方马克思主义

第一次世界大战以后，无产阶级革命在俄国取得了胜利，而在西方国家却相继失败。这是西方马克思主义思潮据以形成的历史背景。在这一背景下出现了以卢卡奇、柯尔施为代表的，同列宁主义对立的黑格尔主义的马克思主义。卢卡奇的《历史与阶级意识》、柯尔施的《马克思主义和哲学》、葛兰西的《狱中札记》各自从不同的角度分析了马克思主义，总结对资本主义的最新认知方法。尤其是卢卡奇的历史总体性的方法最具代表性。卢卡奇以"总体性"思想，来促使无产阶级的阶级意识实现对资产阶级直接性原则的克服。同时，卢卡奇从无产阶级阶级意识的认识与实践功能角度，寻找到了与历史唯物主义理论上的一致性。卢卡奇首先肯定了历史唯物主义是无产阶级反抗压迫的强大思想武器之一。历史唯物主义理论的功能不仅是在于对现实的认识，更重要的是"为了使它在这种明确认识到的形式中能够根据自己的阶级地位去正确地行动"②。因而，可以说"像任何具体的意识一样，无产阶级意识意味着改变其客体，而这点是根本性的"。就像卢卡奇所说的那样，"无产阶级优于资产阶级的地方就在于它事实上能使意识转变成作为历史发展'内在意义'的实践"③。最终，卢卡奇的总体性原则使无产阶级阶级意识超越了资产阶级阶级意识，同时又使它建立在了历史唯物主义基础上。

"在新的反思起点上，作为西方马克思主义的实际肇始者，青年卢卡奇看到了列宁'十月革命'所表现出来的哲学特质是'把马克思主义哲学的实践本质发展到了以前从未达到过的清晰和具体的高度'，于是从历史和社会的角度独创性地论证马克思主义的特征，把它归之为关于社会（作为总体的社会，即历史）发展的科学。"④

20世纪30年代后，西方马克思主义的发展又获得了新的动力。一方

---

① 段忠桥：《对安德森"扩大"西方马克思主义概念的说法的质疑》，载《马克思主义研究》2004年第2期，第92页。

② ［匈］卢卡奇：《历史与阶级意识——关于马克思主义辩证法的研究》，杜章智、任立、燕宏远译，商务印书馆1996年版，第307页。

③ ［英］G. H. R. 帕金森：《格奥尔格·卢卡奇》，翁绍军译，上海人民出版社1999年版，第64页。

④ 张一兵、胡大平：《西方马克思主义哲学的历史逻辑》，南京大学出版社2003年版，第44页。

面，马克思的《1844 年经济学哲学手稿》于 1932 年首次以德文发表，从而在西方思想界掀起了轩然大波，西方马克思主义者孜孜以求地从中吸取精神养分。在 20 年代末到 30 年代初的资本主义经济危机之后，西方工业国家的无产阶级革命不但没有取得显著的进展，反倒出现了法西斯主义的兴盛。如何解释这种奇特的历史现象呢？在这个时期中出版的赖希的《法西斯主义的大众心理学》、布格赫的《这个时代的遗产》、霍克海默尔的《独裁国家》、弗洛姆的《逃避自由》等著作都致力于对法西斯主义现象进行分析。在这些论著中，他们力图把马克思主义和精神分析方法结合起来，从而使西方马克思主义的发展走上新的轨道。

（五）20 世纪 50 年代以后的"西方马克思主义"

到了 20 世纪 50 年代，"西方马克思主义"受到了来自苏联赫鲁晓夫在苏共二十大上提出的"秘密报告"冲击，使西方马克思主义者陷入了困惑和思索之中。一个冲击波是，赫鲁晓夫所作的反斯大林的秘密报告披露了斯大林时期的不少真相，从而在西方世界引起了巨大的震动，西方国家共产党组织受到巨大冲击，许多党员对共产主义失去信心，还有一大批知识分子党员都退了党，人们开始用怀疑的目光重新思考这个让西方社会刮目相看的国度。在苏共二十大所引起的"大地震"之后，马尔库塞出版了《苏联的马克思主义》，萨特发表了《辩证理性批判》，弗洛姆撰写了《马克思关于人的概念》，对苏联社会主义模式和斯大林主义的现象进行分析。在《辩证理性批判》中，萨特提出了用存在主义的人学理论来补充马克思主义思考，这又使西方马克思主义的发展出现了新的转折。同时，资本主义的工业发展，战后科学技术的突飞猛进以及资本主义社会的相对稳定刺激了西方马克思主义者敏锐的神经。一方面，科学技术的发展结合实证主义思潮，形成了一个"新实证主义的马克思主义"派别；另一方面，它也促使了法兰克福学派的哲学家们的新的思考。在马尔库塞的《单向度的人》、哈贝马斯的《作为"意识形态"的技术与科学》和《晚期资本主义的合法化问题》中，以及在法国马克思主义者列斐伏尔的《日常生活批判》等著作中，都表现出西方马克思主义对科学技术在后工业社会中的种种影响。

（六）20 世纪末期发展及"后马克思主义"

"布拉格之春"和苏军入侵捷克在西方引起了巨大的震动，那么，1968 年巴黎爆发的"五月风暴"又使主张"历史是无主体的过程"的结构主义的马克思主义者阿尔都塞陷入了苦苦的思索之中。加之，越南战争的深深泥潭，思想家们开始思考资本主义社会的合法化危机问题。这种危机既有资本主义内部结构性的矛盾，同时也表现出对人的存在的分裂、环境污染以及对自然资源肆意的掠夺和破坏。其实，在20世纪下半叶的"西方马克思主义"内部则出现了致力于把马克思主义人道主义化的思潮和把马克思主义科学主义化的思潮"两刃相割"的局面。①

20世纪80年代后的"生态马克思主义"，就是对这种复杂危机形势的回应。它强调分散技术及其官僚主义的基础结构，从而把对生产和消费的控制权直接交还给各个民众小团体。今天的马克思主义越来越强调现代生活的过度集中和现代组织的绝对规模是产生异化的要素。②

"后马克思主义"的兴起与资本主义、全球化、种族等新变化相关。"后马克思主义"的代表拉克劳和墨菲于1985年合作出版的《文化霸权和社会主义的战略——走向一种激进的民主政治》一书中首次提出了"后马克思主义"概念，称："如果说我们本书的知识构想是后马克思主义的，那么它显然也是马克思主义以后的。正是通过在马克思主义内部构筑起来的某种直觉的和言说的形式的发展，压制或者消除某些其他的，我们才构筑出了一种文化霸权的概念。"③ 拉克劳和墨菲从"文化霸权"这个所谓的马克思主义的"空场"问题来对马克思主义进行反本质主义的重构，他们从多元话语出发，主张用激进民主主义代替传统社会主义，用宽泛的"人民"概念取代"工人阶级"主体思想，认为社会主义的解放不是源于工人阶级本身而是立足于多元化的主体和话语权利建构。

二、主要流派及理论

（一）法兰克福学派

法兰克福学派起源于德国法兰克福社会研究所，该学派是西方马克思主义中人数最多、影响最大、前后持续时间最长的一个西方马克思主义理

---

① 陈学明：《20世纪西方马克思主义哲学发展历程及主要特征》，载《马克思主义与现实》2013年第2期，第102页。

② ［加］本·阿格尔：《西方马克思主义概论》，慎之等译，中国人民大学出版社1991年版，第415页。

③ ［阿根廷］拉克劳、［比利时］墨菲：《文化霸权和社会主义的战略》，陈墇津译，远流出版公司1994年版，第9页。

论派别。它属西方马克思主义中把马克思主义人本主义化的思潮。第一代的主要代表人物有霍克海默尔、阿多诺、马尔库塞、弗洛姆、班杰明等。第二代的主要代表人物有哈贝马斯、施密特、内格特。第三代的代表人物，最著名的是韦尔默尔和奥非。

法兰克福学派人物众多、主题多样，它关注社会学研究，同时也涉足政治学心理学。法兰克福学派"社会批判理论"可谓是包罗万象。该学派第一代领导人物以"社会批判理论"自居，但是也表现出了与马克思的政治经济批判的某些差异。相较于马克思主义的批判重点主要在政治经济领域，法兰克福学派的社会批判则集中于科学技术意识形态化和大众文化工业领域。

法兰克福学派代表人物马尔库塞从大众文化工业土壤中，以"否定性"维度，塑造了后工业社会的资本主义独特的也是最为激烈的革命方案——"大拒绝"。马尔库塞认为，解放人的爱欲本质就是把现实社会对人本能的额外压抑剔除，从而恢复人否定性维度的主体性倾向。而这种方法只能是对异化的消费世界的"大拒绝"。他说："在大众消费过度发达的地区，被管理的生活就成为全体人的美好生活，为了保卫这种生活，对立面联合了起来。这就是纯粹的统治形式。反之，它的否定也表现为纯粹的否定形式。全部内容似乎归结为一个结束统治的抽象要求——唯一真正革命的迫切要求，和使工业文明的成就有效的结局。面对已确立的制度的有效拒斥，这种否定表现在'绝对拒绝'这一软弱无力的政治形式中——这种拒绝愈是荒唐，已确立的制度就愈是发展其生产力，减轻生活的负担。"①

（二）存在主义的马克思主义

"存在主义的马克思主义"是用"存在主义"结合于马克思主义并将其人本化的流派。"存在主义的马克思主义"从产生发展进程看，它在法国最具影响力。如列斐伏尔、梅洛·庞蒂、萨特都是法国著名的马克思主义哲学家。按照麦克莱伦的解释，二战后哲学界对黑格尔的关注，以及出版了许多马克思早期的作品，对法国的存在主义马克思主义有很大影响。

"存在主义的马克思主义"以《1844年经济学哲学手稿》为基础来对马克思主义进行重新解释。其中最为著名的是萨特。在萨特看来，马克思

---

① ［美］赫伯特·马尔库塞：《单向度的人——发达工业社会意识形态研究》，刘继译，上海译文出版社2006年版，第232页。

主义被人们认为是辩证法的学说，但是自然辩证法往往导致"自然的历史化"和"历史的自然化"。所以在他的《辩证理性批判》中，萨特认为辩证法的"有效性"和"限度"只能局限于社会历史领域，不能适用于自然界，而且辩证法也只能以"个人的实践"为出发点，从"个人的实践"出发来理解社会历史的整体化的运动，才能把握辩证法的根本含义。

"存在主义的马克思主义"的另一位有分量的代表人物是列斐伏尔。列斐伏尔坚持人类的存在本体论，否定了自然界的"无动于衷"，强调只有人类的互动才能使自然界存在具有意义。他具体分析了属于自然界的各种存在物，认为所谓"存在物"，既包括时间、空间上的存在，也包括一系列的现象，也就是说，它包括人所创造的一切物体、工具（技术也是工具）以及思想意识等。他把"存在物"概括为"物质产品""纯社会产品""精神产品"，他说，"无论一个什么样的存在物，即使是普遍的存在物（如桌子、花园中的树），主观和客观、活动和物都是紧密地联系着的"。①

（三）分析的马克思主义

分析的马克思主义出现在 20 世纪 70 年代以后。J. E. 罗默主编的《分析的马克思主义的基础》（1994）中提到，分析马克思主义学派是 1978 年诞生，它的标志是 G. A. 柯亨的《卡尔马克思的历史理论：一个辩护》和乔恩·埃尔斯特的《逻辑和社会》。按照罗默分析理解，分析马克思主义跟传统马克思主义的差别有几个方面：其一，传统马克思主义注重把马克思主义基本理论同现实结合在一起，分析马克思主义注重对马克思主义的文本的构成中诸多"抽象概念"进行把握和分析；其二，分析马克思主义不仅仅停留在核心概念的把握上，他们会更加注重对这些概念背后的理论基础进行深入发掘；其三，分析马克思主义强调理论上对马克思主义进行推演，而不是将其作为正确无误的"教条"来把握。

20 世纪 90 年代之后，马克思主义、共产主义思想处于低谷。分析马克思主义学者在坚持对马克思主义的信仰基础上，用语言学的转向试图重建马克思主义，他们把分析哲学结合到马克思主义理论文本的理解中，试图恢复马克思主义的生机。如分析马克思主义的代表人物柯亨便是借助于分析哲学的明晰性和精确性来重建马克思的学说。他说："表述受两方面的制

---

① 陈学明：《20 世纪西方马克思主义哲学发展历程及主要特征》，载《马克思主义与现实》2013 年第 2 期，第 548 页。

约：一方面是马克思所写的，另一方面是作为 20 世纪分析哲学特征的那些清晰性和精确性的标准。目标是建立一种站得住脚的历史理论。"继柯亨之后，一大批哲学家如威廉·肖、伍德等人纷纷效仿，并且顺应分析哲学的"应用转向"，出现了一大批运用分析哲学的方法来研究和重建马克思思想的论著。① 语言概念分析、逻辑形式分析是分析马克思主义最常用的基本方法，像柯亨和埃尔斯特的著作中既有语言概念分析，又有逻辑形式分析。

三、西方马克思主义的实践与前景

西方马克思主义理论来指导革命实践活动中最有影响的莫过于"五月风暴"。徐崇温先生认为，"五月风暴"对于"西方马克思主义"的盛衰也有特殊的重要意义。一方面，正是这场新型抗议运动，把"西方马克思主义"思潮推到历史的前台，使它由长期蛰居的"地下"状态转到地上，并在西方世界广泛传播开来，被奉为"新左派"造反的思想武器；另一方面，又正是"五月风暴"的失败，使一些用"西方马克思主义"思想哺育起来的"新左派"幻灭并转向，在法国变成极右的"新哲学家"，在美国成为资本主义企业的顶梁柱……，并且使"西方马克思主义"在昙花一现地大放异彩之后，又和"新左派"运动一起重新走向低潮。②

的确，20 世纪 60 年代以来，美国、法国、西德和意大利等国相继发生了"新左派"（New Left）运动和青年学生"造反"运动，可以说有得有失。包括学术界对这次运动的评价也是褒贬不一。一方面，西方马克思主义的许多著名代表人物一跃成为当代西方社会反对资本主义制度"新革命"的精神领袖，他们的思想被广泛传播和研究，成为反对当代资本主义文化的首要思想武器。另一方面，在社会主义国家中，他们被视为"反马克思主义"的异端或"修正主义"而受到贬抑。③

几乎是与此同时，资本主义国家的新的科技革命极大地提高了劳动生产率，工人阶级的生活水平和工作条件有较大的改善，阶级矛盾似乎被淡

---

① 曹玉涛：《略论分析马克思主义对马克思主义的"重建"》，载《哲学研究》2010 年第 6 期，第 34 页。

② 徐崇温：《"五月风暴"后的"西方马克思主义"》，载《哲学动态》1988 年第 7 期，第 43 页。

③ 张一兵、胡大平：《西方马克思主义哲学的历史逻辑》，南京大学出版社 2003 年版，第 2 页。

化和掩盖，加上西方国家战后的社会再分配和福利职能的发展，西方社会的普遍贫困化的趋势得到了一定程度的遏制。马克思所说的异化劳动和卢卡奇所指出的生产领域中人的物化现象，在发达工业社会都开始向消费领域中转移。消费环节中的异化是这种转移的集中体现，这种情况反映出了人的"主体性"所面临的更大危机。法兰克福学派开始重新寻找革命主题，设计革命的道路和方式。他们提出了以"大拒绝"为宗旨的西方革命战略，来排斥工业社会大众文化对革命者的冲击并抗衡资本主义。

资本主义对科学技术的发展和利用创造了巨大的物质丰富，但科学技术也带来了诸如人口爆炸、环境污染、能源危机等全球性的生态问题。以本·阿格尔、威廉·莱易斯为代表的西方马克思主义者从生态学的视角批判资本主义，力图用马克思主义理论分析生态问题的产生及其解决办法，形成了"生态学马克思主义"思潮和生态社会主义思潮。著名的生态马克思主义学者高兹直言不讳地批判资本主义对生态的破坏。高兹把资本主义"生产"直言不讳地称为对生态环境的"破坏"，并且还在资本主义的危机中，看到了"生态因素"所起到的重要作用，他甚至将这种作用理解为"决定性的"和"咄咄逼人的"。

21世纪自从金融危机以来，马克思主义理论热潮再次风起云涌。人们在新世纪的危机时代越发认识到，资本主义推行的新自由主义政策所导致的一次次经济危机，也重新开始从新的社会现实出发用马克思主义的理论来分析当下的资本主义。在各资本主义的政治斗争中，"以欧洲为代表的马克思主义复兴运动带动左翼崛起，并且运动的发展由非主流意识形态推动逐步转变为由主流意识形态和民众积极参与社会运动联合推动"[1]。

四、对西方马克思主义的简要评价

徐崇温还界定了西方马克思主义的五个基本特征：特征之一，"从理论本身来说，西方马克思主义在拒斥恩格斯和'重新发现'马克思主义的旗号下，摒弃自然主义、客观主义和决定论，反对唯物主义，反对经验主义，排他性地关心认识论和科学方法"[2]；特征之二，"从研究领域来说，西方马

---

[1] 李元：《"后危机"时代的西方马克思主义复兴运动：趋向与未来》，载《当代世界与社会主义》2010年第5期，第46页。

[2] 徐崇温：《西方马克思主义理论研究》，海南出版社2000年版，第89页。

克思主义的一个基本特征是其注意焦点由经济基础转移到了哲学和文化等上层建筑"①；特征之三，"从组织上来说，西方马克思主义的理论的一个基本特征，便是与有组织的工人运动相脱离"②；特征之四，"从和其他思潮的关系来说，西方马克思主义公开强调要利用资产阶级思想的伟大成就"③；特征之五，"西方马克思主义在屡次失败的过程中滋长和发展起来的悲观主义在其理论中也有反映"④。

第三节　欧洲共产主义

一、欧洲共产主义的形成

（一）欧洲共产主义的概况

欧洲共产主义是兴起于 20 世纪 70 年代的国际共产主义运动中的一种新的社会主义思潮，它反映了当时西欧一些国家的共产党独立自主探索资本主义国家如何走向社会主义道路的理论和实践。原意大利共产党总书记贝林格 1980 年在北京记者招待会上说："所谓'欧洲共产主义'，就是从欧洲资本主义的特殊条件出发，寻求社会主义的道路。它不同于欧洲社会民主党所走的道路，也不同于苏联东欧已有的模式。"它是"在欧洲发达的工业国家通过民主途径，寻求所有社会主义工人力量、进步力量和民主力量的团结，实现社会主义的变革"。⑤

早在 20 世纪二三十年代，西欧的一些共产党人开始积极探索符合西欧发展特点、不同于苏联社会主义模式的社会主义革命和建设道路。一般认为，"欧洲共产主义"一词是由南斯拉夫一名记者弗拉内·巴尔别里于 1975年最早提出。一开始，欧洲各共产党并不认同这一说法，经过一年多的实践与思考，"欧洲共产主义"才逐渐在欧洲一些国家的共产党中流行使用起

---

① 徐崇温：《西方马克思主义理论研究》，海南出版社 2000 年版，第 92 页。
② 徐崇温：《西方马克思主义理论研究》，海南出版社 2000 年版，第 93 页。
③ 徐崇温：《西方马克思主义理论研究》，海南出版社 2000 年版，第 94 页。
④ 徐崇温：《西方马克思主义理论研究》，海南出版社 2000 年版，第 95 页。
⑤ 1980 年 4 月 23 日《北京日报》，贝林格北京记者招待会讲话。

来。"对那些现有的模式而言，欧洲共产主义一词的使用表明西方共产党的'自主路线'的诞生。"① 1976 年 6 月召开的欧洲共产党会议，苏共试图借此确立其在国际共产主义运动中的中心地位，欧洲共产党开始使用"欧洲共产主义"以表明自己的观点。1977 年 4 月，西班牙共产党总书记卡里略出版了《"欧洲共产主义"与国家》一书，系统阐述了欧洲共产主义的理论。书中指出，"欧洲共产主义是正在制订中的、产生于独特经验和具体现实之中的一种自主的战略概念。"② "各国共产党要独立于苏联和其他社会主义国家，并要在理论和实践上确立一条真正的民主道路。"③

欧洲共产主义是以欧洲共产主义为指导的西欧共产党对西欧资本主义国家的反应，也是对苏联社会进行马克思主义批判做出的反应。两次世界大战后人们普遍惧怕暴力战争和憎恶独裁，西欧各国资产阶级民主制得到恢复和发展；二战后西欧垄断资产阶级力量相对削弱，客观上为各国共产党开展合法斗争提供了有利条件；科技革命及其在工农业领域的广泛运用，促使社会阶级关系发生变化和新的中间阶级扩大；国际共运发展过程中苏联模式威信的不断下降，有利于各国共产党摆脱控制走上独立自主的道路。这种状况下，各国共产党立足于本国国情独立自主探索如何在和平民主中过渡到社会主义。在道路上，欧共主张团结大多数群众，通过民主斗争的方式，彻底改造旧国家机器，和平过渡到社会主义，无产阶级取得政权后，实行混合型经济体制。在党建上，欧共主张以马克思主义为指导，建设群众性的党，党内生活坚持民主集中制，实行多党制，各党轮流执政，各党之间独立自主、平等协商、互相尊重。

欧洲共产主义不是一个地理性的概念，不是所有欧洲国家的共产党都奉行这种理论，也有欧洲以外的共产党奉行这种主张。在欧洲共产主义繁盛时期，把欧洲共产主义作为自己的理论体系的共产党包括意大利共产党、法国共产党、西班牙共产党、英国共产党、比利时共产党、瑞士劳动党、芬兰共产党、荷兰共产党、圣马力诺共产党、瑞典左翼共产党、希腊共产

---

① ［意］贝尔纳多·瓦利：《欧洲共产主义的由来》，张慧德译，中国社会科学出版社 1983 年版，第 3 页。

② ［西］圣地亚哥·卡里略：《"欧洲共产主义"与国家》，钟琦译，商务印书馆 1982 年版，第 92 页。

③ ［西］圣地亚哥·卡里略：《"欧洲共产主义"与国家》，钟琦译，商务印书馆 1982 年版，第 33 页。

党（国内派）、挪威社会主义左翼党、日本共产党、澳大利亚共产党等。

总的来说，欧洲共产主义是欧洲国家的一些共产党通过分析资本主义国家的经济、政治、社会历史等国情，再加上对当时苏共各种问题的反思的基础上提出的独立自主地探索通过和平民主的方式对发达资本主义进行社会主义改造的一种学说。

（二）欧洲共产主义的思想渊源

欧洲共产主义理论产生的思想渊源可以追溯到马克思、恩格斯所创立的科学社会主义，这是欧洲共产主义产生的理论基础。其直接理论来源是意大利共产党创建人和领导者葛兰西、陶里亚蒂等人的思想。

1. 恩格斯的"政治遗嘱"

恩格斯在他去世前半年的 1895 年二三月，写下了《〈1848 年至 1850 年的法兰西阶级斗争〉一书导言》（以下简称《导言》），后来人们把《导言》称为恩格斯的"政治遗嘱"。恩格斯根据当时国际工人运动的经验和资本主义的新变化，提出了关于无产阶级革命斗争策略的新思想，即利用资产阶级民主制和普选权进行合法斗争的思想。在《导言》中，恩格斯高度评价了德国工人阶级及其政党德国社会民主党善于利用普选权进行合法斗争从而迅速成长，促进自身力量逐步强大，指出："他们给了世界各国的同志们一件新的武器——最锐利的武器中的一件武器，向他们表明了应该怎样使用普选权。"[1] 在恩格斯看来，利用选举权进行斗争将在一定程度上避免"我们临到紧急关头也许就会没有突击队，决定性的战斗就会推迟、拖延并且会造成更大的牺牲"[2] 的悲剧降临。恩格斯在《导言》一文中提出的用资产阶级民主制和普选权进行合法斗争的思想，为欧洲共产主义通过和平的民主的道路进入社会主义的思想奠定了理论基础。

2. 葛兰西的《狱中札记》

葛兰西提出现代国家的含义："国家 = 政治社会 + 市民社会，换言之，国家是受强制盔甲保护的领导权。"[3] 葛兰西分析认为东方国家与西方资本主义国家不同："在东方，国家就是一切，市民社会处于初生而未成形的状态。在西方，国家与市民社会之间存在着调整了的相互关系。假使国家开

---

① 《马克思恩格斯选集》第 4 卷，人民出版社 2012 年版，第 388 页。
② 《马克思恩格斯选集》第 4 卷，人民出版社 2012 年版，第 396 页。
③ ［意］李鹏程编：《葛兰西文选》，人民出版社 2008 年版，第 207 页。

始动摇,市民社会这个坚固的结构立即出面。国家只是前进的堑壕,在它后面有工事和地堡坚固的链条。"①

据此,葛兰西认为西欧国家的情况不同于俄国,国家的统治不能仅仅依靠强制机关,不能依靠暴力,而是应该直击市民社会,即从文化上、意识形态上向资本主义发起攻击——实行"阵地战"。通过"阵地战",充分运用普选权和议会活动,逐步把无产阶级的观念渗透到市民中,先夺取意识形态的领导权,再从各方面争取对"市民社会"的领导权,最后建立对社会生活各个方面的无产阶级思想统治,为无产阶级最终夺取政权奠定广泛而深厚的群众基础。葛兰西的国家理论、文化领导权、阵地战革命战略等思想不仅促使了意大利共产党的日益壮大,也对欧洲共产主义理论的形成产生了深远影响。

3. 陶里亚蒂的"多中心论"和"结构改革论"

陶里亚蒂作为意大利共产党的领导者,继承并进一步发展了葛兰西的思想,在意大利共产党的发展过程中,他提出了"多中心论"和"结构改革论"的理论思想。1948 年在陶里亚蒂领导下的意共六大上,提出"走向社会主义的意大利道路";受 1948 年南斯拉夫被开除出共产党和工人党情报局等事件的影响,陶里亚蒂结合意大利共产党的实际情况,提出了"多中心论"和"结构改革论"思想。

陶里亚蒂指出,"整个体系成了多中心,在共产主义运动中,不再有什么独一无二的领导中心了"②。所谓多中心,就是强调各国共产党在争取社会主义的斗争的过程中是独立自主的,苏联社会主义模式并不能解决所有问题,并不存在唯一的中心。"这样就形成了具有不同方针和不同发展水平的不同据点或者不同中心,从而就形成了多中心体系。"③ 1964 年 8 月,陶里亚蒂在《雅尔塔备忘录》中再次强调和明确了结构改革理论,所谓结构改革分为政治、经济两方面,政治上通过议会斗争等方式争取民主改革,逐渐改变国家的内部结构;经济上实行政府干预,在关键部门有计划地实行国有化,改革税收制度以限制垄断资本的权利等。《雅尔塔备忘录》是意

---

① [意] 安东尼奥·葛兰西:《狱中札记》,葆煦译,人民出版社 1983 年版,第 180 页。

② [意] 陶里亚蒂:《陶里亚蒂言论集》第 2 册,世界知识出版社 1966 年版,第 90 页。

③ [意] 陶里亚蒂:《陶里亚蒂言论集》第 3 册,世界知识出版社 1963 年版,第 107 至 108 页。

大利开始欧洲共产主义道路的标志，表明了意大利要独立自主地通过和平民主的方式走向社会主义。

（三）欧洲共产主义的形成与发展过程

欧洲共产主义的形成与发展经历了一个较长的时期，具体来说，可以划分为四个阶段。

1. 萌芽阶段（1919 年—1956 年苏共二十大前夕）

这一时期总的来说是以苏联为领导中心的国际共产主义运动时期，苏联的利益支配着各国共产党人。但在具体的革命实践中，欧洲国家的一些共产党人已经开始根据本国的具体国情探索独立自主实现社会主义道路的途径。

20 年代以来，葛兰西就开始研究意大利等西欧国家进行社会主义革命的途径和方法问题，提出自己的国家理论、"阵地战"等思想。

随着 30 年代法西斯主义在欧洲的蔓延，1935 年共产国际七大确立了建立反法西斯统一战线的方针，在七大新方针的指导下，各国的共产党结合本国实际，广泛开展了各种统一战线运动。

1943 年共产国际的解散使欧洲各国共产党获得了独立自主发展的机会；1948 年南斯拉夫被开除出共产党和工人党情报局，在 1949 年提出三个重要的主张："一、在世界共产主义运动中各共产党一律平等，反对任何一个领导中心；二、社会主义各国在经济和政治上一律平等；三、根据自己的传统以及文化、政治和经济条件，有关国家都有权走自己的社会主义道路。"[①]南斯拉夫与莫斯科决裂，而且实现了自己的社会主义模式——自治社会主义，打破了以苏联为中心的国家共产主义运动的局面，是欧洲共产主义的基石。

2. 成长阶段（1956 年苏共二十大至 1976 年）

1956 年苏共召开二十大，共产党和工人党情报局也随后宣布解散，这些事件破除了对苏共和苏联经验的迷信，各国共产党的思想禁锢得到解放，开始公开谴责苏共的错误，阐明自己对于社会主义革命的意见和见解。

1956 年 6 月，陶里亚蒂发表了其"多中心论"思想，宣布不必再遵循苏联的模式。在 1956 年 12 月举行的意共八大上，陶里亚蒂正式提出以结构

---

① ［德］沃尔夫冈·莱昂哈德：《欧洲共产主义对东西方的挑战》，张连根等译，人民出版社1980 年版，第 83 页。

改革为中心内容的"走向社会主义的意大利道路"。

1964 年 8 月，陶里亚蒂在题为《论国际工人运动问题及其团结》（又称《雅尔塔备忘录》）的讲话中再次强调和明确了独立自主和结构改革理论，这份备忘录的发表使许多其他国家的共产党人第一次了解到了这一思想。

1968 年，捷克斯洛伐克共产党中央第一书记杜布切克倡议发起名为"布拉格之春"的政治体制改革，捷共中央全会 4 月通过了实行全面改革的《行动纲领》，但遭到苏联的干涉和镇压，由此引起欧洲各国共产党的强烈不满。包括意共、西共、南共、罗共、瑞共、挪共等在内的 18 个共产党纷纷谴责苏联对捷克斯洛伐克的侵占，这是共产主义历史上第一次出现三分之二以上的欧洲共产党联合反对苏联决定的一次行动，标志着其独立自主路线的进一步发展。

进入 70 年代，要求摆脱苏联控制的各国共产党不断增强团结，采取共同行动，逐步发展成为一支独立自主的力量。

3. 形成阶段（1976 年至 1980 年）

在 1976 年 6 月东柏林欧洲共产党会议上，意共总书记贝林格、西共总书记卡里略公开以欧洲共产主义的名义坚决抵制苏共，欧洲共产主义一词首次在共产党和工人党的国际会议上正式使用，名为《为争取欧洲和平、安全、合作和社会进步而斗争》的会议文件明确反映出欧洲共产主义已取得突破并成为一支独立自主的力量。

1977 年 3 月，意共、西共、法共的三位总书记贝林格、卡里略、马歇在马德里举行会晤，在会晤后发表的联合声明中，确立了几项基本原则：第一，各党应完全自主地制定方针政策，在独立自主、权利平等、互不干涉的基础上选择符合各国情况、争取和建设社会主义的独特道路，并在此基础上发展国际主义团结和友谊；第二，实行多党制和轮流执政，尊重、保证和发展集体和个人的自由；第三，同各种民主力量、教会力量进行对话，争取谅解与合作；第四，反对军事集团，建立一个和平的、民主的、独立的、没有军事基地和军备竞赛的欧洲。这一联合声明被称为是"欧洲共产主义宣言"，标志着欧洲共产主义的诞生。

1977 年 4 月，卡里略的著作《"欧洲共产主义"与国家》在西班牙发表，该书系统阐述了欧洲共产主义的理论、政策主张，随后意共、西共、法共三党把欧洲共产主义的理论原则写入党章，确定为党的纲领、路线和政策。

4. 发展的新阶段（1980 年至今）

随着国际政治经济形势的急剧变化，欧洲共产主义失去了发展的国际空间，欧洲各国内部的极右翼和极左翼势力的夹击使欧洲共产主义各党腹背受敌，欧洲共产主义各党内部也是矛盾重重。到了 80 年代，以欧洲共产主义为指导思想的西欧共产党的党员人数大幅下降，议席减少，选举中得票率连年下降，欧洲共产主义逐步走向衰落。到 80 年代中期以后，原欧洲共产主义各党都不再使用欧洲共产主义来表明自己的政治主张。苏东剧变后，有些共产党甚至改变名称，如意共改名为意大利左翼民主党。1981 年法共二十四大认为欧洲共产主义已经失去了实质性的内容，主张建设法国色彩社会主义。

但是，总的来说，欧洲共产主义作为一种理论和实践，在国际共产主义运动中具有重要地位。这些党依旧坚持着欧洲共产主义的理论核心，坚持通过民主的和平的道路独立自主地探索适合本国国情的社会主义。

二、欧洲共产主义的理论主张

（一）关于革命道路的理论主张

欧洲共产主义在社会主义道路问题上认为，现在的情况不同于十月革命时的情况，西欧国家国情也不同于俄国，西欧是发达的成熟的资本主义国家，有自由、民主的传统，因此不能照搬照抄俄国十月革命道路，而是应该通过"独特的民主道路"，即走和平民主式的道路通向社会主义。

1. 民主改造国家机器，和平进入社会主义

欧洲共产主义认为，在西方发达的经济基础和源远流长的民主传统条件下，通过暴力革命的方式打碎国家机器行不通，相反只能通过和平民主的方式进行。卡里略在西共九大开幕词中说："所有的西欧共产党，包括我们党在内，在政治实践中接受了一条民主的道路。在西方民主国家的条件下，我们放弃了武装起义夺取政权的原则，放弃了'占领冬宫'的思想。"[①]

首先，西欧国家有发达的议会民主制度，只要通过议会斗争赢得议会

---

① 山东大学科学社会主义系苏联东欧研究室编：《当代社会主义问题资料选编》第 2 册，山东大学 1982 年版，第 2 页。

多数席位就可以上台执政而不必发生流血冲突。其次，二战以来西欧的经济有了较大的发展，人民生活水平有了较大提高，一方面人民群众不希望发生暴力革命，另一方面欧共认为过去发生的无产阶级暴力革命是和两次世界大战紧密联系的，但在核武器出现的今天，西欧国家不能通过再一次的世界大战来夺取革命胜利。若发生核战争，结果将会是各个阶级同归于尽。再次，欧洲共产主义认为，当代资本主义国家也发生了新变化，国家不再仅仅只是统治阶级的工具，其社会管理职能在日益增强。在此情况下，工人阶级可以通过"结构改革"的方式逐步改变国家性质，民主地改造资产阶级国家机器。

关于民主改造国家机器的理论，卡里略在其著作《"欧洲共产主义"与国家》中做了系统阐述。首先，军队民主化。要制定自己的军事政策，争取军队的大多数站到民主的一边，使军队成为保障国家主权的工具而不是垄断集团的工具。其次，治安力量民主化。要争取治安力量站到民主一边，治安力量和警察要维护的是人民而不是充当保护垄断资产阶级利益的工具。最后，政府职能民主化。要分散庞大的国家机器的权力，建立地区性权力机关，权力分散的政府工作会更灵活，更容易被和平地改造为社会主义国家。欧洲共产主义认为，在和平进入社会主义时，不必打碎资本主义国家机器，只要通过民主改造国家机器，使社会主义力量进入资产阶级国家内部，就能逐步改变国家的性质。

2. 建立广泛的群众联盟

欧洲共产主义认为，只有在互让、对话和自主的基础上同世界观不同的其他社会、政治力量实行广泛结盟的政策，才能沿着民主道路通向社会主义。① 要开展广泛的群众运动，把议会斗争和群众斗争紧密结合，建立广泛的群众联盟。具体来说就是要建立广泛的政治联盟和社会联盟。所谓政治联盟就是共产党要与所有反对垄断资产阶级的政党结成联盟，首先就是与社会党结成联盟。社会联盟就是以工人阶级为领导，工人、农民和知识分子为基础的，包括青年、妇女、各类群众组织和社会团体等不同社会力量的最广泛的联盟。如意共"历史性妥协"路线就主张争取同天主教和社会党进行合作。欧共认为，这种最广泛的群众联盟的建立，能促使工人运

---

① ［德］沃尔夫冈·莱昂哈德：《欧洲共产主义对东西方的挑战》，张连根等译，人民出版社1980 年版，第 8 页。

动实现统一，是和平民主地步入社会主义的重要条件。

（二）关于社会主义模式的设想

欧洲共产主义认为，苏联的社会主义模式独裁、垄断，不适合欧洲国家，主张建立另外一种社会主义模式，但始终强调社会主义模式的多样性，各国应该从本国实际出发建立具有本国特色的社会主义模式。总体来说，欧共主张建立的社会主义是一种自由的、民主的社会主义。

1. 政治制度

欧洲共产主义不再使用"无产阶级专政"的概念，认为专政一词本身就是对民主的否定，主张使用"工人阶级领导权"的说法，建立以工人阶级为领导，与农民、知识分子、小企业主、小商人等不同社会力量组成联盟的民主的社会主义国家政权。实行多党制，通过普选轮流执政。欧共认为，未来的社会主义不只是共产党一个政党存在，所有主张实现社会主义的党派、政治团体都可以存在。反对一党执政，共产党和其他党派平等参与选举，若共产党在选举中失败也将下台作为在野党，各党派轮流上台执政是可能的。

2. 经济制度

欧洲共产主义主张建立一种混合型的经济体制。欧共在经济上最终要消灭剥削、消除私有制，但这是一个长期的过程，可以先建立以公有制为主体、多种所有制并存的混合型经济，随着生产力的不断发展，不断把私有经济转化为公有，直至最后消灭私有制，实现整个社会的完全公有制。其中包括限制并逐步消灭垄断资本；消灭资本主义剥削，实行按劳分配；实行经济计划民主和经济管理民主等。

3. 社会制度

欧洲共产主义充分保障和发展民主和自由，包括公民的思想言论自由、出版自由、集会自由、游行示威自由、公民在国内外出入自由、工会自由、工会独立和罢工权利、私生活不可侵犯等。要消除社会中的一切不平等现象，充分发展每个人的个性。在意识形态方面，承认多元化，允许各种思想、文学、哲学、艺术、科学、宗教信仰的自由，不指定任何特定的思想或意识成为官方的或国家的意识形态。

（三）关于政党的理论

欧洲共产主义主张的是多党制的社会主义，对马克思主义的无产阶级政党理论做了重新阐释。

1. 党的指导思想

欧洲共产主义承认共产党是以马克思主义或科学社会主义为指导思想的，但强调要开放马克思主义，对马克思主义采取一种新的立场，他们反对把马克思主义的解释局限在对马克思、恩格斯、列宁等一位或几位革命导师观点的理解范围，认为随着社会的发展，科学社会主义也是不断发展的。意共就曾把马克思、恩格斯、列宁以及葛兰西和陶里亚蒂的思想作为党的指导思想。欧洲共产主义还主张与不同的世界观平等对话，以此相互学习，反对唯我独尊，在吸纳党员时也不要求对科学社会主义的信仰，放弃对党员的无神论要求，对宗教保持宽容的态度。欧洲共产主义普遍不再提列宁主义，认为列宁主义是俄国特殊条件下的产物，对西欧国家来说已经过时，尤其是列宁主义中关于无产阶级革命和无产阶级专政的思想已经不适用于发达的资本主义国家。1979年法共二十三大宣布放弃马列主义的提法而以科学社会主义代替。

2. 党的性质

欧洲共产主义肯定共产党在工人阶级中的先锋作用，但特别强调党的群众性和人民性，要把党建设成为人民的党，扩大党的群众基础。各国共产党对党的性质的阐述不再提"无产阶级和工人阶级的先锋队"，转向群众性的政党。欧洲共产主义还认为，共产党不是唯一的工人阶级政党，不能对国家实行绝对的领导，反对一党专政，应该通过政治联盟实现共产党的政治引导作用。

3. 党际关系

欧洲共产主义主张各国共产党独立自主，权利平等，互相尊重，互不干涉内部事务，反对在国际共运中有所谓的"领导党""老子党"。各党之间可以开展相互批评，但要以诚待人；允许出现意见分歧，但不能把自己的主张强加于人。

4. 关于外交政策的理论

欧洲共产主义主张用"新国际主义"取代"无产阶级国际主义"，认为无产阶级国际主义是维护苏联私利的工具，是在维护社会主义的固定模式。在新国际主义的概念下，共产党人要加强与社会党人的联系，与第三世界民族解放运动建立互相理解、共同行动的关系。新国际主义承认差异、互相尊重，反对大党中心主义和霸权主义，各国党之间完全平等、独立自主，要在多元化中寻求团结和合作，面对分歧通过平等对话的方法解决。在国际政策和对外关系上，主张谈判、对话和合作，主张缩减军备、消减核武器，反对霸权主义、帝国主义、殖民主义、种族主义。要推进同第三世界国家的合作，支持第三世界和不结盟运动的发展，建立国际政治经济新秩序。

三、欧洲共产主义的实践

20 世纪 70 年代，欧洲共产主义已经发展成为一支独立的政治力量，并且它的产生和发展不是偶然的，是战后西欧社会经济、政治和阶级关系，以及当代国际共产主义运动发展的结果，具有历史的必然性。在欧洲共产主义的发展过程中，以意大利共产党、法国共产党、西班牙共产党为主要代表的"欧洲共产主义"在 70 年代登上了欧洲政治舞台，对国际共产主义运动、东西方关系都产生了深刻的影响，从而逐渐引起了国际舆论的广泛重视。

欧洲共产主义的发展不是一帆风顺的，它一出现就遭到了以美国为首的西方大资产阶级政治代表的攻击，认为"欧洲共产主义"是潜在的威胁、危险的敌人，是打入西方资本主义世界的"特洛伊木马"；以苏联为首的一些东欧政党，骂"欧洲共产主义"是"修正主义""反苏""反共产主义"等。意大利共产党、法国共产党、西班牙共产党对反"欧洲共产主义"思潮进行了坚持不懈的斗争，阐明了其理论实质，捍卫了欧洲共产主义不可动摇的地位。

（一）意大利共产党

十月革命胜利后，列宁主张在莫斯科建立共产国际，帮助西欧建立共产党，推动西欧革命的发展，随着共产党的数量愈来愈多，苏联共产党打着帮助和指导的旗号，开始干涉各国共产党的党内事务。特别是在 30 年代，神化苏联经验，大搞教条主义。凡有违背苏联经验的革命，即视为"离经叛道"的"异端"，斥之为"修正主义"。苏共把国际的活动，实际上变成干涉各党的活动，成了各国共产党的"老子党"。① 意大利共产党领导人之一的安东尼·葛兰西是最早出来抵制苏共领导中心束缚、坚持从各国出发、

---

① 丁芬、韩越、翟法莉编：《战后国际共产主义运动简明教程》，解放军出版社 1987 年版，第 298 页。

走独立自主革命道路的。他总结了西欧革命失败的原因，认为西欧是发达的资本主义国家，不同于苏俄社会主义革命条件，不能照搬俄国武装夺取政权的革命战略。各党应从本国实际出发，不能在武装革命条件不成熟时，教条式地抄袭俄国革命经验，速战速决，而应是持久战。[①] 第二次世界大战的到来，苏德战争的爆发，共产国际宣布解散，意大利共产党开始寻求脱离苏共的方式方法，坚持从实际出发，独立发展，革命力量得到空前壮大。二战结束后，意大利逐渐恢复了民主政治生活，意大利共产党曾是继天民党和社会党之后的第三大党，随着党员人数的不断增加，后成为西欧共产党中的第一大党。

意大利共产党的另一主要领导人帕尔米罗·陶里亚蒂在苏共二十大后，发表了言论，首先是严厉批判苏联"官僚化""不民主"，"苏联模式"已经不能是唯一榜样，等等。同时，提出国际共运向"多中心"论发展，反对"唯一领导"的思想。[②] 他指出："在共产主义运动中，不再有什么独一无二的领导中心了。"特别批评了赫鲁晓夫在斯大林问题上的实用主义。意共八大通过了陶里亚蒂全面阐述了的以"结构改革"为中心的意共"走社会主义道路"决议；1960 年到 1962 年意共九大、十大通过了《民主与和平道路》纲领；1964 年，陶里亚蒂在中央委员会和中央监察委员会做了题为《为了国际工人运动和国际共产主义运动团结》的报告，在报告中，陶里亚蒂反对再次建立国际统一的集中制的组织机构，主张各党进行双边或多边对话，提出了"在差异中求团结的口号"，进一步论述了意大利走向社会主义的道路。[③] 同年，陶里亚蒂去世，《雅尔塔备忘录》的发表，成为意共"脱离莫斯科的独立宣言"，也成为"欧洲共产主义"重要的理论根据。

陶里亚蒂曾经的副手路易奇·隆哥成为了意共新的总书记。1966 年 1 月 25 日至 31 日在罗马召开了意共第十一次代表大会，批准了继续执行陶里亚蒂制定的路线。进行结构改革的要求比以往更为明确，其中有土地改革、教育改革以及建筑业、地产业的改革。此外，还要求各个地区自治和实行

---

① 丁芬、韩越、翟法莉编：《战后国际共产主义运动简明教程》，解放军出版社 1987 年版，第 298 页。

② 丁芬、韩越、翟法莉编：《战后国际共产主义运动简明教程》，解放军出版社 1987 年版，第 300 页。

③ ［意］贝尔纳多·瓦利：《欧洲共产主义的由来》，张慧德译，中国社会科学出版社 1983 年版，第 2 页。

计划经济。① 1968 年 4 月初，路易奇·隆哥在一次记者招待会上声称："我们赞成多党制的国家，这类国家是一切愿意共同建设社会主义的民主力量合作的产物……意大利的社会主义将受到那些参加其建设的力量的欢迎……我们既赞成最广泛的民主，也赞成某些政党不仅可以对在社会主义建设中某些具体措施表示不同意见，而且可以在基本问题上表示不同意见。"②

进入 70 年代，社会世俗化的客观过程，促进了意共的较大发展。意共特别注意与天主教徒的对话，一部分教徒已经投票支持共产党。工人仍是意共的核心，是党的基层组织的基础。1973 年贝林格提出了关于"历史性妥协"的论点，其中心内容是：为了取得胜利，共产党人必须采取现实主义的战略——也就是必须考虑到本国的特殊条件、本国的历史、国内的社会政治力量的对比和国际环境。在 1975 年 3 月举行的意共第十四次代表大会上，号召在国内实现根本性的民主转变，克服社会生活各方面的危机。大会宣称，在资本主义制度下就有可能把某些具有社会主义性质的因素、价值和准则引进意大利社会。③ 在群众参与和监督下制订经济计划，克服有害社会的个人消费倾向，实现男女完全平等，这些东西实际上都是深刻的民主改革，而在意共的实践上第一次被解释成超出资产阶级社会逻辑范围的"社会主义因素"。这时的意大利面临着极其严重的经济问题，主要表现为：物价上涨和通货膨胀，南方与北方地区在社会经济发展的差别，失业率激升，农业生产方式及制度落后，税收制度不公平，国营企业经营不善等。意共为了解决这些问题，从资本主义的现状出发，提出了抑制通货膨胀、逐渐减少贸易逆差、保障和扩大就业以及生产活动的建议。同时必须"自觉地把国家的经济生活置于民主的政治领导之下，得到劳动群众积极主动的支持，得到人民的广泛赞同。必须实行民主规划的政策"④。意共的民主规划主要包括对于经济性质的措施、"南方问题"、土地改革以及对于国家机关的改造等。但是上述目标却被模糊地表述为：建立一个"得到多数人支持的民主政权，这个政权的基础是劳动人民参与国家管理和合乎宪法

---

① ［德］沃尔夫冈·莱昂哈德：《欧洲共产主义对东西方的挑战》，张连根等译，人民出版社1980 年版，第 228 页。
② ［德］沃尔夫冈·莱昂哈德：《欧洲共产主义对东西方的挑战》，张连根等译，人民出版社1980 年版，第 230 页。
③ 《意大利共产党第十四次代表大会文件汇编》，莫斯科，1976 年版，第 77 至 78 页，253 页。
④ ［意］《团结报》，1974 年 12 月 13 日。

的国家体制。这个体制本身还应当不断完善"①。在 1976 年的大选中，意共达到了历史最高纪录，获得 34.4% 的选票。但是天民党仍是意大利的最大政党，但是它无法组成多数派政府。

（二）法国共产党

法国共产党成立于 1920 年 12 月，信奉共产主义的意识形态。法国共产党进入议会后，促进罢工行动和反对殖民主义。1924 年至 1929 年期间由皮埃尔·塞马尔出任法共总书记，他积极寻求共产党与其他党派的团结、联盟，加强党内联系。正如法共的文件所示，在法国的阵线是一种创造性的适应，是马克思列宁主义的原则，即需要无产阶级、工人阶级、农民和城市小资产阶级之间的联盟。在 1936 年通过的人民阵线方案框架内，法共努力改善劳动人民的地位，避免法西斯主义的危险，捍卫和平与民主，并加强法国和苏联之间的友好关系。在法国共产党第十次代表大会上，党呼吁共产党人和法国人为国家的重生和民主的复兴而斗争，其基础是对垄断资本的经济和政治权力的限制。共产党与社会党合作，在 1944 年至 1947 年期间通过渐进的立法确立了。

第二次世界大战结束后，法共在法国政治生活中的影响就逐渐增强了，当时的法共领袖是莫里斯·多列士，在战后的第一次大选中，法共获得了 26% 的支持率，法共的成员开始深入到法国政治领导层担任要职。随着冷战的开始，一直是亲苏的法共受到了其他党派的排挤，担任要职的法共干部被逐渐逐出了政府。在反苏成为趋势的背景下，法共一如既往地坚持亲苏政策，执行忠于莫斯科的政策，党开始了一个急剧倒退的时期，党员数量严重下降。1958 年戴高乐重新掌握政权后，与社会党人结成联盟，共产党人开始被孤立，在 11 月的大选中仅获得 18.9% 的选票。随后法共采取了在内政上反对国家总统，谴责总统实行个人专权和垄断统治，在外交上却表现出支持戴高乐的统治。这些做法明显是为了配合苏联，相对来说，戴高乐的民族政策及其对待北约和美国的态度，是符合苏联外交利益的。1964 年 5 月的第十七次党代表大会上，领导明确而坚定地承认"无产阶级专政"

---

① 《意大利共产党第十四次代表大会文件汇编》，莫斯科，1976 年版，第 44 页。

是法共的根本目标。① 1965 年末，法共支持了以密特朗为领导的社会党人，党的政治路线开始改变，声称必须用新的眼光来看待资本主义向社会主义过渡的问题。法国可以争取走一条和平的社会主义道路，并主张同社会党人结成联盟。②

法国共产党与社会党结成选举联盟，制定了排斥戴高乐政府的方针，并要求改革宪法，废除一切有利于总统个人专权的条款，实行司法独立、新闻自由，对广播和电视做民主规定，给予地方自治和罢工权，以及承认企业的工会组织等。在经济领域的改革表现为：共同选举纲领宣布将军备工业和银行收归国有，对国有化企业实行民主领导，扩大社会立法，进行税收改革，宣布应该立足于合作社事业和现代化的农业政策。③ 1968 年的两件大事震惊了法国政坛，即"五月风暴"和捷克斯洛伐克的"布拉格之春"。5 月初大学生骚动，法共为了走在这场运动的前面，增加自己在大学生中的影响力，也为了控制这场运动，提出了取代戴高乐和建立一个左翼多数政府或"民主团结国民政府"的方针。但这场骚动的结果是被戴高乐政府强行削弱了，法共的政治地位再次发生摇摆。法共为了表明自己的立场和态度，宣布他是一个维护秩序的党，为了实现社会进步、和平和一切民主力量团结的纲领，它准备参加即将到来的大选。④ 8 月捷克斯洛伐克被占领后，法共以比较温和的方式表示了异议，宣布他认为共产党之间的问题应当通过讨论，通过双边或多边的会晤解决；不仅每个国家的主权，每个党的决策自由，而且无产阶级国际主义的精神必须得到尊重。⑤ 1968 年秋以来，法共推行双管齐下的政策，一方面继续坚持亲苏的立场，且不改革其僵化的集中制组织机构；另一方面实行"开放政策"，尽可能多赢得较多的盟友。法共在 1969 年中的一系列亲苏行为，遭到了许多共产党，甚至法

① ［德］沃尔夫冈·莱昂哈德：《欧洲共产主义对东西方的挑战》，张连根等译，人民出版社 1980 年版，第 244 页。
② 《瓦尔德克-罗歇在法共中央》，载《道路与目标》，1966 年 2 月，第 91 至 93 页。
③ ［德］沃尔夫冈·莱昂哈德：《欧洲共产主义对东西方的挑战》，张连根等译，人民出版社 1980 年版，第 245 页。
④ ［德］沃尔夫冈·莱昂哈德：《欧洲共产主义对东西方的挑战》，张连根等译，人民出版社 1980 年版，第 247 页。
⑤ ［德］沃尔夫冈·莱昂哈德：《欧洲共产主义对东西方的挑战》，张连根等译，人民出版社 1980 年版，第 248 页。

共自己队伍的严重抵制。

　　法共的领导从 1970 年起开始审视当前面临的困境，试着适应新形势。1971 年密特朗当选为社会党总书记，经过近两年的谈判协商，社会党人和共产党人开始进行关于共同施政纲领的协商，法共同意对欧洲经济共同体采取较为积极的态度，以及坚持国有化的主张；社会党则同意对较大数量的企业和机构实行国有化，倾向于直接民主和自治的思想。在接受共同施政纲领后，亲苏主张和共同纲领的民主原则之间的矛盾明朗化了。1972 年法共举行第二十次代表大会，正式任命乔治·马歇为法共新总书记，他指出，在社会主义建设时期实行政党自治和多党制是非常必要的。

　　1975 年 9 月和 11 月意共总书记贝林格和法共总书记马歇分别在巴黎和罗马举行了双边会谈并发表联合声明，突出了两党的共同目标，即进一步发展和巩固社会主义制度下一切个人和集体的自由，声明宣布双方同意在西方资本主义国家建立社会主义的共同解决办法。它们是：（1）争取在资产阶级民主体制范围内进行社会主义的斗争；（2）独立于莫斯科；（3）改变对共同市场的看法，同意参加而不是抵制；（4）和左翼势力达成协议，争取通过投票成立联合政府，如果失败就放弃政权。[①] 西方记者就是在报道这次会谈时第一次创造了"欧洲共产主义"这个新词，标志着"欧洲共产主义"的产生，表明了这个"欧洲共产主义"和苏联社会主义的不同，将这次联合声明称为"西方社会主义宪章"。随着联合声明的签署，法共至少按正式声明来说已属于欧洲共产主义阵营了。从 1975 年秋起，法共领导明显地同苏联的关系逐渐疏远了。1976 年 2 月举行的法共第二十二次代表大会，中心议题是实现民主自由，摒弃无产阶级专政，主张"法国色彩的社会主义"，这时的法共队伍已经注入许多年轻力量，整个党员队伍年轻化、充满能量并且深刻扎根于工人阶级中。乔治·马歇在会上重点谈到三个问题：摒弃无产阶级专政；批评苏联的某些现象；宣布依靠左翼联盟走法国自己的社会主义道路。[②] 这次大会后，法共与苏共之间的矛盾更加尖锐了，在 1978 年春的地方选举中，社会党人得票大大超过共产党人，促使法共认

---

　　① 吴耀辉：《欧洲共产主义的由来和发展》，载《社会科学》1981 年第 1 期，第 110 页。
　　② ［德］沃尔夫冈·莱昂哈德：《欧洲共产主义对东西方的挑战》，张连根等译，人民出版社 1980 年版，第 248 页。

识到进一步划清与苏联共产主义的界限，以争取更广泛的选民阶层；还要在左翼联盟中坚持独立的政策，使在联盟中的界限更为分明。推行这样的政策，为与社会党人的斗争埋下了伏笔。1979 年，在法共第二十三次代表大会上，法共提出了放弃马克思列宁主义。1981 年 6 月，法共参加社会党莫鲁瓦政府，菲泰尔芒等 4 名领导人入阁。但 1984 年 7 月，法共因与社会党出现严重意见分歧而退出政府，两党在 70 年代建立的"左翼联盟"最终结束。此后，法共的力量和影响逐年下降。[①]

（三）西班牙共产党

除了意大利共产党之外，西班牙共产党是欧洲共产主义新思想最显著、最明确的代表，部分思想甚至远超意大利共产党。西班牙共产党成立于1921 年，是由西班牙的共产党和西班牙工人共产党合并而成的，前者是1920 年 4 月从社会主义青年联合会的一部分创建的，而后者是由部分工人社会党成员组成的。1923 年 9 月，里韦拉建立独裁统治，西共被宣布为非法政党。西共党员在地下坚持斗争，主张推翻独裁统治，分配土地给农民、计划组织工人起义等。1930 年，贝伦格尔将军执政后，恢复西共合法地位。同年 8 月，西共创建党报《工人世界》。

1934 年领导了阿斯图利亚斯的工人起义，建立起工农苏维埃政权。1936 年佛朗哥在德、意法西斯支持下发动武装叛乱，西共领导西班牙人民为捍卫家园独立和争取民主自由进行了为时 3 年的反法西斯战争。1939 年武装斗争以失败告终，西班牙第二共和国被摧垮，佛朗哥上台后，宣布共产党为非法党，西共在国内的组织转入地下，共产党在战争结束时准备依靠生活在法国而集结在西班牙边境的西班牙游击队的支援，举行全国起义，用武力推翻独裁统治，西共也成为西班牙内部唯一的反对力量。在国内及边境地区坚持长达 11 年之久的游击战争。[②]

佛朗哥独裁统治持续了 30 多年之久，在第二次世界大战中，取缔其他一切政党，在西班牙实行法西斯独裁统治。虽然西班牙在二战中名义上是中立国，但是佛朗哥暗中援助希特勒侵略苏联。在 20 世纪 40 年代和 50 年代，西共对佛朗哥政府一直进行着持续的游击行动。1949 年起，西班牙共

---

① 曹松豪：《冷战结束以来法国共产党的变革探索》，载《党建》2006 年第 9 期，第 14 页。
② 双木：《西班牙共产党简介》，载《国际问题资料》1984 年第 1 期，第 29 页。

产党根据斯大林的愿望，力图使非法活动合法化，加强同其他政治力量，特别是与工会的合作。西共开始积极争取党外的力量，包括大学生，特别是知识分子。圣地亚哥·卡里略在 1956 年成为该党的秘书长，在他的领导下，西共采取了温和的立场，并继续秘密组织西班牙的主要劳工联盟。经过长期辩论，1956 年 4 月底在一次西共领导的全会上，通过了新的"全国和解"政策。其目的是要党向年轻力量开放，在反佛朗哥斗争中团结一切力量，不论内战期间他们曾站在哪一边。① 这个"全国和解"政策不是阶级和解的政策或对内战悲剧的伤感反应，而是积极的、坚决向腐朽暴政进攻的政策。西共通过的决议中，将"全国和解"政策的口号定为："反对物价上涨，反对独裁政府的经济政策，要求对政治犯和流亡者实行大赦，要求享有政治权利。"② 卡里略趁此机会替代总书记多洛雷斯·伊巴露丽，正式执掌了西班牙共产党的实权，并且决定放弃在国内发动武装革命的策略，改为宣传"全国和解"。

1960 年 1 月底，西共召开第六次全国代表大会，讨论的议题已经渐渐出现背离苏共的倾向，并第一次宣布：西班牙在有利的国际形势下可以沿着议会道路和平进入社会主义；组织广泛的联合政府是具有可能性的；可以通过使大多数居民不必经受严重的冲突而进入一个全新的社会；大会还决定改变党的结构，无论是不是党员，只要个人同党合作就可以了。这次大会还选举了卡里略为党总书记，从 1961 年开始，西班牙共产党开始渐渐独立，后来的几年，西共与意共的联系渐渐增多，开始对欧洲共产主义道路进行实践和探索。

进入 20 世纪 70 年代初，这时的西共在马德里、巴塞罗那、巴伦西工业集中地带，建立了自己极其强大的基地。活跃在国内外的党员人数日渐增多，党的社会结构的变化也影响着党纲的思想，而新的思想又反过来对某些阶层，如职员和知识分子，产生与日俱增的吸引力。除了内部变化，西共日益频繁的国际交往对党内新方针的产生和建立也起了重大的作用。1972

---

① ［德］沃尔夫冈·莱昂哈德：《欧洲共产主义对东西方的挑战》，张连根等译，人民出版社 1980 年版，第 286 页。
② ［德］沃尔夫冈·莱昂哈德：《欧洲共产主义对东西方的挑战》，张连根等译，人民出版社 1980 年版，第 286 页。

年 10 月，西共举行第八次党代表大会，大会指出了西班牙国内反对派势力的日益强大，突出了工人委员会的意义，并通过了所谓"自由公约"，即批准共产党人参加由社会党人、天主教徒和资产阶级团体共同组成的以推翻佛朗哥为目的的全体反对派联盟。①

圣地亚哥·卡里略把西共立足于欧洲共产主义的路线，将其与列宁主义的思想割裂开来。圣地亚哥·卡里略接受了"资产阶级"的让步，恢复了自由民主和君主立宪制，虽然这在许多党员看来是叛国的，因为这些让步是为了资产阶级的"剥削者"。在西班牙向民主过渡的最后阶段，1977 年 4 月 12 日，西共合法化，在合法后的几周，西共党员超过 20 万。4 月，圣地亚哥·卡里略的著作《"欧洲共产主义"与国家》在西班牙发表，接着此书的意大利文和德文译本相继面世，卡里略在此著作中试图阐明一种符合工业国当前条件的马克思主义的国家理论，认为今天西欧发达的资本主义国家要通过多元化和民主的方式，采取既不同于苏联和其他社会主义国家的模式，也不同于社会民主党路线的"欧洲共产主义"的道路，走向社会主义。② 但此书遭到了苏联的猛烈抨击，因为卡里略在书中几乎否认苏联的社会主义性质，还写到苏联对捷克斯洛伐克的侵占对西共的发展具有决定性的影响。西班牙共产党走独立自主道路的高潮，是随 1968 年苏联对捷克斯洛伐克的占领而到来的。6 月，经过近四十年的佛朗哥独裁统治后，西班牙进入了向民主过渡的时代，西班牙公民终于可以在自由选举中投票，也标志着西班牙共产党正式登上政治舞台。1978 年西共九大提出了通过多元化和民主方式，采取不同于其他社会主义国家模式的"欧洲共产主义"路线。1979 年的西班牙大选，西共成为第三大党，在随后的几年中，由于党内在路线方针问题上存在着严重分歧等各种原因，西共的辉煌历史渐渐消失了。法国共产党、意大利共产党、西班牙共产党在这一时期都走向了衰退，也表明了三国共产党所推行的"欧洲共产主义"的没落，三国共产党开始了新的道路探索。

---

① ［德］沃尔夫冈·莱昂哈德：《欧洲共产主义对东西方的挑战》，张连根等译，人民出版社 1980 年版，第 298 页。

② 吴章彬：《西班牙共产党和总书记卡里略》，载《世界知识》1980 年第 22 期，第 15 页。

四、欧洲共产主义的挫折与新探索

20 世纪 80 年代，"欧洲共产主义"的主要倡导者即法国共产党、意大利共产党、西班牙共产党都遭遇了严重的挫折，原主张"欧洲共产主义"的政党围绕着苏东剧变的原因与教训、共产党的发展前景、共产党人当前斗争的策略等原则问题发生了严重的意见分歧和组织上的分化。苏东剧变后，一些党为了变得合法，改变了共产党的名称，放弃了对共产主义的信仰与追求。90 年代中期，原"欧洲共产主义"的一些党开始重建，探索发展的新道路。

（一）欧洲共产主义遭受的挫折及其主要原因

欧洲共产主义经历了 70 年代末期的短暂辉煌，其一直坚持独立自主，坚持走民主道路，团结一切进步力量，为推进国内的民主变革和社会进步进行了艰苦的斗争，取得了一定的成就，推进了世界社会主义运动的历史进程。进入 80 年代后，欧洲共产主义从高潮转入低谷，原主张"欧洲共产主义"的共产党相继受挫。

70 年代中后期，"欧洲共产主义"各党在议会选举中获得了较多的支持，拥有比较稳定的选民基础，到了 80 年代初，纷纷遭遇了严重的挫折。法共从第二次世界大战后到 1977 年，在议会选举中的支持率一直维持在 20% ~25% 之间，1986 年的立法选举中，选民支持率急降至 9.7%。意共在 1976 年的大选中得票率为 34.4%，成为议会第一大党。在 1987 年的选举中，下降到 26.6%，同时还失去了在意大利五个大城市的执政地位。西共在 1979 年的大选中获得 10% 的选票，在 1982 年之后下降到 3.8%。除此之外，三国共产党的党员人数也急剧下降。意共 1977 年党员人数为 180 万，至 1990 年降到 140 万。法共 1979 年党员人数为 71 万，1990 年降至 60 万。西共 1977 年党员人数为 24 万，1990 年降至 8 万。[①] 由于党内一直存在理论上的分歧，使得在 80 年代三国共产党都发生了几次分裂，直接削弱了党的力量。

欧洲共产主义遭遇挫折的主要原因有以下几点：

第一，国际政治经济形势的发展变化使欧洲共产主义发展受挫。欧洲

---

① 余文烈主编：《当代国外社会主义流派》，安徽人民出版社 2000 年版，第 336 至 337 页。

共产主义形成发展于 70 年代，这时候西方正处于二战后的经济繁荣时期，新科技革命推动了当代资本主义生产力的发展，美苏间的关系处于稳定缓和期，这就给欧洲共产主义营造了良好的生长条件。进入 80 年代，美苏关系变得紧张，冷战格局进一步深化，原有的良好生长条件消失，欧洲共产主义失去了促使自身改革的外部条件。

第二，西方资产阶级各国敌对势力的内外夹击。从欧洲共产主义成立之初，资产阶级敌对势力就从未间断地对新生的欧洲共产主义思潮进行强烈打压和破坏，共产党遭受了来自不同敌对势力的伤害，如意共受到了法西斯黑色恐怖主义的威胁，新法西斯主义极右势力与意大利黑手党合作，制造了一系列政治谋杀和恐怖袭击事件；受托派"第四国际"极左理论影响的德国"红军"、西班牙"埃塔"等"红色恐怖主义"组织也非常活跃。①

第三，社会党与绿党争夺欧洲共产主义各党的左翼群众。西欧社会党一直是西欧政党的中坚力量，他们利用自己的执政优势，广泛扩大群众基础，迎合中间阶级的改良心理，不断调整自己的路线方针政策，吸引了很多以前支持共产党的那一部分的选票，削弱了"欧洲共产主义"的力量。绿党在 80 年代逐渐发展成为一支重要的政治力量，也开始广泛吸收选民，从一定程度上来说，也削弱了其力量。

第四，苏东剧变对欧洲共产主义的巨大冲击。80 年代中后期，遭受严重挫折的共产党进行了一系列的革新，到 90 年代初，世界兴起一股反共潮流，1991 年意共二十大决定放弃共产党的名称，改建左翼民主党；同年，"欧洲共产主义"创始人之一的卡里略宣布欧洲共产主义已经失败，由他领导的西班牙劳动者加入西班牙工人社会党，其他许多共产党也纷纷放弃了共产党的称号，解散或集体加入社会党。

（二）欧洲共产主义政党的新探索

在经历苏东剧变的冲击后，有一些党放弃了共产党的名称，但还有一部分党如葡萄牙共产党、法国共产党保留并坚持。葡萄牙共产党在逆流中奋勇前进，始终坚持共产党的名称和社会主义的目标，是无产阶级政党，

---

① 周穗明：《"欧洲共产主义"为什么失败了》，载《科学社会主义》2007 年第 6 期，第 146 页。

是工人阶级和劳动者的政党，其理论基础是马克思列宁主义。法共坚称"这并不能改变它的信仰"，否认"它的以反对社会民主主义为特征的纲领和组织有任何改动的需要"①。改称后的那一部分"欧洲共产主义"成员党在经历重重波折后，奋起前进，重塑共产主义信念，开始了新的探索。

在70年代末80年代初，许多"欧洲共产主义"成员党放弃了"马克思列宁主义"的基本立场，90年代以来，历尽艰辛，提出了具有本国特色的理论纲领。

法共总书记罗贝尔·于在1995年所著的《共产主义的变革》一书中第一次提出了"新共产主义"的政治主张，着重强调了这个"新共产主义"不同于苏联的共产主义，又比马克思、恩格斯所设想的共产主义在思想上更进一步。在1996年的法共二十九大上，进一步明确了"新共产主义"的理论主张，并提出用"新共产主义"替代原来坚持的"法国色彩的社会主义"，法共认为共产主义是一种在资本主义之后，摆脱了资本主义的倒退、对抗的逻辑，更加文明和人道的社会。经过几年的探索，逐渐形成一套比较系统的理论。其理论内容主要包括：对苏联模式存在的问题进行深刻的反思，坚决否定苏联模式；用"新共产主义"替代原来坚持的"法国色彩的社会主义"，提出用"超越资本主义"，建设"新共产主义"社会，"超越"既不是放弃向另一种社会结构过渡的目标，也不是通过颁布法令突然"消灭"资本主义，而是一种社会变革进程的观念②；在批判极端自由主义模式以及社会民主主义模式后，提出"新共产主义计划"。"新共产主义"要建立一个男女自由、联合和平等的社会，一个发展和尊重每个人的能力，在合作的人文氛围中共同努力，共享资源、知识、信息和权力的社会，没有压迫、不公正、失业的和谐稳定的社会。在党的建设上，法共提出要建立"新型共产党"，即包括以下内容：在党的指导思想上，超越马克思、恩格斯，坚持多元化，根据法国本土的思想文化和利益要求的多元化来制定理论、方针及政策；在党的性质和作用上，摒弃了党是无产阶级工人先锋队的说法，将其视为为所有拒绝被剥夺干预权和选择权的公民服务的政党

---

① Martin J. Bull, Paul Heywood: West European Communist Parties after the Revolutions of 1989, St. Martin's Press, 1994, p. 47.

② 余文烈主编：《当代国外社会主义流派》，安徽人民出版社2000年版，第343页。

组织；在党的组织原则和机构上，放弃了共产党的基本组织原则——民主集中制原则，宣布其唯一的原则是民主；在政治实践上，积极与新的左翼联盟合作，并提出共同参政的政策。

意大利共产党在 1991 年 2 月改名为意大利左翼民主党，但共产党内以科苏塔为代表的坚持共产主义信念的共产党人坚决反对意共改名，并宣布组建"重建运动"，在 12 月，与无产阶级民主党合并，建立意大利重建共产党，继续实践和探索社会主义道路，致力于恢复共产主义政党的特征，突出强调意共的意识形态特色，重新确立马克思主义的指导地位。90 年代以来，意大利重建共产党的理论发展经历了一个激进—温和—激进的过程，成立之初称自己为"社会主义价值和马克思主义思想所激励的工人阶级的自由的政治组织"[1]。重新塑造强硬的政府反对派形象，激烈反对当政的右翼政府；在全国大选和议会选举中孤身作战，拒绝同左民党等左翼力量进行联合与合作。[2] 在苏东剧变后，急剧右倾化的政治环境下，为了适应发展需要，进行了较温和的政策调整。2002 年，意重建共召开第五次代表大会，提出了党的自我革新与开放的新阶级口号。2007 年，意重建共与意大利共产党人党、民主左翼、绿党组成了"彩虹左翼"，通过"彩虹左翼"联盟参加大选。

意大利重建共认为，社会主义革命和建设必须利用马克思主义思想，因为马克思主义对资本主义及其生产方式的批评和分析方法达到了其思想境界的最高点。还指出，它的目标不是简单地反对资本主义，而是用社会主义方式变革和改造社会和国家，把消除资本主义作为建立民主社会的条件。[3]

苏东剧变后，西共在国内遭受了巨大的冲击，处境困难。在 1986 年成立的以西共为主体的、包含社会主义行动党、进步联盟、共和左翼等组成的选举联盟——"联合左翼"，在苏东剧变后，成为西班牙政坛中最大的激进左翼政治力量。经过 20 多年的发展，西共继续保持了在联合左翼中的主

---

① Kate Hudson：European Communism since 1989：Towards a New European Left? Macmillian Press LTD，2000，p. 98.

② 于海青：《意大利重建共产党的理论政策调整及面临的问题》，载《当代世界社会主义问题》2004 年第 1 期，第 77 页。

③ 余文烈主编：《当代国外社会主义流派》，安徽人民出版社 2000 年版，第 346 页。

体地位。西共主张通过左派联盟在社会中以民主方式取得意识形态和文化方面的领导权，认为社会主义是对资本主义的辩证的否定和克服，共产主义是一个和平和团结的、没有阶级和国家的、与自身和环境和谐的人类社会。2005 年党的十七大上提出了"从西班牙左翼替代的完成到欧洲左翼替代的完成直至世界左翼替代的完成"的政治替代方案。2009 年 11 月西共召开第十八次全国代表大会，在现有的理论基础上，提出了"21 世纪的社会主义"这个新概念。作为"欧洲共产主义"理论在新时代条件下的延伸，"21 世纪的社会主义"成为当前西共一面新的理论旗帜。

"以欧洲共产主义指导的西欧共产党"在经历苏东剧变后的分化与组合，是迎合已经变化了的国内国际形势，也是国际共产主义运动处于低潮的表现。原"欧洲共产主义"党的共产党人在面临重重困境的背景下，依然顽强斗争，这表明：共产主义和社会主义运动对于发达资本主义国家共产党还具有较大的吸引力，仍然是他们所渴求的最终目标。由于资本主义在现阶段还存在一定的合理性，要想在发达资本主义国家发展壮大共产主义力量，还需要继续不屈不挠地斗争和努力。

第四节　拉美的"21 世纪社会主义"

拉美社会主义是充分运用并吸收马克思主义基本原理，且融合拉美民族、时代以及宗教特色，根植于本土价值观、历史文化和进步思想，集多重民族、历史文化背景于一体的社会主义思潮。拉美社会主义有着悠久而深厚的传统，派别林立且竞相争鸣，其发展及路径也呈现出独具一格的特色，然而因种种缘由而始终未成主流思想。"在国际共产主义运动的影响和推动下，拉美社会主义经历了科学社会主义和多元社会主义的历史流变和斗争，前者以古巴社会主义为代表，而后者则以长期主导拉美政坛的民主社会主义、民族社会主义等'中间道路'为主。就历史现实而言，拉美科学社会主义的探索与影响远不及改良主义的各派社会主义运动。"[①] 20 世纪

---

① 贺钦：《试析拉美"21 世纪社会主义"的历史源流及其本质》，载《当代世界与社会主义》2015 年第 3 期，第 76 页。

末，在新自由主义破产阴云的笼罩下，拉美各国矛盾重重，新的社会主义改革道路已成为必然，而抓住契机的新左翼力量迅速成长并立即崛起为拉美政治新秀。进入 21 世纪，委内瑞拉、厄瓜多尔、玻利维亚等国开展了各具特色的"21 世纪社会主义"理论构建与实践探索。改革之初的成效促进了各国经济社会的发展，然而较为激进的改革举措，以及改革自身的局限性使拉美社会主义运动遭到了巨大阻力，而地区局势和国际大势的风云变幻又使拉美社会主义的发展遭遇空前危机。内忧外患境地之下的拉美"21世纪社会主义"的"前路远非坦途，不宜过于乐观，但更不宜妄加解读"①，它将走向何方？抑或止于何处？这有待时间的验证和我们进一步的深入探究。

一、拉美的"21 世纪社会主义"的概况及发展

（一）拉美社会主义的概况

近代以来，拉美国家多作为欧美的殖民地而获得独立。正是由于长期沦为帝国主义殖民地这一特殊历史背景，因此拉美社会主义思潮及其运动源起于 19 世纪中期的欧洲共产主义运动，历史悠久，它在引导拉美人民进行反帝反殖民的民族独立和人民解放的进程中发挥了重要作用。1848 年欧洲革命失败后，共产主义者同盟的部分成员开始在拉美传播革命思想，组织革命运动。1871 至 1875 年，墨西哥、阿根廷等国在第一国际的帮助下建立了拉美支部。进入 20 世纪后，尤其以 1917 年俄国十月革命的胜利为标志，马克思列宁主义在拉美得到了更广泛的传播。拉美社会主义运动在十月革命的引领下蓬勃发展，拉美各国的马克思主义组织与共产国际的联系也不断加强。1918 年，拉美第一个无产阶级政党——阿根廷国际社会党（后更名为阿根廷共产党）成立，在此之后直至二战时期，拉美地区一共成立了 20 多个无产阶级政党。拉美地区无产阶级政党的成立，推动了拉美各国社会主义运动的蓬勃兴起，为拉美反帝反殖民运动增添了新的活力和色彩，也改变了拉美地区的政治格局。

20 世纪 20 年代后，资本主义发展到帝国主义阶段，加深了对拉美人民

---

① 贺钦：《试析拉美"21 世纪社会主义"的历史源流及其本质》，载《当代世界与社会主义》2015 年第 3 期，第 82 页。

的剥削和压迫。然而随着民族意识的觉醒和现代化进程的加快，帝国主义发动的两次世界大战在广大爱好和平和争取民主力量的共同反抗中均以溃败告终，这给予了广大被殖民地区的人民以极大的信心和决心。二战结束后，在经济文化较为落后且深受殖民掠夺和封建压迫的拉美地区开展了波澜壮阔的反帝反封建的民主革命运动。拉美各国革命的相继胜利大大加快了其现代化进程，这一重大变革也使得 20 世纪的拉美乃至世界范围内的政治格局都发生了重大变化。

拉美无产阶级政党领导的社会主义运动以马克思列宁主义为旗帜，主张把马克思主义普遍原理与本国的具体实际相结合。著名马克思主义理论家、秘鲁社会党（1930 年后改称"共产党"）创始人马里亚特吉充分肯定了马克思主义对秘鲁和拉美革命的重要指导意义，并认为"拉丁美洲的未来是社会主义的"[1]。以卡斯特罗、格瓦拉等为代表的一批优秀的无产阶级革命家、思想家带领拉美人民开展了广泛的社会主义实践，为改善国家的状况和民众的生活做了艰辛探索。拉美社会主义运动的先驱者和革命的前行者，开创了古巴社会主义、秘鲁军事社会主义、智利阿连德社会主义、圭亚那合作社会主义、格林纳达社会主义等，在拉美社会主义运动史上留下了浓墨重彩的一笔。卡斯特罗、格瓦拉等革命先驱对于社会主义的实践经验以及制度理论方面的创新成为拉美社会主义运动的宝贵精神财富和遗产，直到今天仍激励着拉美人民为社会主义的伟大事业而奋斗。

但是拉美地区的革命存在局限性，是一场不彻底的革命，拉美各国的社会经济政治文化仍然存在很多问题。[2] 新建立的"考罗迪主义"政权实质上仍是封建专制独裁统治，军事独裁者通过暴力手段夺取政权并通过强制手段维护其统治。而拉美各国的政权更替频繁，大庄园制继续存在并不断扩大，让许多农民失去土地，生存更加艰难。20 世纪 60 至 90 年代，国际上先后经历了美苏争霸以及苏东剧变等大事件，拉美各国的社会主义运动在国内外局势的合力冲击下几经沉浮。一方面，拉美一些共产党在苏联解体后对社会主义及理论方向产生了怀疑，组织上发生分裂，成员人数减少；

---

① 　徐世澄：《拉丁美洲现代思潮》，当代世界出版社 2010 年版，第 80 页。
② 　[美] 威廉·福斯特：《美洲政治史纲》，冯明方译，人民出版社 1956 年版，第 379 页。

另一方面，古巴在痛定思痛后开始了深刻的反思，抛弃了僵化的苏联模式，并根据本国的实际情况制定发展战略，坚定社会主义道路进而进行社会主义改革，大力发展经济和改善人民生活水平。这些举措也使得处于空前低谷中的社会主义事业在拉美逐步焕发出新的生机与活力。

（二）拉美新左翼与"21世纪社会主义"兴起的背景

拉美"21世纪社会主义"的兴起和发展与拉美新左翼力量的崛起息息相关。拉美新左翼力量与传统左翼政党相比，两者之间既具有历史性又具有继承性。新的左翼政党主要成立于20世纪80年代以及90年代初，而传统左翼政党则大都在新左翼之前成立。新左翼在斗争方式、战略策略和意识形态方面都与传统左翼政党有所区别。相对于"老左翼"而言，"新左翼"这个名词尽管很新，但实际上它在20世纪60年代就已经流行。① 就整体而言，学界普遍认同1998年查韦斯的上台是拉美新左翼政权崛起的标志，尽管也有学者认为，从时间角度来看可以将苏联解体和柏林墙倒塌作为新老左翼政权的分界点。② 而最具代表性的观点是，将是否通过民主选举方式夺得国家政权作为区分新老左翼的标准。③ 虽然拉美新左翼政治力量兴起的时间并不长，但回顾其近30多年的发展可谓是一路高歌猛进，在拉美乃至世界政治历史舞台上占有重要的一席。

就拉美新左翼崛起的背景而言，国内学者倾向于将它和全球化背景下资本主义金融统治体系的确立、拉美独裁军人下台与民主政治发展、对苏东剧变的反思以及新自由主义改革造成的社会问题与民众主义兴起联系在一起。④ 国外的相关文献也提及了新自由主义改革和"华盛顿共识"给拉美国家21世纪初期发展造成的恶劣影响对于拉美新左翼发展的刺激作用。拉美新左翼经过短短几年的快速发展，到20世纪末和21世纪初已活跃于拉美

---

① Eric Zolov: Expanding Our Conceptual Horizons: The Shift from an Old to a New Left in Latin America, in a Contracorriente, Vol. 5, No. 2, Winter 2008, p. 49.

② 成晓叶、布成良：《拉美新左翼政权的三个特点——基于对拉美老左翼政权的比较》，载《社会主义研究》2013年第3期，第145页。

③ Jayati Ghosh: Left Regimes in Latin America: Economic Aspects of Attempts to Create "21st Century Socialism", in the Marxist, XXVIII 2, April – June 2012, p. 30.

④ 王鹏：《拉美21世纪社会主义理论和实践讨论会综述》，载《马克思主义研究》2009年第6期，第157至158页。

政坛。具体表现在古巴在共产党的领导下建立稳固的政权并坚持走社会主义道路；其他的 10 多个左翼政治组织及党派也通过合法选举成为该国的执政党，并逐步成为拉美新左翼的重要主体。1998 年，查韦斯在委内瑞拉的总统选举中获胜，标志着拉美新左翼政治力量的崛起。拉美各主要新左翼政党在大选中的获胜并上台执政成为其兴起的重要标志。进入 21 世纪，经过多年的发展，新左翼政党已在拉美 10 多个国家执政。厄瓜多尔主权祖国联盟运动、委内瑞拉第五共和国运动、玻利维亚争取社会主义运动以及巴西劳工党等新左翼政党都在本国开展了"21 世纪社会主义"、"劳工社会主义"以及"社群社会主义"等政治主张和改革运动，进一步扩大了社会主义在拉美的号召力和影响力。

（三）拉美新左翼与"21 世纪社会主义"兴起的原因

纵观整个 20 世纪，社会主义革命及运动在拉美虽然有了很大的进步和发展，但它始终没能占据历史的中心。除了古巴在卡斯特罗的带领下坚持不懈地同帝国主义和封建主义做斗争，最终取得革命的胜利并建立起了稳定持久的社会主义政权外，其他各国的革命出于种种原因大多以失败告终。复杂的国际环境和国内因素以及变化的时代背景，使得这一时期的拉美社会主义发展备受挫折，拉美各国急需通过全面的政治、经济、社会变革寻求新的发展道路。崛起于此时的新左翼政权及其推行的"21 世纪拉美社会主义"的出现因此具有历史必然性。

首先，拉美在被殖民时期深受西方列强的压迫，被迫卷入世界资本主义经济体系，国内政治经济各方面受到列强的严重干涉。这种情况虽然在拉美国家赢得独立后有所改观，然而在某些方面却是变本加厉，其中对经济发展干涉尤为突出。20 世纪七八十年代，拉美各国大多仿照西方的经济发展模式，在本国推行以贸易自由化和国有企业私有化为主的新自由主义经济改革，最初取得了一定成效。该模式包括实行市场经济体制，减少国家干预，大力推行国有企业私有化；大幅降低关税，取消出口管制，实行贸易自由化，全面开放资本市场等。[①] 但到了 80 年代中期以后，新自由主义改革的消极后果暴露无遗，拉美各国的改革逐步陷入困境，私有化产生

---

① 江时学：《金融全球化与发展中国家的经济安全：拉美国家的经验教训》，社会科学文献出版社 2004 年版，第 185 至 234 页。

了失业和收入不均等社会问题。而以欧美发达国家主导和推行的经济全球化是大势所趋，欧美不断扩大资本主义市场，将拉美地区强行纳入其中。虽然全球化使得拉美国家工业、金融等产业有所发展，经济有所提升，而另一方面也使得拉美国家的经济独立性进一步降低，极度依赖欧美市场。进入世界资本主义体系无疑意味着将面临更高的金融风险，当其他国家出现经济问题时，拉美也同样无法独善其身。

到了90年代，资本主义经济持续低迷，全球化的恶果在此时被进一步放大，金融危机在全世界蔓延开来，从拉丁美洲再到亚洲，金融危机的持续动荡引发更多的社会和政治危机。随着经济的全面衰退，拉美民众的贫困加剧，严重失业和贫富不均等问题更加突出，民众对于执政者的不满到达顶端，许多地区发生了大规模的罢工、游行、犯罪等各种社会问题。拉美各国政府疲于应付各种问题却收效甚微，在民众的叫骂声中，90年代多个拉美国家的总统被迫辞职下台，整个政局混乱不堪。新自由主义改革带来的诸多消极后果导致国内矛盾重重，引发民众对政府的质疑和反对，而世界范围内的金融危机再次让拉美经济跌入谷底，引发更为严重的社会政治危机。正如厄瓜多尔总统拉斐尔·科雷亚·德尔加多谈到，在最近几十年中，由于"华盛顿共识"的错误政策，不仅厄瓜多尔，拉美很多国家都成为反面例证。这些错误政策使拉美国家在最近20多年的实践中出现了普遍衰落。[①]

此时，社会主义在拉美的发展遭遇停滞，也亟待通过政治改革等方式来寻找新的出路，摆脱国家在经济政治等各方面的困境，这不仅是民众日益高涨的呼声，也是解决拉美实际问题的迫切需要。在内忧外患的经济形势下，拉美左翼力量提出了一系列纠正新自由主义改革弊端的措施，并总结经验教训提出了新的改革方向，为拉美赢得更多的政治资本和民众支持，部分左翼政党也走上了国家执政党的位置，为21世纪新时期左翼政治力量的壮大和改革运动的推进积蓄了有益力量。

其次，20世纪80年代以来，政治民主化浪潮在全世界成为主流，也很快在拉美地区传播开来。随着民主化运动的深入开展，拉美许多军事独裁

---

① 拉斐尔·科雷亚·德尔加多：《厄瓜多尔的"21世纪社会主义"》，载《拉丁美洲研究》2008年第1期，第2至3页。

政权受到了民众的强烈抨击，军政府被迫开始还政于民，这使得考罗迪军事独裁主义也实际破产。自从"还政于民"以来，军人干政事件也曾在一些拉美国家出现过，最典型的当数 2002 年的委内瑞拉政变和 1990 年的海地政变，但最终都没有成功。[①] 在结束军事独裁实行民主政治后，拉美逐步进行选举，政党在宣布合法地位后迅速发展壮大成为新兴的政治力量，其中就包括许多拉美左翼政党。拉美民主化进程逐步实现了政党合法化，有力推动了政党政治的勃兴，这无疑为新左翼政党的不断壮大扫清了障碍，为新左翼政党进一步开展政治活动，并为后来上台执政提供了良好的契机。

再次，美国对拉美的霸权主义行径激起了拉美人民的仇美情绪，这恰恰有利于拉美新左翼政党宣传"反美"和"反新自由主义"的政策主张，为其赢得中下层民众的支持，争取上台执政积蓄力量。在政治军事上美国对拉美的入侵不胜枚举，强行攫取巴拿马运河开凿权、发动对墨战争侵占墨西哥领土、迫使巴将关塔那摩永久租给美国作为军事基地等；美国凭借自身的强大实力，通过贷款、投资逐渐掌握和控制了拉美经济；在思想观念上向拉美输出美国的价值观，要求或强迫其他国家接受美国式民主和美国的人权标准。[②] 20 世纪 80 年代末，随着西方经济的发展陷入持续低潮，美国企图通过突然提高国际利率来转嫁本国经济压力。美国这一不负责的举措瞬间将拥有巨额外债的拉美国家推入了深渊。于是，从墨西哥开始如同蝴蝶效应一般引发了拉美国家十分严重的债务危机，经济大幅度衰退，通货膨胀加剧，一系列恶劣的社会问题随之而来。失业人口暴增，工人生活条件恶化，这使得占较大人口比例的工人们开展了大规模的罢工罢市、游行示威运动来表达对政府的不满。随着运动的深入开展，运动的内容和斗争的诉求也更加多样，涉及经济、政治、人权、环境等各方面。同时，为了取得更好的斗争效果，工人们逐步成立了地区性和全国性的联合组织和非政府机构，再到后来加入国际工人组织，运用更加丰富多样的斗争手段开展运动，制度化和组织化的发展趋势取得了更好的斗争效果。更为重要的是工人的斗争吸引了更多阶层群众的加入，例如印第安人、学生、农

[①] 江时学：《"第三波民主化浪潮"后拉美政治发展进程的特点》，载《国际政治研究》2009 年第 1 期，第 2 至 3 页。

[②] 布庆荣：《美国"价值观输出"的历史考察》，载《湖北社会科学》2008 年第 1 期，第 133 至 135 页。

民和记者等，后来便演化成了更加广泛和规模较大的民众运动，在拉美掀起了一股反对新自由主义、反对经济全球化以及反抗美国霸权主义的大浪潮。民众希望通过全面改革走出当下困境，而传统党派领导下的政府并无力担此重任。20世纪末美国倡导的新自由主义改革的负面影响逐渐显现，激起拉美中下层人民的普遍声讨和反对，激进左翼顺势而起，成为新时期拉美反美运动的主力之一。① 拥有改革魄力和反对资本主义目标的新左翼力量在这场运动中很快崭露头角并赢得了大量民众的支持，这无疑为后来新左翼的上台执政和推行改革运动奠定了良好的民众基础。

最后，随着90年代苏联解体和两极格局的瓦解，拉美地区在美国全球战略中的地位有所下降，美国对拉美的关注度和投入度也逐渐降低，拉美各国的经济实力和政治自主意识不断加强。90年代世界政治格局风云变幻，苏东剧变如同一股巨浪在全世界掀起惊涛波澜，全世界的社会主义运动和改革都进入了一个历史低潮期。而随着美国对拉美的控制下降，拉美地区的政治局势也发生了变化，以反资本主义为特征的新左翼思潮高涨，拉美社会主义和新左翼政治力量团结起来开展了一系列政治运动，左翼政党逐步壮大并成为一些国家的执政党，成为21世纪社会主义史上的一大亮点。新的左翼政权开展了针对已然衰败的新自由主义的替代运动，试图通过新的变革为国家寻找出路，逐渐取得了不俗的成就。古巴在卡斯特罗的带领下逐渐度过了困难时期，在总结苏联教训的基础上迈出了勇敢的改革步伐，使得古巴及其社会主义事业迈上新的台阶，焕发出新的活力。委内瑞拉、玻利维亚等国家分别提出了"21世纪社会主义"和"社群社会主义"等政治主张并在本国实施，进一步发展壮大了社会主义改革运动和新左翼政权的力量。

总之，任何事件的发生都有其历史必然性，拉美新左翼及其主张的"21世纪社会主义"的出现也绝非偶然。随着全球化进程的加快，世界资本主义体系内部各种矛盾凸显，拉美地区各国的现代化进程受阻，左翼政党、左翼政治以及改革运动等社会主义因素在各国不断积聚力量并迅速壮大。在国际和国内、历史和现实等综合因素的影响下，由新左翼发起的以"21

---

① R. Rittinger, Matthew R. Cleary: Confronting Coup Risk in the Latin America Left Eric, Studies in Comparative International Development, 2013, Vol48（4），403－431.

世纪社会主义"的社会主义运动和改革已成为当下的大趋势所在。总的来说，80 年代新自由主义改革的失败是拉美新左翼和"21 世纪社会主义"得以产生和发展壮大的重要原因；90 年代世界格局的变化以及世界反全球化运动的浪潮使得新左翼成为该运动主力；拉美的政治民主化浪潮为新左翼的崛起提供了有利的政治条件。而世纪之交拉美新左翼力量通过联合执政迅速崛起，为"21 世纪拉美社会主义"的实践提供了强有力的制度和政治保障，使得拉美可以快速走出 20 世纪 90 年代社会主义总体的低潮，为"21 世纪社会主义"在拉美的复兴提供了良好的契机和现实的可能性。

二、拉美"21 世纪社会主义"的理论构建及其主要内涵

（一）拉美"21 世纪社会主义"理论的主要内涵

目前，拉美"21 世纪社会主义"不仅"包括拉美学者提出的所谓'21 世纪社会主义'思想和理论，也包括委内瑞拉前总统查韦斯、厄瓜多尔总统科雷亚、玻利维亚总统莫拉莱斯等拉美国家领导人的社会主义信仰和思想，还包括委内瑞拉、厄瓜多尔等国建设'21 世纪社会主义'的实践活动；它们之间虽有一定联系，但更有本质区别，不可混为一谈"①。但关于拉美"21 世纪社会主义"的提出并没有十分准确的时间点，而是在反对新自由主义争论中，以几个著名学者提出的概念作为模糊的起点。智利学者马尔塔·哈内克、迈克尔·A. 勒博维茨和德裔墨西哥学者海因茨·迪特里希·斯特凡等左翼学者被认为是拉美"21 世纪社会主义"的理论构建者，而后来委内瑞拉前总统查韦斯、厄瓜多尔总统科雷亚以及玻利维亚总统莫拉莱斯等领导人在本国开展的社会主义改革则被认为是这一理论的实践先锋。

墨西哥学者海因茨·迪特里希教授于 20 世纪 90 年代就提出"21 世纪社会主义"这一政治构想。② 其主张通过绝大多数民众在国家经济、政治、文化和军事生活中的广泛参与而行使决策权。这一概念被广泛关注和系统阐述则是在委内瑞拉前总统查韦斯的大力倡导并开展政治实践之后，所以我们认为迪特里希教授是这一理论和概念的构建者，而查韦斯却对它的推

---

① 徐世澄：《拉丁美洲现代思潮》，当代世界出版社 2010 年版，第 10 页。
② 崔桂田、蒋锐等：《拉丁美洲社会主义及左翼社会运动》，山东人民出版社 2013 年版，第 286 页。

广和付诸实践起着至关重要的作用，被认为是这一政治运动的先驱者。

"拉美的社会主义流派纷繁林立，就其指导思想、主导力量和斗争方式而言，可以分为科学社会主义和杂糅了各种元素的多元社会主义。古巴社会主义以马克思主义为指导，由无产阶级政党领导，通过民族民主革命夺取政权，是目前学界公认的、拉美现行的唯一科学社会主义模式，而拉美社会主义运动史上的绝大部分理论与实践则可归为民主社会主义、民族社会主义、基督教社会主义、托派社会主义等多元社会主义行列。"[①] 虽然拉美左翼的历史源流较久远且复杂，但后来在不同国家内部出现了理论分化，这种情况在左翼政党中也是如此。拉美左翼政党及其政权逐步发展成为温和与激进两派。前者如巴西和阿根廷，主张社会民主主义，强调与西方国家保持良好关系；而后者包括委内瑞拉、厄瓜多尔以及玻利维亚三国组成的联盟，主张开展激进的社会主义"替代方案"和运动。此外，查韦斯总统作为"21 世纪社会主义"的实践先锋，其对于这一理论和实践的探索发展都起到了至关重要的作用，厄瓜多尔总统科雷亚和玻利维亚总统莫拉莱斯提出了"美好生活社会主义"和"社群社会主义"并在本国开展政治改革，后两者同"21 世纪社会主义"内容上有所区别又有所联系。拉美依附论学派代表人物、巴西著名学者特奥托尼奥·多斯桑多斯教授认为，"21 世纪社会主义"理论应具有全球性、多样性，是多元文明的对话，要充分发挥人民的创造力，实现制度创新；拉美国家正在进行"21 世纪社会主义"实践，委内瑞拉面临国内寡头、跨国资本、帝国主义等多重挑战，古巴也正在发生新的变化；这些都是世界历史的新萌芽，当代世界并不像一些学者断言的那样，将是"历史的终结"，而是处于新的国际环境和过渡阶段。[②]

（二）查韦斯的"21 世纪社会主义"主张及理论

出生于委内瑞拉的查韦斯在经历了新自由主义失败造成的各种社会问题之后，希望通过寻找新的改革替代方案摆脱其影响，实现经济好转和社会矛盾缓和。查韦斯于 1998 年当选委内瑞拉总统后，开始了其改革之路，进行了和平民主的"玻利瓦尔革命"。上台后查韦斯先后通过修改宪法等方

---

① 贺钦：《试析拉美"21 世纪社会主义"的历史源流及其本质》，载《当代世界与社会主义》2015 年第 3 期，第 77 页。

② 孙洪波：《国际金融危机与 21 世纪社会主义前景》，载《高校理论战线》2009 年第 4 期，第 48 页。

式在几次总统大选中成功连任，从 1998 年直到 2013 年其病情恶化并最终逝世，查韦斯执掌政权 16 年之久并且从未停止过改革的步伐。持续的改革使得委内瑞拉的社会面貌大为改观，社会稳定，经济发展，普通民众生活和各项权益得到提高。回顾其数十年的执政生涯，我们从中可以找到他的思想轨迹、实践探索，查韦斯的政治主张和理念也在进一步系统化、理论化，为我们研究拉美"21 世纪社会主义"理论及其实践提供了丰富而宝贵的材料和借鉴。

上台执政后的查韦斯便在委内瑞拉开展了和平民主的"玻利瓦尔革命"，涉及国家在经济、政治、外交、教育和社会各方面的政策调整。20 世纪末和 21 世纪初，查韦斯十分推崇英国学者布莱尔的"第三条道路"政治主张，试图通过这一社会改良方案来改变国内现状，但遭到国内外反对势力的强烈压制和反扑后，改革很快陷入困境。随着"玻利瓦尔革命"的继续深入开展，他逐步放弃了"第三条道路"，在继续推行和平的"玻利瓦尔革命"的同时，进而于 2005 年世界社会论坛上首次提出了更为激进的"21 世纪社会主义"主张。2005 年 8 月，查韦斯在接受智利《终点》杂志社社长采访时说："我深信，社会主义才是出路，我在阿雷格利港是这么说的，在全国代表大会上也是这么说的……我认为，应该是新社会主义，它是符合刚刚开始的新纪元的新主张。因此，作为一个计划，我把它称为'21 世纪社会主义'。"① 他在 2007 年获得连任之后的就职宣誓中表示，其任期内的中心任务是全力建设委内瑞拉社会主义，进一步加快建设社会主义的步伐。

查韦斯关于"21 世纪社会主义"的主要主张有以下几点：（1）以"玻利瓦尔和平民主革命"替代"新自由主义改革"②。受到民族解放英雄玻利瓦尔的思想影响，他是一个坚定的玻利瓦尔主义者，同时也是一个坚定的反新自由主义者。其希望通过大规模的政治、经济和社会全面改革，消除新自由主义，进行和平民主革命，建立自由、主权和独立的国家。（2）以"美洲玻利瓦尔替代计划"（ALBA）取代"美洲自由贸易区计划"（AL-

① 沈跃萍：《查韦斯"21 世纪社会主义"解读》，载《当代世界与社会主义》2008 年第 3 期，第 54 页。

② 崔桂田、蒋锐等：《拉丁美洲社会主义及左翼社会运动》，山东人民出版社 2013 年版，第 296 页。

CA）。他试图将实现拉美国家的联合作为外交政策的最高目标，最终在拉美地区建立起一个像欧盟的大联邦。（3）以"21世纪社会主义"替代"资本主义"。（4）成立"委内瑞拉统一社会主义党"来实现统一的革命力量。这些主张也得到了玻利维亚和古巴等国的积极响应。之后为了在委内瑞拉建立"21世纪社会主义"，查韦斯采取了包括修改宪法、建立统一社会主义党、实行国有化、发展教育、外交推进拉美一体化等一系列涉及政治、经济、社会、文化和外交等各方面的举措，极大地促进了委内瑞拉现代化进程和社会的发展。

（三）科雷亚的"21世纪社会主义"主张及理论

20世纪末至21世纪初，厄瓜多尔爆发了大规模游行示威和抗议活动，国内民众运动持续高涨，两任总统很快被迫辞职，国内政局的动荡使得科雷亚获得了新的政治机遇。2005年，科雷亚将其领导下的"大赦2000""国家民主行动"等组织进行联合后开展了"主权祖国联盟运动"，其间他提出了要建设厄瓜多尔"21世纪社会主义"的政治主张。以此为平台，他参加了次年9月的总统选举并最终获胜。"科雷亚总统在竞选纲领中就提出了'宪法革命'、'道德革命'、'生产力革命'、'社会革命'及'主权和拉美一体化革命'等革命性口号，决心彻底改变厄瓜多尔现有的政治、经济和社会结构。2007年1月科雷亚总统就职以来，实行'宪法革命'，制定一部新宪法是他工作的首要重点。就是在这一年，科雷亚提出了厄瓜多尔的'21世纪社会主义'，作为其革命行动的思想纲领。"[1] 科雷亚总统强调其要建设的是具有厄瓜多尔特色的"21世纪社会主义"，认为实施这一主张必须根据厄瓜多尔的特点而不是教条主义来开展全面广泛的公民革命，使得经济、政治和社会结构发生深刻而迅速的变化。科雷亚所主张的"21世纪社会主义"主要包括以下几点内容：（1）劳动比资本更为重要。他认为这是从新自由主义的失败中得到的重要经验。在一切生产包括资本生产过程中，必须按照劳动力来进行定价。（2）"与交换价值相比，使用价值更重要。"[2] 科雷亚认为物的价值首先是满足使用的需要，而市场经济和资本主义对交

---

① 杨建民：《厄瓜多尔的"21世纪社会主义"》，载《拉丁美洲研究》2009年第3期，第20页。

② 杨建民：《厄瓜多尔的"21世纪社会主义"》，载《拉丁美洲研究》2009年第3期，第19页。

换价值的过分强调，会造成社会极大的不平等和差距。（3）厄瓜多尔的"21世纪社会主义"强调和重视社会公平、公正。他认为拉丁美洲是最不平等的地区之一。（4）科雷亚所提出的"21世纪社会主义"这一新的发展观，是纠正以前的不可持续的发展观。（5）"21世纪社会主义"是一种方法论，而不是一成不变的教条主义；也是一种原则，而不是任何的预设模式。科雷亚认为厄瓜多尔"21世纪社会主义"是不同于资本主义的原则，而是需要在结合本国的现实和特色基础上不断进行革命创新，实现人民参与和民主的社会主义。此外，科雷亚认为在厄瓜多尔推行的"21世纪社会主义"融入基督教的社会主义思想和原则，并根据本国实际国情增加新的内容又使得它区别于传统社会主义和古典社会主义。而其中吸收的新的原则和内容就是：社会生产力的发展和变革无法遵循既定的方式，而需要借助和平方式来实现变革；"21世纪社会主义"所面临的一个重大挑战就在于要提出一个全新的社会主义发展观点，以替代当下不可持续的发展模式；不应实现生产方式的完全国有化，对于重要的基础设施应实行国有化，而其他小型的工农业和服务业则应实行产权民主化。其后为了进一步推进社会主义改革，科雷亚领导的"主权祖国联盟运动"还在厄瓜多尔进行了"公民革命"和实施新宪法，这些政治实践都进一步创新和发展了"21世纪社会主义"的理论内涵。

（四）莫拉莱斯的"社群社会主义"主张及理论

作为玻利维亚争取社会主义运动的前身，"人民主权政治工具组织"（IPSP）由印第安人莫拉莱斯于20世纪末创立，其后他加入共产党领导的"团结左派"这一新兴左翼政治力量并参加了1997年大选，先后当选为议员和主席。1998年，"人民主权政治工具组织"同激进组织——温萨加—争取社会主义运动（MAS－U）结成联盟参加大选，后被简称为"争取社会主义运动"，并由莫拉莱斯担任主席。根据莫拉莱斯的表述以及执政政策来看，"争取社会主义运动"的价值观基础是：自由、尊严、平等、公平、对等、团结、互补、透明、社会责任、尊重生命、尊重人权、尊重文化多样性。在2005年的大选中，莫拉莱斯作为这一党派的候选人获胜并当选为总统。在次年的总统就职宣誓上他就表示：要在玻利维亚建设"印第安社会主义"或者"社群社会主义"。莫拉莱斯认为目前玻利维亚国内贫困和腐败等社会和经济问题十分突出，这些就是新自由主义模式失败的佐证，因此需要从根本上抛弃这一模式，从本国实际的国情出发进行经济建设。此外他还提出"社群社会主义"就是一种建立在团结、互惠、社群与共识基础上的经济模式，而建立在社群基础上的就是一种团结和互惠的社会主义，即"社群社会主义"①。莫拉莱斯表示："社会主义就是人民生活在社群与平等之中。从根本上看，农民社群里就存在社会主义。……在农民氏族公社里，土地被分成许多小块，这样就出现了一些十分严重的问题，因为这种模式导致了土地的小型私有化，而农民社群主义的土地共有制就不会出现这种现象。"②

根据莫拉莱斯就任以来所实行的政策纲领以及演讲中，可以概括出其提出的"社群社会主义"具体主张大致有以下几点：③（1）在玻利维亚实现社会正义，以人为本，承认人的权利；（2）承认玻利维亚是多民族和多元文化国家，以印第安文明和价值为根基，以独立战争英雄思想为指导，建立"拉美大祖国"；（3）主张参与民主，召开制宪大会，选举真正代表人民利益的议员；（4）反对新自由主义这一新殖民政策，坚定捍卫国家的主权以及在经济和发展上的独立权，国家资源应由国家所掌握；（5）公社、工会和家庭作为"争取社会主义运动"的社会基础，将得到政府的保护；（6）反对帝国主义一切企图，加强第三世界国家的联合和团结，声援正在为正义、自由、解放而斗争的运动；（7）解决人民的问题是政府和"争取社会主义运动"的宗旨，"社群社会主义"即要发展社团民主；（8）保障充足的粮食供应、有效的医疗和良好的教育，捍卫边缘地区和贫困居民的权益，加大落后地区开发力度，不断提高人民的生活水平。莫拉莱斯认为资本主义意味着对拉美更多的伤害，而社会主义则能够提供公平和公正，建设"社群社会主义"还有很长的路要走。在2008年召开的联合国土著问题常设论坛第七次会议开幕式上，莫拉莱斯总统提出了"十诫"，其实也是"争取社会主义运动"关于国内和国际政策的纲领。莫拉莱斯提出的"社群

---

① 崔桂田、蒋锐等：《拉丁美洲社会主义及左翼社会运动》，山东人民出版社2013年版，第301页。

② 海因兹·迪特里齐、颜剑英：《莫拉莱斯与社群社会主义》，载《国外理论动态》2006年第4期，第23页。

③ 崔桂田、蒋锐等：《拉丁美洲社会主义及左翼社会运动》，山东人民出版社2013年版，第287至291页。

社会主义"政治理念以及有关民族种族、民主和人权、人与环境等方面创新性的政策和主张具有全新的时代内涵和特色，被世人广泛接受和认可，极大地丰富和发展了"社群社会主义"的理论内涵和实践道路的探索。

值得注意的是，这几个国家所提出和倡导的"21世纪社会主义"是区别于科学社会主义的。拉美地区许多国家和民众很早就有信奉基督教教义的传统，几国的领导人也是基督教徒，因此在他们提出的"21世纪社会主义"中包含了基督教社会主义。此外，"21世纪社会主义"理论还根据各国历史传统以及现实国情融合了新的内容，因此又有别于传统社会主义和经典社会主义，他们是融合了民族文化、历史传统、实际国情以及部分基督教义多重文化元素于一体的独具特色的社会主义理论和道路。近年来，在我国学术界以及在拉美和国际社会上，对现今拉美政坛出现的"左退右进"① 现象有很多研究和争论。甚至有的评论认为拉美左派已经"死亡"②。其实，应该看到，"在拉美，左派并没有'死亡'"③。除古巴一如既往地坚持社会主义外，左翼政党或力量至今仍在委内瑞拉、玻利维亚、尼加拉瓜等国执政。在委内瑞拉，马杜罗目前还是国家总统。即使在阿根廷、智利，左翼仍有相当大的实力，在国会中仍占有一定的优势。在墨西哥、巴西、哥伦比亚、秘鲁、萨尔瓦多、乌拉圭、厄瓜多尔等一些不是左翼执政的国家，左翼力量也不可小觑。

总的来说，尽管委内瑞拉、厄瓜多尔、玻利维亚三国关于"21世纪社会主义"的具体理解以及所推行的政策和举措有所差别，但是不可否认他们关于建立起平等公正、生活富足、保障基本人权、实现拉美一体化以及反对新自由主义、新殖民政策和美帝国主义干涉、维护拉美独立和主权等社会主义改革和发展模式以及基本的价值观和终极政治理念上是保持一致的，这也正是三个国家及其领导人能够组成坚定的政治盟友的根本所在。"三国社会主义指导思想汲取了大量富有本民族特色的传统思想文化元素，

---

① 甚至更多的人认为，拉美"左翼（或进步）力量执政的周期"已经结束，拉美开始了一个"右翼（或新右翼）力量执政的周期"。

② 2016年3月22日，墨西哥前外长豪尔赫·卡斯塔内达在美国《纽约时报》上发表题为《拉美左翼死亡》的文章，认为拉美左翼已经死亡。参见：www.nytimes.com/es/2016/03/29/la-muerte-de-la-izquierda。

③ 徐世澄：《拉美四国左翼新情况与对拉美政坛"左退右进"的看法》，载《当代世界社会主义问题》2018年第1期，第80页。

蕴含了民族英雄情怀，顺应了民众诉求，有利于激发广大人民对社会主义的认同、支持与向往。"①

三、拉美"21 世纪社会主义"的实践探索和发展

查韦斯总统作为"21 世纪社会主义"运动的创始者和实践先锋，带领委内瑞拉人民走上了深刻改革的道路。受其影响，作为查韦斯亲密盟友的厄瓜多尔总统科雷亚以及玻利维亚总统莫拉莱斯同样也加入了"21 世纪社会主义"的探索道路，进一步扩大了新左翼所推行的"21 世纪社会主义"政治改革在拉美的影响力和号召力。三国所推行的具体政治改革和主张虽然有所不同，但是在根本政治理念上却保持一致，都希望通过改革实现国家主权独立和维护基本人权的社会主义发展模式，反对西方帝国主义的干涉和新自由主义，实现拉美地区的团结和一体化。玻利维亚前副总统阿尔瓦洛·加西亚·里内拉认为，在 21 世纪头十年，拉美左翼进步政府所做的四大历史成就是：（1）扩大了政治民主；（2）重新分配了公共财富，扩大了社会平等；（3）实施了后新自由主义的经济和财富管理；（4）建立了一个进步和主权的拉美国际。与此同时，他认为，拉美左翼面临五项紧迫的任务：（1）保持经济的增长和稳定，这是公正和政治实力的物质基础；（2）进行不断的文化革命；（3）进行道德改革和反腐斗争；（4）拥有坚强的革命领导人；（5）加强地区一体化。在这里我们着重对委内瑞拉、厄瓜多尔、玻利维亚三国所进行的"21 世纪社会主义"实践探索分别做分析和介绍。

（一）查韦斯"21 世纪社会主义"在委内瑞拉的实践探索

出生于委内瑞拉的查韦斯在受到民族独立解放先驱玻利瓦尔思想的启发后，主张通过改革废除老旧的不合理的经济政治制度。为了进一步建立"21 世纪社会主义"，查韦斯提出了五点举措：议会授予总统"委任立法权"，使得其获得制定法律的权力；修订宪法，其中明确加入建设"社会主义政治模式"等内容；大力推行公民教育，使公民建立"社会主义"的价值观；调整行政区域划分和地方权力分配；强化基础人民权力机构社区委员会。此外查韦斯对涉及国内政治、经济、社会和文化、外交等各方面进

---

① 陈湘源：《拉美"21 世纪社会主义"的民族特色》，载《当代世界》2017 年第 4 期，第 48 页。

行了大刀阔斧的整顿和改革，具体包括以下几个内容：①（1）经济方面，对包括电力、石油、钢铁、电信、金融、食品加工等涉及重要基础设施和社会服务的行业实施国有化措施。从 2007 年开始，通过出台相关法规条令，逐步完成了这些领域的国有化。（2）社会方面，重视社会公平。政府开展了一系列扶贫工作，缩小地区和各阶层贫富差距。查韦斯认为"21 世纪社会主义"最终将实现社会公平和互助，而实现的主要障碍在于帝国主义和贫困。在到达"21 世纪社会主义"之前还要经历"革命民主阶段"。此阶段政府在社会保障方面为所有公民提供非歧视性的终身保障，政府在全国建立食品市场并对食品提供 30% 的补贴；教育上开展"罗宾逊计划"扫盲运动，扫除文盲；卫生上建立国家公共卫生系统，保障所有公民得到免费医疗救助；收入分配上多次调整提高最低工资标准，且增幅较大。（3）政治方面，建立以社区委员会为主要形式的人民政权，实行参议制民主，鼓励各阶层参与到国家决策中去。查韦斯还改革基础人民权力机构——社区委员会，并作为建立"21 世纪社会主义"的五项措施之一，在 2006 年委内瑞拉通过并颁布了《社区委员会法》。查韦斯认为这一机构是参与制民主的实质，是政治主角，其主要任务包括管理好社区内基础设施和负责经济生产、建设社会主义两方面。此外，他还通过修改宪法规定总统任职是无限期，并于 2008 年建立委内瑞拉统一社会主义党，以团结更多力量推进"21 世纪社会主义"的建设。（4）外交方面，以拉美地区能源合作为契机，倡导南南合作，努力推进拉美地区一体化。

从 1998 年上台执政到 2013 年逝世，查韦斯一直作为委内瑞拉的国家领导人不遗余力地推行其社会主义改革和运动。查韦斯强调，"委内瑞拉的'21 世纪社会主义'绝不照搬照抄别国模式和经验，一定要走本国特色的社会主义道路。查韦斯的接班人马杜罗总统明确指出，21 世纪社会主义是英勇的创造，委现处于社会主义的第一阶段"。② 回顾查韦斯的执政生涯，虽然也先后经历了政变、反对派示威游行、大规模罢工以及关于修改宪法和其任职的全民公决，但他还是连任成功并长期执政。总体上相对稳定的政

---

① 崔桂田、蒋锐等：《拉丁美洲社会主义及左翼社会运动》，山东人民出版社 2013 年版，第 298 至 299 页。

② 周力：《拉美"21 世纪社会主义"的探索实践》，载《经济导刊》2015 年第 4 期，第 81 页。

治环境和他的成功连任使得其政治理念和改革举措可以得到良好的实施和延续，社会主义改革得以持续进行。经过十多年的努力，委内瑞拉社会各方面发生了巨大的变革，极大地改变了委内瑞拉贫困落后的社会面貌，在拉美地区的政治中发挥着越来越重要的作用。同时，委内瑞拉在经济上保持高速增长，位于拉美地区经济前列；政治上发展民主、保障基本人权；外交上坚决反对美国推行的霸权主义，进一步提高了国际地位；社会方面大力发展教育医疗卫生事业，进行土地改革，使得广大中下层群众受益，极大地改善和提高了普通民众的生存状况和生活水平，数以百万计民众摆脱了长期的贫困。查韦斯进行的改革之所以能够顺利推行，根本原因在于他的这些举措和政策使得成千上万的中下层民众的利益得到切实维护和发展，从而获得了广大普通民众的支持和拥护。

（二）科雷亚的"21世纪社会主义"在厄瓜多尔的实践探索

2007年科雷亚就任总统时表示，一个全新的社会主义的拉丁美洲即将诞生，新自由主义的漫长黑夜应当终结，厄瓜多尔也将推行"21世纪社会主义"。作为新兴左翼政治力量，上台后的科雷亚在国家政治、经济、外交等政策上做了重大调整。政治上开展政治体制和司法体制改革，维护司法公正和独立性；经济上抵制新自由主义，大力发展"平民经济"，使农民等中下层群众受益；社会上大力发展科教文卫事业，促进就业，建立社会救济保障体系；外交上反对他国干涉，发展平等互利合作的外交关系。

为了更好地推行"21世纪社会主义"，科雷亚在厄瓜多尔开展了"公民革命"。科雷亚认为"公民革命"有五个核心，即宪法革命、道德革命、生产力革命、社会教育和卫生革命、主权和拉美一体化革命。① 其具体内容简要概括起来就是：进行政治体制改革，实行参与式民主，为此制定并通过了新宪法；加强公务员素质建设，严惩和抵制腐败；转变经济增长方式，实行混合经济体制，以促进生产力发展；推行普遍医疗卫生制度，开展扫盲运动；反对美国在厄建立军事基地，并使美国在2009年撤出了曼塔军事基地。

2008年，新宪法草案在全民公决中获得通过，这也表明了科雷亚开展

① 崔桂田、蒋锐等：《拉丁美洲社会主义及左翼社会运动》，山东人民出版社2013年版，第305至309页。

的"公民革命"得到了多数国民的支持。虽然新宪法中没有明确提到"21世纪社会主义",但是在新宪法中许多方面体现了"公民革命"的五个核心的内容,涉及国家政治体制、经济体制等方面的重大调整。其中,最主要的是在经济上强化国家的主导作用,严格控制涉及民生的关键行业,加强对国家经济的宏观调控,在保持经济增长的同时更加重视社会公平,调节和缩小收入差距。在政治上,打破了三权分立传统,增设公民参与和选举职能,使得普通民众对权力机构具有监督和制约权力,同时也大大加强总统权力和削弱司法的权力。新宪法的通过和实施有利于科雷亚领导下的"主权祖国联盟运动"树立在国内的威信,有利于保证改革措施的顺利推行,更有利于实现厄瓜多尔的社会稳定和变革。2009 年,在新宪法实施后的大选中,科雷亚再次当选为总统,连任后的他将继续推行社会改革。科雷亚认为,"厄瓜多尔的'21 世纪社会主义'不同于传统社会主义,是在反思新自由主义过程中形成的不同于当代国际垄断资本主义的方法论和原则,是结合现实不断革新创造的过程"[1]。

(三) 莫拉莱斯的"社群社会主义"在玻利维亚的实践探索

执政以后,莫拉莱斯为了进一步推行和实施"社群社会主义",主要采取了以下六点措施:(1)召开立宪大会,制定并通过了新宪法。新宪法规定了总统任期和连选连任政策。新宪法还提高了玻利维亚人民尤其是印第安人的政治权利和社会地位。(2)对天然气和石油进行国有化。(3)通过举行数次全民公决来决定扩大地方自治计划以及总统去留等问题。(4)推行土地改革,将部分土地分给土著及贫民。(5)实行独立自主、多元化的外交政策。加强同欧洲关系,反对美国霸权主义。(6)改革新自由主义经济,制订 5 年国家发展计划。[2] 根据"美好生活"理念,在"社群社会主义"的实践探索中,玻利维亚制订了生态环境保护计划,将生态保护纳入国家发展战略。玻利维亚执政党在提出建设"美好生活社会主义"后,强调"社群社会主义不仅顾及人,也将自然和多样化融入其中。它不再遵循单一的发展主义的模式,不再不惜一切代价实行工业化。我们不相信毫无

---

① 周力:《拉美"21 世纪社会主义"的探索实践》,载《经济导刊》2015 年第 4 期,第 81 页。

② 贺钦:《试析拉美"21 世纪社会主义"的历史源流及其本质》,载《当代世界与社会主义》2015 年第 3 期,第 78 页。

节制的发展，而是主张人与人、人与地球母亲之间的平衡与互补"①。

自 2006 年莫拉莱斯执政以来，玻利维亚也发生过游行示威活动，但总体上政治局势比较稳定，国内经济和贫困问题都有了很大改善。莫拉莱斯的执政政策和理念相比之前的玻利维亚政府有很大区别，国内外对其较激进的举措也褒贬不一，有人称他开展的"社群社会主义"是"21 世纪拉美的第一场革命"，也有人称之为"玻利维亚的第二次革命"。2014 年，莫拉莱斯再次当选为玻利维亚总统，这也使得他的"社群社会主义"得以继续实施开展，进一步扩大了"21 世纪社会主义"在拉美阵营的力量。

总的来说，以委内瑞拉、厄瓜多尔、玻利维亚等拉美新左翼执政党开展的关于"21 世纪社会主义"的执政实践和具体政策有所差别但也有许多相似之处。新政府都通过修改宪法等方式扩大总统权力，延长任期；强化国家在经济中的作用，反对新自由主义政策；加快社会经济发展，大力扶贫，保障和提高中下层群众利益，以缩小贫富差距，维护社会公平；对外政策上都有反美情绪，反对霸权主义，主张开展独立自主的多元外交；加强拉美各国的联合团结，积极推进拉美地区一体化进程。这些政策和措施的实施，使得各国的经济社会状况都发生了很大的变化，落后和贫困状况得到了改善，民众尤其是中下阶层的生存状况、政治权益有了很大提高，拉美地区的总体现代化进程进一步加快。

四、拉美"21 世纪社会主义"的发展困境与出路思考

21 世纪以来，世界政治格局和国际局势风云变幻，资本主义与社会主义的对立和冲突仍在继续上演。然而资本主义体制下持续的经济金融危机在全球愈演愈烈，西方所奉行的新自由主义经济理论在拯救经济中显得苍白无力已成为不争的事实。世界许多地区的新兴左翼力量抓住机遇迅猛发展，推行反新自由主义的政治替代运动，在全球掀起了一股新的政治浪潮。深受西方影响的拉美地区发扬社会主义运动的悠久传统，各国新兴左翼力量迅速壮大并取代传统政党上台执政，开展了浩大的新自由主义替代政治运动和经济改革。委内瑞拉、玻利维亚、厄瓜多尔三国提出了"21 世纪社

---

① 路易斯·费尔南多·罗德里格斯·乌雷尼亚：《社群社会主义：对极端自由主义的回应》，载《拉丁美洲研究》2008 年第 6 期，第 62 页。

会主义"美好政治构想，成为 21 世纪世界社会主义运动的一大亮点。然而受到拉美的历史传统、民族背景、政治环境以及外部国际环境等诸多因素的影响，当前拉美政局的变动以及政治精英人物的失去，使得左翼政党的发展受阻，也导致其推行的"21 世纪社会主义"运动面临一系列严峻挑战，关于它的理论与实践探索注定不会一帆风顺。目前，"拉美左翼力量上升的势头受到一定程度的遏制，左翼执政党面临的执政压力增大，委内瑞拉等国家'21 世纪社会主义'实践探索的条件和环境发生重要改变，面临的困难、阻力和不确定性增多"①。因此要通过积极的反思加以纠正，才能摆脱当下发展的困境并谋求新的进步。下面将从当前拉美政治局势和左翼政党的变化以及"21 世纪社会主义"理论本身的不足等方面入手，具体论述和分析"21 世纪社会主义"当下发展陷入的困境及原因，并寻求走出困境的新出路、新思考。

（一）　拉美新左翼及"21 世纪社会主义"当前的发展困境

自 2005 年时任委内瑞拉总统查韦斯在尝试"第三条道路"失败后，把视野转向社会主义，并首次提出了拉美"21 世纪社会主义"这一理论雏形，到 2015 年的 11 年时间，是拉美新左翼迅速崛起和"21 世纪社会主义"得到较好发展实施的黄金时期。② 查韦斯总统首先提出了关于社会主义的创新理论并在本国开展了声势浩大的社会主义运动和改革，而后又迅速被拉美其他左翼政党所推崇和采纳。玻利维亚和厄瓜多尔同委内瑞拉组成坚定的政治联盟也仿效查韦斯的做法在本国开展了各具特色的社会主义实践。随着拉美新左翼力量的不断增强，社会主义运动在拉美的范围和影响也不断扩大，甚至引起了全球的关注。"21 世纪社会主义"的实践由委内瑞拉一国发展到多国，其理论内涵也在实践中得以丰富发展，使得拉美"21 世纪社会主义"运动成为国际共产主义运动中的一大亮点。经过快速发展，到2015 年，拉美地区包括古巴、委内瑞拉、厄瓜多尔、玻利维亚、巴西以及智利的左翼或共产党许多都成为本国的执政党。

经过左翼执政党的长期努力和斗争，改革取得了阶段性的胜利和斐然

---

① 袁东振：《拉美"21 世纪社会主义"实践探索的新困境与前景》，载《当代世界社会主义问题》2016 年第 4 期，第 75 页。

② 范蕾：《拉美国家大使论坛：委内瑞拉的玻利瓦尔革命和 21 世纪社会主义》，载《拉丁美洲研究》2007 年第 5 期，第 78 页。

的成果。各国之前的颓败经济和政治状况得到很大的改善，经济趋于平稳增长，政局趋于稳定，腐败、贫困、两极分化等社会矛盾和社会问题也有所改观，国家面貌焕然一新，"21 世纪社会主义"显示出独特的魅力和发展前景。

然而基于马克思辩证唯物主义的矛盾观，任何事物都是矛盾的统一体，事物在矛盾斗争中获得发展。新左翼暂时的阶段性上升使得其未来的发展会遭遇阶段性困境，拉美"21 世纪社会主义"作为一种全新的执政理论和设想，其发展也不可能是一帆风顺，而是呈现出波浪式的曲折前进。事实证明这种情况也的确存在。随着全球的政治局势变动，经济发展条件恶化并迅速波及全球经济，导致拉美地区经济下行压力增大，甚至出现倒退式的负增长，这也使得拉美国家的政治力量对比发生重大转变。"拉美左翼和右翼之间的力量对比发生了较大变化，拉美政坛出现了'左退右进'的局面"①，左翼政党因民众的不满而面临巨大的政治压力和危机，"21 世纪社会主义"实践探索的内外条件和环境也随之发生重要改变，其现阶段的改革措施必然面临更大的困难和阻力。尤其是 2014 年以后，拉美左翼力量相比以前有所衰微，"21 世纪社会主义"的生存环境趋于复杂，"一些左翼政府的执政业绩被不断稀释，政策扭曲的后果不断显现，左翼执政党难以摆脱反对派的束缚和掣肘，执政地位发生动摇"②。这些都使得"21 世纪社会主义"的未来发展态势和方向的不确定性大大增加。

总的来讲，包括世界政治局势以及国内政治局势的变动，拉美精英政治人物的流失以及"21 世纪社会主义"政治构想本身的局限性，诸多内外因素的多重夹击使得当前"21 世纪社会主义"的发展形势不容乐观，未来能否继续稳步推进或是停滞不前，都存在一定变数。而造成拉美"21 世纪社会主义"的发展陷入困境则有以下几方面的原因：

第一，外部国际大环境的剧烈变动，包括国际政治局势、经济形势和地区关系的变化，所引起的拉美各国内部的一系列连锁反应和变动，是导致拉美左翼力量弱化和"21 世纪社会主义"发展陷入困境的重要原因。

---

① 徐世澄：《拉美四国左翼新情况与对拉美政坛"左退右进"的看法》，载《当代世界社会主义问题》2018 年第 1 期，第 72 页。

② 袁东振：《拉美"21 世纪社会主义"实践探索的新困境与前景》，载《当代世界社会主义问题》2016 年第 4 期，第 79 页。

2012 年，在全球化趋势不断加强的背景下，西方资本主义新一轮的经济危机持续发酵并迅速波及全球各国，拉美也自然难以幸免，世界经济的持续衰退在拉美造成了巨大的破坏力。① 2014 年以后，拉美经济整体形势趋于不利，贸易条件进一步恶化，经济增长陷于停滞状态，许多国家的经济甚至陷入了连年的负增长。虽然政府试图改善经济的低迷状况，然而在大宗商品价格持续走低的国际环境下，拉美经济主要依赖石油和初级产品的出口支撑，政府的救市难以奏效。经济持续衰退的消极影响也越来越明显，社会福利倒退、失业率不断攀升、人民贫困反弹，这些都使得民众的不满情绪日益增加，社会抗议活动和犯罪事件频发，社会治安和稳定状况进一步恶化，甚至破坏了国家的政局稳定，造成了左翼的执政地位陷入前所未有的危机和困境，随时有可能失去对国家政权的控制。

第二，长期以来无论是在国际上还是拉美各国内部，反对左翼执政党及"21 世纪社会主义"的敌对势力和声音从未消失，双方各方面的对立斗争也从未停歇。当左翼政府深陷于民众对于经济低迷、执政无能的不满和指责时，积蓄力量已久的右派及反对派利用民众的不满情绪，发动了激烈的反攻。一方面，反对派在国内大肆唱衰左派政府，散布谣言恶语破坏左派执政党的声誉和形象；另一方面，反对派拉拢部分中立势力和鼓动民众开展反左派的示威游行抗议。在反动派的蓄意破坏下，左翼执政党的民心和执政基础不断被削弱，在疲于应付国家经济衰退等消极后果的同时，还要同日益喧嚣的反对派的破坏做斗争，防止执政地位的丢失。

第三，国际上的不利因素也进一步恶化了拉美左翼当下的生存和发展空间。事实上由于拉美激进左派一贯反美情绪高涨，对于西方推行的霸权主义和强权政治敢于旗帜鲜明地公开对抗，这种做法自然使得拉美左翼成为多数西方国家的死敌，并惹恼了以美国为首的西方资本主义国家。在西方的支援扶植下，一方面国际右派和反对"21 世纪社会主义"的力量不断增强，并公开指责和批评左翼执政党的执政理念策略，认为查韦斯所开创的"拉美社会主义"政治模式已经穷途末路，大肆发布妖魔化的言论诽谤和破坏"21 世纪社会主义"的名声和形象，使得国际社会对拉美左翼和

---

① 袁东振：《拉美"21 世纪社会主义"实践探索的新困境与前景》，载《当代世界社会主义问题》2016 年第 4 期，第 81 页。

"21世纪社会主义"产生极大误解，深陷困境的拉美左翼无法得到应有的国际援助和道义支持。另一方面以美国为首的西方国家将拉美激进左翼视为眼中钉肉中刺，长期对其实行残酷的打压封锁政策。西方通过各种途径手段，勾结扶植各方反动势力持续打压和分化瓦解拉美左翼力量，破坏拉美各国左翼执政党之间的团结和信任。① 2015年末以来，拉美地区政治力量对比发生了重大变化，阿根廷、巴西等国出现政权更迭，新上台的政府公开指责批评委内瑞拉实行的政策理念，甚至转而支持国内反对派。阿根廷、巴西等国的做法引起了委内瑞拉当局的强烈不满，拉美各国左翼政党之间也因此出现了矛盾和隔阂。②

第四，西方国家提供给拉美反对派各种援助支持，力图通过扶植新的政治势力上台，并且通过外交手段不断向左翼政府施压，逼迫左翼屈服就范，促使在这些国家发生政权更迭，从而达到夺取左翼执政权的目的。在国内外反动势力的联合绞杀下，拉美左翼面临一个十分被动的局面，左翼政权的稳定性和持续性面临很大的挑战，"21世纪社会主义"实践难度加大。如果左翼失去了执政权，那么左翼为之艰辛奋斗多年的社会主义政治理想和已取得的来之不易的成就必将付之东流，整个拉美的政治局势可能会随之颠覆，"21世纪社会主义"的实践也将成为一纸空谈。事实证明左翼失去执政地位的危机和失去对国家的控制权的担忧完全不是危言耸听。2014年以来，由于全球经济形势严峻，加之政府的政策失误，委内瑞拉国内经济陷入持续的低迷，反对派利用民众不满情绪并联合各方反动势力频频向政府发难，与左翼执政党展开了激烈的争夺，最终取得2015年议会选举的胜利，从而首次夺取并控制了自1999年以来一直由左翼掌握的国家立法机构。虽然委内瑞拉左翼目前依然执政，然而从长远来看，其未来执政的前景并不容乐观。此外，委内瑞拉作为"21世纪社会主义"的先锋阵地，当前发展的困境必然会给其政治盟友厄瓜多尔、玻利维亚的社会主义实践探索产生不利影响。深陷经济衰退和国内政治危机的委内瑞拉左翼政府已无力给予盟友更多的物质援助和道义支持，拉美其他左翼盟友的整体实力也

---

① 袁东振：《拉美"21世纪社会主义"实践探索的新困境与前景》，载《当代世界社会主义问题》2016年第4期，第79页。
② 徐烨、王瑛：《委内瑞拉称拉美6国外长有关委公投表态是干涉内政》，新华网，http://news.xinhuanet.com/world/2016-10/01/c_1119658273.htm。

大大削弱，同样将面临各种执政难题和反对派的发难。在 2009 年玻利维亚和 2012 年厄瓜多尔的总统大选中，左翼领导人莫拉莱斯和科雷亚，均以微弱领先的票数成功连任总统，由此可以看出玻利维亚和厄瓜多尔国内的左翼执政党和社会主义改革进程也危机四伏。如果连任失败并最终失去执政地位，那么"21 世纪社会主义"的未来也将不复存在。

　　第五，拉美左翼政治精英人物的失去是导致拉美社会主义运动和实践陷入低迷的又一重要原因。众所周知，拉美地区的社会主义传统历史悠久，在实现民族独立和解放的过程中涌现了许多具有领导才能和人格魅力的革命领导人，正是他们在拉美广阔的土地上播下了社会主义的革命火种并不断发扬光大，成为国际共产主义运动史上的一颗璀璨之星。从很大程度上说，大批优秀的无产阶级革命家、政治家，才是拉美得以顺利开展社会主义革命和运动的优势所在，他们有力地推进了拉美社会主义的历史进程，成为社会主义革命的伟大精神领袖，其关于社会主义运动的宝贵经验继续激励后人为之艰苦奋斗。然而随着 2013 年查韦斯总统的病逝以及 2016 年卡斯特罗主席的离世，先前的优势已不复存在并产生了新的问题。"委内瑞拉已故总统查韦斯是真正想建立'21 世纪社会主义'的人，他曾谈到，委内瑞拉的革命是'21 世纪的社会主义革命'，但他尚未建立制度机制将这一概念落实就溘然长逝，令人惋惜。"[1] 伟大革命领袖和政治精英的逝去，使得拉美人民失去了心中的精神领袖和寄托，社会主义的关注度有所降低，这对于整个拉美地区乃至世界社会主义运动是一个巨大的损失。一方面，委内瑞拉和古巴两国的继任领导人在上台执政后是否有能力和魄力改善当前国内经济政治的困境，从而重新赢得民众支持和战胜反对派的发难，进而解除当前左翼力量发展困境和执政危机，为社会主义运动营造良好稳定的政治环境；另一方面，新的政府是否能够沿袭前政府的一系列政治理念和相关的社会主义的政治举措，"21 世纪社会主义"能否得到其认同并继续付诸实践探索，这些都是未知数，有待于时间的检验。如果新政府的执政策略和理念发生重大改变，部分抛弃或者完全遗弃政治精英遗留下来的宝贵理论财富和实践经验，无疑对"21 世纪社会主义"的实践发展和未来前景

---

　　① 单朔梦：《拉美"21 世纪社会主义"理论创始人迪特里希谈"21 世纪社会主义"》，载《当代世界》2016 年第 8 期，第 68 页。

是灭顶之灾。

第六，由于左翼执政党自身问题以及"21 世纪社会主义"理论本身的缺陷性造成社会主义运动发展受阻是又一客观原因。由查韦斯所提出和倡导的"21 世纪社会主义"最开始只是一种政治构想和蓝图规划，是在不断的实践探索中逐步明晰和完善的理论框架和内涵，所以至少在现阶段它缺乏科学性和成熟性，且并未形成一套明确而具体完备的理论体系。尤其是当实践遭遇挫折止步不前时，它的发展可能也会陷入僵局甚至是对于当下的困境起到适得其反的错误引导作用，从而使实践陷入更深的歧途。虽然拉美各国左翼政党都提出了社会主义目标和口号，但是具体内容和政策却不尽相同，缺乏在统一完备的理论下产生强大的号召力和凝聚力。拉美激进左派领导人所提出的各具特色的社会主义当前都处在探索之中，尚未形成明确、完整的理论体系。此外，他们的指导思想较为复杂，"是基督教教义、印第安主义、玻利瓦尔主义、马克思主义、卡斯特罗思想和托洛茨基主义等各种思想的综合体"[1]，因此是多元化的社会主义思想。其开展的实践探索道路由于缺乏统一系统的规范理论指导，也还处于各自摸索的前进阶段。而拉美各国社会主义理论和实践的探索往往带有明显的个人魅力和政治色彩，主要不是依靠先进政党的领导，这种高度依赖个人领袖魅力和才能来实现政治理想的模式无法长久也无法保证其较强的传承性。随着2013 年"21 世纪社会主义"的理论开创者和实践探索先锋、主要旗手——查韦斯总统的逝世，"21 世纪社会主义"的探索发展进入了后查韦斯时代，包括委内瑞拉国内的社会主义探索问题也逐步暴露。[2] 由于新的左翼政府执政能力经验严重欠缺，决策和制度体系缺乏长远规划，对于 2014 年后日益突出的政治、经济、社会等问题，没有制定出有效或根本的治理方案，只能穷于应付却收效甚微。此外，由于委内瑞拉新政府采取了激进的经济政策，过度强调国家对经济的干预而忽视市场作用，政府的财政政策侧重与社会支出存在不同程度的扭曲，加大了经济失衡的风险，也导致市场投资环境恶化。扭曲的经济政策不仅没有解决问题反而加剧了经济形势的恶化，

---

① 徐世澄：《委内瑞拉查韦斯"21 世纪社会主义"初析》，载《马克思主义研究》2010 年第 10 期，第 113 页。

② 袁东振：《拉美"21 世纪社会主义"实践探索的新困境与前景》，载《当代世界社会主义问题》2016 年第 4 期，第 82 页。

政治和社会持续动荡。拉美左翼之前的执政业绩不断被稀释，威信和民众支持度持续下降，不可避免地对左翼的执政地位和拉美 "21 世纪社会主义"实践探索造成了难以挽回的消极后果和损失。类似的情况同样发生在其他左翼执政国家。例如，2015 年阿根廷左翼执政党失去了连续 12 年的执政地位，委内瑞拉左翼执政党失去了对于国家立法机构的长期控制权，2016 年玻利维亚左翼执政党在修宪全民公投中的失利。由于左翼政党自身的不足以及理论的缺陷使得左翼发展受阻、执政地位动摇，大大增加了 "21 世纪社会主义"理论与实践的曲折性和不确定性。

（二）拉美左翼及 "21 世纪社会主义" 脱困的新思路

"拉美后新自由主义道路的探索，既要直面地区失衡的历史二元结构，寻求不发达的真正原因，更要直面'社会主义还是野蛮'的历史选择，积极开拓符合拉美国家发展阶段、维护拉美人民根本利益的替代道路"[①]，拉美 "21 世纪社会主义"陷入了理论反思与实践纷争中。拉美左翼政党正通过自身不断的反思来弥补缺陷，完善理论路线的不足之处，清除实践探索的种种障碍阻力，从而提高左翼力量的执政能力和执政威信，为 "21 世纪社会主义"营造一个良好的政治环境和发展空间。

2016 年 6 月，拉美 "21 世纪社会主义"理论创始人迪特里希教授出席了由中联部举办的 "万寿论坛"第六场主题对话活动，做了关于 "21 世纪社会主义"理论内涵及其在拉美的实践、面临的挑战及发展前景这一主题演讲，并给出了拉美左翼一些具体的执政建议。他认为："近年来，拉美左翼进步政府执政压力不断增大，采取何种措施有效破解发展难题、应对执政挑战，是摆在这些政府面前最重要、亟须解决的问题。"[②] 具体来说，拉美左翼应该从以下几方面优化执政策略和执政能力：[③]

第一，应提高和积累应对媒体战的能力与经验。拉美左翼政府要学会打 "媒体战"，使主流媒体成为自己的发声阵地，以妥善策略应对 "西化"

---

① 贺钦：《新自由主义与拉丁美洲的替代选择》，载《经济研究参考》2016 第 13 期，第 92 页。

② 单朔梦：《拉美 "21 世纪社会主义"理论创始人迪特里希谈 "21 世纪社会主义"》，载《当代世界》2016 年第 8 期，第 67 至 68 页。

③ 单朔梦：《拉美 "21 世纪社会主义"理论创始人迪特里希谈 "21 世纪社会主义"》，载《当代世界》2016 年第 8 期，第 68 页。

媒体的大肆攻击。

第二，应强化利用先进科技的意识和能力。拉美左翼领导人应时刻掌握科技最新发展动态，要学会借助社交网络同人民保持密切联系，传播进步理念，扩大社会基础，要使用现代科技分析经济发展态势，及时回应和满足人民的利益诉求。

第三，应筹划和设计对青年的系统性政治理论教育。中国共产党有专门的党校对党员领导干部进行理论教育和信念培养。拉美左翼政府则缺乏相应机制，应建立健全干部教育培训系统，以充实青年的政治准备。

第四，应密切与基层群众的联系。近年一些左翼政府官僚主义滋生，被爆出贪腐丑闻，形象严重受损，应加强作风建设，积极发展与基层群众的关系，切实巩固群众基础。

第五，应重视接班人的培养和选择。许多拉美左翼新任领导人执政能力不足，无力应对寡头和帝国主义反扑，未能捍卫执政成果。应重视接班人的培养和选择，提高接班人的政治素养和综合能力，避免其上台之后面临"被动挨打、岌岌可危"的局面。

总的来说，尽管当前拉美左翼及其社会主义运动面临巨大的挑战，但是拉美左翼和社会主义运动已经开展了20多年，左翼执政党也具有较丰富的实践和理论经验，目前仍处于上升时期，但"近期内拉美地区中左翼主导地区政治的格局不会发生根本性逆转"①。古巴和委内瑞拉的社会主义发展能够按照既定道路顺利前行，拉美左翼和社会主义运动也不会因查韦斯和卡斯特罗的去世而受到根本性的影响。此外，随着国际政治格局的力量对比朝着有利于发展中国家的转变，拉美地区一体化力量进一步加强，一体化进程大大加快，未来一定时期内拉美左翼和社会主义运动将重新获得进一步发展条件和空间。

五、拉美"21世纪社会主义"的发展机遇与前景

回顾"21世纪社会主义"在拉美走过的20多年风雨历程，由理论到实践，由一国到多国，新左翼政党领导下的社会主义改革力量在拉美不断发展壮大，取得了不俗成就。然而其激进的政策主张虽使得大多数民众受益

---

① 徐世澄：《拉美社会主义运动现状和趋势》，载《当代世界》2013年第11期，第25页。

巨大，但却因损害了少数封建贵族和帝国主义的利益，从最初就遭到他们的反对和阻挠，发展举步维艰。随着"21世纪社会主义"理论的完善和改革的全面深入，新左翼政党在拉美地区的影响力也不断扩大，改革的利好使得"21世纪社会主义"拥有更多的宝贵机遇，对于其未来我们充满期待。"从短期看，拉美'21世纪社会主义'的实践探索不会一帆风顺，其前景有较大的不确定性。但从长远看，拉美社会主义的社会基础依然深厚，仍具有进一步成长的空间。"①

（一）拉美"21世纪社会主义"的发展机遇

第一，西方主张的新自由主义政策在拉美历经了从推崇到遇冷的局面，新自由主义的消极后果在20世纪80年代开始凸显且愈演愈烈，由金融经济危机引发的社会动荡、政局混乱等问题给拉美各国的稳定发展造成了巨大破坏，各国也逐渐意识到新自由经济政策并不适合自己，于是长期被外围资本主义包围的拉美，慢慢举起了反对资本主义及其新自由主义的大旗。"新自由主义留给拉美的创伤远未弥合，对资本主义的声讨和替代仍将继续，对深受外围资本主义之苦的拉美而言，'21世纪社会主义'在未来相当长一段时期内仍是最具吸引力的后新自由主义道路选择之一，其理论与实践探索仍将受到高度关注。"② 因此，拉美以委内瑞拉开展的社会主义替代改革为开端，政治盟友玻利维亚、厄瓜多尔纷纷支持并迅速跟进，三国各自在本国内开展了各具特色的"21世纪社会主义"政治改革和运动，经济、政治、社会发展日新月异，改革形势大好。

第二，"以'公平、正义、参与'为核心价值的拉美'21世纪社会主义'在社会建设方面取得了显著成效，教育、医疗、减贫等领域的社会项目极大改善了'21世纪社会主义'国家人民的福利和人权。"③ 拉美的政治民主化提高，经济形势大幅好转，更加重视社会公平和民生保障，尤其在改善中下阶层民众的生活条件方面效果突出，中下层人民的权益和社会地

---

① 袁东振：《拉美"21世纪社会主义"实践探索的新困境与前景》，载《当代世界社会主义问题》2016年第4期，第83页。

② 贺钦：《试析拉美"21世纪社会主义"的历史源流及其本质》，载《当代世界与社会主义》2015年第3期，第80页。

③ 贺钦：《试析拉美"21世纪社会主义"的历史源流及其本质》，载《当代世界与社会主义》2015年第3期，第80页。

位明显提高，贫富差距减小，教育医疗扶贫扶持力度空前，这些无疑为"21世纪社会主义"的继续实施提供了政治资本和民众支持，在一定程度上减小了改革的阻力。

第三，"21世纪社会主义"政治改革的主要国家，委内瑞拉、厄瓜多尔和玻利维亚三国的领导人通过政党重组、修改宪法、议会选举等多种方式扩大总统的权力并延长总统任期，为改革提供了合法性及延续性保障。政权的延长和稳固为"21世纪社会主义"赢得一个长期、稳定的发展机遇，也使得"21世纪社会主义"建设任务得以持续和深入开展，提高了改革成功的可能性。

第四，"21世纪社会主义"所倡导的拉美地区团结和一体化主张也初步取得成果。主导改革的新左翼组成坚定政治盟友，壮大了改革的阵营力量，新的拉美替代一体化组织——美洲玻利瓦尔联盟—人民贸易协定（ALBA-TCP）的建立为拉美团结联合创造了良好基础，为"21世纪社会主义"的地区联合创造了条件。2011年12月，拉美和加勒比国家共同体（CELAC）在委内瑞拉宣告成立，这标志着拉美国家的一体化进程显著加快并取得了突破性进展，增强了新的替代改革运动在拉美的影响力和号召力。

（二）拉美"21世纪社会主义"的发展前景

首先，拉美"21世纪社会主义"的实践前景具有曲折性和不确定性。[①]由于受拉美文化传统、民族特色、政治特点等内外部条件的制约，拉美"21世纪社会主义"具有一定的理论缺陷，难以从根本上解决拉美面临的各种问题，其发展具有曲折性和不确定性。"21世纪社会主义"所主张的变革是在现有的制度体制内进行的，而没有真正打破资本主义的固有顽疾，虽然提出了一些"激进"的政策调整和体制变革，但实质上并没有突破现存政治体制框架，因而也难以从根本上解决拉美地区面临的各种发展难题。同时，拉美各国的政治、经济模式深受欧美的影响，自由主义经济、多党制、代议制等观念根深蒂固，难以挣脱资本主义体制的束缚，其社会主义的基础势必会遭到侵蚀，这也必然增加了"21世纪社会主义"实践前景的不确定性。美国学者彼得拉斯认为，委内瑞拉和拉美"21世纪社会主义"

① 袁东振：《拉美"21世纪社会主义"实践探索的新困境与前景》，载《当代世界社会主义问题》2016年第4期，第84页。

具有民众主义倾向，其"最显著创新就是融合玻利瓦尔的民族主义、20 世纪的马克思主义以及拉美的民粹主义"①。所以，从整个拉美地区来看，"21 世纪社会主义"的影响力有限，并没有辐射到拉美各国，也未成为拉美的主流思想。此外，拉美"21 世纪社会主义"的发展过度依赖个别领袖的领导，具有一定风险性和主观性。总之，由于各种内外部条件的威胁和多种因素的制约，拉美"21 世纪社会主义"的探索将长期在曲折中前进。

其次，拉美"21 世纪社会主义"的未来仍有成长空间和发展空间。② 尽管现实因素决定了拉美"21 世纪社会主义"的发展举步维艰，但拉美社会主义的历史悠久、基础浓厚，不会轻易消亡，仍有广泛的号召力和凝聚力。从长远来看，拉美"21 世纪社会主义"具有进一步成长和发展空间。近年来，拉美地区存在着严重的两极分化、分配不均、制度不公等现象，广大群众对拉美现状日益不满，并发出了要求改变不合理现象的强烈呼声。而这与拉美新左翼政党的立场较为接近，为社会主义的发展提供了广泛的社会基础。社会主义在拉美地区的短暂受挫并不代表社会主义在这里走到了尽头，作为一种理想的社会制度和价值理念，"21 世纪社会主义"在拉美地区仍具有强大的生命力和重要的影响力，仍具有成长空间和发展空间。

总之，拉美"21 世纪社会主义"在极其复杂险峻的历史条件和现实条件下发展荆棘满布，但其攻坚克难、蓄势待发，取得的成就不容否认。现今，拉美"21 世纪社会主义"仍处于希望与曲折交织、图存再谋强的始发阶段。"当前拉美左翼对社会主义的新探索无疑对世界社会主义进程起到推动作用。拉美社会主义的产生和发展反映出社会主义对资本主义世界中那些追求社会进步的人们的强大吸引力以及其自身的生命力，也表明新世纪世界社会主义运动在多样性中不断发展。"③

---

① 詹姆斯·彼得拉斯、官进胜：《历史视角下的拉美 21 世纪社会主义》，载《国外理论动态》2010 年第 1 期，第 14 页。

② 袁东振：《拉美"21 世纪社会主义"实践探索的新困境与前景》，载《当代世界社会主义问题》2016 年第 4 期，第 86 页。

③ 徐世澄：《拉美社会主义运动现状和趋势》，载《当代世界》2013 年第 11 期，第 25 页。

第五节　南亚的社会主义运动

南亚社会主义运动兴起于 20 世纪 20 年代，后来逐步形成了非马克思主义政党倡导的社会主义和马克思主义政党倡导的社会主义两种社会主义模式。对南亚社会主义运动进行研究，对于我们了解该运动的历史与现状，以及把握该运动的发展趋势都具有重要意义。

一、南亚社会主义运动的兴起

南亚社会主义运动的兴起，其原因是多方面的。

第一，世界社会主义运动的蓬勃发展。十月革命胜利后，世界上诞生了第一个社会主义国家。受之影响，社会主义、共产主义思潮开始在南亚国家传播开来。自 20 世纪 20 年代起，共产主义、社会主义组织、政党开始在印度、斯里兰卡的一些地方建立起来。如 1921—1922 年间，印度的加尔各答、孟买、马德拉斯、拉合尔等地都出现了共产主义小组。1925 年 12 月 26 日，印度共产主义者召开第一次全国会议，正式宣布成立印度共产党。1931 年比哈尔社会主义党成立（Bihar Socialist Party）。1932 年旁泽普社会主义党（Punjab Socialist Party）成立。1934 年 5 月，印度国大党内接受社会主义思想的党员成立印度国民大会社会主义党，简称"国大社会党"（Congress Socialist Party）。1935 年兰卡平等社会党成立（Lanka Sama Samja Party）等。第二次世界大战后，社会主义超出苏联一国范围向东欧和东亚扩展，不仅在地理上连成一片，而且成为一种世界性的制度和体系。世界社会主义力量的迅速壮大，声望日隆，对仍处于帝国主义压迫下的印度等南亚国家是巨大的鼓舞，极大地激发了广大人民对社会主义的向往和革命热情。中国共产党领导中国革命的胜利发展也极大地鼓舞了南亚各国的社会主义、共产主义者，各国的社会主义、共产主义政党也如雨后春笋一般纷纷建立起来。

第二，反帝、反封建的民族民主运动的高涨。一战期间，帝国主义各国忙于相互厮杀，暂时放松了对殖民地半殖民地的控制，这使得民族资产阶级和无产阶级的力量也开始壮大起来，成为反对帝国主义的重要力量。而俄国的十月革命的胜利也极大地鼓舞了争取民族解放的各国人民。在这种背景下，一战后的二三十年代，亚非拉民族解放运动如火如荼地展开。二战结束后，在中国和东南亚民族解放斗争形势的鼓舞下，南亚地区掀起了民族独立运动的高潮。印度、巴基斯坦、斯里兰卡先后取得独立，结束了英国殖民主义的长期统治，开创了南亚次大陆的新纪元。独立后，南亚国家面临着如何巩固独立成果并发展民族经济的问题，而世界社会主义的蓬勃发展则给它们带来了信心和希望。因此，领导民族独立运动的资产阶级政党领导人，便吸收社会主义的某些原则和一些做法为其所用，成为发展民族经济和巩固政权的一种重要工具。

第三，对抗右翼势力的需要。印度、斯里兰卡、巴基斯坦等国独立后，封建势力仍然十分强大。为了维护自己的既得利益，封建买办阶级不仅阻挠土地改革，而且还勾结帝国主义反对本国进步势力。因此，社会主义就成为发动群众反对封建保守势力的一面鲜明旗帜。在印度，尼赫鲁提出了要建立"社会主义类型的社会"，印度国大党把社会主义作为竞选纲领。1967 年，巴基斯坦人民党成立后，就将社会主义作为"抗议的意识形态"与封建领主、日益集权化和独裁的军政权展开斗争。斯里兰卡统一国民党和自由党成立后也打着社会主义旗帜参加竞选。而南亚各国共产党成立后也提出将推翻殖民统治和封建压迫，建立无产阶级领导的工农联盟为基础的人民政权作为近期目标，与右翼势力展开了激烈的斗争。

二、南亚社会主义模式的形成

二战后，获得独立的一些南亚国家的主要政党相继提出了走社会主义道路或以社会主义为发展方向，并逐步形成了各具特色的社会主义模式。这里，我们以政党的性质作为标准，把南亚国家的社会主义划分为两种类型：一种是非马克思主义政党的社会主义，基本类似于民主社会主义；另一种是马克思主义政党的社会主义。

（一）非马克思主义政党的社会主义

在南亚国家，影响力较大，能够在执政过程中将一些社会主义理念付诸实施的非马克思主义政党主要有印度国大党、巴基斯坦人民党和斯里兰卡统一国民党和自由党等。

1. 印度国大党的社会主义

1927 年 11 月，印度国大党领导人尼赫鲁到苏联访问，参加十月革命十周年的纪念活动。此次访问使他目睹了苏维埃俄国的成就，这为他以后决定用"社会主义"改变印度落后面貌提供了思想来源。1931 年，尼赫鲁领导国大党制定了第一个具有社会主义色彩的纲领。1933 年 10 月他发表的一组题为《印度往何处去》的文章，更为全面地探讨了社会主义问题。1936 年尼赫鲁的社会主义思想达到顶峰，他甚至宣称信仰科学社会主义即马克思主义理论。1955 年 1 月，根据尼赫鲁的提议，国大党在阿瓦迪年会上正式把建设"社会主义类型社会"作为全党的奋斗目标。1964 年 1 月，尼赫鲁又进一步提出建立"民主社会主义"的理论。

印度国大党的社会主义的目标是在提高生产力的前提下，实现机会均等，充分就业，消除贫困的社会主义。国大党主张在经济方面推行以重工业为主的工业化；农村实行土地改革和合作化；对重工业部门实行国有化，实行国家主导经济与私人经济相结合的混合经济；国家对公私经济部门实行有效调控的计划经济。在政治方面，实行民主议会制、决策民主化和政权更迭交替制度化。在社会方面，建设社会福利制度；在不废除私有制的前提下，实行社会公平分配。① 20 世纪 50 年代初开始，国大党开展了建设"社会主义"的各项活动。国大党的社会主义主张和措施反映了印度的客观需要和广大人民的迫切要求，在实施中也取得了一定的成效，这也使国大党的影响力和威信得到了进一步的提高。

2. 巴基斯坦人民党的社会主义

巴基斯坦人民党于 1967 年 11 月 30 日在拉合尔成立。佐勒菲卡尔·阿里·布托任该党的主席。人民党的纲领性文件《基础文件》中宣称，社会主义，只有社会主义，才能治好巴基斯坦。文件特别提到，走向社会主义的道路不是到处一律的；而社会主义是能够适应巴基斯坦文化的。主要的社会主义准则——平等主义和禁止剥削——同样也是伊斯兰教的准则。② 为

---

① 曹小冰：《印度特色的政党和政党政治》，当代世界出版社 2005 年版，第 186 页。

② ［美］德斯福瑟丝、莱维斯克编：《第三世界的社会主义》，复旦大学国际政治系译，商务印书馆 1983 年版，第 354 至 355 页。

此，巴基斯坦人民党的社会主义也被称为伊斯兰教社会主义。人民党主张把基本生产资料收归国有，允许私人企业的存在，但不能有损于建立无阶级社会的主要目标。鉴于巴基斯坦的大土地所有者封建领主构成进步的巨大障碍，人民党主张通过土地改革消灭封建主义，并采取具体步骤按照社会主义原则保护和促进农民利益。

　　1971 年布托执政后，按照人民党的方针政策设想实行了种种社会主义改革措施。布托政府于 1972 年 1 月开始对 10 个基础行业实行国有化；1972 年 3 月布托政府颁布土地改革法，规定个人持有灌溉地的最高上限为 150 英亩，非灌溉地为 300 英亩；同时布托宣布执行新的教育政策，对私营学校、大学实行国有化等。布托改革举措使中下层人民的生活得到了改善，结束了巴基斯坦政治上的混乱状态，但改革也引起了上层大资产阶级和大地主的不满和抵制。[1] 1977 年 7 月，巴基斯坦陆军参谋长齐亚·哈克发动政变接管政权，并于同年 9 月逮捕布托。1979 年 2 月 6 日，巴基斯坦最高法院判处布托绞刑，布托在巴基斯坦所进行的五年零七个月的社会主义实验也宣告结束。

　　3. 斯里兰卡统一国民党和自由党的社会主义

　　斯里兰卡自 1948 年 2 月 4 日宣告独立后一直由 1946 年 9 月成立的统一国民党和从该党分裂出来的自由党轮流执政。斯里兰卡统一国民党和自由党的社会主义也被称为佛教社会主义。[2] 1958 年统一国民党提出"民主社会主义"纲领，主张在斯里兰卡建立自由公正的社会，国家赋予佛教最高地位，支持总统制和比例代表制。统一国民党在 1977 年的竞选纲领中宣称，该党已由帝国主义和资本主义的党改造成为一个社会主义的党，党的方针是在斯里兰卡建立"自由公正社会和民主社会主义"，认为"民主如果没有社会主义是一种剥削性民主，社会主义如果没有民主是一种专制性社会主义"，声称"统一国民党将在民主和非暴力的基础上建立一个新的自由公正

---

　　① 向文华：《巴基斯坦人民党的早期社会主义实践》，载《当代世界社会主义问题》2011 年第 4 期，第 107 至 108 页。

　　② 郁景祖、伍怡平：《亚洲的"社会主义"述略》，载《科社研究》1982 年第 4 期，第 30 页。

的社会"。① 1978 年作为执政党的统一国民党将国名改为斯里兰卡民主社会主义共和国。

斯里兰卡自由党 1951 年 9 月由统一国民党分裂出来的一些人组成。创始人为所罗门·班达拉奈克。1959 年，班达拉奈克被暗杀后，班达拉奈克夫人成了该党领袖。斯里兰卡自由党主张实现民主社会主义，保障个人自由和权利，逐步实行国有化，铲除贫困和愚昧，建立议会制政府，司法独立，复兴佛教和民族主义。② 在 1956 年自由党执政后至 70 年代中期，自由党政府采取了一系列政治经济改革措施：宣布收回英国在斯里兰卡的海军基地和空军基地，以清除殖民统治的影响；把交通运输、港口、保险业、石油业、种植园等收归国有；大力发展国营企业，把重要的工业和对外贸易都置于国营公司的垄断之下；实行土地改革，对土地占有实行最高限额；大力扶植在殖民时期受到摧残的佛学和传统医学，接管教会学校并用当地语代替英语等。③ 这些措施对打破外国资本的垄断，改善民生起到了积极作用。

（二）马克思主义政党的社会主义

南亚国家的马克思主义政党的社会主义主要是指南亚各国的共产党对社会主义的构想及其实践，其中最为典型的为以马列主义为指导的共产党的社会主义和以马列毛主义为指导的共产党的社会主义。

1. 以马列主义为指导的共产党的社会主义

在南亚，以马列主义为指导的共产党主要以印共（马）和尼共（联合马列）为代表。印共（马）和尼共（联合马列）分别是原印度共产党和原尼泊尔共产党内分裂出来的共产党组织。印共（马）和尼共（联合马列）分别于 1964 年和 1991 年成立，它们把马克思列宁主义与本国实际相结合，逐步形成了具有印度特色的"人民民主革命"理论和具有尼泊尔特色的"人民多党民主"理论。"人民民主革命"理论和"人民多党民主"理论都以马克思列宁主义作为指导思想，认为列宁主义是帝国主义时代的马克思

---

① 中国社会科学院文献情报中心、重庆出版社合编：《社会科学新词典》，重庆出版社 1988 年版，第 859 至 860 页。

② 郁景祖、伍怡平：《亚洲的"社会主义"述略》，载《科社研究》1982 年第 4 期，第 30 页。

③ 梁守德、陈峰君、王杰主编：《战后亚非拉民族民主运动》，北京大学出版社 1989 年版，第 137 至 138 页。

主义。在组织上，主张坚持和发展民主集中制。在社会主义道路上，主张通过议会道路取得国家政权。在社会发展阶段上，主张对国家进行民主改造，建设人民的民主政权，然后再实现社会主义。①

自 1977 年以来，印共（马）分别在西孟加拉邦、喀拉拉邦、特里普拉邦连续或多次执政。执政后，印共（马）大力推进公营企业的发展，同时鼓励私营企业发展；实行土地改革，保证佃农的租佃权，让无地的贫苦农民获得土地；加大对文化教育领域的投入，实行中小学阶段免费教育、推行全民识字运动；改善城乡医疗卫生设施，实现公共医疗卫生的广覆盖，使更多人能有机会享受条件好、质量高的医疗服务；制定规划保护少数民族、少数派宗教团体的利益等。② 1994 年执政后，尼共（联合马列）大力发展混合经济，实行市场经济，鼓励私有经济发展；推进土地改革实行土改、扶贫、扫盲和反腐计划；致力于抑制物价上涨，改进人民福利，改善社会治安等。③

2. 以马列毛主义为指导的共产党的社会主义

在南亚，以马列毛主义为指导的共产党主要以印共（毛）和尼共（毛主义），后改名为尼联共（毛），现称为尼共（毛主义中心）为代表。印共（毛）和尼共（毛主义）分别是从原印共（马）和原尼泊尔共产党内分裂出来的较为激进的共产党组织。在理论上，印共（毛）和尼共（毛主义）以马列毛主义作为党的指导思想，强调毛泽东主义是马克思主义发展的第三阶段。在组织上，坚持民主集中制。在革命的道路上，主张开展人民战争，由农村包围城市，武装夺取全国政权。在革命发展阶段上，主张革命分两步走，第一步实现新民主主义革命，建立新民主主义社会；第二步实现社会主义。

自 20 世纪 80 年代起，印共（毛）的前身——比哈尔邦的毛主义共产党中心和安得拉邦的人民战争集团［两者于 2004 年合并，改名为印共

---

①　聂运麟：《国外非执政共产党的类型及其理论分野》，载《当代世界与社会主义》2014 年第 4 期，第 51 至 52 页。

②　苗光新：《印共（马）"人民民主革命"理论与实践研究》，中国社会科学出版社 2010 年版，第 104 至 115 页。

③　张光平：《冷战后尼泊尔共产党（联合马列）的新变化》，载《当代世界与社会主义》2006 年第 2 期，第 19 页。

（毛）〕分别在邦内和周边各邦开展武装斗争，抵制中央和地方选举，适时对政府控制区进行经济封锁。印共（毛）还在控制区建立了人民政权，人民政权涵盖了税收、司法、学校及报刊出版等组织机构，对公共事务施加影响，甚至取代了政府行使管理职能。

自1995年3月成立以来，尼共（毛主义）在尼泊尔西部山区开展了长达十年的人民战争，并建立了革命根据地和人民政权。在革命根据地，尼共（毛主义）大力发展工业、农业和金融业，通过武力没收大地主和政府的土地分配给农民，实现耕者有其田；大力发展文化教育事业，用新的革命文化来代替旧的封建文化，为所有人提供免费教育和免费的医疗服务。根据地还大力推进社会建设，维护妇女、贱民和其他弱势群体的权益等。[1] 1996—2006年，尼共（毛主义）进行了长达10年的"人民战争"，其活动和影响范围已波及58个县，人口达1000多万，全国80%的农村地区处于他们的控制或影响之下。[2]

三、南亚社会主义运动的现状

（一）非马克思主义政党的社会主义运动的发展现状

1. 印度国大党的社会主义运动现状

印度国大党自20世纪50年代以来在推行其社会主义模式的过程中，尽管许多带有社会主义色彩的政策并未真正得到落实，但是国大党的社会主义举措确实对印度国内资本主义势力起到了一种威慑和制约作用。苏东剧变后，世界社会主义运动陷入低潮，新自由主义思潮兴起，国大党政府也接受了新自由主义理念开始了自由化改革。自由化改革的推行虽然使印度的经济状况得到了一定程度的改善，但是也加大了贫富差距，普通人民大众的生活越来越困苦。再加上国大党执政期间贪腐成风，党内由于派系斗争分裂不断以及内外政策频频出现重大失误，这也使国大党的社会主义逐步失去了人心和政治号召力。目前，国大党的社会主义已在印度处于边缘化状态。

---

① 袁群：《尼泊尔联合共产党（毛主义）"新民主主义革命"的理论与实践》，中国社会科学出版社2012年版，第85至90页。

② 袁群：《尼泊尔共产党（毛主义）的现状及其政策主张》，载《国外理论动态》2008年第8期，第23页。

2. 巴基斯坦人民党的社会主义运动现状

1988 年 8 月，齐亚·哈克总统死于空难。此后，巴基斯坦恢复民主选举。人民党也分别于 1988 年、1993 年、2008 年上台执政。自 1988 年以来，为了争取广泛的政治共识，以便让更多的团体和个人加入进来，人民党尽量避免使用"社会主义"等字眼。在 1988 年和 1993 年的竞选宣言中，人民党只是在党的基本原则中提到"我们的经济是社会主义"。而在 1997 年的竞选宣言中，人民党则指出："在每一个历史阶段，党都会根据我们时代的客观条件来确定新的理论，如（20 世纪）60 年代后期和 70 年代的社会主义，80 年代的自由民主主义，90 年代的私有化-自由化，进入新千年之后的人本主义、和平、现代化、公私伙伴关系、指令性经济等。"[1] 在 2008 年和 2013 年的竞选宣言中，人民党又将党的基本原则之一"我们的经济是社会主义"先后改为"我们的经济是社会民主主义"[2]"我们的经济是社会公正"。[3] 目前在人民党的理论主张中，社会主义已被公正、公平代替。而在执政实践中，人民党尽管没有打着"社会主义"的旗号，但仍旧采取了许多维护基层民众利益的进步措施，如进一步完善社会保障制度、为弱势群体提供资助、保护妇女权益、提高工人阶级的待遇、为无地农民无偿分配土地等。应该说，人民党所坚持的一些社会主义理念仍在实践中得到了一定程度的贯彻。

3. 斯里兰卡统一国民党和自由党的社会主义现状

在 1977—1994 年、2001—2004 年执政时期，斯里兰卡统一国民党就着手调整政策，停止国有化，推行开放政策，鼓励发展私人资本，提倡自由竞争，缩减福利补贴等。1994 年 5 月，自由党也决定奉行开放的市场经济政策，强调在开放的市场经济框架内建立强大的民族经济；私营经济将在国民经济发展中发挥重要作用，政府将为国内外投资者提供必要的便利，除必要的管理外，政府将不干预私营经济；主张充分利用国内外的资金和技术。[4] 目前在统一国民党和自由党的理论主张中社会主义一词也已经被公平、公正、富裕等词代替。

---

① Manifesto – 1997，http：//ppp. org. pk/manifestos/manifesto1997.

② Manifesto – 2008，http：//ppp. org. pk/manifestos/manifesto2008.

③ Manifesto – 2013，http：//ppp. org. pk/manifestos/manifesto2013.

④ 王家瑞主编：《当代国外政党概览》，当代世界出版社 2009 年版，第 133 页。

（二）马克思主义政党的社会主义运动发展现状

1. 印共（马）和尼共（联合马列）的社会主义运动现状

自 1977 年以来，以印共（马）为首的左翼阵线在西孟加拉邦的议会选举中获胜，此后连续执政七届。在 2009 年举行的印度第十五届人民院选举中，印共（马）获 16 个席位，大大少于上届的 43 席。2011 年 5 月印共（马）在邦议会选举中丧失了在西孟加拉邦长达 34 年的执政权。在 2014 年举行的印度第十六届人民院选举中，印共（马）仅获 9 个席位，再次创历史最低。印共（马）在全国和地方选举中的失利与党的建设和应对挑战不力有着密切的关系。同时，自 20 世纪 90 年代中期以来，印共（马）在西孟加拉邦推行的经济政策让跨国公司和印度的工业财团获得了巨额利润，但却损害了农民和工人的利益。上述问题使印共（马）逐步丧失了其立足的三根支柱，即"意识形态中反对资本的话语、团结城里的边缘人和农村的劳动大众"①。

2008 年 4 月 10 日，尼泊尔举行首届制宪议会选举，尼共（联合马列）获得 103 席，排在尼共（毛主义）和大会党之后位居第三。2008 年 8 月 15 日，尼共（联合马列）加入尼共（毛主义）组建的联合政府。2009 年 5 月 3 日，为抗议尼共（毛主义）单方面解除尼泊尔政府军参谋长的职务，尼共（联合马列）领导人退出联合政府，导致联合政府垮台。2009 年 5 月 23 日，制宪议会选举尼共（联合马列）领导人尼帕尔为新总理，并负责组建新政府。2012 年 6 月 30 日，尼泊尔政府在尼共（毛主义）的抵制下垮台。2011 年 2 月 3 日，尼泊尔制宪议会选举卡纳尔为总理，卡纳尔当选后组建了由尼共（联合马列）、尼共（毛主义）和马德西人民权利论坛组成的执政联盟。但由于执政联盟中的各政党分歧严重，卡纳尔政府于同年 8 月 14 日垮台。2013 年 11 月 19 日尼泊尔举行第二届制宪会议选举，尼共（联合马列）获 175 席，仅次于大会党的 196 席而位居第二，尼共（联合马列）也加入大会党组建的联合政府再度执政。2014 年 7 月 3 日至 16 日，尼共（联合马列）在加德满都召开第九次全国代表大会，大会选举产生了党的新一届领导机构，卡德加·普拉萨德·奥利当选为党的新一任主席。九大政治报告指出，尼共（联合马列）是一个为了工人阶级的最高利益建立起来的革命政党。

---

① 张淑兰：《印共（马）丧失西孟政权的原因分析》，载《当代世界社会主义问题》2011 年第 4 期，第 123 页。

尽管在社会变革的过程中还要代表其他进步阶级的利益，但是党绝不能偏离它的阶级立场、革命特色、社会变革的目标和社会主义的理想追求。九大还勾画了该党的百年梦想，在政治领域，通过制宪议会制定新宪法，使联邦民主共和国制度化；加强民主制度，工人阶级扮演愈来愈重要的角色；在经济领域，消灭所有封建主义的残余，实现社会经济平等和发展社会主义导向的经济；在对外交往方面，在维护尼泊尔民族利益、独立和主权的前提下与邻国发展亲切而平衡的关系。反对和谴责帝国主义、霸权主义、新殖民主义、恐怖主义、种族主义和种姓制度。支持世界和平、裁军、民族和社会解放运动等。

到 2050 年，将尼泊尔建设成为幸福而繁荣的中等发达国家。①

2. 印共（毛）和尼共（毛主义）的社会主义运动现状

印共（毛）在印度国内为非法组织，2009 年以来，印度警察部队对印共（毛）发动了全国范围的残酷的"绿色狩猎战争"，此时的印共（毛）处于被动守势和持续的危险之中。2009—2012 年间，印共（毛）的武器生产和党的主要部门都在不同程度上遭到破坏，城市运动也在相当程度上遭到削弱。截至 2011 年年底，16 名中央政治局委员中，有 2 名被杀害，7 名遭到逮捕。39 名中央委员中，有 5 人被杀害，13 人被逮捕。② 自 2012 年以来印共（毛）发动的战略反攻使形势逐渐发生逆转，该党开始恢复活跃和生机。

2005 年 2 月，尼泊尔国王贾南德拉发动政变，解散议会并逮捕和关押了尼泊尔各议会党的领导人。尼共（毛主义）抓住有利时机，于 11 月 22 日和 7 个议会政党在印度首都新德里签订 12 点协议，结成反封建独裁同盟。2006 年 4 月，尼共（毛主义）和七党联盟共同发动人民运动，推翻了贾南德拉的独裁统治。随后，尼共（毛主义）与七党联盟政府进行了具有历史意义的第三次和谈，当年 11 月双方签订了全面和平协议。2007 年 4 月，尼共（毛主义）加入过渡政府。在 2008 年 4 月第一届制宪议会选举中，尼共（毛主义）因提出引进外资，推进公私合营，普及医疗、教育，废除种姓制度，实现全民平等变革主张，并承诺执政后将致力于推动和平进程，完成

---

① 袁群、方文：《尼共（联合马列）第九次代表大会评析》，载《江西师范大学学报（哲学社会科学版）》2015 年第 4 期，第 41 页。

② 王静：《"别无选择"，抑或"另一个世界是可能的"——评电影〈无法避免的战争〉》，载《文艺理论与批评》2014 年第 5 期，第 40 页。

制宪任务而得到广大中下层选民的支持，成为第一大党。2008 年 8 月执政后，尼共（毛主义）以务实、积极和进步的态度领导联合政府，使尼泊尔社会发生了显著的变化。在总共 601 个席位中获得 220 个议席，成为制宪议会第一大党。2008 年 8 月，尼共（毛主义）与尼共（联合马列）、马德西民族权利论坛等党派组建联合政府，党主席普拉昌达任政府总理。但由于与政府中的其他党派在军队合并问题上存在严重分歧，尼共（毛主义）第一届政府仅仅维持了 9 个月就垮台了。在 2011 年 8 月 28 日下午举行的尼泊尔制宪会议总理选举中，尼共（毛主义）副主席巴布拉姆·巴特拉伊获胜，成为尼泊尔第三十五任总理。在 2011 年 8 月第二届政府成立后，尼共（毛主义）开始沉迷于与其他政党的权力斗争，不仅有关进行进步的土地改革，推进工业化，在农村开展社会经济转型的承诺无法兑现，而且制定新宪法的任务也迟迟无法完成。2012 年 5 月 3 日，以巴特拉伊为首的尼泊尔内阁成员宣布集体辞职。5 月 16 日，巴特拉伊组建由所有主要政党参加的全国共识政府。2013 年 11 月 19 日尼泊尔举行第二届制宪会议选举，尼共（毛主义）由于执政业绩乏善可陈、竞选策略失当、党内腐败严重等原因则仅获 80 席而落至第三位，失去执政地位。

四、南亚社会主义运动的性质及发展前景

（一）非马克思主义政党的社会主义运动的性质与前景

非马克思主义政党的社会主义反映了部分有远见的中小资产阶级的政治追求。他们希望能够吸收资本主义和社会主义的所长，走一条"中间道路"，并把这条道路冠名为社会主义或民主社会主义。这种社会主义虽然具有理想主义的色彩，毕竟一定程度上把下层人民的疾苦纳入到视野之内并给予了相应的关照，无疑具有一定的合理性与历史进步性。但也要看到，南亚国家非马克思主义政党的社会主义在政治上主张实行资本主义的议会民主制，在经济上主张生产资料公有制和私有制结合起来的混合经济体制，这种社会主义实质上是"政治上接受西方议会民主制度和经济上采用某些类似社会主义的政策、并结合自身情况的民族资本主义"[1]。

---

[1]　陶季邑：《也谈印度国大党的"社会主义"——与张淑兰同志商榷》，载《马克思主义研究》2011 年第 5 期，第 136 页。

就其前景来看，非马克思主义政党的社会主义是以实用主义为导向，为选举政治服务的。苏东剧变前，苏联和中国等国家的社会主义实践对南亚国家产生了重大影响，社会主义也成为南亚国家广大下层人民的向往和期盼，因此，打着社会主义的旗号必然能够吸引更多下层民众的选票。苏东剧变后，面对世界社会主义运动的低迷以及右翼政党的抨击，南亚国家的非马克思主义政党也将社会主义视为政治包袱，纷纷用公正、公平等词语来代替社会主义。因此，南亚国家非马克思主义政党的社会主义既非其意识形态，也非其长期目标，在很大程度上只是其根据形势的需要迎合选民的政治口号而已。

（二）马克思主义政党的社会主义运动的性质与前景

南亚国家的马克思主义政党在成立伊始就将其政治目标确定为实现社会主义和共产主义，并将暴力革命作为实现社会主义和共产主义的唯一途径。苏东剧变后，面对不利的国内外形势，印共（马）、尼共（联合马列）以及后来成立的尼共（毛主义）在坚持马克思主义的同时，将议会道路作为实现社会主义、共产主义的途径。主张对资本主义进行社会主义的改造，为实现社会主义、共产主义做准备。但印共（马）、尼共（联合马列）和尼共（毛主义）都主张在未来的社会主义社会的政治制度上不实行一党专政，而是主张实行多党民主制。而印共（毛）则一直坚持马克思主义、列宁主义、毛泽东思想，坚持将暴力革命作为夺取政权的主要手段，在社会主义社会，在政治上实行无产阶级专政，经济上实行生产资料公有制。从性质上看，南亚国家马克思主义政党的社会主义在理论上是科学社会主义理论发展进程中产生的一个社会主义的思潮或流派，是具有科学社会主义色彩的社会主义。

目前印共（马）、尼共（联合马列）和尼共（毛主义）都已成为本国政治舞台上举足轻重的政治势力和进步力量的代表，并在国家政治生活中发挥着越来越重要的作用。但也要看到，在接受多党民主之后，尽管都声称印共（马）、尼共（联合马列）和尼共（毛主义）所推行的多党民主与资本主义的多党民主有着本质的区别，但是在理论上它们不仅没有给出明确的解释，而且都存在着逐步淡化意识形态的问题，如它们逐步放弃了其以前坚持的阶级斗争、暴力革命、一党制、无产阶级专政等共产主义的原则主张，而代之以爱国主义、民族主义作为其身份特征。意识形态淡化并没有使印共（马）、尼共（联合马列）和尼共（毛主义）得到其他阶层选民的广泛认同，而且日渐脱离了支持它的中下层民众，削弱了自身赖以存在的社会基础和组织基础，再加上它们自身所固有的宗派主义因素，党内斗争和分裂不断，这无疑对于它们的未来发展带来了不利的影响。

就印共（毛）而言，虽然其领导的革命斗争在印度局部地区有一定的发展，但进入21世纪后，随着国际环境的变化，印共（毛）无法从外部得到任何实质性的援助。同时，"9·11事件"以后，印度政府的镇压立场也得到了诸如美国等西方国家的大力支持。因此，印共（毛）未来想完全依靠自身实力和暴力革命的方式来夺取全国政权，目前看来其可能性微乎其微。

第六节　生态社会主义

生态社会主义（eco-socialism），也称"生态学马克思主义"，兴起于20世纪70年代至80年代，其产生和发展是同20世纪80年代西方资本主义国家的"绿党"领导的绿色生态运动分不开的，是20世纪下半叶的全球生态运动中形成的一个新思潮、新学派。在当代西方马克思主义理论中，生态社会主义独树一帜，并且成为现代生态哲学界关于马克思主义研究的一个新的热点。生态社会主义是对西方资本主义社会发展状况和社会主义实践进行深刻反思的产物。生态社会主义的产生并非偶然，而是有着深刻的社会根源和理论来源的。

一、生态社会主义的产生

（一）生态社会主义产生的社会根源

自工业革命以来，尤其是在20世纪后半叶，资本主义在追求自身利润最大化的驱使下，对全球的自然资源进行了掠夺性的开发，造成大量不可再生的自然资源枯竭，生态平衡严重破坏。进入70年代后，由于人类对自然资源的无节制开发，对自然的过度攫取，各种全球性生态矛盾日益尖锐，出现了前所未有的生态危机。特别是发生在资本主义国家的震惊世界的

"八大公害"事件（马斯河谷烟雾事件、多诺拉烟雾事件、洛杉矶光化学烟雾事件、伦敦烟雾事件、四日市哮喘事件、水俣病事件、痛痛病事件、米糠油事件）使人们认识到人类的生存环境面临着资本的严峻挑战。在此背景下，西方资本主义国家纷纷出现了"绿党"领导下的绿色组织和绿色运动。面对新的社会历史条件和现实问题，马克思主义影响下的西方新社会运动和社会主义思潮相结合，产生了生态社会主义思潮。

　　在全球生态运动、妇女运动浪潮下，西方学者对资本主义制度、资本主义产生方式及传统社会主义重新思考，揭示了生态危机产生的社会根源。一是当代西方资本主义生产方式造成的全球性的生态危机，使人与自然间的矛盾不断加剧，导致环境恶化、自然灾害频发等人与自然不和谐事件。人们开始对资本主义制度强烈不满，要求彻底解决当前生态问题，倡导可持续发展，这是生态社会主义产生和发展的社会背景；二是由环境恶化引起的全球性的生态运动和绿色政治增强了人们保护生态环境意识、增强了保护人类居住的家园意识及保护全球生态环境成为全人类的共同责任，是生态社会主义产生和发展的现实条件；三是传统社会主义模式的弊端引起了广大西方马克思主义学者的反思，于是西方马克思主义者把当代生态学的理论与马克思主义结合起来进行思考，试图为资本主义国家寻找一条既可以解决生态危机问题，又能实现社会主义的有效途径。[①] 在这些条件影响之下，生态社会主义于 20 世纪 60 年代产生。生态社会主义者指出资本主义生产方式引起的全球性生态危机是生态社会主义产生的社会根源。

（二）生态社会主义产生的社会背景

　　生态社会主义是在全球生态环境问题日益恶化的大背景下由生态运动引起的一种思潮。20 世纪后，人类进入工业文明时期，人类对大自然展开了前所未有的征服运动，以掠夺的方式开发利用自然资源。20 世纪飞速发展的工业经济给人类带来了高度发达的物质文明，给人们的生产生活带来了翻天覆地的变化，与此同时人类也面临着严重的环境问题，生态环境日趋恶化，生态环境遭到空前严重的污染，生态遭到空前严重的破坏。更为严重的是，20 世纪 60 年代后，环境问题已经从局部的小范围发展成地区性

---

① 曾文婷：《"生态学马克思主义"研究》，重庆出版社 2008 年版，第 23 页。

的甚至是全球性的了，严重地威胁到人类的生存环境。这一严峻形势引起了世界各国人民的关注，"保护全球环境是全人类的共同责任"成为全人类的共识。

1962 年，美国海洋生物学家蕾切尔·卡逊的《寂静的春天》描述了人类同大气、海洋、河流、土壤及生物之间的密切关系，在书中，她以大量的事实指出了生态环境问题产生的根源，阐述了人类滥用化学药物——主要是杀虫剂的大量使用对生物的危害以及对天空、海洋、河流、土壤、动物、植物的影响，揭露了化学药物对自然环境、人类以及一切生命的严重危害，批判了"控制自然"的妄自尊大的思想。该书出版后，在美国引起了极大轰动，唤醒了人们保护环境、保护人类居住的家园的意识。广大群众自发地走上街头，游行、示威、抗议，强烈地要求政府采取有效措施，保护人类赖以生存的家园、治理和控制环境污染等问题。危害人类生存环境的问题越来越引起了世界各国人民的关注，全球性的保护环境的生态运动一浪高过一浪。

1970 年 4 月 22 日，在美国爆发了由 2000 多万人参加的人类有史以来第一次大规模的群众性环境保护运动。后来，因为这次大规模的群众性环境保护运动，4 月 22 日这一天被命名为"地球日"。1972 年 6 月，联合国在瑞典首都斯德哥尔摩召开了由来自世界 113 个国家和地区的代表参加的第一次全球性的"人类环境会议"，大会通过了《人类环境宣言》，指出了当前整个人类共同面临着严峻的生态危机问题，这次会议将全球生态保护运动推向了一个高潮。同年，罗马俱乐部提交了它的第一份研究报告——《增长的极限》。报告深刻阐述了环境的重要性以及资源与人口之间的基本联系，报告还提出了"人类困境"这一著名论断[1]，即人类片面追求经济增长必然导致极限，报告还强调应该把环境保护放在人类权益更优先考虑的位置上。该报告指出"如果世界人口、工业化、污染、粮食生产以及资源消耗按现在的增长趋势继续不变，这个星球的经济增长就会在今后一百年内某一个时候到极限"[2]。

在全球性的生态运动和绿色政治背景下，由环境恶化引起全球性的生

---

[1] 曾文婷：《"生态学马克思主义"研究》，重庆出版社 2008 年版，第 29 页。
[2] ［美］梅多斯等：《增长的极限》，于树生译，商务印书馆 1984 年版，第 12 页。

态运动、人类认识到保护生态环境的重要性、人们要增强保护生态环境意识以及增强保护人类居住的家园意识等因素都为生态社会主义的产生提供了现实条件。

（三）生态社会主义的理论来源

生态社会主义作为当代西方马克思主义中最有影响的思潮之一，虽然从其产生到现在仅仅五六十年的时间，其主要代表来自不同的国家，有着不同的背景，但生态社会主义的产生不是偶然的，是一定社会政治和经济的反映，与特定的思想和理论有着密切的关系。其理论来源主要有：马克思主义生态思想、当代生态学和系统论的理论成果和法兰克福学派的生态危机理论。

1. 马克思主义生态思想

在 19 世纪马克思和恩格斯所处的时代，由于当时的生态问题不像今天这样凸显出来，也没有现今这样如此严重，所以他们不可能就生态问题进行专门的系统研究。但是，如果用他们经典著作中所表述的生态观来对照当代日益严重的生态危机问题，他们在很大程度上超越了时代的局限。其先进的生态思想遗产，对人类解决生态危机问题有重大指导意义。

马克思、恩格斯认为，人与自然之间具有密切的联系，二者是内在统一的，人是自然界发展到一定历史阶段的产物。马克思说："历史本身是自然史的即自然界生成为人这一过程的一个现实部分。"① 恩格斯在《反杜林论》中指出："人本身是自然界的产物，是在自己所处的环境中并且和这个环境一起发展起来的。"② 恩格斯在《自然辩证法》中进一步指出："我们连同我们的肉、血和头脑都是属于自然界和存在自然之中的。"③

恩格斯在论述人与自然之间的关系时，警告人类"我们不要过分陶醉于我们人类对自然界的胜利。对于每一次这样的胜利，自然界都对我们进行报复。每一次胜利，起初确实取得了我们预期的结果，但是往后和再往后却发生了完全不同的、出乎预料的影响，常常把最初的结果又消除了"④。恩格斯通过对当时的环境问题的分析，向人类敲响了生态环境问题的警钟。

---

① 《马克思恩格斯全集》第 3 卷，人民出版社 2012 年版，第 308 页。
② 《马克思恩格斯选集》第 3 卷，人民出版社 2012 年版，第 410 页。
③ 《马克思恩格斯选集》第 3 卷，人民出版社 2012 年版，第 998 页。
④ 《马克思恩格斯选集》第 3 卷，人民出版社 2012 年版，第 998 页。

恩格斯反对人与自然之间是对立关系的看法，更反对把自然界看作是人类敌人。

恩格斯认为环境污染的社会根源是技术的"资本主义的应用"和"工业的资本主义性质"。马克思、恩格斯认为只有防止技术的"资本主义应用"和"消灭工业的资本主义性质"，才有可能消灭资本主义的发展所造成的环境污染。马克思和恩格斯的这些思想成为生态社会主义的重要理论源泉。

2. 生态学和系统论的理论成果

生态学、系统论的形成与发展为生态社会主义提供了重要的思想来源和理论基础。生态学这一概念由德国科学家恩斯特·海克尔于1886年首次提出。20世纪初，生态学发展为一门独立的自然科学，它是一门系统科学，联接着生命、环境和人类社会有关的可持续发展，它研究人与自然之间的关系，探寻解决生态危机的途径。西方马克思主义者把生态问题和生态学结合起来对生态问题进行思考，逐步走上生态社会主义。

系统一词来自古希腊，意思是由部分组成的集合体。系统论是研究系统的模式、性能、行为和规律的一门新兴科学。1935年，英国生态学家坦斯利提出了"生态系统论"的概念，把生态学和系统论结合起来研究自然界和人类社会，开拓了新的视野。① "生态系统论"认为，整个自然界是一个由无数不断发展且相互联系的子生态系统组成的大系统，人类只是其中的一个部分。自然与人作为一个整体的生态结构，当这个系统的任何部分受到损害，生态总体便会发生内部失调。

"生态系统论"这种关于人与自然关系的看法，促进了生态社会主义者从生态角度思考生态危机的原因。当代西方生态学和系统论等理论形成与发展增强了人们的生态意识，它们的产生和发展为生态社会主义的产生提供了重要的思想来源和理论基础，并扩展了生态社会主义的理论视野和理论深度。

3. 法兰克福学派的生态危机理论

西方马克思主义中最大的、最主要的一个学派是法兰克福学派，因为该学派的大多数成员主要来自德国法兰克福大学，所以被称为法兰克福学

---

① 曾文婷：《"生态学马克思主义"研究》，重庆出版社2008年版，第54页。

派。法兰克福学派的主要代表人物有霍克海默、阿道尔诺、马尔库塞、哈贝马斯等，他们非常重视对人与自然的关系及生态危机问题的研究。

法兰克福学派的早期代表是霍克海默和阿道尔诺，他们在 20 世纪 40 年代出版的《启蒙辩证法》中把人与自然的关系及生态问题作为一个理论主题来加以讨论，他们对人类启蒙运动和启蒙文化进行了彻底的批判。他们指出，启蒙精神追求一种使人能够统治自然的知识形式，这使得科学变成了统治的工具。启蒙对自然的统治导致了人同自然的异化，也意味着对人的统治。他们指出："启蒙的根本目标就是要使人们摆脱恐惧，树立自主。但是，被彻底启蒙的世界却笼罩在一批因胜利而招致的灾难之中。"① 这里的"灾难"就是目前出现在全球范围内的环境污染和生态危机问题。他们认为启蒙运动和启蒙文化虽然造就了资本主义的工业文明，但启蒙运动和启蒙文化也使得人类、社会和自然之间的关系相异化，导致人类与自然之间的分离和对立。《启蒙辩证法》中关于启蒙文化对自然的统治和对人的统治崩溃启发了威廉·莱斯，为生态社会主义的创立奠定了理论基础。

马尔库塞是法兰克福学派的重要代表人物，他从资本主义制度的角度系统地论述了资本主义社会中人与自然之间的关系问题、生态危机问题以及科学技术与生态环境危机之间的关系问题。在《单向度的人》中，马尔库塞批判资产阶级通过科学技术对自然的统治，进一步加强了资产阶级统治无产阶级的观点。技术成为"通过对自然的统治而逐步为愈加有效的人对人的统治提供了概念和工具"，"技术也使人的处处不自由得到合理化——技术合理性是保护而不是取消统治的合理性"②。1972 年出版的《反革命和造反》继承了《单向度的人》关于资产阶级通过科学技术越是对自然进行有效的统治，越是加强了资产阶级对无产阶级的统治的观点，继续揭露了人对自然的统治加剧了人对人的统治，并使人与自然相异化。

在《反革命和造反》中马尔库塞指出了资本主义制度与生态危机的关系，并首次把生态环境保护与社会主义革命联系起来，要求人们为取得好的生活环境进行生态斗争。"大气污染和水污染、噪声，工业和商业强占了

---

① ［德］霍克海默、［德］阿道尔诺：《启蒙辩证法——哲学断片》，渠敬东、曹卫东译，上海人民出版社 2003 年版，第 1 页。

② ［美］马尔库塞：《单向度的人——发达工业社会意识形态研究》，刘继译，上海译文出版社 1989 年版，第 142 页。

迄今公众还能涉足的自然区，这一切较之奴役和监禁好不了多少。这方面的斗争是一种政治斗争；对自然的损害在多大程度上直接与资本主义经济有关，这是十分明显的。……尽管如此，今天我们必须反对制度造成的自然污染，如同我们反对精神贫困化一样。"① 在分析生态危机的产生根源及其危害后，马尔库塞提出了解决人与自然异化和生态危机的途径。他指出："自然的解放力量及其在建设一个自由社会时的重要作用的发现将成为推动社会变化的一支新力量。自然的解放乃是人的解放的手段。"② 这个途径就是把自然的解放和人的解放联系起来，自然的解放和人的解放是解决资本主义生态危机的手段和前提。

马尔库塞的"科学技术的资本主义使用"是造成资本主义社会"单向度的人"主要原因的观点和资产阶级通过高生产高消费对无产阶级疯狂地剥削以及利用技术理性迫使自然屈从于商业组织，自然界成了商品化了的自然界，破坏了生态平衡，导致生态危机的观点对后来的生态社会主义者威廉·莱斯产生重大影响。

法兰克福学派的第一代成员埃里希·弗洛姆对资本主义社会的消费作了深刻分析，指出当代发达资本主义社会的异化现象日趋严重和普遍，消费过程生产过程同样被异化了。西方人成了贪婪的"消费人"，"他们贪婪地消费着这一切，吞噬着这一切。世界成了填充我们胃口的巨大物品……我们则是吸乳者，永远在期待，永远在希望，也永远在失望"③。埃里希·弗洛姆还指出异化消费和资本主义社会的政治需要有紧密的联系，深刻批判和指出异化消费是资本主义社会的主要症结。他认为异化消费与资本主义经济的无限增长紧紧联系在一起，必然会导致生态失衡和生态危机问题。这些观点对后来生态社会主义的生态危机观中的异化消费理论产生重要影响并为其奠定了理论基础。法兰克福学派的第二代旗手哈贝马斯在《合法化危机》等著作中深刻地讨论了资本主义生态危机的问题。他指出生态危机是整个人类世界所面对的共同难题，并称之为"人本主义平衡遭到破坏"

---

① ［美］马尔库塞：《反革命和造反》，见《工业社会和新左派》，任立编译，商务印书馆1982年版，第129页。

② ［美］马尔库塞：《反革命和造反》，见《工业社会和新左派》，任立编译，商务印书馆1982年版，第127页。

③ ［德］弗洛姆：《爱的艺术》，陈维纲等译，四川人民出版社1986年版，第97至98页。

的危机。他还指出，在资本主义条件下，资本主义制度是不可能克服生态危机的。

法兰克福学派代表人物霍克海默、阿道尔诺、马尔库塞、弗洛姆、哈贝马斯等人对资本主义社会中人与自然之间的异化和生态危机问题的批判及其产生的根源和危害性的揭露，以及资本主义条件下不可能解决生态危机等观点构成了生态社会主义关于生态危机的理论渊源。威廉·莱斯（William Leiss）和本·阿格尔（Ben Agger）等生态社会主义者正是继承和发挥了法兰克福学派的这些观点，将它与生态学理论结合起来，继续批判和揭露资本主义固有矛盾，指出了人类面临的生态危机问题，寄希望于实现一种既不同于现在的资本主义制度又有别于现存的社会主义制度的"生态社会主义"。

二、生态社会主义的理论

生态社会主义的理论观点最早出现在 20 世纪 40 年代出版的，由霍克海默与阿道尔诺合著的《启蒙辩证法——哲学断片》一书中（1947 年版）。在国内的学者著作和期刊论文中经常出现生态社会主义、生态学社会主义、生态马克思主义和生态学马克思主义等术语，通过在中国知网检索中，发现生态社会主义和生态学马克思主义出现的频率最高。实际上，这几个术语源于两个英文术语，前两个术语来源于 ecological socialism（简称为 eco-socialism 或者 ecosocialism）；后两个术语来源于 ecological marxism（简称 eco-marxism 或者 ecomarxism）。产生这种差异主要与翻译者的个人习惯有关，国内学界普遍认可的是生态社会主义和生态学马克思主义。

生态社会主义产生于 20 世纪六七十年代，典型代表人物主要有安德烈·高兹、威廉·莱斯、本·阿格尔、詹姆斯·奥康纳、约翰·贝拉米·福斯特、大卫·佩珀等。西方马克思主义对科学技术与生态环境之间的关系的关注始于法兰克福学派早期代表霍克海默、阿道尔诺、弗洛姆和哈贝马斯。后来经威廉·莱斯在《自然的控制》《满足的极限》和本·阿格尔在《西方马克思主义概论》中加以完善。20 世纪 90 年代以后生态社会主义（也称"生态学马克思主义"）对环境保护主义和生态主义把生态危机的原因归咎于科学技术和工业化的思想进行了批判和分析，从意识形态和资本主义制度的层面对生态危机的成因进行了深刻剖析。

他们对当今生态危机的成因以及未来社会主义的模式进行了深入的探讨，提出了很多深刻的思想和观点，尤其是在生态危机产生的根源上，他们对资本主义私有制进行了深入的批判和揭露，指出资本主义私有制是生态危机产生的真正根源。生态社会主义者的基本主张是用现代生态学理论去补充和发展马克思主义，提出了一种超越当代的资本主义制度与现存的社会主义模式的一种人与自然和谐发展的新型社会主义模式。

（一）科学技术发展危机理论与生态危机

西方环境保护主义和生态中心主义长期以来，把全球性生态危机的主要原因归结为科学技术的发展和工业化，认为人类赖以生存的自然环境的恶化是由科学技术的发展所导致的，夸大科学技术的负面作用。生态社会主义反对这种观点，对把科学技术的消极社会作用说成是科学技术本身造成的。生态社会主义对资本主义社会的生态危机的认识经历了巨大转变，从最初的信奉科学技术悲观论，到意识到生态危机并非科学技术本身而是人类使用科学技术的错误方式造成的。

1. 科学技术悲观主义观点

科学技术与生态危机之间是一个复杂的问题，生态社会主义认为，要定位它们之间的关系，就必须对科学技术的性质及其社会功能进行分析。霍克海默和阿道尔诺是法兰克福学派的早期代表，20世纪20年代末期到60年代，科学技术对生态环境的负面作用虽然还没有充分表现出来，但是霍克海默已意识到科学技术对社会和文明的负面影响。他继承了马克思主义对资本主义的批判理论，把"社会批判理论"作为其"社会哲学"的理论基础。

霍克海默和阿道尔诺对人类启蒙运动和启蒙文化进行了彻底的批判，认为启蒙的纲领为唤醒世界，祛除神话，并用知识替代幻想，启蒙的根本目标就是要使人们摆脱恐惧，树立自主。但是，被彻底启蒙的世界却笼罩在一批因胜利而招致的灾难之中。他们认为启蒙运动和启蒙文化虽然造就了资本主义的工业文明，但启蒙运动和启蒙文化也使得人类、社会和自然之间的关系相异化。他们更加指出，培根的"知识就是力量"的本质就是加强资产阶级对自然和人类的统治。

霍克海默和阿道尔诺在《启蒙辩证法》中对启蒙运动和启蒙文化进行了全面的否定，认为"启蒙根本就不顾及自身，它抹除了其自我意识的一切痕迹。这种唯一能够打破神话的思想最后把自己也给摧毁了"①。他们主要从两个方面对启蒙运动和启蒙文化中的科学技术进行了悲观的否定。一方面，破除迷信的科学技术最终走向了对科学技术的迷信；另一方面，科学技术虽然推翻了神话的极权主义，却建立了科学技术的极权主义。②

霍克海默和阿道尔诺将科学技术置于启蒙运动和启蒙文化这种背景中加以否定，虽然没有把科学技术对生态环境危机的作用加以正面论述，但是他们认为启蒙运动和启蒙文化在造就资本主义发达工业文明的同时，也使人类社会和自然之间相异化。从现代社会关于科学技术与生态环境之间存在的逻辑关系角度来看，霍克海默和阿道尔诺在《启蒙辩证法》中表现出技术悲观主义，认为生态危机是由科技的发展造成的，但为马尔库塞和威廉·莱斯以科学技术为媒介揭露人类对自然的控制所产生的生态危机开辟了思路。

2. 科学技术与生态危机

生态社会主义者威廉·莱斯在霍克海默和阿道尔诺生态危机论的基础上，进一步指出生态危机并非科学技术本身造成的，他反对把现代社会的生态危机归结于科学技术的发展的错误看法，反对把现代社会的生态危机看成是技术缺陷本身造成的危机。他指出科学技术不是生态危机的根源，它仅仅是人类控制自然这种意识形态的工具，并且认为不能离开社会的生产关系和社会的政治制度来谈论科学技术的所谓"罪恶"。

威廉·莱斯对资本主义环境问题和生态危机的研究始于科学技术与生态环境危机之间的联系，认为科学技术不是生态环境危机的根源。他在《自然的控制》中指出，科学和宗教、艺术、哲学等高级文化形式一样，是同生存斗争直接相关的。"同一种科学制度既能够从人类的普遍敌人中解放人类，也能够支配精英们增强其控制个人行为的能力。"③ 他认为，科学只

---

① ［德］霍克海默、阿道尔诺:《启蒙辩证法——哲学断片》，渠敬东、曹卫东译，上海人民出版社 2003 年版，第 2 页。

② 刘胜仁:《生态马克思主义概论》，中央编译出版社 2007 年版，第 22 至 23 页。

③ ［加］威廉·莱斯:《自然的控制》，岳长龄、李建华译，重庆出版社 1993 年，第 15 页。

是一切先进技术的不可缺少的前提条件，不可能超越社会制度的层面来看待科学技术的负面效应；认为科学技术不是生态环境危机的根源，而是在于其使用方式。因此，不能把科学技术看作是生态危机的根本原因。

生态社会主义者安德烈·高兹认为，可以依据对生态环境产生的影响和结果，将技术划分为截然不同的两种——资本主义的和社会主义的。他所说的技术既包括生产技术，也包括统治技术。代表了独裁主义的核技术，就是统治技术，是"硬技术"，它能够给资本家带来丰厚的利润，属于资本主义的技术。他说，实施核计划可以减少污染是一个欺骗性的错误观点。众所周知，核生产和运行过程所带来的环境问题是非常严重的、是灾难性的；在实际生活中已经出现了许多核污染事件，比如：核放射、核事故、核垃圾、食物链中的核污染等，都会对人类的生产和生活造成极大伤害，影响长达几年、几十年甚至上百年。所以，他认为核技术不是"清洁技术"。他认为，那些不能被大银行、大公司或政府所垄断的太阳能、风力、地热等小规模的分散化的技术，属于"软技术"，它们属于社会主义的技术。① 根据这些情况，高兹提出生态运动不是让经济增长停止，而在于技术的如何选择。他说："如果社会主义运用与资本主义一样的工具，那么它就不比资本主义好。对自然的统治必然通过技术的统治影响到对人的统治。"②高兹把技术分为资本主义的技术和社会主义的技术，认为不同的技术能够决定形成不同的社会制度，这是一种技术决定论。

美国生态社会主义者约翰·贝拉米·福斯特认为，资本主义为了进行资本积累，就不断地进行扩张。在资本逐利性的驱使下，只要是利于资本扩张的技术在资本主义社会就能得到发展，否则，就被排斥出去。福斯特指出"资本主义呈几何级数的增长和与之相伴随的对稀有资源的不断增长的消耗导致了快速的复杂化了的环境问题"③。所以，福斯特认为生态环境问题的根源不在于技术本身，而是在于技术的资本主义使用。

美国生态社会主义者詹姆斯·奥康纳指出，资本主义的生产技术是不可能以生态原则为基础的，除非生态原则能给资本家带来利润。否则，他

---

① 曾文婷：《"生态学马克思主义"研究》，重庆出版社 2008 年版，第 74 页。
② Andre Gorz Ecology as Politics, South End Press , 1980, p. 20.
③ J. B. Foster：Ecology against Capitalism, Monthy Review Press, 2002, p. 96.

们是不会按照生态原则去进行生产。自工业资本主义起，资本主义对技术的选择就是以获得利润为基础的，而不是以对工人身体、健康和环境是否会造成危害为基础。因此，禁绝有害技术、阻止破坏性的技术的引入以及发展生态方面的合理的替代技术在资本主义社会是不可能的。"社会和政治斗争是理解资本所采用技术的类型及其对人和自然的影响的关键。与资本在工厂中对技术的那种配置和运用方式——目的是控制劳动和生产剩余价值及利润——相比，也许技术本身不应受到更多的指责。……对工人的那种身心盘剥，其根源在于劳动关系的资本主义本性，而不在于技术。"① "因为资本主义生产关系所采用的技术类型及其使用方式使自然以及其他的一些生产条件发生退化，所以资本主义生产关系具有一种自我毁灭的趋势。"② 所以，他指出对自然造成的破坏性后果、生产成本上升、经济危害、社会和政治的对立以及工人异化，不是技术，而是资本主义技术的使用和资本主义的生产关系，技术成了控制劳动的手段。詹姆斯·奥康纳还指出用新的技术和社会机制来代替对生态环境和人类有危害性的技术是新社会运动的主要目标。

由此可见，生态社会主义者认为生态危机是资本主义生产关系所采用的技术类型及其使用方式造成的，而不是技术本身。他们揭示的生态环境破坏问题的根源对于我们认识科学技术的社会功能具有启发性。

（二）资本主义制度危机论与生态危机

生态社会主义指出生态危机不仅仅是环境问题，而且是一种意识形态上的问题，其根源不在科学本身，而是在社会制度。在资本主义制度，现代科学仅仅是控制自然的工具，而资本主义制度下的控制自然的观念才是环境问题的最深刻的根源。

1. 控制自然的观念与生态危机

加拿大生态学马克思主义者威廉·莱斯在《自然的控制》序言中猛烈地批评了当代社会对于生态问题的两种错误倾向，"一种是官方机构把解决环境问题仅仅看作一个经济代价核算问题，把环境质量看作是一种在价格

———————————

① ［美］詹姆斯·奥康纳：《自然的理由——生态学马克思主义研究》，唐正东、臧佩洪译，南京大学出版社 2003 年版，第 327 页。

② ［美］詹姆斯·奥康纳：《自然的理由——生态学马克思主义研究》，唐正东、臧佩洪译，南京大学出版社 2003 年版，第 331 页。

合适时可以购买的商品；另一种是认为科学和技术是可诅咒的偶像，对这些假神的顶礼膜拜是灾难的根源，作为一种感情的发泄而提倡诗意的神秘主义或东方宗教方式"①。由此看出，威廉·莱斯认为控制自然的观念是生态危机的根源，如果不能深刻理解这一根源，我们就无法找到解决环境问题的根本出路。威廉·莱斯还对"控制自然的观念"有着重要影响的培根的思想进行了批判。培根的"知识就是力量"是现代控制自然观念的重要根源，而且"控制自然的思想"是培根哲学最基本的要素。"知识就是力量"观点在资本主义社会得到普遍认可，人类于是以前所未有的速度向大自然索取，结果导致全球性生态危机、环境污染、人类的生存环境遭破坏。

威廉·莱斯在回答生态危机的真正根源时，明确指出造成生态危机的真正根源是千百年流传下来，厚厚地积淀在人们头脑中的控制自然的观念，而解决环境问题的关键也正在于改变人们原有的控制自然的观念。当控制自然的观念被彻底世俗化的时候，包含上帝和人之间契约的道德束缚以及人类被获准的对地球的部分统治就失去破坏了，其中的观念就完整地浮现出来。②

威廉·莱斯就把解决生态危机集中到控制自然的意识形态上，认为只有深入了解这种意识形态的本性及其功能，才能找到解决生态危机的出路。于是他从生态意识批判的角度出发抓住生态危机、环境问题的要害，把它们归咎于控制自然的观念。提出了控制人与控制自然之间的关系思想，通过控制人类的欲望，限制人类欲望中非理性和破坏性对科学技术的滥用，在伦理和道德层面上构建一个负责的社会制度。从而对人和自然的关系加以控制，实现人和自然之间的双重解放。

2. 控制自然是生态危机的最深层根源

法兰克福学派把分析生态危机与对资本主义的批判联系起来，其主要代表人物马尔库塞从 20 世纪 60 年代末就敏锐地意识到生态问题和资本主义制度之间的内在联系。在《论解放》（1969）一书中，马尔库塞意识到自然的压抑与资本主义制度的内在联系。马尔库塞指出：生态危机实质上是资本主义的经济危机、政治危机和人的本能结构危机的集中表现。生态问题从根本上说是资本主义制度问题，是制度造成了自然污染。他并不反对控

---

① ［加］威廉·莱斯：《自然的控制》，岳长龄、李建华译，重庆出版社 1993 年，第 2 页。
② 曾文婷：《"生态学马克思主义"研究》，重庆出版社 2008 年版，第 80 页。

制自然，反对的是对自然压迫的控制，控制应是解放的控制，在人和自然的和谐关系下的控制："在此情况下，征服自然就是减少自然的蒙昧、野蛮及肥沃程度——也暗指减少人对自然的暴行。土壤的耕作本质上不同于土壤的破坏，自然资源的提取本质上不同于浪费性的开发，开辟森林空地本质上不同于大规模砍伐森林。"① 马尔库塞对控制自然的这一辩证认识开了生态学马克思主义的先河，同时也是和马克思的自然观相一致的。在现存社会中，人与自然的关系处于异化状态，人类凭借科技进步，使用技术手段，将自然作为征服、掠夺的对象，从而导致了严重的生态危机，而在未来的自由社会中，将发展一种新型的人与自然的关系，从而避免生态危机，这种观点对生态学马克思主义产生重要影响。

《自然的控制》既是威廉·莱斯的代表作，又是整个生态学马克思主义的代表作。威廉·莱斯在一开头就批评了在生态问题、环境问题上的两种肤浅的错误观点，这种观点错在把征兆当作根源。现代科学仅仅是控制自然这一更宏大谋划的工具。因此，控制自然的观念才是环境问题的最深刻的根源。威廉·莱斯认为，控制自然这一观念是自相矛盾的，这既是其进步性，也是其退步性的根源。② 控制自然的观念隐含着一种主张，即人类成员之间有平等分配的权利，这种权利的性质与生活中明显起作用的权利是不同的。

威廉·莱斯指出，人类利用自然力已经带来了两个相互联系的灾难性后果：广泛威胁着一切有机生命的供养基础、生物圈的生态平衡以及不断扩大的人类对于一个统一的全球环境的激烈斗争。每一灾难或者都会造成这个星球现在形成的一切生物圈的毁灭或剧烈的变化。他指出，控制自然的观念最为重要的是：人的那些最关键的需要已经被社会的持续不断的控制所扭曲了，并且变得越来越尖锐。人类的活动已成为自然环境中的一个很重要部分，以至于控制自然和控制人成为同一过程的两个方面。③ 莱斯认为，控制自然同资本主义社会有着逻辑的历史的联系。人控制自然的观念

---

① ［美］马尔库塞：《单向度的人——发达工业社会意识形态研究》，刘继译，上海译文出版社 1989 年版，第 207 至 208 页。

② ［加］威廉·莱斯：《自然的控制》，岳长龄、李建华译，重庆出版社 1993 年版，第 2 页。

③ 俞吾金、陈学明：《国外马克思主义哲学流派——西方马克思主义卷》，复旦大学出版社 2002 年版，第 630 页。

成为一种社会制度的基本意识形态，这种社会自觉地与过去做彻底的决裂，奋力追求推翻一切"自然主义"思维和行为方式，并把为了满足人类的物质需要而发展生产力作为自己的首要任务。在文明的历史中出现这些趋势的第一个社会制度是西方的资本主义。

资本主义对自然的不合理开发，造成了资源的浪费和滥用，使得生态系统的自然功能受到极大威胁，导致人类的未来受到威胁。莱斯把控制自然的观念看成环境问题、生态危机的根源，为生态社会主义从意识形态的高度认识环境问题、生态问题提供了深刻的启示。莱斯所处的时代是资本主义经济在凯恩斯主义主导下的经济繁荣时期，传统马克思主义的经济危机现象没有以前明显，所以他认为现在资本主义的危机已由经济危机转向生态危机，并且生态危机是资本主义社会的主要危机。

3. 异化消费与生态危机

由于生产力的高度发展，资本主义创造出丰富的物质，人们的生活水平大大提高了，当代发达资本主义国家进入了所谓的消费社会。但是人们的需要并不是真正需要，而是被异化的需要。

赫伯特·马尔库塞指出，所谓"虚假的需要"，是指"为了特定的社会利益而从外部强加在个人身上的那些需要，使艰辛、侵略、痛苦和非正义永恒化的需要"①。资本主义社会中，人们把尽可能多地购买商品看作是补偿自己所从事的劳动的生产过程，这些劳动常常被认为是令人讨厌的，非创造性的，报酬极低和入不敷出的。虚假的需要方式繁多，有休息、娱乐、按广告宣传来处世和消费、爱和恨别人之所爱和所恨。"小轿车、高清晰度的传真装置、错层式家庭住宅以及厨房设备成了人们生活的灵魂。把个人束缚于社会的机制已经改变，而社会控制就是在它所产生的新的需要中得以稳定的。"② 一旦社会把追求物质享受这种"虚假的需要"强加于人之后，它就把自己的需要变成了个人的本能需要。这种个人把社会的需要变成自己的需要后，也就必然把自己的利益和命运同整个社会的利益和命运

---

① ［美］马尔库塞：《单向度的人——发达工业社会意识形态研究》，刘继译，上海译文出版社 1989 年版，第 6 页。

② ［美］马尔库塞：《单向度的人——发达工业社会意识形态研究》，刘继译，上海译文出版社 1989 年版，第 9 页。

紧紧联系在一起了。①

埃里希·弗洛姆指出，在资本主义社会，消费过程和生产过程一样被异化了。在资本主义社会里，人们通过金钱获得自己不需要的物品，获得物品的目的就是为了占有它们，而不是使用它。人们满足于占有物品本身，而不是满足于占有物品使用价值。他们从占有物品本身中找到快感，由财富占有量多少显赫自己地位。"消费本质上是人为刺激起来的幻想的满足，是一种与我们真实自我相异化的虚幻活动。"② 资本主义社会的虚假需要的消费方式是永无止境，因为人们不是作为真实具体的人来消费一个真实具体的物品。于是人们需要更多的物品，寻求更多的消费，这种消费欲望已经脱离了人的真正需要。对消费不断增长的需要迫使人们不断地去购买，从而使人们依赖于这种膨胀的消费需求。

人永远是一个被动的和异化的消费者，他"消费"球赛、电影、报刊、书籍、演讲、自然景色以及社会的集会活动，就像他用异化和抽象化的方式去消费他买来的商品一样。他不是主动地参与这些活动，而是要"吸取"一切已有的东西，他要尽可能多地享受和占有文化。实际上，他不是自由地享受"他的"闲暇，他对闲暇时间的消费，就像他所买的商品一样是由工业所决定的，他的趣味受到控制，他想看的和想听的是社会允许他看和听的东西；就像其他东西一样，娱乐也是一种工业，消费者被支使去买娱乐就像他被支使去买衣服、鞋一样，娱乐的价值取决于它在市场上的流行与否，而不是从人的角度去衡量的。③ 正如埃里希·弗洛姆所描述的那样："人本身越来越成为一个贪婪的被动的消费者。物品不是用来为人服务，相反，人却成了物品的奴仆。"④

生态社会主义继承和发展了马尔库塞和弗洛姆对于资本主义消费的批判理论。它指出由于当代资本主义用高生产、高消费延缓了经济危机，所以资本主义没有因为经济危机而崩溃。传统的马克思主义理论限于生产领域，忽视了消费领域中可能出现的新变化，所以，没有预见到资本家通过操纵人们的需要来实现对社会的控制。生态社会主义主张应认真研究消费

---

① 曾文婷：《"生态学马克思主义"研究》，重庆出版社 2008 年版，第 89 页。
② ［美］弗洛姆：《健全的社会》，欧阳谦译，中国文联出版公司 1988 年版，第 134 页。
③ 曾文婷：《"生态学马克思主义"研究》，重庆出版社 2008 年版，第 90 页。
④ ［美］弗洛姆：《在幻想锁链的彼岸》，张燕译，湖南人民出版社 1986 年版，第 174 页。

领域中出现的新变化，并用"异化消费"论去补充马克思主义。生态社会主义认为，当代资本主义为了维护其存在采取了异化消费的方式延缓经济危机，用虚假的消费来满足人们的消费需求，从而消除人们对异化劳动的不满，消解人们对资本主义的不满和批判能力，以继续维持其腐朽的资本主义制度的存在。

资本主义宣扬的"虚假的需要"所形成异化消费不仅支持着异化生产制度，使资本积累和再投资得以继续进行。但是，这种异化消费造成了自然资源的极大浪费、环境受到严重污染、生态平衡被破坏，从而形成了资本主义社会的生态危机。因为资本主义为了维持其生产不停地进行下去，它就必须不停地向大自然索取生产资料，但是大自然的供应是有限的，这样就导致了生态危机。所以，生态社会主义认为"异化消费"是导致生态危机的直接原因，只有消灭"异化消费"，才能有效地遏制生态危机。

（三）资本主义双重危机理论和物质变换裂缝理论与生态危机

20世纪90年代之后，资本主义在冷战中获得胜利，资本主义全球化已经成为不可阻挡的潮流，生态环境灾难也随着资本主义全球化而向全球蔓延，造成了全球性的生态危机。这时生态社会主义也获得了进一步发展，北美生态学马克思主义者詹姆斯·奥康纳通过对马克思主义原本的解读，提出来了资本主义双重危机理论。

1. 资本主义的第二重矛盾理论

美国生态学家詹姆斯·奥康纳在《自然的理由》中运用马克思主义的基本理论和观点分析了资本主义生态危机的成因，重点提出资本主义的第二类矛盾的思想，将资本主义总结为经济危机和生态危机并存的双重危机，进一步完善了生态社会主义。詹姆斯·奥康纳继承了90年代以前生态社会主义的生态危机理论和异化消费理论，提出了资本主义生产的无限性与资本主义生产条件的有限性之间的矛盾。詹姆斯·奥康纳把马克思主义论述的资本主义社会的基本矛盾概括为第一类矛盾，而把资本主义生产的无限性与资本主义生产条件的有限性之间的矛盾概括为第二类矛盾。在现今资本主义社会中第一类矛盾和第二类矛盾相互作用，共同存在于全球化资本主义体系当中，形成了资本主义的双重危机：经济危机和生态危机。

詹姆斯·奥康纳核心的贡献就是根据马克思主义分析资本主义经济危机最后导致社会主义或者共产主义的内在逻辑，把资本主义的生态危机归结为生产力和生产关系与资本主义生产条件之间的矛盾、资本生产不足与经济危机之间的矛盾，即资本主义的第二重矛盾。这种阐释为生态社会主义的理论提供了出发点，他认为，生态社会主义所研究的是资本主义的生产力和生产关系与其生产条件之间的矛盾、资本的生产不足与经济危机之间的矛盾，以及由生态危机所导致的把生产关系及社会关系重新整合具有更为明显的先进社会以及由此可能出现的社会主义形式之中的过程。

2. 双重危机理论的根源与生态危机

詹姆斯·奥康纳把资本主义生态危机的主要原因归结于资本主义积累，把科技和以美国为首的资本主义国家在 20 世纪 90 年代后发动的战争看作资本主义积累的延续。资本主义经济从 20 世纪 70 年代到 90 年代经历了凯恩斯主义主导下的经济繁荣到经济膨胀，詹姆斯·奥康纳经历了由繁荣到膨胀的整个过程，他开始恢复传统马克思主义的经济危机理论，将经济危机和生态危机结合起来，从资本积累的角度分析资本积累和经济危机与生态危机之间的关系，揭示全球化资本主义生态危机的内在矛盾。

詹姆斯·奥康纳以资本主义第二重矛盾为切入点，着力考察了资本主义生产力和生产关系与其生产条件之间的矛盾，以及生产过程由资本积累不足而导致的生产链断裂而形成的经济危机和生态危机，批判了资本主义制度的反生态本性，以及资本主义生产在生态上的不可持续性。他还指出资本积累的加快反过来又加快了对生产资料和能源等自然资源的开采速度，形成恶性循环，最终导致全球性生态危机和生态环境灾难。资本主义的生态危机有两种类型：一种是资本主义的一般积累引起的生态危机，另一种是与经济危机联系在一起的生态危机，或者说是由经济危机引发的生态危机。① 面对资本主义社会的经济危机和生态危机，他将社会主义与绿色思潮和生态运动有机地结合起来，实现以生产性正义为导向的生态社会主义的制度构想。

从资本主义的第二重矛盾来看，资本主义再生产必然会带来经济危机和生态危机。因为资本主义生产的目的是获取剩余价值和利润，剩余价值和利润的来源就是对个人剩余劳动的剥削和技术革新。资本主义生产是"以无限价值扩张为目的的，它丝毫不考虑这种扩张所带来的政治的、经济

---

① 刘胜仁：《生态马克思主义概论》，中央编译出版社 2007 年版，第 62 至 64 页。

的、地理的或生态的后果"①。资本主义的积累是建立在生产率的不断提高和降低工人再生产的成本基础上。由资本扩张的无限性带来的最终结果是：经济不断增长，原料的需求就会不断增加，原料在商品中所占的价值比重就会越大，资本就会加大对自然资源开采的投资，结果导致生产成本和积累的增加和利润率的下降。反之，资本通过更有效地使用原材料进行生产，就会导致原材料价格的下降，从而降低成本和平均利润率上升。由于原材料价格相对便宜，会带来对资源需求的扩大和积累的增加，并导致资源的快速消耗。资本主义生产过程的必然结局是对自然资源越来越多的消耗和对自然界越来越严重的污染。

资本主义生产过程既是一个充满矛盾和经济危机的过程，同时也必然导致生态危机。正如托夫勒所说的："可以毫不扩张地说，从来没有一种文明，能创造出这种手段，不仅能够摧毁一个城市，而且可以毁灭整个地球。"② "从总体上说，经济危机是与过度竞争、效率迷恋以及成本削减（譬如，剥削效率的增强）联系在一起的，因此，也是对工人的经济上和生理上的压榨的增强、成本外化力度的加大以及由此而来的环境恶化程度的加剧联系在一起的。"③ 而生态危机反过来又会由于增加资本的成本和环境恶化而进一步加剧经济危机。

3. 物质变换理论与生态危机

美国生态社会主义者约翰·贝拉米·福斯特认为马克思主义对现今的生态问题最直接的贡献是提出了新陈代谢断裂理论或者是物质变换裂缝理论。他通过解读马克思主义经典著作，阐释了马克思的物质变换断裂理论。马克思批判了资本主义对农业的生态性破坏，他发现，资本主义已经在人类生产和土地的永恒的自然条件之间的"物质变换相互作用"过程中造成了"一个无法弥补的断裂"。④

---

① 俞可平主编：《全球化时代的"社会主义"——九十年代国外社会主义述评》，中央编译出版社 1998 年版，第 213 页。

② ［美］阿尔温·托夫勒：《第三次浪潮》，朱志焱、潘琪译，生活·读书·新知三联书店1983 年版，第 175 至 176 页。

③ ［美］詹姆斯·奥康纳：《自然的理由——生态学马克思主义研究》，唐正东、臧佩洪译，南京大学出版社 2003 年版，第 293 页。

④ 郭剑仁：《生态地批判——福斯特的生态学马克思主义思想研究》，人民出版社 2008 年版，第 126 页。

约翰·贝拉米·福斯特在马克思新陈代谢理论基础上指出，整个自然界中存在三个层次的物质变换（新陈代谢）：第一个层次是自然界自身内部的物质变换，第二个层次是人与自然界之间的物质变换，第三个层次是人类社会与自然界之间的物质变换，包括有机体与由无机界和有机界构成的环境之间的物质变换。①

约翰·贝拉米·福斯特重点研究了第三个层次的物质变换，在人类社会与自然之间的物质变换中，自然的生命规律规定并控制着社会的物质变换。在资本主义社会，资本家为了追求利润，采取土地私有制，切断了劳动人民与土地之间的直接联系，破坏了人与土地之间的客观关系，违背了自然的生命规律，掠夺了土壤中的营养成分，使其构成要素异化，导致了自然和社会之间的物质变换出现断裂。物质变换断裂实质上就是自然和社会关系的异化以及由此而带来的自然本身的异化——当代的生态环境问题。

约翰·贝拉米·福斯特在构建马克思的物质变换裂缝理论时，深刻分析了马克思关于社会和自然之间出现恶化原因，新陈代谢断裂是指资本主义生产违背了生命本身的自然规律，使人以衣食形式消费掉的土地的组成部分不能回到土地，从而破坏土地持久肥力的永恒的自然条件。福斯特还研究了马克思新陈代谢断裂的广泛意义，即割断了社会与自然之间的正常的物质变换过程而导致的生态问题。② 这种生态问题有很多，包括煤炭耗竭，森林退化，工业废料，气候变迁，沙漠化，饥饿和疾病，森林中鹿的消失，等等。

总之，生态社会主义者虽然来自不同的国家，各自有着不同的文化背景，但是他们分别从不同的角度深刻地分析了造成全球生态危机的根本原因，形成了各自鲜明特色的生态危机观点，一起构成了生态社会主义生态危机观的主体。他们一致认为，只有废除资本主义制度，建立新型的社会主义，才能彻底解决生态问题；资本主义的利润动机促使资本主义不会考虑对自然资源的开发利用是否合理，而是不断追求最大限度的生产和消费，这样一种经济理性必然会破坏生态环境，造成生态危机。他们认为，社会

---

① 郭剑仁：《生态地批判——福斯特的生态学马克思主义思想研究》，人民出版社 2008 年版，第 101 页。

② 郭剑仁：《生态地批判——福斯特的生态学马克思主义思想研究》，人民出版社 2008 年版，第 111 页。

主义的生产动机不是追求利润，而是为了满足人们的需要，只有在社会主义制度下，才能实施以生态保护为宗旨的生态理性。所以，只有消灭资本主义生产方式，代之以社会主义生产方式，才能保护生态环境，解决生态危机。而且，只有在社会主义条件下，才可能公平合理地分配劳动产品，限制过度生产和过度消费；才能消除资本主义条件下的异化消费，真正实现生产的目的是满足人的需要的绿色消费方式。

（四）生态社会主义理论的意义

生态社会主义对当代资本主义社会由于高生产、高消费所导致的生态危机、人的异化等问题进行了深刻的揭露和批判，透过生态环境问题，看到了资本主义制度对人和自然的严重损害，揭示了造成生态危机的根本原因在于资本主义生产的无政府状态，倡导生态保护，主张人类和平，把人类的希望寄托于社会主义。生态社会主义的生态危机理论对于看清当代生态危机的原因和根源以及在丰富马克思主义思想方面有着重大意义。

一是丰富和发展了马克思主义的生态思想。环境问题已经是资本主义各种矛盾的集中体现，生态危机已经成为危及人类生存的重大问题，对资本主义进行生态批判，无疑应该成为发展马克思主义批判能力的重要视域。生态社会主义对马克思主义的生态学思想的整理和阐释，为马克思主义在当代的发展与完善注入了新的元素。

二是深刻地揭示了生态危机的本质和根源。生态社会主义认为，在资本主义社会，资本家为了追求利润最大化，必然不顾一切地掠夺自然，不仅摧残了劳动者，也使土地等资源枯竭，造成了大量的生态破坏。资本主义生产是以追求利润为目的的，这就决定了它必然要不断地去掠夺自然，破坏生态环境。生态危机的根源是由资本主义制度和资本主义生产方式造成的，这种观点是革命性的，是批判性的。这对认识当今资本主义的发展具有重大的启示作用。

三是寄希望于社会主义解决生态危机，坚定了我们社会主义的信念。生态社会主义者从不同的角度对当代资本主义进行了批判，指出只有废除资本主义制度，才能从根本上解决生态危机，实现人类的可持续发展；他们强调要把生态原则与社会主义结合起来，建立一种新的既超越当代资本主义又不同于现存的社会主义模式的人与自然和谐发展的社会主义模式——生态社会主义。这进一步证明了社会主义有着强大的生命力，有着远大的前途，社会主义是人类社会最优的社会制度，社会主义在中国的巨大成就是最有力的证明。

生态社会主义在其短暂的五六十年的发展过程中，虽存在缺陷与不足，但它提出当前全球性的生态危机和生态环保问题代表了当今世界的前进方向和发展趋势。生态社会主义者透过生态环境问题，看到了资本主义制度对人和自然的严重损害，揭示了造成生态危机的根本原因在于资本主义的生产方式。

后　记

　　《大浪淘沙：社会主义思想史漫步》一书是在中央党史和文献研究院副院长、中央编译局局长季正聚的指导下编写完成的。本书框架结构的设定，书稿的统稿和定稿由云南大学袁群教授负责。在编写过程中，苏州大学方文教授，辽宁大学王建教授，重庆大学鄢显俊教授提出了许多宝贵的意见。

　　参加本书撰写分工如下：

　　绪论：西南林业大学刘会柏；第一章：昆明冶金高等专科学校吴玲；第二章：重庆大学鄢显俊；第三章：辽宁大学王建、吉林大学董玲玲；第四章：云南开放大学周伟；第五章第一节：云南师范大学华文学院罗琴、河南农业大学张立锋；第五章第二节：苏州大学方文、云南民族大学海贤；第五章第三节：中共枣庄市委党校生恒瑞；第六章第一节、第五节：云南大学袁群、云南财经大学安晓敏；第六章第二节：云南大学杜敏、昆明学院李泉；第六章第三节：云南财经大学罗碧莹；第六章第四节：云南大学徐拓、南充职业技术学院蔡伟；第六章第六节：昆明文理学院邹有峰。云南大学徐拓、南京师范大学王恩明、辽宁中医药大学董玲玲参加了本书的校稿、编辑工作。

　　由于我们水平有限，本书中难免会出现疏漏和这样那样的问题，敬请各位专家和读者批评指正。